鉄骨工事技術指針・工事現場施工編

Technical Recommendations for Steel Construction for Buildings
Part 2 Guide to Erection and Construction in Site

1977 制 定
2018 改 定

日本建築学会

本書のご利用にあたって
本書は，作成時点での最新の学術的知見をもとに，技術者の判断に資する標準的な考え方や技術の可能性を示したものであり，法令等の根拠を示すものではありません．ご利用に際しては，本書が最新版であることをご確認ください．なお，本会は，本書に起因する損害に対して一切の責任を負いません．

ご案内
本書の著作権・出版権は（一社）日本建築学会にあります．本書より著書・論文等への引用・転載にあたっては必ず本会の許諾を得てください．
Ⓡ〈学術著作権協会委託出版物〉
本書の無断複写は，著作権法上での例外を除き禁じられています．本書を複写される場合は，学術著作権協会（03-3475-5618）の許諾を受けてください．

一般社団法人　日本建築学会

鉄骨工事技術指針改定の序

　鉄骨工事技術指針は,「建築工事標準仕様書 JASS 6 鉄骨工事」の解説書としての役割を担っているとともに,特記に必要な情報および最新の技術的知見を記載している.前回の改定後10年以上が経過し,この間,鉄骨製作に関するさまざまな社会情勢の変化や製作技術の進歩があり,JASS 6 の改定に合わせて今回の改定を行った.

　鉄骨工事技術指針は,鉄骨工事における工場製作と工事現場施工という二面性およびそれぞれに従事する技術者の便宜を考え,「工場製作編」と「工事現場施工編」の2分冊で構成されている.この2編は互いに関連し,補完するものであるから,2編がそろってはじめて鉄骨工事に関する技術が完成される.旧版では,それぞれが独立した指針としても使用できることに重点を置いて編集しており,溶接や検査等に関する記述については重複している箇所や,分散しているために理解しにくい箇所が多数あった.特に,検査については JASS 6 の節構成が見直されたのに合わせ,旧版の「工事現場施工編」や「鉄骨精度測定指針」に分かれて記載されていた内容を「工場製作編」にまとめ,全体が理解しやすいように記載した.このように,従来の2冊の技術指針の位置付けを踏襲しつつ,重複箇所はできるだけ避け,互いを引用する形式に改めている.読者には,是非「上巻」と「下巻」をそろえ,全体を理解するように努めていただきたい.

　「工場製作編」の主な改定点は次のとおりである.
(1) JASS 6 において,高力ボルト接合の孔あけ加工は,従来はドリル孔あけに限定していたが,工事監理者の承認を受けた場合等では,レーザ孔あけの使用を認めた.なお,レーザ孔あけの施工には特有の注意すべき点があり,これらの注意事項を記載した.
(2) JASS 6 において,摩擦面処理の発せい(錆)処理に,これまでの自然発せいに加えて薬剤発せいを認めた.なお,薬剤処理の使用にあたって,薬剤ごとの注意すべき点があり,これらの注意事項を記載した.
(3) 近年,免震・制振部材の使用および CFT 構造の普及が進んでいる.この現状を受けて,免震・制振部材と鉄骨部材との取付けに関する注意事項および CFT 柱の標準的な納まりの事例と製作時の注意点を記載した.
(4) 最新の情報処理技術としての三次元 CAD や BIM の動向について記載した.
(5) 新技術・新工法として,大電流多層サブマージアーク溶接法,エレクトロガスアーク溶接法,溶接ロボットによる25°開先溶接およびサブマージアーク溶接50°開先異形隅肉溶接を紹介した.
(6) 旧版の6章「さび止め塗装」を6章「塗装」とし,2013年に改定された本会編「建築工事標準仕様書・同解説　JASS 18　塗装工事」の内容を反映させた.
(7) JASS 6 において,溶融亜鉛めっきを施した部材の摩擦面処理方法として,これまでのブラス

ト処理に加えてりん酸塩処理を認めた．りん酸塩処理に関する注意事項および試験結果を記載した．

(8) JASS 6 の節構成に合わせ，旧版の 7 章「社内検査」を 8 章「検査」に改め，旧版の 5.18「溶接部の受入検査」，「工事現場施工編」の 3 章に記載されていた中間検査および受入検査の内容を 8 章に集約し再整理するとともに，旧版の「鉄骨精度測定指針」の 5 章「寸法精度の受入検査方法」の内容を取り入れた．

(9) 工程順に沿った記述とするため，旧版の 9 章「溶融亜鉛めっき工法」を 7 章に移動した．

「工事現場施工編」の主な改定点を以下に示す．

(1) 旧版の 3 章「管理・検査」のうち，中間検査および製品の受入検査については前述のように「工場製作編」の 8 章に移行した．
(2) 免震・制振部材の工場出荷から運搬，保管，取付け施工時の留意点を記載した．
(3) F14T 級トルシア形超高力ボルトを追記した．
(4) 9 章「耐火被覆」の内容を，現在普及している工法に合わせて見直した．

2018 年 1 月

日 本 建 築 学 会

改定の序

—2007年版—

 旧版（1996年刊行）の鉄骨工事技術指針は，「建築工事標準仕様書 JASS 6 鉄骨工事」の解説，特記に必要な情報および最新の技術的知見をまとめたものとして，「工場製作編」と「工事現場施工編」の2分冊として刊行された．

 前回の改定後10年以上が経過し，その間に，1995年の兵庫県南部地震における鉄骨造建物の損傷，特に，1981年以降のいわゆる「新耐震設計法」で設計されたにもかかわらず，当時の慣用的な溶接施工法で製作されていた多くの鉄骨造建物の柱梁接合部周辺に生じた脆性的破壊に関する研究が精力的に行われ，多くの技術的情報が蓄積された．これらの知見の一部は，2000年11月に開催された鉄骨工事運営委員会の研究成果報告会の資料としても公表された．

 今回の改定では，この資料をはじめとして，鉄骨工事運営委員会の各小委員会・ワーキンググループの調査・研究により得られた知見をまとめ，JASS 6の条文として定められた内容あるいは設定された数値の根拠をできるだけ示すようにしている．また，建築基準法，JISをはじめとする関連基規準・規定などの改正・改定に対応して修正が必要になった事項と，最新の技術的情報の追加・修正を行っているが，章の構成は旧版と変えていない．

 「工場製作編」の主な改定点は次のとおりである．
(1) ISOで提唱されている品質マネジメントの考え方・手法が，将来，鉄骨工事に適用される場合の指針となることを想定して，その概要を紹介した．
(2) 溶接ロボットの型式認証，ロボット溶接オペレーターの資格や技量付加試験を明記した．
(3) 旧版では4章，5章に分かれて記述されていたスカラップ加工に関する内容を4.8節にまとめ，柱梁接合部形式ごとに記述した．
(4) 溶接入熱・パス間温度が溶接金属強度に与える影響に関する研究の現状を紹介し，合理的な溶接施工管理方法を示した．
(5) エンドタブについて，最近の実験事例を踏まえて，鋼製エンドタブおよび固形エンドタブを使用した場合の注意点を示した．
(6) ロボット溶接に関する内容を新しい知見を取り入れ，全面的に改定した．
(7) 超音波探傷検査に関する最新の知見を紹介した．
(8) めっき構造物の柱梁接合部の製作方法に関する注意事項を追加した．

 「工事現場施工編」の主な改定点は次のとおりである．
(1) 「高力ボルトの品質確認」の節を設けた．
(2) 高力ボルトの導入張力確認試験を廃し，高力ボルト締付け工程開始時に実接合部を用いて締付

け手順を確認するよう修正した．
(3) デッキプレート関連告示，JIS，規準類の改定に伴う修正を行った．
(4) 9章で，新たに軽量セメントモルタル吹付け工法，巻付け工法および耐火塗料について記述した．

なお，「鋼構造建築溶接部の超音波探傷検査規準・同解説」については，引き続き改定作業を行っており，近々刊行する予定である．

2007年2月

日 本 建 築 学 会

改定の主旨

―1996年版―

　前回の発刊以来10年余が経過し，鉄骨建築をとりまく情勢は著しく変動している．その中で重視すべきは，平成元年頃に社会問題となった不良鉄骨問題を受けて，これの是正のための建築構造用圧延鋼材（SN材）のJIS制定をはじめとする材料変革や関連諸施策と国際化が挙げられる．また，今回の大地震においても，不適切な設計・施工・加工の鉄骨が被害を露呈した．これらのことを背景に技術指針を見直すと基本事項の遵守を一段と強調することの大切さが再認識された．これらの事態に適切に対応することを意図してJASS 6「鉄骨工事」と同時に技術指針も改定した．技術指針は，工場製作編と現場施工編の2分冊としている．加工面，施工面からみて望ましいディテールや工法がどのようなものかを解説することで，合理的な設計・特記仕様の一助となることも期待している．

〈工場製作編〉

　日本に建設される通常規模形態の建物の鉄骨の標準的品質レベルを示すJASS 6の各条文についてその主旨や真意を正しく理解すること，ならびに製作業者が製品の品質に対する責任を自覚し，いつもこれに対応できる自主的な管理体制整備の目安となることを期待して，条文とした背景理由等を記述している．必要に応じては加工細則ともいえるものを記述してある．

　さらに，発注者がJASS 6仕様以外の特記仕様をつくる便宜と，将来の技術の発展を促すことを意図して，現状では普遍化していない新技術なども紹介している．

〈工事現場施工編〉

　総合建設業が適正品質となる鉄骨工事を遂行するうえで，鉄骨部材を鉄骨製作業者にJASS 6の仕様のもとで製作を発注する場合に，総合建設業みずからの管理責任を明確にするとともに，鉄骨製作業者をはじめ関連する協力業者への対応の具体的方法等を記述した．この中には，現状普遍的なものを中心にすえているが，やや先駆的な事項も紹介している．よって，工事の施工管理体制整備に資することを期待している．

　なお，「鉄骨精度測定指針」と「鋼構造建築溶接部の超音波探傷検査規準・同解説」については，引き続き改定作業を行っており，近日中に刊行する予定である．

1996年2月

日 本 建 築 学 会

改定の序

―昭和62年―

　日本建築学会においては，昭和28年以来，建築の質的向上と合理化を図るため適切な施工標準を作ることを目的とし，材料施工委員会を常置して建築工事に関する広範な標準仕様書・技術指針等を作成し，刊行している．

　鉄骨工事運営委員会（旧第5分科会）では，「JASS 6 鉄骨工事」を昭和28年11月に制定した．その後，鉄骨工事技術の進歩発展に即応して改定を重ね，現在の仕様書（昭和57年10月改定）に至っている．

　この「JASS 6」はもともと仕様書としての性格上，工事発注用の標準仕様書として，また契約図書として，その内容が検討されているため，施工技術に関する記述や内容にかなり制約がある．すなわち，全国の鉄骨製作工場の技術レベルに甚だしい格差があるという実情や，経済性などの関連を考慮し，各項の施工技術に関する内容は，慣習としている基本的・平均的手法を簡潔に記述するにとどまり，高度な先進的技術の採用は躊躇せざるを得ないからである．

　これらを考慮して，本委員会では「JASS 6」の内容の補足と新技術の採用・普及を図り，かつ，それまでにいくつか刊行されていた鉄骨工事関連の設計施工規準・工作規準等を取りまとめて，鉄骨工事に関する標準的な施工技術の集大成版として「鉄骨工事技術指針」を作成し，これに解説を付して昭和52年2月に刊行した．

　この技術指針は初版刊行以来，版を重ねて約16 000部発行し，わが国の鉄骨工事の健全な発展に大いに寄与していることは喜ばしいことである．

　なお，この技術指針は「JASS 6」の改定前であったので，本文は暫定的に仕様書としても使用できるようにしている．したがって，その後「JASS 6」の改定が行われたため，本文の意義が薄れたこと，また制定後約10年が経過し，新材料・新工法および加工・施工システムの変革などに応じた内容に改定することが要請されていることなどの理由から，本運営委員会では，昭和58年度に改定作業に着手し，WG・小委員会において慎重に審議し，今回ようやく成案を得たので，これを公表することとした．

　今回の改定の要旨はおおむね次のとおりである．

　（1）「JASS 6 鉄骨工事」に盛られた規定を補足解説し，新技術・新工法および新しい製作・施工システムを取り入れるため，今回の改定にあたっては，本文および解説という形式はとらず，通常のハンドブック的なスタイルにした．

　（2）鉄骨工事の二面性（工場製作と工事現場施工）およびそれらに所属する技術者の便宜を考えて，工場製作編および工事現場施工編の2分冊とした．

　この2編は互いに関連し，補完するものであるから，2編がそろってはじめて鉄骨工事技術が構成されるのであるが，それぞれ独立した指針として使用できるようにしてある．

（3） 鉄骨工事は，設計図書によって指示される性能・品質を製作・施工の各工程で作り込まなければならない．また，総合請負業者・鉄骨加工業者は自己の責任において製品の品質を保証しなければならない．「JASS 6」では請負者の鉄骨品質に関する自主管理について規定したので，この実施方策および要領を品質管理の項を新設して詳細に記述した．

なお，本運営委員会では今後さらに鉄骨工事に関する技術的事項について調査・研究を継続し，逐次その成果を刊行し，会員はじめ関係方面に講習会などを通じて普及していくこととするが，その際，基本となるものを標準仕様書（JASS 6）とし，これを技術的にサポートするものとして鉄骨工事技術指針を位置づける．

今回発刊する2冊は鉄骨工事技術指針の中の工場製作編であり，工事現場施工編である．また，先に刊行した「鉄骨精度測定指針」も前2冊と同様，鉄骨精度測定編とし，鉄骨工事技術指針の中の1つとして位置づけることとした．

このたび，本技術指針を刊行するにあたって，本運営委員会に所属する関係委員各位のこれまでの努力に対して深く感謝申し上げたい．またこの指針の改定趣旨を建築雑誌上（昭和61年11月号）に公表して以来，短期間であったにもかかわらず，関係方面で多大の関心が寄せられ，貴重な意見を頂戴できたことについて併せて感謝申し上げる次第である．

本書が鉄骨構造に関する施工技術の健全な普及発達を図るために活用されることを切望するとともに，関係各位からの御高評を仰ぎたいと思う．

昭和62年3月

日 本 建 築 学 会

序

―昭和 52 年版―

　日本建築学会においては，昭和 28 年以来，建築の質的向上と合理化をはかるため適切な施工標準を作ることを目的とし，材料施工委員会を常置して，建築工事に関する広範な標準仕様書を作成し，刊行している．JASS 6 鉄骨工事標準仕様書も，この目的に沿って昭和 28 年に発刊されているが（昭和 42 年改定），もともと仕様書としての性格上，工事発注用の標準仕様書として，また契約に伴う契約仕様書として，その内容が検討されている．

　このように標準仕様書としての JASS 6 鉄骨工事が，また発注・契約仕様書としての性格を具備していることは，本仕様書の施工技術に関しての記述や内容にかなりな制約を与えているように思われる．すなわち，このような本仕様書の性格から，製作工場の技術レベルにはなはだしい差があるという実情や，経済性などとの関連を考慮し，各項の施工技術に関する内容は，慣習としている基本的，平均的手法を簡潔に記述するにとどまっているためである．

　一方，日本建築学会では，構造標準委員会内に設置されている鋼構造分科会，溶接技術分科会によって，各種の設計・施工規準や指針ならびに工作規準などが刊行されているが，これらは構造設計と施工とが，技術的に表裏一体の関係にあることを念頭において編集されたものである．

　あらたに，ここに鉄骨工事技術指針を制定する意義は，鉄骨工事に関する標準的な施工技術を JASS 6 鉄骨工事の技術的各項との関連を考慮しながら，現在，設計規準との関連で別個に刊行されている各種の鋼構造に関する上記の施工や工作規準の内容をとり入れ，さらに項目や内容を付加することによって総括し，最終的には，建築物の安全を経済性との関連を考慮した上で確保するという設計・施工技術の基本的立場で，集大成することにある．本技術指針は，このような趣旨にもとづいて鉄骨工事に関する標準的な技術指針として制定されたものである．

　したがって，溶接技術分科会により刊行されている溶接技術に関する各種の規準については，今後，同分科会より刊行される予定であるガス溶接・切断工作規準ならびにスポット溶接工作規準をのぞいて，原則的には，すべて，本技術指針にとり入れられているので，以後，溶接技術については，本技術指針の内容が優先することになり，現在までに刊行されている各種の溶接工作に関する規準は漸次廃刊されることになる．また，鋼構造分科会関係の各種の設計・施工規準や指針の施工に関する部分については，やはり原則的には本技術指針にとり入れられているが，同分科会より今後刊行される予定である二，三の設計・施工規準や指針を含めて，以後，相互に十分連絡をとりながら調整してゆく予定である．

　このたび，本技術指針に詳細な解説を付して鉄骨工事技術指針・同解説として刊行することになったのであるが，刊行に至るまでの関係委員各位の努力に対して深く感謝申し上げたい．また，本技術指針（案）を建築雑誌上（51 年 9 月号）に公表して以来，短期間であったにも拘らず，各方面で多大の関心をよせられ，多くの貴重な意見をいただくことができた．各位に，併せて感謝申し上げる次第である．

　本書が鉄骨構造に関する施工技術の健全な普及発達をはかるために活用されることを切望すると同時に，また，いろいろと御叱正いただきたいと思う．

　昭和 52 年 2 月

日　本　建　築　学　会

指針改定関係委員 (2018年1月)

― (五十音順・敬称略) ―

材料施工委員会本委員会

委員長　早川　光　敬

幹　事　橘高　義典　興石　直幸　橋田　　浩　山田　人司

委　員　(略)

鉄骨工事運営委員会

主　査　田中　　剛　(吹田　啓一郎)

幹　事　犬伏　　昭　桑原　　進　山田　丈富

委　員　新井　　聡　五十嵐　規矩夫　一戸　康生　加賀美　安男
　　　　(上平　綱昭)　小林　秀雄　(才木　　潤)　(坂本　眞一)
　　　　嶋　　　徹　(鈴木　励一)　宋　　勇勲　高浦　弘至
　　　　高野　昭市　田中　宏明　西山　　功　原田　幸博
　　　　松下　眞治　松本　由香　的場　　耕　三村　麻里
　　　　護　　雅典　森岡　研三　横田　和伸　横田　泰之

JASS 6 改定小委員会

主　査　田中　　剛

幹　事　桑原　　進　坂本　眞一　松下　眞治

委　員　五十嵐　規矩夫　犬伏　　昭　加賀美　安男　上平　綱昭
　　　　嶋　　　徹　(吹田　啓一郎)　原田　幸博　松本　由香
　　　　護　　雅典　森岡　研三　山田　丈富

鉄骨製作小委員会

主　査　五十嵐　規矩夫　(吹田　啓一郎)

幹　事　嶋　　　徹

委　員　新井　　聡　石井　　匠　犬伏　　昭　加賀美　安男
　　　　後藤　和弘　高浦　弘至　西尾　啓一　蓮沼　　聡
　　　　増田　浩志　(村上　卓洋)　米森　　誠

溶接施工小委員会

主　査　松本　由香
幹　事　的場　　耕
委　員　伊藤　浩資　　小野　潤一郎　　笠原　基弘　　小林　光博
　　　　坂本　眞一　　佐々木　聡　　（鈴木　励一）　中込　忠男
　　　　（福田　浩司）山田　浩二　　山田　丈富　　湯田　　誠
　　　　横田　和伸　　横田　泰之　　米森　信夫

鉄骨精度測定小委員会

主　査　加賀美　安男
幹　事　森岡　研三
委　員　犬伏　　昭　　吉敷　祥一　　多田　健次　　（遠山　和裕）
　　　　中島　泰明　　西沢　　淳　　羽石　良一　　藤田　哲也
　　　　堀　望智大　　護　雅典　　油田　憲二　　渡辺　　忍

鉄骨超音波検査小委員会

主　査　原田　幸博
幹　事　三村　麻里
委　員　笠原　基弘　　（上平　綱昭）　坂本　眞一　　（佐藤　文俊）
　　　　嶋　　　徹　　高田　好秀　　高野　昭市　　中込　忠男
　　　　中野　達也　　服部　和徳　　廣重　隆明　　古舘　岳実
　　　　堀　望智大　　山本　弘嗣　　横田　和伸

鉄骨塗装工事ワーキンググループ

主　査　犬伏　　昭
幹　事　奥田　章子　　米森　　誠
委　員　新井　　聡　　桑原　幹雄　　近藤　照夫　　蓮沼　　聡
　　　　（村上　卓洋）

耐火被覆工事ワーキンググループ

主　査　犬伏　　昭
幹　事　関　清豪
委　員　近藤　照夫　　清水　玄宏　　藤原　武士　　米丸　啓介

指針改定関係委員 (2007年2月)

— (五十音順・敬称略) —

材料施工委員会本委員会

委員長	田中 享二						
幹　事	中山　實	桝田 佳寛	松井　勇	本橋 健司
委　員	(略)

鉄骨工事運営委員会

主　査	田渕 基嗣						
幹　事	岡田 久志	吹田 啓一郎	津山　巖	
委　員	(青柳 和伴)	嵐山 正樹	猪砂 利次	小野 徹郎
	倉持　貢	(黒川 剛志)	甲津 功夫	小牧 知紀
	近藤 照夫	嶋　徹	白川 和司	鈴木 励一
	清野　修	田川 泰久	田中　剛	田中 利幸
	千代 一郎	寺門 三郎	中込 忠男	西尾 啓一
	西山　功	橋田 知幸	橋本 篤秀	(廣田　実)
	(羽山 眞一)	(堀　直志)	松下 真治	護 雅典
	山田 丈富	吉村 鉄也		

JASS 6 改定小委員会

主　査	田渕 基嗣			
幹　事	岡田 久志	吹田 啓一郎	津山　巖	
委　員	近藤 照夫	嶋　徹	杉本 浩一	田中　剛
	中込 忠男	西尾 啓一	橋本 篤秀	松下 真治
	護 雅典	山下 達雄	山田 丈富	

鉄骨加工小委員会

主　査	岡田 久志			
幹　事	吹田 啓一郎			
委　員	五十嵐 規矩夫	石井　匠	犬伏　昭	(小阪　裕)
	嶋　徹	多賀 謙蔵	高橋 泰文	寺門 三郎
	西尾 啓一	(藤田 敏明)	増田 浩志	宮田 智夫
	村上 卓洋	山田 丈富		

協力委員　青木雅秀　　伊藤善三久　　上野清人　　岡　賢治
　　　　　　　　織茂博文　　甲田輝昭　　　後藤和正　　志村保美
　　　　　　　　田中　薫　　津田佳昭　　　野林聖史　　早坂　浩
　　　　　　　　藤本信夫　　三村麻里　　　宮野洋一
　　　　　　　　森岡研三　　八ツ繁公一

溶接小委員会
　　　主　査　中込忠男
　　　幹　事　田中　剛
　　　委　員　（伊藤裕彦）　笠原基弘　　　古賀郁夫　　小林光博
　　　　　　　坂本真一　　（杉本浩一）　（高野倉正三）　田渕基嗣
　　　　　　　（辻井泰人）　長尾直治　　　松下真治　　南　二三吉
　　　　　　　山下達雄　　　横田和伸　　　米森信夫
　　　協力委員　青野弘毅　　市川祐一　　　吉川　薫　　下川弘海
　　　　　　　　高橋恵一　　松村浩史　　　村上　信　　山口忠政
　　　　　　　　山本長忠

鉄骨精度小委員会
　　　主　査　護　雅典
　　　幹　事　山田丈富
　　　委　員　犬伏　昭　　内山晴夫　　　岡田久志　　加賀美安男
　　　　　　　（菅野啓行）（熊倉吉一）　桑原　進　　小口　守
　　　　　　　斉藤正則　　（下川辺敏一）（須長憲一）　違山和裕
　　　　　　　羽石良一　　（春田康之）　藤田哲也　　牧野俊雄
　　　　　　　森岡　徹

鉄骨非破壊検査小委員会
　　　主　査　田中　剛
　　　幹　事　倉持　貢
　　　委　員　石井　匠　　　石原完爾　　　笠原基弘
　　　　　　　上平綱昭　　　川口　淳　　（工藤憲二）　坂本真一
　　　　　　　嶋　　徹　　　鈴木孝彦　　　津山　巖　　中込忠男
　　　　　　　橋田知幸　　　藤本信夫

溶接施工管理ワーキンググループ

主 査	田渕 基嗣							
幹 事	津山 巌							
委 員	石原 完爾	市川 祐一	倉持 貢	田中 剛
	千代 一郎	中込 忠男	長友 和男	西山 功
	(服部 和徳)	松下 真治	和田 陽	

塗装・耐火ワーキンググループ

主 査	近藤 照夫			
委 員	岩見 勉	大貫 寿文	緒方 孝一郎	慶伊 道夫
	関 清豪	永田 順一郎	藤 雅史	松本 英一郎
	松本 一男	油田 憲二		

（　）内は元委員

指針作成関係委員（1996年2月）
— （五十音順・敬称略） —

材料施工委員会本委員会

委員長	上村 克郎		
幹 事	高橋 泰一	友澤 史紀	中根 淳
委 員	（略）		

鉄骨工事運営委員会

委員長	橋本 篤秀			
幹 事	守谷 一彦	山下 達雄		
委 員	青木 博文	東 武史	泉 満	宇留野 清
	大嶋 正昭	岡松 眞之	木村 衛	越田 和憲
	近藤 照夫	清水 豊和	須古 将昭	田極 義明
	田中 淳夫	津山 巌	寺門 三郎	照沼 弘
	中込 忠男	濱野 公男	真喜志 卓	松岡 盛幸
	松崎 博彦	松下 真治	松原 哲朗	宮野 友明
	護 雅典	森田 耕次	矢部 喜堂	

指針作成関係委員（昭和62年2月）
― （五十音順・敬称略） ―

材料施工委員会本委員会

　　委員長　岸　谷　孝　一
　　幹　事　上　村　克　郎　　小　池　迪　夫
　　委　員　（略）

鉄骨工事運営委員会

　　主　査　羽　倉　弘　人
　　幹　事　橋　本　篤　秀
　　委　員　青　江　喜　一　　浅　井　浩　一　　五十嵐　定　義　　池　野　礼二郎
　　　　　　泉　　　　満　　上　野　　　誠　　掛　貝　安　雄　　加　藤　　　勉
　　　　　　甲　田　　　宏　　佐々木　一　夫　　佐　藤　邦　昭　　高　田　十　治
　　　　　　田　辺　邦　彦　　寺　門　三　郎　　藤　本　盛　久　　藤　盛　紀　明
　　　　　　古　沢　平　夫　　北　後　　　寿　　細　井　　　威　　松　崎　博　彦
　　　　　　松　下　一　郎　　松　下　冨士雄　　松　本　正　巳　　森　田　耕　次
　　　　　　山　下　文　生

指針作成関係委員（昭和52,54年版）
― （五十音順・敬称略） ―

材料施工委員会

　　相談役　下　元　　　連
　　委員長　西　　　忠　雄
　　幹　事　亀　田　泰　弘　　岸　谷　孝　一　　田　村　　　恭

鉄骨工事小委員会

　　主　査　藤　本　盛　久
　　幹　事　上　野　　　誠　　松　下　冨士雄
　　委　員　青　江　喜　一　　浅　井　浩　一　　加　藤　　　勉　　掛　貝　安　雄
　　　　　　亀　井　俊　郎　　佐々木　一　夫　　佐　藤　邦　昭　　田　辺　邦　彦
　　　　　　高　田　繁　一　　高　田　十　治　　寺　門　三　郎　　中　村　雄　治

藤盛　明善
星崎　紀和
藤田　健次郎
細井　威巳
松本　正稔
福島
野村　繚一
松下　一郎
日後　寿郎
北野　康夫
弘平　夫彦
倉沢　博道
羽古　松崎
専門委員　中山　雅道

鉄骨工事技術指針－工事現場施工編

目　　　次

1章　総　　則

　1.1　工事現場施工における鉄骨工事 …………………………………………………… 1
　1.2　鉄骨工事に要求される品質 …………………………………………………………… 1
　1.3　工事現場施工における品質保証のための品質マネジメント ……………………… 2

2章　鉄骨工事計画

　2.1　施工管理と鉄骨工事の位置づけ ……………………………………………………… 3
　2.2　鉄骨工事の進め方 ……………………………………………………………………… 8
　2.3　工事計画前準備 ………………………………………………………………………… 8
　2.4　鉄骨製作業者・専門工事業者等の選定・発注 …………………………………… 13
　2.5　鉄骨工事計画のための設計図書の検討 …………………………………………… 25
　2.6　施工計画の立案 ……………………………………………………………………… 34
　2.7　施工計画書の作成と情報の伝達 …………………………………………………… 64
　2.8　届出・申請書類の作成提出 ………………………………………………………… 69

3章　管理・検査

　3.1　鉄骨工事における品質マネジメント ……………………………………………… 70
　3.2　材料発注と確認 ……………………………………………………………………… 78
　3.3　施工者の行う検査 …………………………………………………………………… 81
　3.4　工場製作要領書 ……………………………………………………………………… 87
　3.5　溶接部受入検査要領書 ……………………………………………………………… 88
　3.6　溶接技能者の確認 …………………………………………………………………… 91
　3.7　溶接技能者技量確認試験 …………………………………………………………… 95
　3.8　施工試験 ……………………………………………………………………………… 95
　3.9　材料確認試験 ………………………………………………………………………… 97
　3.10　工作図 ……………………………………………………………………………… 98
　3.11　現寸検査 …………………………………………………………………………… 99
　3.12　中間検査 …………………………………………………………………………… 100
　3.13　製品の受入検査 …………………………………………………………………… 101
　3.14　仮組検査 …………………………………………………………………………… 101

4章 建　　方

- 4.1　現場鉄骨建方要領書の確認 …………………………………… 103
- 4.2　現場鉄骨工事施工要領書の確認 ……………………………… 119
- 4.3　工事中における鉄骨骨組の安全 ……………………………… 136
- 4.4　揚重機の安全，足場・構台の安全確認 ……………………… 157
- 4.5　アンカーボルトの施工と検査 ………………………………… 163
- 4.6　ベースモルタルの施工と検査 ………………………………… 180
- 4.7　免震・制振部材の取付け ……………………………………… 183
- 4.8　鉄骨建方と建入れ直しの実施と検査 ………………………… 190
- 4.9　計測機器 ………………………………………………………… 220
- 4.10　仮設工事と支保工 ……………………………………………… 226

5章　高力ボルト接合等

- 5.1　高力ボルト接合部の力学性状 ………………………………… 234
- 5.2　高力ボルト ……………………………………………………… 238
- 5.3　高力ボルトセットの取扱い …………………………………… 247
- 5.4　接合部の組立て ………………………………………………… 253
- 5.5　高力ボルトの締付け …………………………………………… 256
- 5.6　締付け施工法の確認 …………………………………………… 273
- 5.7　締付け後の検査 ………………………………………………… 277
- 5.8　ボルト接合 ……………………………………………………… 281

6章　工事現場溶接

- 6.1　溶接法の特徴と変遷 …………………………………………… 286
- 6.2　現場溶接施工と検査 …………………………………………… 288
- 6.3　工事現場溶接部の補修 ………………………………………… 307
- 6.4　ひずみと縮みの管理 …………………………………………… 312
- 6.5　他工事に付随する溶接 ………………………………………… 315

7章　デッキプレート・頭付きスタッド

- 7.1　設計条件の把握 ………………………………………………… 316
- 7.2　デッキプレート ………………………………………………… 318
- 7.3　頭付きスタッド ………………………………………………… 340

8章　鉄骨塗装

- 8.1　工事現場における塗装 …………………………………………… 355
- 8.2　素地調整と下地調整 ………………………………………………… 355
- 8.3　塗　　装 ……………………………………………………………… 356
- 8.4　管理および検査 ……………………………………………………… 358
- 8.5　環境・安全 …………………………………………………………… 359

9章　耐火被覆

- 9.1　耐火構造の規定と性能 ……………………………………………… 360
- 9.2　耐火被覆材料と工法 ………………………………………………… 364
- 9.3　耐火被覆と塗装の適合性 …………………………………………… 367
- 9.4　施　　工 ……………………………………………………………… 369

10章　安全衛生

- 10.1　安全衛生管理のすすめ方 ………………………………………… 401
- 10.2　安全衛生管理の考え方 …………………………………………… 403
- 10.3　労働安全衛生法の読み方 ………………………………………… 403
- 10.4　労働安全衛生法のあらまし ……………………………………… 405
- 10.5　労働基準法との関係 ……………………………………………… 408
- 10.6　労働基準監督署と監督官 ………………………………………… 408
- 10.7　安全衛生関係法規の体系 ………………………………………… 409
- 10.8　資格・教育・指導と協議組織 …………………………………… 410
- 10.9　用　　語 …………………………………………………………… 411
- 10.10　安全衛生管理に必要な資料 …………………………………… 412
- 10.11　技術的安全衛生管理 …………………………………………… 417
- 10.12　塗装作業の安全 ………………………………………………… 426

付　　録

- 付1．関連規格（JIS）一覧表 ………………………………………… 429
- 付2．溶接記号（JIS Z 3021-2016）参考 …………………………… 433
- 付3．建方機械 ………………………………………………………… 435
- 付4．建方用具 ………………………………………………………… 443
- 付5．玉掛け作業の手順 ……………………………………………… 448
- 付6．建設用クレーンの合図の方法 ………………………………… 450
- 付7．各種設計用速度圧の比較 ……………………………………… 453

付8．雪　荷　重 ……………………………………………………………………… 455
付9．安全ネット指針 ………………………………………………………………… 460

鉄骨工事技術指針・工事現場施工編

1章 総　　則

1.1　工事現場施工における鉄骨工事

　建築工事では多くの専門業種が参加し，互いに密接な関係をもちながら工事が進められている．完成した建物は，これら専門業種の総合的な成果として評価される．工事現場における鉄骨工事は，その中の一つのサブシステムとして位置づけられ，それを含む一連の建築工事の中で大きな役割をもっている．その主なものを次に示す．
（1）　鉄骨構造骨組は，構造安全性という基本性能を建築に与える役割をもつ．
（2）　鉄骨が建物の基本骨格を形成するという意味で，完成した建物に対する寸法諸元を規制する基本機能をもっている．
（3）　建築工事の全工程に対して，鉄骨工事が工程に与える影響が大きい．

　鉄骨工事は，工場で加工製作する段階と工事現場に搬入された部分製品を組み立てて骨組を構成する工事現場施工の段階に大別される．本指針では工事現場施工の段階を対象に，次に示す項目に関して指標を与えることを目標とした．
（1）　工事現場施工における鉄骨工事計画と品質マネジメントの考え方
（2）　品質マネジメントの実施によって鉄骨工事を品質保証するための管理と検査のあり方
（3）　管理・検査を具体的に実施するための必要な技術とその方法に関する特徴および各種事例

1.2　鉄骨工事に要求される品質

　鉄骨工事において工事現場は，品質をつくり込む最終段階である．したがって，工事現場の各プロセスごとに要求される品質を把握することから出発しなければならない．

　一般に鉄骨工事における品質は設計図書に示される完成後の品質と工事プロセスにおける品質に分けて考えることができる．これらを満足するための施工方法は，一義的に決まるものではない．そもそも建築工事では，厳密な意味での同一の建物は存在しない．工事現場の立地条件・契約内容は工事ごとに異なるわけであるが，このような外的制約のもとに施工担当者の創意工夫・適用技術と，その水準によって施工方法が決められるのである．同じ建物を施工する場合でも，工事現場施工管理者が変われば，計画が変わることがある．目的が同じであっても，それを達成する方法は画一的なものではなく，複数の解が存在することを意味する．

　しかし，鉄骨工事の作業内容を細分化していくと，設定した品質水準を確保するための作業方法はいくつかに整理される．そして，整理された作業方法をいくつか組み合わせてサブシステム化さ

れる．この細分化された個々の作業に関して品質を確保できる方法を表すものを作業標準といい，品質水準を維持するための組織的活動を品質マネジメントという．鉄骨工事において品質を確保・向上しているとは，前述 1.1「工事現場施工における鉄骨工事」で述べた鉄骨工事の役割を果たすことを意味している．すなわち，

(1) 工事現場接合によって得られた各接合部は，力学的信頼性をもち，設計者が意図する構造安全性を確保していること．

(2) 組み立てられた鉄骨骨組の各部が所定の寸法精度に納められ，次工程の鉄筋コンクリート工事・カーテンウォール工事・耐火被覆工事などに円滑に移行できること．

(3) 鉄骨工事を建築工事全体の工程に整合した所定の工期内に完成させるため，仮設物・機器材の手配，作業者のための労働安全対策，第三者に対する災害防止対策など，施工を円滑に行うための方策を講じること．

である．品質マネジメントを行うためには，ここでいう品質の内容を展開し，具体的に作業単位の時間，工程を達成するまでの期間，組み立てられる鉄骨部材と骨組寸法，各種の接合部の強度，および組み立てられるまでの安全性などを定量的に管理しなければならない．

1.3 工事現場施工における品質保証のための品質マネジメント

品質マネジメントは，品質マネジメントシステムを確立することによって，はじめてその目的が達せられる．ここでいう品質マネジメントシステムとは，次に示す行動を実行する仕組みのことである．

(1) 建物に対する機能的要求品質，およびそれをつくり込むための工事現場施工に対する要求仕様を把握した上で，施工計画を立てる．

(2) 計画どおり施工するため，また，品質の過剰なバラツキを少なくするため，各プロセスの管理を厳重に行う．

(3) 各プロセスが完了するごとに計画した方法で検査し，品質が適正であることを確認し，次のプロセスに移行する．

(4) 品質確認において問題点が見つかった場合は，再発防止策を講じると同時に，関連する各プロセスにフィードバックし改善を図る．また，手戻りの影響を少なくするため，迅速，かつ適正に是正処置を講じる．

品質マネジメントの実施によって鉄骨工事の品質保証を行うためには，2章に述べる鉄骨工事計画を基本に実施計画を立て，協力業者の選定を適正に行い，これら協力業者の機能を十分に発揮させるための連絡・調整を行うことが必要である．工事現場施工管理者はこの組織的活動の中心となる重要な役割をもっている．本指針はこのような思想のもとに品質を工事現場で効率的につくり込むための指標を示したものである．

鉄骨工事にかかわる技術者が，本章で述べた基本姿勢を理解し，各章で述べる具体的な技術を駆使して，構造安全性と精度が優れた建物の構築に努めることが望まれる．

2章　鉄骨工事計画

2.1　施工管理と鉄骨工事の位置づけ

2.1.1　施工管理業務の流れ

　建設産業は，他の製造業と比較して労働集約型産業の代表といわれている．しかし近年，他の製造業等の産業と同様に，経験と勘を重視した施工管理から，品質保証を中心とした生産管理活動に変遷している．すなわち，建築生産を高度化する考えが浸透し，さらにコンピュータ等のOA機器を利用した設計や施工管理が進み，情報の伝達の方法が高度化されることによって，建設生産活動を生産システムとしてとらえる方向に転換してきている．

　建築工事の施工管理とは，設計図書に基づいて要求品質を満たすべく，建設に必要な資源・資材・労働力等を使って建築物をつくり出すための施工方法を選定し，施工計画を立案して，施工を促進し日常管理を行い，工事の目的である品質・工期・作業の安全性・経済性を達成するために行う一連の管理活動である．

　この施工管理は，一般的に建築施工をつかさどる工事現場施工管理者が中心となり，部材を供給する製作業者と施工をつかさどる専門工事業者とが一体となって行われる活動である．

　この施工管理の業務フローを大きく分ければ次のとおりである．

（1）　設計図書から工事内容の把握
（2）　施工条件の把握と資材・労務市況の調査
（3）　施工基本方針の設定
（4）　施工計画の立案
（5）　施工計画書の作成と伝達
（6）　製作業者・専門工事業者との契約
（7）　計画と製作・施工との整合
（8）　施工中の管理計画の立案
（9）　施工中の日常管理の実施
（10）　引渡しと竣工後のアフターサービス

　建築工事の管理要素（品質・安全性・工期・経済性）における施工管理業務の流れを図2.1.1に示す．

—4— 鉄骨工事技術指針―工事現場施工編

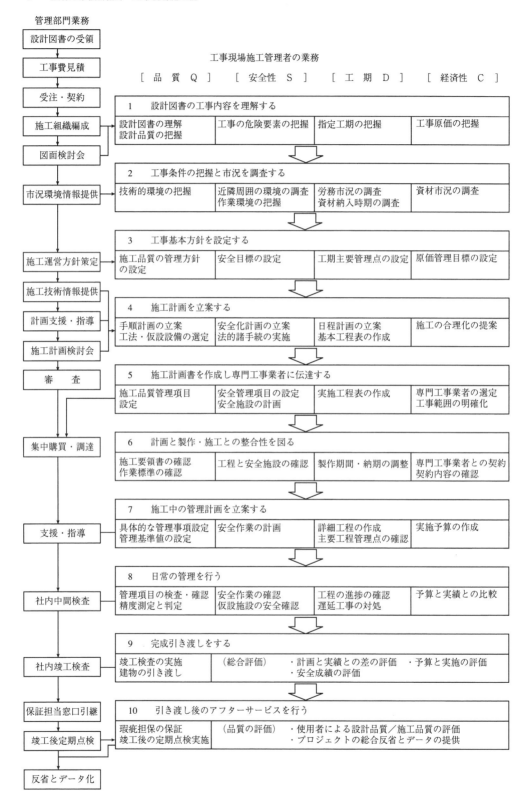

図 2.1.1　建築施工管理業務の流れ

2.1.2 計画と管理

「計画」とは，工事を実施するにあたり，そのやり方や生産システムの運営方法などを事前に検討しシミュレーションを行い，最小の投資で最大の効果を生み出す工事の仕組みを考えることである．その計画の中心は，まず制約条件を把握して品質（Q）・安全性（S）・工期（D）・経済性（C）等の目標を設定する．そして，仮設設備や揚重機械等の生産設備を計画し，工事の手順である工程（プロセス）を組み立て，投入資源を設定して時間を計算し，日程計画（スケジューリング）を行うことである．

この計画過程で，品質確保の方法や管理事項，安全確保の手順や施設を具体化する．そして，施工管理者は「施工計画書」・「管理計画書」や「工事工程表」を作成し，専門工事業者は「製作要領書」や「施工要領書」を作成する．

「管理」とは，広義では「計画・実施・評価・改善」であるが，ここでは計画に基づく「実施・評価・改善」活動を指す．「計画」によって示された内容で施工を促進し，目標どおりの結果が達成されているか確認しながら日常的管理を行い，達成されていない場合は，是正計画に基づいて適切な処置を行い，さらに次工程の計画の修正をして，施工を続けることである．

このように，「計画」と「管理」は一体のものであり，計画がなくして管理はありえない．

2.1.3 鉄骨工事の特色

鉄骨工事は，建築工事の骨格をなす工種で，その工程は工事の全体工程に対して重要な位置にあり，これに続く他の工事に大きな影響を与えるので計画の中心的なものとなる．また，鉄骨は建物の基本骨格を形成し，できあがる建物の寸法諸元を規制する基本機能を持っているので，設計から施工計画そして施工に至る流れの中で，綿密な検討と確実な施工を必要とする．また，高力ボルト接合や溶接接合は，骨組を構成する重要な部分で，その良否が建物の構造的な性能に重要な影響を及ぼす．したがって，この特色を十分に理解して，鉄骨工事の施工計画と管理に取り組むことが大切である．

2.1.4 鉄骨工事施工計画の重要性

建築の鉄骨工事は，地下工事や躯体コンクリート工事とともに全体工期を左右し，工事のペースメーカーになる．このため，その工事計画は，他の工事計画に与える影響も大きい．鉄骨工事計画の決定は，全体の施工計画に対して次のような影響を与える．

（1）他工種への影響
  a）建物の寸法諸元になるため，詳細が決定されている必要がある．
  b）鉄骨を貫通する設備スリーブの早期決定が必要になる．
  c）カーテンウォールなど鉄骨に取り付ける部材のファスナなどの早期決定が必要である．
（2）工程への影響
  a）鉄骨材料のロールの時期と製作期間により鉄骨納入が左右され，前後の工程が決定される．
  b）さらに，鉄骨の建方方法から定まる工区分割により全体の躯体工程が左右される．

(3) 総合仮設計画への影響
　a) 鉄骨建方方法により工事全体の揚重機の計画が左右される．
　b) 鉄骨を搬入するための道路，搬入口が全体計画を左右する．

鉄骨工事計画にあたっては，各工種の関連性を明確にして，鉄骨建方時期に合せて工程とスケジュールを決定することが大切である．

鉄骨工事のフローと役割の概念図を図2.1.2に，鉄骨工事の品質保証体系の例を図2.1.3に示す．

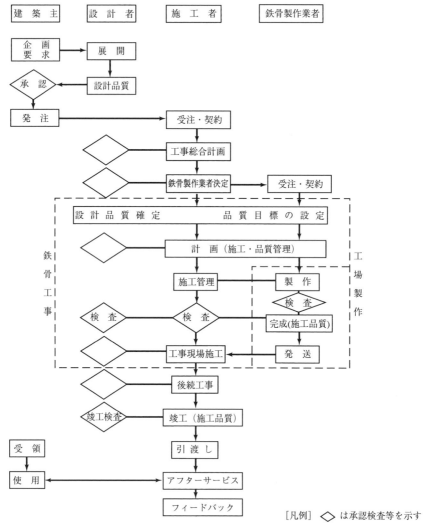

図 2.1.2　鉄骨工事のフローと役割の概念図

2章 鉄骨工事計画 —7—

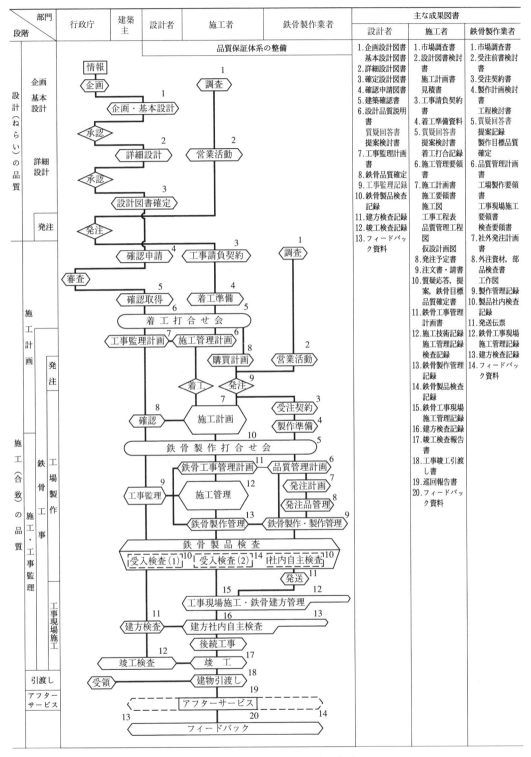

図 2.1.3 鉄骨工事品質保証体系図（例）

2.2 鉄骨工事の進め方

鉄骨工事における施工管理業務の流れを時系列に並べたものを図2.2.1に示す．この図は，工事現場施工管理者が鉄骨工事の施工管理の業務を遂行するにあたり，その内容と手順をフローチャートにしたもので，左側から「工事計画と伝達」，「工場製作」，「製品の検査」，そして「工事現場施工」の段階で表している．

本指針の編集も，基本的にこの管理業務の流れにそってまとめてあるので，施工管理の業務内容と，いつ，それを行うべきか十分に理解し，鉄骨工事の技術内容の検討をすすめるとよい．

2.3 工事計画前準備

2.3.1 上流での決定事項の確認

ここでいう上流とは，建築工事の受注契約の段階から鉄骨工事を計画する段階までのことをいう．工事の受注契約の段階においては，一般に発注者との間で設計変更に関することや質疑に対する回答，あるいは鉄骨製作業者の指定等の種々の取り交わし事項がある．これらを無視して工事計画することは後々の手戻りやトラブルの原因となる．したがって，鉄骨工事を計画するに際しては，鉄骨工事契約担当者および鉄骨工事担当技術者は，引継会議等においてそれらの情報をすべて確認した後計画することが必要である．

上流における決定事項を確認する主な事項を表2.3.1に示す．

表2.3.1 上流での決定事項の確認事項

①	契約条件等の確認	・使用契約約款
		・支払条件
②	契約外付帯条件等の確認	・設計変更の見通し
③	工事監理体制の確認	・組織，窓口
④	専門工事業者指定の有無	・調達部門と早期打合せ
		・鉄骨製作業者指定の有無
		・鉄骨製作業者の特記またはグレード指定の有無
		・非破壊検査会社指定の有無
⑤	施工上の制約条件	・作業日・作業時間等
		・その他〔2.3.4項参照〕

2.3.2 設計図書の確認

鉄骨工事を計画するに際しては設計図書全般に目を通し，鉄骨工事の全体像を把握しなければならない．設計図書および設計図書に準じる図書を，それらが発行された段階別に分類すると表2.3.2のようになる．

鉄骨製作業者・専門工事業者・非破壊検査会社を選定し，施工計画を立案するため最低限必要な確認事項を表2.3.3に列挙する．

2章 鉄骨工事計画 —9—

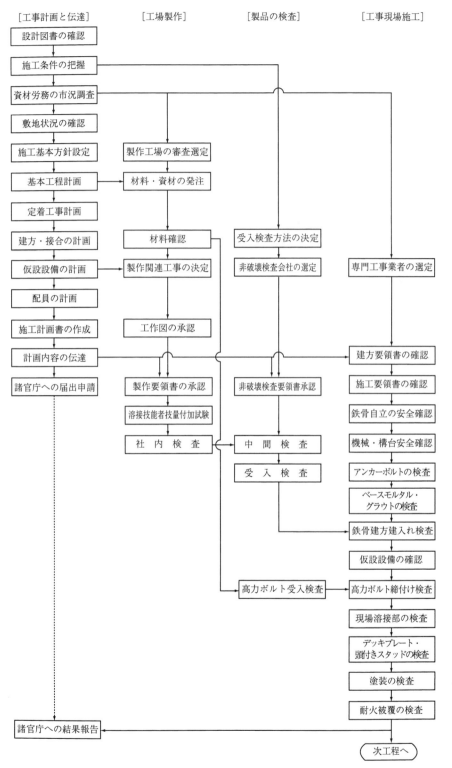

図 2.2.1 鉄骨工事施工管理業務の流れ

表 2.3.2 設計図書およびそれに準じるもの

① 現場説明時に発行されるもの	・設計図・特記仕様書
	・現場説明書・質問回答書
② 契約時もしくは契約後に交わされることがあるもの	・VE 提案合意書
③ 契約後発行されるもの	・質疑回答書
	・指示書

表 2.3.3 協力業者選定・施工計画立案のための確認事項

① 鉄骨製作業者は特記されていないか，あるいは鉄骨製作業者のグレードが特記されていないか．
② 受入検査のための非破壊検査会社は特記されていないか．
③ 鉄骨工事の規模はどの程度か．
④ どのような構造形式か．
⑤ 特殊な工法は用いられていないか．
⑥ 特殊な材料は用いられていないか．
⑦ 工場加工の全体的な難易度はどうか．
⑧ 建方の全体的な難易度はどうか．
⑨ 特殊な溶接は用いられていないか，工事現場溶接はあるか．
⑩ 高力ボルトの種類と締付け方法はどうか．
⑪ 特殊な塗装は用いられていないか，範囲はどうか．
⑫ 耐火被覆の種類とその範囲はどうか．
⑬ デッキプレートの種類と目的は何か．
⑭ 外壁・内壁は乾式パネルか否か．
⑮ 床板は乾式パネルか否か．

2.3.3 市況・労務状況の調査

資材の発注や専門工事業者の選定を効率的に行うには，新材料・新技術・新工法に目を向けるとともに，その時の工事の需給バランスや資材単価・労務単価とその供給能力等の市況を常に把握しておく必要がある．そのため，見積調書は労務調書とともに極力早めに作成するほうが良い．

表 2.3.4 に市況・労務状況の調査におけるポイントを，表 2.3.5 に専門工事業者選定の条件を示す．

表 2.3.4 市況・労務状況の調査におけるポイント

① 認定工場・認定業者の把握
② 経営状況の把握
③ 社内外の現状の仕事量把握と，ローテーションの組立
④ 構造図が確定してから，建方開始までの期間が最低何か月必要かを常に把握
⑤ 下記の要素の組合せによる市況の把握
　・用途（工場，倉庫，ショッピングセンター，事務所，マンション）
　・構造（S造，SRC造，SC造）
　・材質（SM材，SS材，SN材）
　・溶接長（50 m/t より多い，少ない）
　・溶接量
　・部材構成（ビルトH，ロールH，溶接組立箱形断面柱，コラム柱，Ｉビーム，トラス）
　・工場種別（S・H・M・R・Jグレード，その他）
⑥ 海外業者についての情報収集
　・認定取得工場等

表 2.3.5　専門工事業者選定の条件

① 技術的能力の確認	・工事の質および量
② 管理能力の確認	・工期・納期・品質管理および安全管理
③ コストの確認	・市況に対してのコスト努力
④ 経営的な能力の確認	・経営状態
⑤ 地理的な条件の確認	・運搬

2.3.4　現場状況・制約条件の確認

　鉄骨工事を計画するに際しては，鉄骨工事担当技術者はあらかじめ，現場状況や制約条件を調査・確認しておかなければならない．これらの調査・確認を怠ると意図したとおりの施工計画を作成することが難しく，意外なトラブルを生じることになる．また，設計者は十分に現場の状況，周辺の状況，関連設備等を調査・確認の上，設計図書を作成しているが，現実には設計期間の不足等の事情により不十分な図面になっている場合がある．したがって，鉄骨工事担当技術者は事前に現場の内外について十分調査・確認をした上で，施工計画を行う必要がある．

　表2.3.6に現場周辺の状況調査項目，表2.3.7に敷地内の状況調査項目を，また表2.3.8にはその他の要素も含めたチェックポイントを示す．

表 2.3.6　周辺の状況調査項目

① 周辺の道路状況	・幅員，歩道，傾斜，歩道切下げ，電柱，架空線，標識，看板，高さ制限
② 周辺の交通状況	・人，車，交通規制，幹線道路とのつながり
③ 周辺の埋設物	・電気，電話，ガス，上水道，下水道，マンホール
④ 周辺の環境	・住宅，学校，病院，鉄道，作業時間制限，電波障害
⑤ 工作物	・隣接建物や塀の状態・位置の確認
⑥ 公共施設	・バス停，街灯，消火栓，ガードレール，ポスト，電話ボックスの有無や配置

表 2.3.7　敷地内の状況調査項目

① 敷地境界	・境界標，境界塀
② 敷地の広さ	・建物位置，仮設建物（境界線までの余裕） ・揚重機の占有スペース，鉄骨の荷さばきスペース，鉄骨搬入トラックの駐車スペース
③ 上空障害物	・電線，マイクロウェーブ，航空障害，隣家の庇
④ 地盤	・重機設置地盤耐力，鉄骨運搬車両の走行（地盤の高低差，整地の状態，地中埋設物）

表 2.3.8　チェックポイント

①	運搬径路の道路幅員，高さ制限，大型車両規制はどうか
②	近隣に及ぼす騒音，振動が許容範囲内にあるか
③	作業時間制限はあるか
④	鉄骨，クレーン，足場が電波障害を起こすおそれはないか
⑤	隣接敷地内への飛来落下事故のおそれはないか
⑥	重機設置場所の地盤の状態は良いか
⑦	気象状況はどうか
⑧	建方開始時期はいつか，地下からか地上からか，また逆打工法の採用は

2.3.5 工事基本方針の設定

これまでに述べた種々の条件や取り交わし事項を確認した上で，設計図書に示された品質の建物を，安全を確保しながら工期内に，経済的に完成させるために，その現場に最も適した施工法を立案することが重要である．

工事基本計画については，鉄骨工事担当技術者は協力業者を含め企業内外の組織を活用し，一体となって策定する．表2.3.9に工事基本計画を策定する際の主な要素を示す．

表2.3.9 工事基本計画の要素

①	協力業者の決定	・鉄骨製作工場の選定・発注
		・鉄骨関連業者等の選定・発注
		・非破壊検査会社の選定・発注
②	建方工程の検討	・建方パターンと鉄骨の製作工程の整合
		・鉄骨工事所要工期の算出
		・鉄骨の輸送搬入計画
③	現場施工計画	・敷地条件・近隣協定・工事制約条件の確認
		・揚重機の種類・台数の決定
		・足場・構台の計画
		・建方手順の計画
		・安全養生施設の計画
		・使用工具の決定
		・必要労務数の算出と手配
④	施工関連工事の検討	・仮設工事
		・基礎・山留工事
		・躯体工事
		・仕上・設備工事
⑤	資材の発注と搬入計画	・鋼材メーカーのロール計画との調整と入荷時期の調整
		・製作工程と検査日程の調整
		・搬入順序と時期の計画
		・現地までの運行経路の調査
⑥	施工計画書・施工要領書の作成	・鉄骨工事施工計画書
		・鉄骨工事施工要領書［工場製作要領書／超音波探傷検査要領書／工事現場施工要領書］
⑦	関連工事との調整	・地上で取り付ける部材の作業調整
		・塗装の施工時期と施工順序の計画
		・耐火被覆工法の確認と施工時期の計画

（1） 品質管理方針の設定

目標とする品質は原則として設計図書に示されているので，設計図書を十分に検討し理解するとともに不明な点に関しては事前に協議し，問題を解決しておく．また，設計図書には，発注者の求める品質が必ずしも十分に表現されていない場合もあるので，鉄骨工事担当技術者は，発注者および設計者の意図を読みとり，適切な品質を確保するべく品質管理計画を策定する．

（2） 安全目標の設定

鉄骨工事中は第三者や近隣に対する安全確保をはじめ，建方用機械や鉄骨骨組の安全を確保することは工事基本計画を策定する上で最も重要である．事故や災害が発生すると，貴重な人命に影響を及ぼすだけでなく工事の中断や紛争解決のための工期の遅れ，工事の手戻りを招くことになる．

したがって，安全確保および災害の発生防止に対しては現場状況や工事の内容を把握の上，関係諸法規に従った計画を策定することが重要である．

（3） 工期主要管理点の設定

全体工期の中での鉄骨工事の時期の位置づけを明確にし，鉄骨製作業者およびその他の専門工事業者等とも十分意見の交換をして無理のない工程を組むことが大切である．また，工期が短い場合には安全性，品質等が損われがちになり，工事費の増加を招きやすいので，特に綿密な検討が必要である．なお，工期が十分にある場合でも，無駄のない合理的・経済的な工程を計画することが大切である．

（4） 原価管理目標の設定

経済性は単に安く建物等を造るということではない．直接的には，資材の発注，施工法の選定，鉄骨製作業者および専門工事業者の選定等を合理的に行うことが必要であるが，品質・工程・安全性との関連を総合的に判断しながら設定する．

2.4 鉄骨製作業者・専門工事業者等の選定・発注

2.4.1 鉄骨製作業者の選定・発注

鉄骨工事は鉄骨製作業者の選定を誤ると取返しのつかないことになるので，十分調査して，工事規模，技術内容に適した鉄骨製作業者を選定しなければならない．複数の工場を有する鉄骨製作業者にあっては，工場ごとの選定も含めて検討する．特に，初めての工場を検討する場合，往々にして製品の質・量に関係なく規模の大きい工場や，認定制度の上位グレードの工場を選ぶケースが多々あるが，これだけでは工事の内容に適した工場を選んだことにはならない．下位グレードでも一般的な鉄骨製作であれば十分な能力を有している工場は少なくないし，上位グレードであってもどんな鉄骨製作でも得意としているとは限らない．工事の内容によって適切な工場を選定することが望ましい．

工場の実地調査は事前に工場概要書や工事経歴書の内容を検討した後，実施すべきである．

工場を選ぶ条件としては，製品の加工能力，使用する鋼材の加工実績，溶接工法の種類と溶接施工能力等とともに，検査を含む製品の品質管理（経営者が品質管理に前向きな姿勢をとっているか）に重点をおくべきである．とりわけ溶接は鉄骨加工の根幹の技術であるので，溶接施工に対する姿勢や技術レベルが工場選定の最重要項目となる．

自主管理の行き届いている工場かどうかを必ず自ら出向いて確認すべきである．

選定にあたっては，下記事項を考慮し，各条件に適した鉄骨製作業者を選定する．

（1） 選 定 方 法

　a） 書 類 選 考

　　工場を調査する前に工場概要書や工事経歴書等の書類から工場の鉄骨製作能力を知ることができる．

　　書類選考に際して留意する主な項目を表2.4.1に示す．

表 2.4.1　書類選考による調査事項

① 工場の認定内容の確認
　・国土交通大臣の定めた認定工場であるかどうか
② 工場の製作能力
　・加工数量（月間の加工トン数），製作工程
　・作業員の動員可能数
　・工場敷地面積・製品置場面積，契約電力，溶接機台数，天井クレーン台数および吊り能力等から月間加工トン数を推定する．
③ 工場設備
　・工作，溶接，揚重，検査などに際して必要な設備・機器類の有無および台数
④ 技術者・技能者
　・社員構成
　・溶接管理技術者，溶接技能者などの資格別人数
　・現寸・切断・プレス・孔あけ・組立て・クレーン運転などの技能者の人数
⑤ 受注状況
　・過去の実績，発注する鉄骨を製作する時期の手持ち受注状況
⑥ 経営状況
　・主要取引銀行など
⑦ 工場の立地条件
　・運搬経路との関係

b）　工場調査

　工場概要書や工事経歴書等の書類から，その工場が当該工事に対し十分生産能力があると判断した後は実際に工場に出向き，経営姿勢，製品の生産管理状態を調べて判定する．
　工場調査時におけるチェックポイントを表 2.4.2 に示す．

表 2.4.2　工場調査のポイント

① 経営者や管理技術者とのヒアリング
　・経営方針，製品の品質管理に対する姿勢
　・工場の作業の流れ
　・作業の指示伝達方法
　・自主検査の方法
② 最近の工場製作要領書や打合せ議事録・検査記録等の確認
　・製作組織
　・製作要領書
　・品質管理基準
　・外注管理
　・記録管理および文書管理
　・溶接技能者および溶接の管理技術者・非破壊検査技術者の資格および人数
　・不具合処理とフィードバック
③ 工場内の整理整頓の状況把握
　・製作・検査用機械の管理
　・加工機械・溶接機等の設備とその整備状況
　・溶接の作業状況
　・製品置場の状況
　・他工事の製品の出来ばえ

c) 工場認定制度
① 建設省告示1103号（昭和56年）による大臣認定制度の廃止

従来，「溶接部ののど断面に対する許容応力度（建築基準法施行令第92条）」，および「溶接継目ののど断面に対する材料強度（同98条）」に関して，以下のように規定されていた．

（1）	自動溶接装置等の設置その他の建設大臣が高度の品質を確保し得ると認めて定める条件によって作業する場合	母材と同等
（2）	その他の場合	母材の0.9掛け

しかし，2000年（平成12年）6月1日に公布・即日施行された建築基準法改正に伴い，溶接継目ののど断面に対する許容応力度及び材料強度の数値について，作業条件によらず一定とするように改正された．（0.9掛け設計の廃止）

また，これに関連して改正前の施行令第92，98条に関連した旧告示第1103号「高度の品質を確保し得る作業方法の条件を定める件」が廃止され，結果としてこれを根拠にしていた大臣認定制度が廃止になった．

② 各団体の工場認定制度

2000年以前，建設大臣認定制度に合せて（社）鉄骨建設業協会（鉄建協），（社）全国鐵構工業協会（全構協）がそれぞれ工場のグレード分けを行ってきたが，「大臣認定制度の廃止」を契機に2年の猶予期間で新制度へ移行し，旧制度でのグレード分けは廃止された．

現行制度では，両団体が「指定性能評価機関（建築基準法第77条の56）」を設置し，両者で統一した基準による認定作業が行なわれている．認定フローを図2.4.1に示す．

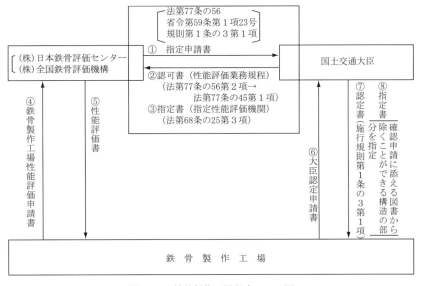

図2.4.1 鉄骨製作工場認定フロー図

・(一社)鉄骨建設業協会（鉄建協）

　　昭和12年10月　前身である東京鉄骨橋梁工業組合が発足

　　昭和56年11月　(社)鉄骨建設業協会が発足

　現行制度では，平成12年6月に指定性能評価機関として別組織となる（株）日本鉄骨評価センターを設置し評価を行っている．

　　内訳は，Sグレード（14）・Hグレード（84）・Mグレード（106）・Rグレード（85）・Jグレード（17）となっている．（計285工場．2017年4月現在）

・(一社)全国鐵構工業協会（全構協）

　　都道府県単位で組織している鉄骨業者組織の連合体である．

　　昭和48年7月　(社)全国鐵構工業連合会（全構連）として発足

　　平成12年7月　新評価制度に対応して組織変更

　現行制度では，指定性能評価機関として内部に鉄骨製作工場性能評価業務組織を設置して実施していたが，平成20年4月より別組織として設置した(株)全国鉄骨評価機構が評価機関として評価を行なっている．

　　内訳は，Sグレード（5）・Hグレード（237）・Mグレード（847）・Rグレード（658）・Jグレード（67）となっている．（計1 814工場．2017年4月現在）

③　指定性能評価機関による鉄骨製作工場のグレード別の適用範囲

　鉄骨製作工場の大臣認定性能評価基準（工場製作編「付1．鉄骨製作工場の性能評価」参照）に記述されているグレード別の適用範囲と別記事項をグレードごとにまとめ，以下に示す．なお，溶接材料は，被覆アーク溶接棒および耐候性鋼用の溶接材料を省略し，主要なものについてのみ掲載している．

Jグレード	1. 鉄骨溶接構造の3階以下の建築物（延べ床面積 500 m² 以内，高さ 13 m 以下かつ軒高 10 m 以下）とする． 2. 400 N 級炭素鋼で板厚 16 mm 以下の鋼材とする．ただし，通しダイアフラム（開先なし）の板厚は 400 N 及び 490 N 級炭素鋼で 22 mm 以下とし，ベースプレートの板厚は「別記 1　ベースプレートの板厚及び G コラムパネル厚肉部の板厚」による． 3. 作業条件は原則として下向姿勢とし，溶接技能者の資格は SA-2F 又は A-2F とする．ただし，横向姿勢を用いる場合，溶接技能者の資格は SA-2F 及び SA-2H 又は A-2F 及び A-2H とし，かつ溶接管理技術者は WES 2 級又は鉄骨製作管理技術者 2 級あるいは管理の実務を資格取得後 3 年経験した 2 級建築士の資格を保有していること．また，横向姿勢による完全溶込み溶接部の超音波探傷検査は全数とする． 4. 鋼種と溶接材料の組み合わせによる入熱及びパス間温度の管理値は，2．の範囲内で「別記 2　入熱・パス間温度」による．

[別記1] Gベースプレートの板厚及びGコラムパネル厚肉部の板厚

溶接方法	鋼　種	最大板厚	備　考
CO₂ ガスシールドアーク溶接	400 N 級炭素鋼（SS 400 を除く．）TMCP 鋼※1	75 mm 以下	※1 国土交通大臣認定品かつ降伏点 325 N 級の鋼材
	SS 400	50 mm 以下	
	490 N 級炭素鋼（TMCP 鋼を除く．）	50 mm 以下	
低水素系被覆アーク溶接	400 N 級炭素鋼	40 mm 未満	
	490 N 級炭素鋼	32 mm 未満	
低水素系以外の被覆アーク溶接	400 N 級炭素鋼	25 mm 未満	

[別記2] 入熱・パス間温度

鋼材の種類	規　格	溶接材料	入　熱	パス間温度
400 N 級炭素鋼（STKR，BCR 及び BCP を除く．）	JIS Z 3312	YGW11, YGW15	40 kJ/cm 以下	350 ℃ 以下
		YGW18, YGW19	30 kJ/cm 以下	450 ℃ 以下
	JIS Z 3313	T490Tx-yCA-U T490Tx-yMA-U	40 kJ/cm 以下	350 ℃ 以下
		T550Tx-yCA-U T550Tx-yMA-U	30 kJ/cm 以下	450 ℃ 以下
400 N 級炭素鋼（STKR，BCR 及び BCP に限る．）	JIS Z 3312	YGW11, YGW15	30 kJ/cm 以下	250 ℃ 以下
		YGW18, YGW19	40 kJ/cm 以下	350 ℃ 以下
	JIS Z 3313	T490Tx-yCA-U T490Tx-yMA-U	30 kJ/cm 以下	250 ℃ 以下
		T550Tx-yCA-U T550Tx-yMA-U	40 kJ/cm 以下	350 ℃ 以下

（注）ロボット溶接の場合，（一社）日本ロボット工業会による建築鉄骨溶接ロボットの型式認証条件に従うものとし，別記2はロボット溶接には適用しない．

Rグレード

1. 鉄骨溶接構造の5階以下の建築物（延べ床面積3 000 m² 以内，高さ20 m 以下）とする．
2. 400 N 及び 490 N 級炭素鋼で板厚 25 mm 以下の鋼材とする．ただし，通しダイアフラム（開先なし）の板厚は 400 N 及び 490 N 級炭素鋼で 32 mm 以下とし，ベースプレートの板厚及び G コラムパネル厚肉部の板厚は，「別記1　ベースプレートの板厚及び G コラムパネル厚肉部の板厚」による．
3. 作業条件は原則として下向姿勢とし，溶接技能者の資格は SA-3F 又は A-3F とする．ただし，横向姿勢を用いる場合，溶接技能者の資格は SA-3F 及び SA-3H 又は A-3F 及び A-3H とし，横向姿勢による完全溶込み溶接部の超音波探傷検査は全数とする．
4. 鋼種と溶接材料の組み合わせによる入熱及びパス間温度の管理値は，2. の範囲内で「別記2　入熱・パス間温度」による．

[別記1] ベースプレートの板厚及び G コラムパネル厚肉部の板厚

溶接方法	鋼　種	最大板厚	備　考
CO_2 ガスシールドアーク溶接	400 N 級炭素鋼（SS 400 を除く．）TMCP 鋼※1	75 mm 以下	※1 国土交通大臣認定品かつ降伏点 325 N 級の鋼材
	SS 400	50 mm 以下	
	490 N 級炭素鋼（TMCP 鋼を除く．）	50 mm 以下	
低水素系被覆アーク溶接	400 N 級炭素鋼	40 mm 未満	
	490 N 級炭素鋼	32 mm 未満	
低水素系以外の被覆アーク溶接	400 N 級炭素鋼	25 mm 未満	

[別記2] 入熱・パス間温度

鋼材の種類	規　格	溶接材料	入　熱	パス間温度
400 N 級炭素鋼（STKR，BCR 及び BCP を除く．）	JIS Z 3312	YGW11, YGW15 YGW18, YGW19	40 kJ/cm 以下	350 ℃ 以下
			30 kJ/cm 以下	450 ℃ 以下
	JIS Z 3313	T490Tx-yCA-U T490Tx-yMA-U T550Tx-yCA-U T550Tx-yMA-U	40 kJ/cm 以下	350 ℃ 以下
			30 kJ/cm 以下	450 ℃ 以下
490 N 級炭素鋼（STKR 及び BCP を除く．）	JIS Z 3312	YGW11, YGW15	30 kJ/cm 以下	250 ℃ 以下
		YGW18, YGW19	40 kJ/cm 以下	350 ℃ 以下
	JIS Z 3313	T490Tx-yCA-U T490Tx-yMA-U	30 kJ/cm 以下	250 ℃ 以下
		T550Tx-yCA-U T550Tx-yMA-U	40 kJ/cm 以下	350 ℃ 以下
400 N 級炭素鋼（STKR，BCR 及び BCP に限る．）	JIS Z 3312	YGW11, YGW15	30 kJ/cm 以下	250 ℃ 以下
		YGW18, YGW19	40 kJ/cm 以下	350 ℃ 以下
	JIS Z 3313	T490Tx-yCA-U T490Tx-yMA-U	30 kJ/cm 以下	250 ℃ 以下
		T550Tx-yCA-U T550Tx-yMA-U	40 kJ/cm 以下	350 ℃ 以下
490 N 級炭素鋼（STKR 及び BCP に限る．）	JIS Z 3312	YGW18, YGW19	30 kJ/cm 以下	250 ℃ 以下
	JIS Z 3313	T550Tx-yCA-U T550Tx-yMA-U		

（注）ロボット溶接の場合，（一社）日本ロボット工業会による建築鉄骨溶接ロボットの型式認証条件に従うものとし，別記2はロボット溶接には適用しない．

1. 鉄骨溶接構造の400N及び490N級炭素鋼で板厚40mm以下の鋼材とする．ただし，通しダイアフラム（開先なし）の板厚は400N及び490N級炭素鋼で50mm以下とし，ベースプレートの板厚，Gコラム及びSTコラムのパネル厚肉部の板厚は，溶接方法，鋼種及び板厚に応じた適切な予熱を行ったうえで溶接を行なうことにより40mmを超えることができる．
2. 作業条件は下向及び横向姿勢とする．溶接技能者の資格はSA-3F及びSA-3H又はA-3F及びA-3Hとする．
3. 鋼種と溶接材料の組み合わせによる入熱及びパス間温度の管理値は，1．の範囲内で「別記2 入熱・パス間温度」による．

Mグレード 入熱・パス間温度

[別記2]	鋼材の種類	規格	溶接材料	入熱	パス間温度
	400N級炭素鋼（STKR，BCR及びBCPを除く．）	JIS Z 3312	YGW11，YGW15	40 kJ/cm以下	350℃以下
			YGW18，YGW19	30 kJ/cm以下	450℃以下
		JIS Z 3313	T490Tx-yCA-U T490Tx-yMA-U	40 kJ/cm以下	350℃以下
			T550Tx-yCA-U T550Tx-yMA-U	30 kJ/cm以下	450℃以下
	490N級炭素鋼（STKR及びBCPを除く．）	JIS Z 3312	YGW11，YGW15	30 kJ/cm以下	250℃以下
			YGW18，YGW19	40 kJ/cm以下	350℃以下
		JIS Z 3313	T490Tx-yCA-U T490Tx-yMA-U	30 kJ/cm以下	250℃以下
			T550Tx-yCA-U T550Tx-yMA-U	40 kJ/cm以下	350℃以下
	400N級炭素鋼（STKR，BCR及びBCPに限る．）	JIS Z 3312	YGW11，YGW15	30 kJ/cm以下	250℃以下
			YGW18，YGW19	40 kJ/cm以下	350℃以下
		JIS Z 3313	T490Tx-yCA-U T490Tx-yMA-U	30 kJ/cm以下	250℃以下
			T550Tx-yCA-U T550Tx-yMA-U	40 kJ/cm以下	350℃以下
	490N級炭素鋼（STKR及びBCPに限る．）	JIS Z 3312	YGW18，YGW19	30 kJ/cm以下	250℃以下
		JIS Z 3313	T550Tx-yCA-U T550Tx-yMA-U		

（注）ロボット溶接の場合，（一社）日本ロボット工業会による建築鉄骨溶接ロボットの型式認証条件に従うものとし，別記2はロボット溶接には適用しない．

Hグレード	1. 鉄骨溶接構造の400 N，490 N 及び 520 N 級炭素鋼で板厚 60 mm 以下の鋼材とする．ただし，通しダイアフラム（開先なし）の板厚は 400 N，490 N 及び 520 N 級炭素鋼で 70 mm 以下とし，ベースプレートの板厚，G コラム及び ST コラムのパネル厚肉部の板厚は，溶接方法，鋼種及び板厚に応じた適切な予熱を行ったうえで溶接を行なうことにより 60 mm を超えることができる． 2. 作業条件は下向，横向及び立向姿勢とする．溶接技能者の資格は SA-3F，SA-3H 及び SA-3V 又は A-3F，A-3H 及び A-3V とする． 3. 鋼種と溶接材料の組み合わせによる入熱及びパス間温度の管理値は，1．の範囲内で「別記 2　入熱・パス間温度」による．				
	[別記2] 入熱・パス間温度	鋼材の種類	規　格	溶接材料	入　熱	パス間温度
		400 N 級炭素鋼 (STKR，BCR 及び BCP を除く．)	JIS Z 3312	YGW11, YGW15	40 kJ/cm 以下	350 ℃ 以下
				YGW18, YGW19	30 kJ/cm 以下	450 ℃ 以下
			JIS Z 3313	T490Tx-yCA-U T490Tx-yMA-U	40 kJ/cm 以下	350 ℃ 以下
				T550Tx-yCA-U T550Tx-yMA-U	30 kJ/cm 以下	450 ℃ 以下
		490 N 級炭素鋼 (STKR 及び BCP を除く．)	JIS Z 3312	YGW11, YGW15	30 kJ/cm 以下	250 ℃ 以下
				YGW18, YGW19	40 kJ/cm 以下	350 ℃ 以下
			JIS Z 3313	T490Tx-yCA-U T490Tx-yMA-U	30 kJ/cm 以下	250 ℃ 以下
				T550Tx-yCA-U T550Tx-yMA-U	40 kJ/cm 以下	350 ℃ 以下
		520 N 級炭素鋼	JIS Z 3312	YGW18, YGW19	30 kJ/cm 以下	250 ℃ 以下
			JIS Z 3313	T550Tx-yCA-U T550Tx-yMA-U		
		400 N 級炭素鋼 (STKR，BCR 及び BCP に限る．)	JIS Z 3312	YGW11, YGW15	30 kJ/cm 以下	250 ℃ 以下
				YGW18, YGW19	40 kJ/cm 以下	350 ℃ 以下
			JIS Z 3313	T490Tx-yCA-U T490Tx-yMA-U	30 kJ/cm 以下	250 ℃ 以下
				T550Tx-yCA-U T550Tx-yMA-U	40 kJ/cm 以下	350 ℃ 以下
		490 N 級炭素鋼 (STKR 及び BCP に限る．)	JIS Z 3312	YGW18, YGW19	30 kJ/cm 以下	250 ℃ 以下
			JIS Z 3313	T550Tx-yCA-U T550Tx-yMA-U		
	（注）　ロボット溶接の場合，（一社）日本ロボット工業会による建築鉄骨溶接ロボットの型式認証条件に従うものとし，別記 2 はロボット溶接には適用しない．					
Sグレード	1. 全ての建築鉄骨溶接構造とする． 2. 使用する鋼種及び溶接材料に適合した，適切な作業条件を自主的に計画し，適切な品質の鉄骨を製作できる体制を整えている．					

(2)　選定に際してその他の留意事項

選定に際して留意する事項を表 2.4.3 に示す．

表 2.4.3　選定に際してその他の留意事項

①	構造別の得意・不得意はどうか
②	建方時期に合わせた製作が可能かどうか
③	設計レベルに対応できるかどうか
④	質疑および提案能力があるかどうか
⑤	自主工場でやるのか，外注か
⑥	過去に品質・工程・コスト上で問題がなかったか
⑦	過去に取引があったか，初めてか
⑧	将来性

2章 鉄骨工事計画 —21—

(3) 発注条件の明確化

契約に際しては，設計図書および施工計画書をもとに，発注条件を明確にしておく．発注条件を明確にする上で確認しておくべき項目を関連工事別に表2.4.4に示す．

表 2.4.4 関連工事別項目内訳

		項　目　内　訳		
鉄骨本体工事	工場製作	① 鋼材の材質 ② 工場製作要領書作成 ③ 工作図・現寸図作成 ④ 工場溶接 ⑤ 塗装 ⑥ 曲げ加工	⑦ 塔屋鉄骨 ⑧ 付属鉄骨 ⑨ 頭付きスタッド（柱脚） ⑩ 頭付きスタッド（梁上） ⑪ 頭付きスタッド（梁側）	
	試験と検査	① 受入検査段取（工場） ② 非破壊検査（社内） ③ 検査費用のうち旅費等 ④ 鋼材試験 ⑤ 技量付加試験（工場） ⑥ 技量付加試験（工事現場）	⑦ 高力ボルトすべり試験 ⑧ 高力ボルト導入張力確認試験 ⑨ 自主検査報告の提出	
	工事現場施工	① 仮ボルト ② 高力ボルト ③ デッキプレート ④ アンカーボルト ⑤ ベースモルタル ⑥ テンプレート ⑦ アンカーボルト据付・台直し ⑧ 仮設梁・ブレース ⑨ 運搬	⑩ 製品取込（荷降） ⑪ 場内小運搬 ⑫ 休憩所等 ⑬ 地組用機械 ⑭ 地組用仮設材（馬・レール） ⑮ 建方用機械 ⑯ 現場工事用電力・用水 ⑰ 建方施工 ⑱ 現場取付（合番）	⑲ 建入れ直し・スパン調整 ⑳ 現場取付（本締め） ㉑ 工事現場溶接 ㉒ 現場塗装
仮設工事	工場取付	① 固定式タラップ ② 足場固定金物 ③ 吊ピース（柱・梁・足場） ④ 安全通路設置用ピース ⑤ 足場ブラケット	⑥ ステージ受け金物 ⑦ 親綱受けピース（中間階） ⑧ ネット受け金物 ⑨ 親綱スタンション（最上階） ⑩ 建入れ直し（ひずみ直し）ピース	
	工事現場取付	① 仮設材の取外し ② 移動式タラップ ③ 建方用機械構台補強 ④ 足場材および架払い	⑤ 仮支柱・仮梁 ⑥ 仮設ピース切断	
躯体工事		① かんざし ② デッキプレート受け材 ③ 鉄筋貫通孔 ④ スパイラルフープ取付け	⑤ 壁筋定着用SWスタッド筋 ⑥ セパレータ孔 ⑦ 吊り型枠用ピース	
設備仕上工事		① PC板受け一次ファスナ ② 鉄骨補強 ③ 階段受け鉄骨 ④ 鉄骨階段および手すり ⑤ 屋上フェンス受け	⑥ サッシ取付下地 ⑦ シャッター取付下地 ⑧ エレベーターファスナ ⑨ エレベーター三方枠下地 ⑩ 設備機器架台	⑪ 設備用梁貫通スリーブ

2.4.2 専門工事業者の選定・発注

工場において製作された鉄骨は，鉄骨建方業者らの専門工事業者の共同作業によって工事現場施工される．したがってこれらのチームワークが大変重要となる．しかし工事現場施工においては，

工事ごとに作業環境や鉄骨の構造形式等が異なるため，専門工事業者の選定に際しては，工事の規模・鉄骨の構造形式・施工法およびその難易度等によって，それらに適した業者を選定する必要がある．

専門工事業者の選定に際し，準備・確認すべき事項を下記に挙げる．

（1） 施工数量の把握

特に鉄骨建方業者および現場接合業者を選定する際には事前に以下の数量程度は把握しておく．

① 柱・梁の部材数
② 工区別・節別の部材数
③ 部材別の重量
④ 高力ボルトの本数
⑤ 現場溶接長さ

（2） 鉄骨建方業者の選定

中小規模の工事の場合は鉄骨製作業者が建方も行う場合が多いが，大規模な工事の場合は建方を専門工事業者に発注するのが一般的である．建方業者は専門工事業者の中でも特に中心となる職種となるので，工事規模やその難易度を把握の上，以下の事項に留意して選定することが重要である．

① 工事経歴と施工能力を確認する
② 保有機械設備（重機込みの場合）を確認する
③ 資格保有者を確認する（作業主任者・作業指揮者）
④ 工程計画と労務との調整をする

（3） 鉄骨関連業者の選定

建物が鉄骨造の場合と鋼コンクリート合成構造の場合では関連業者の種類も異なるが，いずれにしても業者を早期に選定し，鉄骨製作業者と連携して工事計画を進める．

鉄骨工事に直接関連する工事現場の作業職種としては次のとおりである．選定に際しては作業職種ごとに必要な資格を有しているかどうかも確認する．

① 工事現場溶接業者
② ボルト接合業者（高力ボルト接合，溶融亜鉛めっき高力ボルト接合）
③ アンカーボルト据付業者・ベースモルタル施工業者
④ 仮設設備組立て業者（足場組立て，防護設備架設）
⑤ デッキプレート工事業者
⑥ 頭付きスタッド工事業者
⑦ 鉄骨塗装工事業者
⑧ 耐火被覆工事業者
⑨ 計測業者
⑩ クレーン業者

（4） 発注条件の明確化

工事業者の職種ごとに若干の相違はあるが，業者選定時に明確にすべき項目としては下記のもの

がある．
① 工事範囲および仕様
② 施工時期，工程
③ 立地条件ほか施工上の制約条件
④ 施工精度
⑤ 現場施工計画

関連業者と事前に打合せをしておくべき主たる事項を表2.4.5に示す．

表2.4.5 関連業者と事前に打合せを要する事項

①	製品の符号，方向表示の読み方	……… 表記部位
②	搬入順序および時間	……… 建方順序
③	柱建て起こしの方法	……… 柱の仮支持の方法
④	玉掛けワイヤの掛け方，太さ，長さ	……… 玉掛けの方法・工具
⑤	仮ボルトの要領	……… 配置，本数
⑥	建方作業を指揮する者の任命の確認	……… 信号合図の方法
⑦	命綱の使用方法，親綱の張り方	……… 作業手順
⑧	部品，工具類の落下防止	……… 保持の方法
⑨	強風，地震に対する養生方法	……… 作業不能の場合の連絡方法

2.4.3 非破壊検査会社の選定・発注

超音波探傷検査技術は複雑で，かつ検査結果については検査技術者の技量や人間性を信頼せざるをえない．したがって，いかに信頼性の高い検査会社を選定するかが重要である．

検査会社の選定は，検査対象工事物件に対応して表2.4.6に示すような評価項目に基づいて総合的に判断して決定する．

表2.4.6 評価項目

①	品質管理体制
②	検査技術者の技量と人数
③	過去の実績
④	検査会社の規模

検査会社の公的な認定制度には（一社）日本溶接協会が行っている溶接構造物非破壊検査事業者の認定（CIW認定）があり，鋼構造物の溶接部について放射線検査（RT），超音波検査（UT），磁気検査（MT），浸透検査（PT），渦電流検査（ET），ひずみ測定（SM）などの非破壊検査を行う検査会社の技術者数，設備・機器の管理および品質システム体制について審査し認定している．さらに超音波検査（UT）部門においては付加要求事項（JSSC鉄骨製品検査技術者/超音波検査技術者の資格保持，外観検査を含め鉄骨検査に必要な項目の教育・訓練）を満たしている検査会社を「建築鉄骨検査適格事業者」として認定している．なお，認定種別にA～Dとあるが，これは認定検査の部門数（A：5または6部門，B：3または4部門，C：2部門，D：1部門）を表したもので，建築鉄骨の検査ではUT部門が認定されている必要がある．

検査会社には受入検査のみを行っている会社，社内検査のみを行っている会社，両方行っている会社がある．受入検査を発注する場合は受入検査専門の会社がベストと考えられるが，両方を行っている会社については，同じ鉄骨製作工場内で受入検査と社内検査両方を行うようなことは倫理的に問題があり避けるべきである．

（1） 品質管理体制

検査会社の選定のいちばん重要な評価項目である．検査会社の検査を信頼するためには，会社の品質管理体制が十分に確立されていることが前提であり，会社の規模の大きさとか過去の実績のみでは，信頼するべきでない．そのためにも事前に調査をするのが望ましい．表 2.4.7 にその調査項目を示す．

表 2.4.7　事前に実施調査する項目

①　検査作業マニュアルの有無と概要
②　検査員以外の者による検査報告書の最終確認体制の確立
③　検査機器の管理方法
④　検査員教育の状況
⑤　外注管理の方法
⑥　検査技術者の検査作業状況のチェック方法
⑦　その他品質管理等で特に配置していること

（2） 検査技術者の技量と人数

検査技術者の資格については「工場製作編」8.1.4 項に記述がある．受入検査を行う検査技術者は一人で溶接部の外観検査と超音波探傷検査を合わせて行うため，原則として次の4種類の資格を有することが望ましい．

①　建築鉄骨超音波検査技術者
②　JIS Z 2305　UT レベル 3 またはレベル 2
③　鉄骨製品検査技術者
④　溶接管理技術者　特別級，1級，2級のいずれか

人数に関しては，その工事規模および工程に応じた人数が安定して供給できるかどうかが選定のポイントとなる．

（3） 過去の実績

検査を発注する予定の物件と過去の実績とを照らし合わせて，選定の対象会社を絞りこむことは可能であるが，あまり実績にとらわれると新しく能力を向上してきた会社を排除することにもつながりかねない．したがって，過去の実績のみでの評価は注意が必要である．さらに，建築鉄骨の比率が高いかどうかを調べることも重要である．表 2.4.8 に実績に関するチェックポイントを示す．

（4） 検査会社の規模

特に大型工事物件や検査期間が十分に確保できない物件では検査会社の規模は大きな評価項目となる．表 2.4.9 に検査会社の規模に関するチェックポイントを示す．

表 2.4.8 実績に関するチェックポイント

① 工事名称・概要	・工事概要等も伴せて加味する
② 取引先	・過去においてどのような管理がなされてきたかを推測する
	・過去において鉄骨製作業者との取引の実績を調べる
	・過去において受入検査の実績があるかどうかもポイントとなる
③ 検査内容	・検査内容（開先検査，組立検査，予熱管理，外観検査，非破壊検査）
	・非破壊検査の種類（超音波探傷検査，放射線透過検査，磁粉探傷検査，浸透探傷検査）
④ 検査対象	・下記の技術内容についても比較し適否を判断する
	鉄骨の形態（パイプ，ボックス等）
	材料の種類（SA 440，鋳鋼等）
	開先の形状（狭開先等）
	溶接の種類（エレクトロスラグ溶接等）

表 2.4.9 検査会社の規模に関するチェックポイント

① 営業所の所在地	・検査場所に近いほどコスト負担が少ない
② 団体への加入状況	・団体に加入しているからといって技量的に優れているとは必ずしもいえないが，動員力としては優れている
	・検査会社の加入している主な団体
	（一社）CIW 検査業協会
	（一社）日本非破壊検査工業会
③ 保有機器の台数	・検査技術者の数に見合った台数が確保されているか

なお，受入検査が適切に行われるためには，上記に記述したように検査会社の選定が非常に重要であるが，それだけでは十分ではなく，受入検査の進捗状況，検査結果の確認など施工者が積極的に関わる必要がある．

2.5　鉄骨工事計画のための設計図書の検討

　鉄骨を製作し建方を行うために鉄骨工事担当技術者が確認・協議して，鉄骨製作業者に伝達すべき情報は多岐にわたる．

　まず基本的には設計図書を鉄骨製作前に確認し，不明な点に関しては工事監理者に質疑を提出し，事前に問題を解決しておく．特に鉄骨製作業者は，加工組立方法について独自のノウハウや習慣に基づく要望を提出してくることが多いので早目に吸い上げて工事監理者と協議しておく．一方，仮設工事・躯体工事・設備工事・仕上工事等と関連することの中には，それぞれの工事計画が具体化するのを待たないと決定できない事項もある．したがって，鉄骨工事担当技術者は全体工程を十分把握した上で，適切な時期に必要な協議を行っていかねばならない．

　以下，鉄骨工事担当技術者が確認・協議すべき事項を，仕様面，設計面，施工面，躯体工事・設備工事・仕上工事との取合い，の順序で説明する．

2.5.1　仕様面からの検討

　仕様は鉄骨工事全体のグレードを規定するものであり，これを最初に把握することは重要である．

表 2.5.1 に示すような仕様は，主に特記仕様書に記載されているべき事項であるが，必ずしも十分に特記されているとは限らない．そのような場合は鉄骨製作業者等の要望も取り入れた上で，工事監理者と協議する必要がある．以下に仕様書の順に従って検討すべき事項を挙げる．

表 2.5.1 仕様書上のチェックポイント

各種試験	材料試験の有無・抜取率・免除規定 溶接施工性試験の有無・仕様・免除規定 溶接技能者の技量付加試験の有無・仕様・免除規定 高力ボルトすべり試験の有無・仕様・免除規定
各種検査[1]	現寸検査の有無・方法・頻度 中間検査の有無・方法・頻度 受入検査の有無・方法・頻度・書類形式 仮組検査の有無・方法
鋼材種別	柱・梁・ブレース・小梁・間柱等の材質・規格 鋼材の材質に対する特記の有無 TMCP鋼・耐火鋼・耐候性鋼等の有無 電炉材の使用の可否・範囲
加工	切断の方法・粗さ 開先加工の方法・粗さ 孔あけの方法・大きさ 曲げ加工の方法・曲げ半径
溶接接合	溶接の種類・仕様 溶接材料の種類・規格 溶接材料に係わる技術基準と溶接条件[2] 溶接技能者の資格 建築鉄骨溶接ロボット型式認証の有無・ロボット溶接オペレータの資格 エンドタブの種類・切断の必要性[3] 裏当て金の種類 スカラップの有無 頭付きスタッド溶接の仕様・溶接技能者の資格・検査方法
非破壊検査	社内UT検査の抜取率・許容欠陥の記載の必要性 受入検査の内容・抜取方法・抜取率 溶接前外観検査・溶接中検査の必要性 鋼管継手部，角形鋼管角部への適用の可否[4]
高力ボルト接合	高力ボルトの種類・径 縁端距離 摩擦接合面の処理方法，表面粗さまたは赤さび状況 発せい促進剤の使用の可否・種類 高力ボルトの締付け方法 トルシア形高力ボルトの使えない部位の高力ボルトと締付け方法
防せい処理	塗装の仕様・範囲 工事現場溶接部の塗装種別 耐火被覆部の塗装の有無と塗料の種類[5] 溶融亜鉛めっき工法適用部位の有無・仕様
耐火被覆	耐火被覆の種類・厚み・範囲 複合耐火の適用の有無
建方	定着部のモルタル充填方法 工事現場溶接の有無・部位・仕様・溶接技能者の資格 混用継手の有無・施工手順

[注] 1) 各種検査については特記されないことが多いが，費用のかかることなので，鉄骨製作業者に発注する時点では頻度や回数について工事監理者と協議しておいたほうが良い．
2) 告示において，溶接される鋼材の種類に応じて溶着金属としての性能を有する溶接材料の使用が規定された．この性能を保証するための溶接条件を工事監理者と事前の協議をしておく必要がある．
3) エンドタブは鉄骨製作業者によって固形エンドタブをはじめとした工法採用の要望が強く出されることが多い．しかし，鋼製タブ使用以外は代替タブ工法であり，工事監理者の承認が必要となるので，鉄骨製作業者決定後速やかに協議したほうが良い項目の一つである．また，このような工法では，技量付加試験が必要となる場合があるので，工事監理者と協議しておいたほうが良い．
4) 鋼管に対する非破壊検査は細径の円周継手は適用を除外されている．
5) 耐火被覆に覆われる部位の防せい塗装については，しばしば議論の対象となるところであるが，その長所短所を把握した上で協議すべきである．詳しくは9.3節「耐火被覆と塗装の整合性」を参照すると良い．

2.5.2 設計面からの検討

仕様の把握に次いで，鉄骨の形態とその詳細を把握する必要がある．それらは構造図に表現されているが，建築図との整合性が不十分であったり，納まりに関する表現が不足していることがある．このような場合，工事監理者に質疑を提出し回答を得るようにする．表2.5.2に構造図の順序に従って確認するべき事項を挙げる．

表 2.5.2 構造図のチェックポイント

伏図	建築図との整合性 鉄骨レベルおよび仕上レベルとの関係[1] 小梁の割付け 剛接継手とピン接継手の使い分け デッキプレートの敷込み方向 SRC造とRC造の平面的な切換え位置 母屋の割付け・水平ブレースの有無 エキスパンションジョイントの有無・位置
軸組図	柱継手位置・梁継手位置[1] 躯体勾配の有無・キャンバーの有無 ハンチの有無・ハンチ始端位置 ベースプレートのレベル[1] SRC造とRC造の立面的な切換え位置 柱脚埋込みの有無 胴縁の割付け
心線図	基準心と鉄骨心の関係 柱心に対する大梁の寄りの有無 柱・梁鉄骨フランジと鉄筋コンクリート壁心の関係
断面リスト	伏図との整合性 各部材の材質の使用区分[2] コンクリートのかぶり厚 組立材と圧延材の使用の区分
継手基準	断面リストとの整合性 スプライスプレートの材質・形状 フィラープレートの材質・適用部位 高力ボルト孔径・ピッチ・端あき 小梁継手のガセットプレート形状

	大梁と小梁に段差がある場合の小梁継手詳細[6] コンクリートを充填する鋼管の接合[3]
開先基準	開先の種類・仕様 裏当て金の材質・形状・組立方法 エンドタブの材質・形状・組立方法 スカラップの有無・形状 スニップカットの形状 板厚に段差がある場合の処置
詳細図（柱脚）	アンカーボルトの形状・据付け方法 ベースプレートの形状 柱脚絞りの有無・形状 頭付きスタッドの打設の有無・径・ピッチ・長さ
詳細図（仕口部）	開先基準の適用部位 十字柱のフランジ・ウェブの通し方向（X，Y） 十字柱の柱・梁の通し方向[4] 十字柱の中間スチフナがある場合の柱・スチフナの通し方向[4] 十字柱のスカラップ・スニップカットの位置 組立箱形柱の角継手の完全溶込み溶接範囲 組立箱形柱のダイアフラムの溶接方法 柱絞り部の板曲げ位置 柱・梁の板継ぎの位置 十字柱のバンドプレートの位置・形状・材質
詳細図 （ブレース・トラス）	部材心の押さえ ブレース・トラス・スチフナ等の開先基準[5] リブプレートの形状
詳細図（階段）	踊り場受け小梁・間柱と本体鉄骨との取合い[6] 現場継手位置・レベル調整方法 躯体への定着方法
詳細図（その他）	母屋・胴縁受ピース詳細・開口補強要領 エキスパンション・ジョイント部のクリアランス・すべり材の有無 コンクリートを充填する鋼管の蒸気抜き孔[7]

[注] 1) 鉄骨の各部材の寸法を決めていく上で基本となるのは，平面的には鉄骨心および梁の継手位置である．また立面的には，鉄骨天端レベルおよびベースプレート下端レベル・柱の継手位置である．
2) 断面リストで重要なのは，各部材の材質の使用区分が明記されていることである．片持梁，間柱，ブレース等が盲点となりやすい．
3) 溶接による加熱の影響でコンクリートの強度低下を生じさせないために，コンクリートを充填する鋼管の接合は，コンクリートを充填する前に溶接を完了しておく必要がある．充填後に溶接する場合はコンクリートが充填されている部分以外で行い，充填されている部分から30cm以上の離れた部分で溶接することを原則とする．
4) 詳細図では，鉄骨鉄筋コンクリート造によく用いられる組立十字柱の仕口部について，通しプレートの優先順位が明確に示されていなくてはならない．特に梁にレベル段差がある場合が見落されやすい．
5) ブレースやトラスの斜材等の溶接開先基準は一般の仕口と異なるが，往々にして指示が欠落していることがあるので注意する．
6) 2次部材では，床に段差がある場合の大梁と小梁の取合い詳細が示されているか確認しておく必要がある．階段の踊り場受け材も見落とされやすい部位である．
7) 火災時の温度上昇により鋼管内のコンクリートから発生する水蒸気を鋼管外に逃がし，内圧が上昇しないようにするために設ける必要がある．

2.5.3 施工面からの検討

仕様書，設計図によって設計の意図を細部まで把握した後，施工的な面からの諸検討を行わなくてはならない．工事の手順に従って，材料発注・工場製作・運搬・高力ボルト接合・工事現場溶

表 2.5.3 施工上のチェックポイント

材料発注	発注から納期までが長い特殊な材料・部材の有無 組立材と圧延材の置換の可否 高炉材と電炉材の置換の可否
工場製作	ダイアフラム間隔とその溶接施工性 十字柱の断面寸法とその溶接施工性 ブレース・トラス斜材の開先形状と溶接ビード干渉の有無 ダイアフラムの厚みとエレクトロスラグ溶接の可否 溶接組立H形断面材ウェブの厚みと溶接ひずみの有無 入熱・パス間温度の管理 仕口のダイアフラムとフランジのずれおよび突合せ継手の食違い アンダーカット
運搬	部材寸法・継手長さと運搬可能寸法との関係 部材形状と積載効率との関係 部材形状からみた運搬時の変形防止措置の必要性
高力ボルト接合	電動式締付器具を使用できない部位の有無・対策 十字柱のウェブ継手のボルト締め施工性 スプライスプレートとハンチ梁折曲り部の干渉の有無
工事現場溶接	溶接工法と防風対策の必要性 エレクションピースの位置・形状と溶接手順の関係 溶接縮みと部材製作寸法との関係 裏当て金・エンドタブの取付時期と取付方法 入熱・パス間温度の管理 仕口のダイアフラムとフランジのずれおよび突合せ継手の食違い アンダーカット
建方	部材重量と定格荷重の関係 吊りピース・仮設タラップ・タラップ受けピースなどの必要性 ひずみ直しピース・安全ネット受けピースなどの必要性 揚重機械支持のための鉄骨補強の必要性 仮設ブレース・仮設梁・仮設柱等の必要性 仮組みの必要性

接・建方の順序で検討すべき事項を表 2.5.3 に挙げる．

(1) 材料発注についての検討

直接材料発注するのは鉄骨製作業者であるが，構成部材の材種によって材料発注時期・入手時期が異なるので，建方工程を元に各材種の発注時期を見極めねばならない．ダイアフラム内蔵の角形鋼管などは発注から入手までの期間が最も長くなるので特に注意を要する．

一方，鉄骨製作業者が工場加工手間を減らす目的で，溶接組立H形断面（ビルトH）材を類似のロール材に置換する要望をすることがある反面，ロール発注する時間的余裕がなくて逆の要望をすることもある．

また，コストやシャーリング手間を省くことを目的として，電炉材の広幅平鋼をビルトH材に用いることを計画することもある．

(2) 工場製作についての検討

溶着金属の強度や靱性に影響する大きな要因として溶接条件の入熱量・パス間温度が挙げられ，溶接施工にあたって，その管理について事前に検討しておく必要がある．

その他，事前に検討しておくものは，仕口部のダイアフラムの間隔が狭過ぎないか，SRC 造の十字柱のウェブが偏心し過ぎて溶接不可能となっていないかといったことが挙げられる．

ブレースやトラスの斜材など複数の溶接部が近接する場合，ビード間の干渉はないか，開先形状や溶接姿勢は適正かを，現寸検査以前に検討しておく．

（3） 運搬についての検討

運搬しうる鉄骨の大きさは，各製作工場の特殊車両通行許可申請（道路管理者）や制限外許可申請（警察署）による許可の結果により定まる．これは，工場から現場までの道路の幅員・交通規制・時間帯・積載制限等によって審査され，その条件によって同じ現場でも，結果が異なることがあるので注意が必要である．設計図に示された継手位置がこれらの条件を満たしていない場合は，工事監理者と協議の上，変更する．

また，部材の大きさは許容範囲でも，運搬能率が悪い形状であったり，運搬時に曲がり・座屈などが生じやすい形態の場合は，継手位置を変えるか，支持金物・治具等により形状保持を図る．

（4） 高力ボルト接合についての検討

高力ボルト接合の施工には，主として電動式締付器具が用いられている．しかし，これらの器具を納まり上使用できない部位が存在しないか，事前に検討しておく．このような部位ではトルシア形高力ボルトを用いることはできないので，高力六角ボルトの準備をし締付け方法を定めておく．一般には，SRC 造十字柱のウェブジョイントや梁フランジ継手に梁貫通スリーブが近隣する場合等にそうなることが多い．

（5） 工事現場溶接接合についての検討

高層建築工事では大梁の接合に現場溶接がしばしば用いられる．現場溶接を用いる場合，どのような溶接工法を用いるか，その際に防風対策の必要性はどうかなどを検討しておく．

また高層建築においては，現場溶接や自重等による柱に無視できない縮みが生じることがある．あるいは大梁の現場溶接によっても各スパンに溶接縮みが生じる．いずれの場合も縮み代を予測し，建方手順や部材製作寸法に反映させていくようにしたい．

（6） 建方についての検討

建方計画の基本となるのは，施工機械の選定と，その定格荷重の把握である．各部材重量がこの吊り荷重を下回っているか確認し，そうでない場合は継手箇所を増やす等の対策を講じる．タワークレーン等の施工機械を鉄骨架構に支持させる場合は，建方時に生じる荷重を計算した上で，適切な補強方法を計画しなくてはならない．また，SRC 造と RC 造の混合構造等において，設計図に示された部材だけで鉄骨架構を自立させ精度を確保するのが困難なことがある．その際は仮設ブレース，仮設梁，仮設柱等を計画する．ただし，鉄筋や型枠施工との干渉に注意して位置を決める必要がある．

鉄骨造の建物の場合，耐震用間柱や片持梁先端のつなぎ柱など，本来軸力負担を前提としていない柱が用いられることがある．このような柱は継手部の本締め手順を遅らせたり，ボルト孔をルーズにしたりするなどの処理が必要となることもあるので，工事監理者と十分協議して建方手順を計画する．

なお，施工計画上の理由で，RC造の階段室を鉄骨階段に変更することがあるが，このような場合も，コンクリート内に打ち込む仮設梁，仮設ポストが必要となる．

2.5.4 躯体工事に関連する検討

躯体工事に関連する検討も，施工計画とかかわるものが多い．表 2.5.4 に他の躯体工事に関連するチェックポイントを示す．鉄筋工事，コンクリート工事，デッキプレート工事の順で検討事項を挙げる．

表 2.5.4 他の躯体工事に関連するチェックポイント

鉄筋工事	鉄筋貫通孔の径・位置・1段筋の通し方向 小梁下端筋の貫通孔の必要性 スペーサの高さ・材料・ピッチ 鉄筋貫通孔とスカラップ・溶接ビードとの干渉の有無・対策 スリーブとの干渉 耐震壁の主筋と鉄骨フランジの干渉の有無・対策 アンカーボルトと基礎梁主筋の干渉の有無・対策
コンクリート工事	セパレータ孔の径・位置 支保工受けピース・足場受けピースの必要性 S-SRC切換え部のコンクリート漏止めの対策 コンクリート打設開口の必要性・補強方法 仕口部形状とコンクリート充填性の関係
デッキプレート工事	継手回りのデッキ受け材の形状・溶接方法 柱回りのデッキ受け材の形状・溶接方法 床段差部のデッキ受け材の形状・溶接方法 外周はね出し部のスラブ型枠支持方法

(1) 鉄筋工事に関連する検討

SRC造の場合，鉄筋工事との取合い上，確認すべき項目は多い．X，Y方向の梁主筋のうちどちらを1次筋とするか，仕口部における鉄筋貫通孔とスカラップの干渉をどこまで許容するか，小梁の下筋の貫通孔を設けるかどうか等は，どの工事でも共通の課題である．また，耐震壁の主筋が鉄骨フランジと干渉する場合はフランジにスタッド溶接という方法もあるが，なるべく壁心を調整してフランジを逃げるべきであろう．

また，アンカーボルトやアンカーフレームと基礎梁主筋の干渉を避けるため，仕口部の詳細図を描いて検討しておいたほうが良い．

(2) コンクリート工事に関連する検討

SRC造の場合，梁下に支保工を設けず，コンクリート自重を梁鉄骨に預ける工法がある．このような工法を計画するときは工事監理者と協議し，鉄骨耐力が不足する場合は仮設ピースを設けてスパン中間部で支持する．また立上りがSRC造で大スパンの屋根のみS造とすることがあるが，このような場合S造の梁端部にコンクリート漏止めプレートを計画しておく．

また，鋼管内にコンクリートを打設する場合，コンクリート打設孔が必要となる場合もある．しかし，このような打設孔は打設後の補強が必要となるので，箇所・位置を工事監理者と十分協議す

るとともに，打設孔を最小にする施工計画を立案するのが望ましい．

コンクリートの充填性を考え，ダイアフラムの形状についてもよく検討しておく．詳細については工場製作編 4.16 節を参照すること．

（3） デッキプレート工事に関する検討

デッキプレート敷設のためには，高力ボルト接合部のスプライスプレートを避けて，デッキ受け材を計画する．これはフランジの小口へ取り付けることになるので，溶接方法にも注意を払うべきである．柱回りも同様に隅角部のデッキ受けが必要となる．仕口部現場溶接等の場合，これは現場取付けとなることも多いが，仕口部近傍であるので取付方法について工事監理者と協議しておく．また，外周梁自身で薄鋼板等のスラブ型枠を支持するよう計画したほうが良い．

2.5.5 設備工事・仕上工事に関連する検討

SRC 造の場合は，主に設備工事に関連する検討のみで良いが，S 造の場合は，それ以上に仕上工事に関連する検討が多い．表 2.5.5 に設備工事・仕上工事に関連するチェックポイントを示す．設備工事・カーテンウォール工事・エレベーター工事・付帯設備工事・屋根・外壁工事の順序で検討事項を挙げる．

表 2.5.5 設備工事・仕上工事に関連するチェックポイント

設備工事	スリーブ径とピッチ・端あきの関係 スリーブ径と梁せいの関係・補強要領 スリーブの補強プレートと継手の干渉の有無・対策 スリーブの補強プレートとスチフナとの干渉の有無・対策 タクト・配置の振止受けピース・荷重受けピースの必要性
カーテンウォール工事	ファスナ受けブラケットの形状・位置・作業性 ファスナと継手との干渉の有無 ファスナ受けのためのポスト・耐風梁の必要性
エレベーター工事	マシンビーム受けスペーサ・トロリービームの形状・位置 中間ビーム・バックアングル取付用ファスナの形状・位置 三方枠取付用アングル・扉吊下げ用アングルの形状・位置 中間階の中間ビーム・中間ビーム支持用ポストの必要性
付帯工事	放送設備・可動大型パーティションの有無・取付方法 シャンデリア・昇降バトンの有無・取付方法 キャットウォーク・特定天井における補強部材・クレーン・自動搬送設備の有無・取付方法 ゴンドラレール・設備架台の有無・取付方法 航空障害灯・避雷針・アンテナの有無・取付方法
屋根・外壁工事	母屋・胴縁を流す方向・ピッチ・メンバー 母屋・胴縁のピッチと仕上材の定尺の関係 母屋受けピース・胴縁受けピースの形状・溶接方法 開口補強要領 成形板受けピースの形状・位置

（1） 設 備 工 事

梁貫通スリーブの割付けは設備工事担当者が行うが，スリーブ配置のルール・スリーブ補強要領等について工事監理者に事前に確認してから割付けを行うべきである．また，スリーブが連続して

多数並ぶ場合は，補強プレートに代えてウェブプレートそのものを厚くするほうが合理的であるが，もちろん材料発注前に指示しなくてはならない．また，近年では取付け・溶接が簡略化された既成の補強材の利用が増えている．

縦シャフト回りでは，ダクトや配管の荷重受けや振止受けピースを計画しなくてはならないこともあるので，設備工事担当者に確認しておく．

(2) カーテンウォール工事

カーテンウォールの種類としては，プレキャストコンクリートパネル，GRC等の軽量パネル，ALC板等の既製パネル，金属パネルおよびアルミサッシ等が考えられる．それぞれのカーテンウォールごとに層間変形追随方式の考え方は異なるが，いずれにしても，ファスナの位置・形状を知るとともに，そのファスナの役割も知っておくべきである．その役割によって，鉄骨側のブラケットや1次ファスナのディテールが変わってくる．ファスナ位置の決定に際しては，パネル割りは無論のこと，梁継手との干渉はないか，ファスナ固定時の作業性は良いか，梁のねじれ変形に不安はないか等，多面的な検討が必要である．

特殊な場合として，水平目地が外観デザイン上の理由等により床レベルと大きく離れた設計になっているときには，外壁材支持のための間柱や梁を計画することもある．

(3) エレベーター工事

鉄骨造の場合，エレベーター機械室・シャフト内・出入口には，エレベーター工事のための金物やファスナが必要となる．これに加えて階高が大きく，レールの支持スパンを超えている場合は，エレベーターシャフト内の中間階に中間ビームと中間ビーム支持用ポストを設けなくてはならない．いずれもエレベーターメーカーの要求を確認した上で，本体鉄骨との取合いディテールについて工事監理者と協議する．

(4) 付帯設備工事

付帯設備としては，建物用途によって屋内屋外に取り付けられるさまざまなものがある．屋内に取り付けられるものとしては，体育館の放送設備，宴会場の可動大型パーティション，大空間上部のキャットウォーク，特定天井における補強部材，工場のクレーン，病院の自動搬送設備等がその一例である．これらはいずれも比較的重量があり移動するものが多いので，鉄骨梁で直接支持したほうが良い．したがって，それらの設置位置・レベルと梁配置との関係をよく検討し，取付けピース・振止め等をあらかじめ計画しておくとともに，梁の許容耐力についても工事監理者に確認しておく．

一方，屋外に取り付けられるものとしては，各種の看板・サインをはじめ，屋上を中心に清掃ゴンドラ用レール・屋上設置設備架台等が挙げられる．これらは通常，防水層を貫通して直接鉄骨本体から立ち上げられたベースプレート等に緊結する．したがって，そのディテールは防水工事の納まりとよくすり合わせをして決定すべきである．

(5) 屋根・外壁工事

工事・倉庫・体育館等では，軽量鉄骨を下地構造材として用い屋根や外壁の仕上げ工事を行う．この場合，仕上材の取付け方向によって母屋が良いのか，垂木とすべきか，あるいは縦胴縁が良いのか，横胴縁とすべきか決まることがあるので注意する．また母屋・胴縁のピッチは下地材の定尺

寸法との取合いも考えて調整しなくてはならない．樋等の軒先の納まり等も確認した上で割付けを決める．母屋や胴縁の向きは，工事中の雨水の抜けや結露水の抜けを考慮して決めたほうがよい．屋根勾配がきつい場合，母屋のねじれに注意し，タイバーで結合したりねじれに強い断面のものに取り替える等の対策が必要な場合がある．

屋根や外壁に設けられた開口回りの補強方法が設計図書に明示されていない場合は，工事監理者と協議の上決定する．外壁や床にALC板等の大型成形板を取り付ける場合は，メーカーと協議した上取付ピースを計画しておく．

2.6 施工計画の立案

2.6.1 全体工事における工程計画

鉄骨工事の工程計画を立案する際，まず全体工程の中で，鉄骨建方時期の位置づけを明確にすることが重要である．例えば，SRC造では，地下部の鉄骨の範囲が地下工事の工程に影響を与え，地上部では節の建方時期がその後の躯体工程に影響を与える．このように地下部と地上部の鉄骨，地上部の鉄骨工事の連続性等，鉄骨建方時期が製作工程や他の工事に与える影響を十分考慮し，全体工程の中で鉄骨工事がどこに位置するのか，明らかにする．

工事現場施工では，自然条件（雨，風，雪，気温）の影響を受けるので，これらを考慮した作業稼働日を設定することが重要となる．往々にして自然の悪条件の下で工期に追われて無理な施工をした場合は，品質の確保が難しく，作業の安全性の確保もなおざりになり，その結果が品質に重大な欠陥を生じたり，労働災害につながったりすることになる．したがって，品質の確保と安全施工をするには，適切な手順計画と無理のない工程計画を組むことが大切である．

鉄骨製品を現場に搬入するためには事前の工程があり，これらの期間も工程計画では大切な要素となる．この事前工程を要する事項を表2.6.1に示す．

表 2.6.1 事前工程を要する事項

① 積算および見積期間
② ミルメーカーへの材料発注と納入期間（ロール発注）
③ 工作図の作成と承認期間
④ 現寸図作成と承認期間
⑤ 工場製作期間
⑥ 製品の受入検査期間

工程計画は，これらの期間を考慮に入れて他の工事とのかかわりを十分検討し，工事期間を決定する．

また，建物内にタワークレーンを設置する場合や，移動式クレーンの出し入れに部分的に後施工する場合は，これらの盛替え解体時期や後施工の時期を検討し，全体工程に表しておく．

全体工程における鉄骨建方時期の違いの例を，図2.6.1に示す．

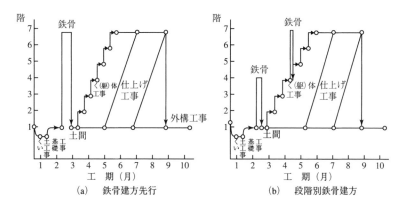

図 2.6.1 全体工期における鉄骨建方工期

2.6.2 定着工事計画

定着工事は，鉄骨を躯体コンクリートに接合する工事で，その内容はアンカーボルト据付けとベースモルタル，グラウト注入等である．

アンカーボルト据付けは，精度確保の基準になり最も重要な工事なので，十分検討して計画をする必要がある．アンカーボルト据付け部は，一般に柱鉄筋と梁鉄筋が複雑に交差する部分で，据付け精度を確保するには，各鉄筋の位置とアンカーボルトの位置が干渉しないように，現寸図等を作成して確認する．

アンカーボルトの天端は，ナットのかかり寸法を確保することが重要で，そのための据付けレベルを確保する方法の計画も大切である．さらに，コンクリート打設に際しアンカーボルトが移動しないよう，固定方法の検討も重要な計画である．

鉄骨建方前に，ベースモルタル等で鉄骨の据付けレベルを設定するが，この精度も建方精度を確保するうえで重要な管理ポイントなので，精度確保方法を検討する．定着工事計画のポイントを表2.6.2に示す．

また，建方開始の柱は，不安定となるため，下記の事項を確認する．

① ベースモルタルの大きさ（200 mm×200 mm 以上）と高さ（30 mm～50 mm）は適正か．
② 転倒防止のために4方向にワイヤを取り付けているか．
③ ベースモルタルは，建方までに養生期間がとれ，強度が十分発現しているか．
④ アンカーボルトは，建方中に作用する地震等による引張力に耐えることができるか．
⑤ 建入れ直し完了後，すみやかにベース部に充填モルタルを十分に充填したか．

表 2.6.2 定着工事計画のポイント

①	アンカーボルトの据付け精度	：水平，垂直，高さ
②	〃　　　　　の仮固定	：架台，テンプレート
③	ベースモルタルの精度	：水平，高さ
④	〃　　　　の強度	：圧縮強度，発現期間
⑤	アンカーボルトの養生・締付け	：ねじ部の養生
⑥	柱脚部の鉄筋	：地中梁鉄筋とボルト位置・SRC造の脚部の鉄筋

2.6.3 建方方法の選定

(1) 建方方法の種類

鉄骨建方の方法は建物の形状により，通常は表2.6.3のように分類できる．

表 2.6.3 鉄骨建方方法の分類

建物形状	規　模	建方方法	建方用機械
高層建物	4節以上	積上げ方式	定置式クレーン
中層建物	3節程度	積上げ方式	定置式クレーン・移動式クレーン
		建逃げ方式	移動式クレーン
低層建物	1節	輪切り建て方式	移動式クレーン
大空間建物		仮支柱支持方式	定置式クレーン・移動式クレーン
		横引き方式 吊上げ方式 押上げ方式	油圧ジャッキ等の駆動装置・移動式クレーン・定置式クレーン

これらの建方方法の例を図2.6.2に示す．

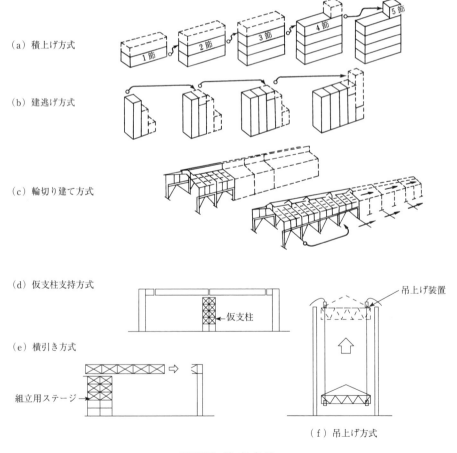

図 2.6.2　建方方法

また，これらの建方方法の特徴と注意すべき点を以下に示す．

a） 積上げ方式

鉄骨を各節ごとに全平面にわたって積み上げていき，後続工事の耐火被覆やカーテンウォール工事等をすぐ下階から追いかけてできるようにする方式で，建方用機械は，高層建物の場合は定置式クレーンを，中層建物の場合は定置式や移動式クレーンどちらも選定できる．

この方式の特徴は，鉄骨骨組の安定性に優れ，後続工事が早期に着手でき，一定速度で施工ができるため工期の短縮が図れる．

b） 建逃げ方式

一部のスパンを最上階まで一気にまたは階段形に組み上げ，後退しながら建方を進めていく方式で，建方用機械は一般に移動式クレーンを用いる．

この方式の特徴は，移動式クレーンを使用するためコスト面で有利となる．しかし鉄骨骨組の自立に限度があり，骨組の安定性の確認をすることが重要である．また，建入れ修正が難しいので十分な精度管理が必要で，さらに，建方が階段形になるため安全施設の整備や移動式クレーンの足元養生などの対策が必要である．

c） 輪切り建て方式

低層建物の建逃げ方式で，1～2スパンごとに軸組を完了させながら建逃げを行う方式で，建方用機械は移動式クレーンを使用する．

この方式の特徴は，積上げ方法と同様に後続工事の早期着手ができ，工期短縮ができる．また，ブロックごとに完了するため，転倒防止の対策を講じやすい．しかし，並行作業による安全性の確保や移動式クレーンの足元養生などの対策が必要である．

d） 仮支柱支持方式

大スパンの鉄骨建方で，鉄骨部材が重かったり長さが長く搬入・取付けができない場合に，仮の柱を建て，これに一時的に支持させて組み立てていく方式で，体育館やホールなどの大梁のスパン長さの大きい建物で採用される．建方用機械は，定置式や移動式クレーンを敷地形状などにより選定する．

この方式の特徴は，分割して建方できるので大きな建方用機械を必要としない．しかし仮支柱の転倒防止や組立解体手順などに十分な検討と対策が必要である．

e） 横引き方式

大スパン小屋物や立体トラスの繰返し形の構造の建物で，一定の場所で1スパン分の鉄骨を組み立て，ジャッキなどの装置を用いて横方向に移動させた後に，次のスパンの鉄骨を組み立てて，これを繰り返して行う方式である．建方用機械は，外部に設置し，定置式・移動式両方のクレーンを採用できる．

この方式の特徴は，一定の場所で建方ができ，安全性と能率が向上し，建方用機械も最小限の機種で可能となり，また同時に屋根・塗装や設備工事も行うことができ，工期も短縮できる．しかし，採用できる形状が限られる．

f） 吊上げ・押上げ方式（リフトアップ・プッシュアップ方式）

大空間の建物等で，あらかじめ地上で組み立てた構造物を，ジャッキなどの装置を用いて鉛直方向に吊上げ，あるいは押上げで架構する方式で，地上面でできるため建方用機械は，最小限の機械で可能となり，定置式・移動式両方のクレーンを採用できる．

この方式の特徴は，横引き方法と同様に一定の場所で建方ができるため安全性と能率が向上し，また，同時に屋根・外装・塗装や設備工事も行うことができる．

（2） 建方方法の選定

建方方法の選定は，建物の規模形状，敷地形状，周辺環境，建方の分割，工事期間そして経済性等の面から検討し，建方用機種，台数の組合せによって決定される．

建方計画するにあたっては，施工中の鉄骨骨組自立の安全性と作業員の安全作業の確保を大前提として，さらに建方の能率や建入れ精度の向上を図れる方法をとるように，十分に調査検討をする．建方方法を選定するための検討事項を表 2.6.4 に示す．

表 2.6.4　建方方法の選定の検討事項

① 建物形状
② 建物面積と高さ
③ 建物周囲の敷地の広さと路盤の状況
④ 敷地周辺の環境
⑤ 鉄骨骨組の建方の容易性
⑥ 建方用機械の調達容易性
⑦ 建方工事期間
⑧ 建方期間の気象条件
⑨ 建方作業の安全性・施工性
⑩ 後続工事の安全性・施工性

2.6.4　建方用機械の選定

（1） 建方用機械の種類

建方用機械の分類を表 2.6.5，図 2.6.3，その比較を表 2.6.6 に示す．

（2） 建方用機械の選定手順

建方用機械の選定は，建方方法の選定によって大筋が決まるが，さらに工事現場周囲の状況と吊り上げる部材の重量・大きさ，そして所要工期の制約によって決定される．特に敷地の形状と建物周辺の広さで使用できる建方用機械が限定されることもあり，事前に十分な調査検討をする．

建方用機械の選定は，次のように進めるとよい．

a） 建方方法により，吊荷の重量と作業半径から適合する機種を数種選び出す．

b） 建方用機械台数を設定する．

建方工期に何台必要とするか．そして複数機が同時に稼働ができるか検討する．管理の容易さや経済性の面から機械台数は少ないほどよい．台数を決める概算の方法として次の二つの方法がある．

表 2.6.5 建方用機械の分類

分類	種類	摘	要
①タワークレーン	汎用タワークレーン	中高層ビル工事の鉄骨建方作業・揚重荷役作業に利用される．クライミングはマスト自力積上げ方式が主である．	作業性，操作上の安全性の点で移動式クレーンよりはるかにまさるが，ベースの据付け箇所，および，せり上げ時のベル仮受け箇所の諸設備，構造体補強，また組立て・解体時の補助クレーン，解体搬出方法などに十分な配慮と処置が必要である．
	クライミング式大型タワークレーン	超高層ビル工事の鉄骨建方作業・揚重荷役作業に利用される．クライミングはベースせり上げ方式が主である．	
	小型簡易タワークレーン	一般建築工事などの上下運搬・揚重荷役作業に利用される．構成部材は軽量で機械的にも簡単なものである．ジブの形式として水平式と起伏式がある．	
②移動式クレーン	クローラクレーン	鉄骨建方作業，資材の積込み・運搬などに利用される．クローラ（履帯）を装備した台車上にクレーン装置を架装したもので，工事現場内の小移動が容易である．またタワークレーンアタッチを装着し，クローラ式タワークレーンとしても利用される．	
	トラッククレーン	鉄骨建方作業，資材の積込み・運搬などに利用される．トラックのシャーシにクレーン装置を架装したもので，高速移動が可能で機動性に富む．作業単位付近ではアウトリガーをセットする堅固な安定した路盤が必要である．また乗入れ構台上での作業では，所定のアウトリガー幅を満足する構台の幅員が必要であることに注意する．また荷を吊ったまま長時間放置すると吊荷が自然に下降する危険性がある．	

①タワークレーン

(a) 定置式タワークレーン

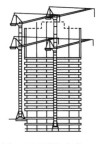
(b) マスト積上方式

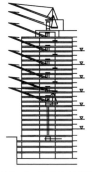
(c) ベースせり上げ方式

②移動式クレーン

(d) 移動式タワー方式

(e) 直ブーム方式

(f) 油圧伸縮ブーム方式

図 2.6.3 建方用機械

表 2.6.6 建方用機械の比較

項目	トラッククレーン	クローラクレーン		タワークレーン	
	油圧式	タワー式	直ブーム式	水平式	起伏式
吊上げ荷重	最大550tまで各種	最大527tまで各種	最大1250tまで各種	1〜12t各種	最大70t各種
作業半径	機種・吊荷重により異なる 3.0〜105m	同左 12〜114m	同左 6〜94m	1〜40m	0〜52m
揚程	134m	200m	145m	75m	300m（せり上げ）
機動性	非常によい	よい	よい	固定式（レール式もある）	固定式
組立て解体	非常に容易	同左	同左	組立て補助クレーン，手間・時間大．解体はジブクレーンを要する．	同左
電力設備	不要	不要	不要	要	要
附属機械	なし	なし	なし	ジブクレーンのための補強，マストのステーなどを要する	同左
基礎	さん（桟）橋，その他トラック通路の確保ならびにアウトリガーの設置箇所の補強を要する．	同左	同左	杭打ちや構造体補強による基礎費用は機種が大きくなると多大になる．	同左
運搬	自走 120t以上は分離輸送	トレーラ使用	トレーラ使用	分解搬送	同左
特徴	小規模現場・荷役・地組などに適している．ブーム伸縮ができるので狭いところで使用できる．	ふところが大きいため利点が大きい．	履帯式であるので，地盤が悪い所での移動が可能．ただし，作業時は敷板などによる地盤養生を要することはトラッククレーンと同じ．	建物の中に設置できるが，ダメ穴が残る．側面にも設置できる．マストを建物からステーで支持することにより高くできる．吊荷重の大きなものはない．	同左 水平式より吊荷重が大きい．高層ビルに適している．
	建逃げ式建方になる．	同左	同左	積上げ式建方ができる．	同左

［注］ クレーンの選定は鉄骨建方の能率・安全に重大な影響があるのみでなく，その他の資材荷揚げにも転用される場合も多い．上記の表は普遍的に概略の比較をしたものであって，選定にあたっては各機種の得失をよく考えることが必要である．機械の直接費用に気を取られて，付随的に起きる大きな部分で損をすることのないように，広く長い眼で考慮する必要がある．

① 機械占有率による場合

　　取付部材ごとの所要時間を集計し，建方時の機械占有時間比を加味して，所要日数と台数を算出する方法

② 揚重時間数による場合

　　部材種別（柱・大梁・小梁・階段・その他）ごとの1日の揚重可能回数を予測して建方期間の所要日数と台数を逆算して算出する方法

ｃ） その数種について，概略の能力で市場の保有調査をし，使用予定期間に確保できるか調べる．絶対数の少ない機種はおのずとここで制限を受ける．

d) 最終機種の決定前に，他工事への利用も考慮する．さらに建方機械の基礎や地盤の補強なども考慮する．

e) ストックヤードの補助機械との組合せで，機械が互いに影響を与えないかどうか検討して最終機械を決定する．

この検討には専門工事業者および機械担当者を必ず加え，その意見を尊重して決定すると良い．

2.6.5 安全化計画

安全化計画とは，施工計画を立案する際の基本計画をもとにして，第三者・近隣の施設・作業員そして建物自体の安全を確保するために，あらゆる施工の状況を想定し，それに対し対策を講じることをさす．

鉄骨工事の施工計画を行うにあたって検討すべき基本事項を表 2.6.7 に示す．

表 2.6.7　鉄骨工事における安全化の基本事項

① 第三者への危険防止策
② 作業動線の確保
③ 建方作業の安全確保
④ 建方機械の安全確保
⑤ 工事中の鉄骨骨組の安全確保

(1) 第三者への危険防止策

企業活動をするにあたっては特に第三者に危害を加えることのないよう，万全の工事計画を立てて進めることが必要である．鉄骨工事に関して対策が必要な事項を表 2.6.8 に示す．

表 2.6.8　第三者への危害防止の検討事項

① 工事現場周辺の歩行者の保護
　十分堅固で高い仮囲，歩道防護構台，外部足場等を利用した飛来落下物処理，車出入時の警報および誘導，飛来物防止網
　ボルト締付け・溶接作業における水平垂直養生
② 周辺道路の車両保護
　適切な仮設出入り口の配置，車両進入時の警報および誘導
③ 周辺道路埋設物の保護
　埋設物事前調査，工事中の各種計測および点検励行，監督官庁との調整連絡

(2) 作業動線の確保

一般製造工場と異なり，作業員の出退時の動線は作業場内に設けざるを得ないのが建設工事現場の一般的な姿である．したがって，その動線は工事の進捗状況に従い，安全を確保しながら計画的に変更せざるを得ない．また，最近では大型の建設機械が投入され，搬入される諸資材も工業化され大型でかつ大量になり運搬する車両の数も多くなるため，作業場内の動線や作業スペースの配置は工程に合わせ検討し，重複せず，かつ安全に作業が進められるように計画する．

作業動線を確保するための検討事項を表 2.6.9 に示す．

表 2.6.9　作業動線の確保の検討事項

① 作業員・来客らの安全通路
　　安全通路の設置と標示，仮囲い・仮屋根などによる道路の防護
② 工程に即した工種別動線の分離
　　鉄骨工事の搬入車および荷さばきスペース・作業スペースの分離
　　コンクリート工事の生コン車の通路，一般資材の搬入，ストックヤードの確保

（3）建方作業の安全確保

　手順計画で洗い出された作業に対して，安全を確保する施設や手段を計画する．安全施設は，使用場所を明確にして具体的な方法を示すことが綿密な安全化計画につながる．

　建方作業の安全化計画を検討する事項を表 2.6.10 に示す．

表 2.6.10　建方作業の安全確保の検討事項

① 作業員の安全通路の確保
　　作業スペースまでの安全通路の確保，昇降設備の設置と標示
② 安全な作業床の確保
　　接合部箇所への作業足場の早期設置，梁上歩行の安全確保
③ 適切な墜落防止施設の設置
　　親綱の採用，水平養生の早期設置，作業床の手すりの設置
④ 揚重開口・床開口等の防護処置
　　揚重開口部への簡易シャッターの採用，本設シャフト周囲の防護施設
　　シャフト内足場の確実な設置
⑤ 作業半径・荷さばきスペース内の一般作業員の立入り禁止措置
　　立入り禁止区域の固定化と立入り禁止棚の設置
⑥ 工具類・その他の飛来落下防止装置
　　作業員各自の工具の落下防止，ボルト締付け・溶接作業における水平垂直養生

（4）建方用機械の安全確保

　建方用機械の転倒は重大災害につながるので，足元の安全性の確保は事前に十分検討しておかなければならない．定置式の場合は，設置場所が限定され大型機械であることから比較的慎重に検討されるが，移動式の場合は，作業場所も作業条件も変化するため，作業路盤に対する配慮が十分になされないことがあるので注意が必要である．

　建方用機械の安全確保の検討事項を表 2.6.11 に示す．

表 2.6.11 建方用機械の安全確保の検討事項

① 移動式走行クレーンの転倒防止
　走行時の車輪圧に対する支持地盤の強度検討
　作業時におけるアウトリガー反力の支持地盤の検討
　アウトリガーの張出しスペースの確保
② クローラクレーンの転倒防止
　キャタピラの接地面積の設定と支持地盤の検討
　走行時の躯体養生対策

（5）工事中における鉄骨骨組の安全確保

　鉄骨建方が進行して行く過程で，鉄骨骨組が受ける荷重条件は刻々変化する．施工時の応力は，固定荷重・積載荷重（施工時積載荷重）・積雪荷重・風荷重・地震力などの一般的な荷重・外力によるもののほか，建入れ直しによる引張力など施工法や施工順序に伴う特有の荷重があり，これらの応力の実状に応じて補強材などを併用し鉄骨骨組が十分抵抗できるようにしなければならない．さらに工法によっては，鉄骨建方時に地上で鉄筋やプレキャストコンクリート部材などを先付けすることもあり，これらの荷重も考慮する．

　工事中の鉄骨骨組の安全を確保するための検討事項を表 2.6.12 に示す．

表 2.6.12 鉄骨骨組の安全確保のための検討事項

① 本設資材・仮設資機材および揚重機による荷重
　・本設資材の先付け部分の重量の把握
　・仮設資機材のこん包の大きさと重量の把握
　・仮設資機材の仮置き位置の固定化と補強方法の検討
　・揚重機の架台度力に対する補強方法の検討
② 強風時の安全
　・鉄骨建方作業時の強風時の作業中止基準の確認（風速 $V=10\,\mathrm{m/s}$ 以上）
　・建方時の仮ボルトの風荷重に対する安全確保
　・外周部のネット・足場等による受圧面の荷重の把握と補強方法の検討
③ 地震時の安全
　・柱の座屈に対する検討
　・仮設筋かい（ワイヤロープを含む）と仮ボルトでの強度の検討
④ 積雪時の安全
　・時期・地域に応じた荷重の設定
　・積雪時の雪下ろしなどによる荷重制御の検討
　・水平養生の適切な架け払しの検討

2.6.6 建方工程計画

　工程計画は，品質管理や技術的安全管理の内容が考慮されたものでなければならない．したがって，計画立案は，単に日程（スケジューリング）のみではなく，工事の手順（プロセス）を立案することが重要である．そして，その手順には，前述の安全化計画に基づく施設の設置や，品質管理事項を確認する方法を明確にし，これらを行う適切な工期を設定することが大切である．

　建方工程の計画には大きく分けて表 2.6.13 に示すような三つの要素がある．

表 2.6.13　建方工程計画の基本事項

① 作業稼働日数の検討
② 建方の手順計画
③ 手順計画に基づく時間計算

(1) 作業稼働日数の検討

鉄骨工事の所要工期の算出は，暦日工期に対して作業休止日を考慮した実働換算を行う．この場合，次の要因を考慮して作業休止日を検討する．

　a) 休　　　　日

　　休日は，作業所独自の計画が必要で，日曜・祭日に土曜や正月・盆・5月の連休など考慮して決定する．

　b) 天候による作業不能日

　　天候による作業不能とされる気象条件の限度は次のように推定される．

　　(イ) 雨天：時間降雨量1mm/h以上
　　(ロ) 風　：最大風速10m/s以上

　　表2.6.14に主要都市の月別降雨・強風出現日数を示す．各地の気象台では10年単位で求めたものがあるので参考にすると良い．

　c) 休日と作業不能日の同時性

　　休日と作業不能日の同時性については，月の休日日数によるが1〜2日程度の重なりがあるとみなしてよい．

作業稼働日数の計算例を表2.6.15に示す．

(2) 建方手順計画

建方手順の計画には，建方方法と建方用機械が決定されていることが前提条件である．次に建物の工区分割を行うが，複数の機械を使用する場合はその機械ごとに工区を分割し，さらに柱の節ごとに分割する．平面的に広い場合は数スパンごとに分割するのが一般的である．

手順計画は，時間の概念を切り離しあくまでも施工順序を決めることで，一つの工区のすべての作業を洗い出して順序づける．したがって，建方作業のみでなく，安全施設の組立・解体や，材料の搬入・事前準備作業・そして内外装材や設備機器の先行荷上げなども計画手順に含まれる．

この手順計画に，フローチャート手法を利用すると便利である．その事例を，図2.6.4に示す．

(3) 手順計画に基づく時間計算

手順計画で表した作業をもとに，分割した各工区の部材数量や施工数量を算出する．そして，今まで蓄積された施工歩掛りを利用して各作業の時間計算を行い一工区における建方の所要時間を求める．

次に，全工区を並べて工区と工区のつながりをつけ，着手から完了までの所要時間を求める．工区と工区のつなぎは，建方用機械の盛替え・移動や段取り替えなどの作業が入るので，この点を確実に把握して総所要時間を求め，鉄骨工事工期を決定する．

これを表現するものに，サイクル工程表，サイクル工程図，ネットワーク工程表があり，これらを利用するとよい．その事例を，図2.6.5，図2.6.6，図2.6.7に示す．

表2.6.14 主要都市の月別降雨・強風出現日数

札幌市			1月	2月	3月	4月	5月	6月	7月	8月	9月	10月	11月	12月	年
	日降水量	10 mm 以上	3.7	2.6	2.3	1.6	1.7	1.5	2.5	3.5	3.8	3.1	3.2	3.7	33.1
	日降水量	30 mm 以上	0.1	0.2	0.1	0.2	0.2	0.1	0.5	1.3	1.2	0.7	0.5	0.5	5.6
	日最大風速	10 m/s 以上	1.8	2.0	2.5	3.6	3.3	1.7	1.4	1.3	1.6	2.2	2.1	1.6	25.1

仙台市			1月	2月	3月	4月	5月	6月	7月	8月	9月	10月	11月	12月	年
	日降水量	10 mm 以上	1.0	1.1	2.3	3.5	3.4	4.4	5.3	4.6	4.9	3.3	1.8	0.9	36.4
	日降水量	30 mm 以上	0.2	0.2	0.4	0.7	0.9	1.3	1.6	1.6	1.9	1.2	0.6	0.2	10.8
	日最大風速	10 m/s 以上	6.5	6.6	8.8	7.4	4.5	1.5	1.1	1.6	2.0	3.0	4.4	6.8	54.2

東京都			1月	2月	3月	4月	5月	6月	7月	8月	9月	10月	11月	12月	年
	日降水量	10 mm 以上	1.8	2.0	4.2	4.2	4.8	5.5	4.2	3.6	5.4	5.1	2.6	1.6	45.1
	日降水量	30 mm 以上	0.5	0.3	0.8	1.0	1.0	1.6	1.5	1.5	1.7	1.9	0.8	0.3	12.9
	日最大風速	10 m/s 以上	2.2	3.4	4.0	2.8	1.5	0.9	0.5	0.9	1.3	1.4	1.4	1.9	22.1

名古屋市			1月	2月	3月	4月	5月	6月	7月	8月	9月	10月	11月	12月	年
	日降水量	10 mm 以上	1.8	2.5	4.6	4.6	5.4	6.1	5.8	3.4	5.3	3.7	2.5	1.5	47.2
	日降水量	30 mm 以上	0.2	0.3	0.9	1.0	1.5	2.2	2.2	1.4	2.4	1.2	0.7	0.2	14.2
	日最大風速	10 m/s 以上	1.8	2.1	4.1	2.8	1.3	0.4	0.2	0.8	1.1	1.1	1.2	1.0	17.9

大阪市			1月	2月	3月	4月	5月	6月	7月	8月	9月	10月	11月	12月	年
	日降水量	10 mm 以上	1.5	2.3	4.2	3.8	4.8	5.6	4.8	2.7	4.3	3.6	2.3	1.6	41.7
	日降水量	30 mm 以上	0.2	0.3	0.4	0.7	1.5	1.8	1.7	0.8	1.5	1.0	0.6	0.2	10.7
	日最大風速	10 m/s 以上	3.0	3.2	2.7	2.3	1.8	1.4	1.6	2.2	1.3	1.2	1.8	2.4	24.9

広島市			1月	2月	3月	4月	5月	6月	7月	8月	9月	10月	11月	12月	年
	日降水量	10 mm 以上	1.8	2.5	4.3	4.7	5.0	6.0	5.9	2.9	4.8	2.5	2.3	1.4	44.1
	日降水量	30 mm 以上	0.0	0.2	1.0	1.5	2.0	2.7	3.1	1.2	1.9	0.8	0.6	0.2	15.3
	日最大風速	10 m/s 以上	2.8	3.6	4.8	4.0	2.4	1.0	1.7	2.1	1.8	2.7	2.9	3.3	33.4

福岡市			1月	2月	3月	4月	5月	6月	7月	8月	9月	10月	11月	12月	年
	日降水量	10 mm 以上	2.2	2.4	4.3	3.8	4.1	6.1	5.8	4.4	5.0	2.4	2.8	1.8	45.2
	日降水量	30 mm 以上	0.2	0.4	0.5	0.9	1.4	2.8	2.9	2.1	1.9	0.5	0.6	0.1	14.2
	日最大風速	10 m/s 以上	1.0	1.3	1.8	1.3	0.7	0.4	0.6	1.1	1.6	1.2	1.1	1.2	13.3

出典：理科年表（2015），丸善出版

表 2.6.15 暦日換算の事例

月	暦日 D	暦日累計 ΣD	休日 d_1	雨・風 (d_2) 年表による	実不稼	不稼働日 $D_d = d_1 + d_2$	実働日 $D - D_d$	実働累計 $\Sigma(D - D_d)$	暦日換算割増し率 (e)
1	31	31	9	(3)	2	11	20	20	1.55
2	28	59	5	(5)	4	9	19	39	1.47
3	31	90	5	(5)	4	9	22	61	1.40
4	30	120	6	(3)	2	8	22	83	1.36
5	31	151	6	(2)	2	8	23	106	1.34
6	30	181	4	(6)	5	9	21	127	1.43
7	31	212	5	(3)	3	8	23	150	1.35
8	31	243	7	(3)	2	9	22	172	1.40
9	30	273	7	(5)	4	11	19	191	1.58
10	31	304	5	(3)	2	7	24	215	1.29
11	30	334	6	(3)	2	8	22	237	1.36
12	31	365	6	(2)	2	8	23	260	1.35
合計	365		71日	(42)日	34日	105日	260		1.40(平均)

2.6.7 所要工期算出

基本工程作成時などに早期に工期を計算する場合,概略の所要工期の算出方法について述べる.

(1) 機械占有率による所要工期の算出方法

これは,鉄骨取付部材ごとに所要時間を集計し,建方時の機械占有時間率を加味して所要日数を求め,暦日換算を行う方法である.

1日あたりの鉄骨部材の取付歩掛かりを表 2.6.16 に示す.この実績値を用いてあらかじめ算出しておいた部材数で除し,それらを累計して所要時間を求める.さらに,建方用機械が鉄骨の建方のみに占有されず,

・仮設材,床板,プレキャストコンクリート板などの揚重,取付け
・仮設機械の組立て,盛替え
・設備機器の揚重,取付け

などにも使用されたり,その他の制約を受けるので,これらの時間も見込む.

表 2.6.16 1日あたりの鉄骨取付歩掛り

構造		建方機械	ピース数 (P/日)	重量 (t/日)
工場	重量	トラッククレーン	30〜45	25〜30
	軽量	トラッククレーン		10〜15
重層建築		タワークレーン	40〜45	35〜40
		トラッククレーン	30〜35	25〜30

2章 鉄骨工事計画 —47—

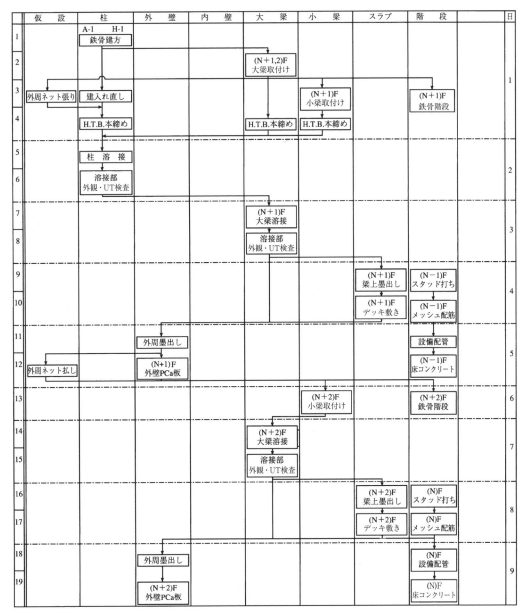

図 2.6.4 鉄骨建方フローチャート

—48— 鉄骨工事技術指針—工事現場施工編

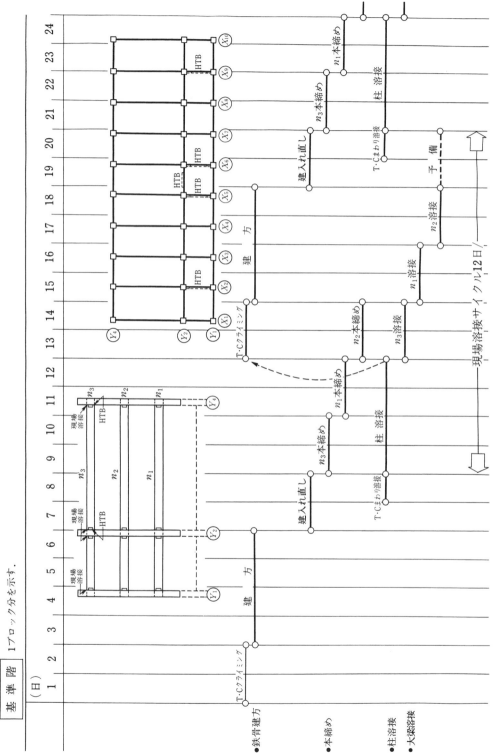

図 2.6.5 鉄骨建方サイクル工程表

2章 鉄骨工事計画 —49—

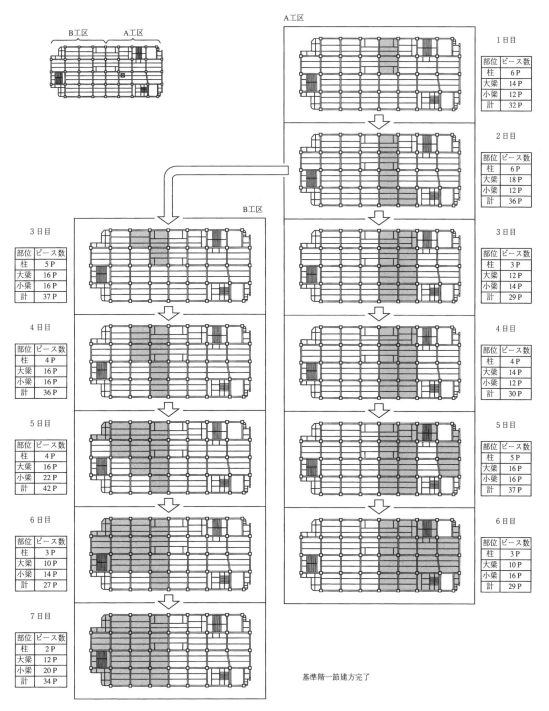

図 2.6.6 サイクル工程図

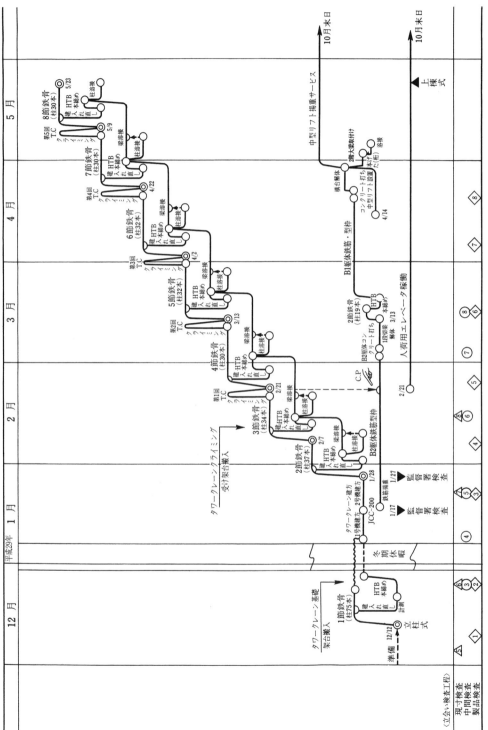

図 2.6.7 鉄骨建方ネットワーク工程表

一般的な工事では，表 2.6.17 のような時間配分の報告もある．建方用機械の鉄骨建方のみに占める割合は，おおむね 60％前後と報告されている．なお表 2.6.18 に鉄骨建方作業占有率の計画例を示す．

（2） 揚重時間数による所要工期の算出方法

この方式は，超高層ビルや特殊構造の建物などのように，従来の実績のみでは工期を算出できない際に，鉄骨各部材の正味取付時間を算出する方法である．

柱・梁，その他の鉄骨部材の取付時間は（2.6.1）式で示される．

$$T = T_1 + T_2 + T_3 \tag{2.6.1}$$

ここに，T：鉄骨部材取付時間
T_1：玉掛けや，建起こしなどに要する時間
T_2：巻上げ，巻下げに要する時間
T_3：旋回位置決め・取付け・玉掛け外しに要する時間

T_1，T_3 についての一例を表 2.6.19 に示すが，部材の種類や形状によってそれぞれ異なる．

表 2.6.17 建方機械の稼働率

作 業 別	比 率	時 間 (時間：分)
鉄 骨 建 方 作 業	0.62	5：34
積 み 荷 卸 し 作 業	0.19	1：41
建方に関係のない作業	0.07	0：39
中　　　　　断	0.01	0：06
休　　　　　憩	0.11	1：00
合　　　　　計	1.00	9：00

表 2.6.18 鉄骨建方作業占有率

	鉄骨建方作業占有率
一般工場鉄骨	0.6〜0.7
一般ビル鉄骨	0.6〜0.7
超高層ビルの場合で，同時期作業が多く，補助クレーンを用いる	0.5〜0.6
同上・補助クレーンを用いない	0.4〜0.5

表 2.6.19 T_1，T_3 の値

		柱（1ピース吊り）	梁（3ピース吊り）
T_1	玉　掛　け 建　起　こ　し	2.0	2.5
T_3	旋回・位置決め 取付け・玉掛け外し 旋　回（戻り）	1.0 6.0 1.0	1.0 11.5 1.0
	計	10 min/1 ピース	16 min/3 ピース

T_2 は，建方用機械の性能と部材取付け高さによって決められる．例えば機械の巻上げ速度を，早巻き 35 m/分，遅巻き 17.5 m/分，巻下げ速度 70 m/分とすると，取付け高さ h(m) の関係は次式のようになる．

遅巻きの場合
$$T_2 = h/17.5 + h/70 = (5/70)h$$

早巻きの場合
$$T_2 = h/35 + h/70 = (3/70)h$$

建方用機械の受けもつ n 節もしくは n ブロックの建方所要時間は，おおむね (2.6.2) 式で表せる．

$$\Sigma T_n = {}_nT_c \cdot {}_nN_c + {}_nT_g \cdot {}_nN_g/L + {}_nT_b \cdot {}_nN_b/M + {}_nT_s \cdot {}_nN_s \tag{2.6.2}$$

ここに，ΣT_n：建方所要時間
　　　　${}_nT_c$：n 節（n ブロック）の柱の取付時間
　　　　${}_nT_g$：n 節（n ブロック）の大梁の取付時間
　　　　${}_nT_b$：n 節（n ブロック）の小梁の取付時間
　　　　${}_nT_s$：n 節（n ブロック）の階段の取付時間
　　　　${}_nN_c$：n 節（n ブロック）の柱部材数
　　　　${}_nN_g$：n 節（n ブロック）の大梁部材数
　　　　${}_nN_b$：n 節（n ブロック）の小梁部材数
　　　　${}_nN_s$：n 節（n ブロック）の階段部材数
　　　　L：大梁の一度に吊るピース数
　　　　M：小梁の一度に吊るピース数

これにより鉄骨建方のみの時間を算出する．さらに，鉄骨部材以外の仮設材・諸材料で鉄骨と同時に揚重するものの所要時間を加算する．

表 2.6.20 に 1 節あたりの所要工期算出の例を示す．

2.6.8　輸送計画

輸送計画は，鉄骨部材の供給を建方計画どおりに進ませることが目的で，これが滞ると建方工程に大きく影響を及ぼすので十分検討する．まず輸送経路を調べ，輸送可能重量，最大となる部材の長さ，幅，積載高さの制約を把握し輸送量を確認する．これが満足しない場合は，部材の分割位置を変える必要があり，建方順序の変更につながる場合もある．

建方順序を決定したら，荷受け方法，仮置場の配置に合わせ，輸送積込み順序を決定する．市街地では，運搬車の待機場所の確保も重要な要素になるので，1 日の建方部材数により時間帯の計画をする．

このように輸送計画は，工程計画と並行して検討する．

表 2.6.20 一節あたりの所要時間算出

種別	No.	項目	部材揚重回数(回)	サイクルタイム(min/回)	所要時間(h)	工程表 (日) 1	2	3	4	5	6	7	8	9	10	11	12	13	14	15	16	17	18	19	20
鉄骨	1	柱	32	13	7.0	5.5	5.5	5.5	5.5	5.5	5.5														
	2	大梁（2枚吊り）	104	15	26.0							4.0	7.0	7.0	7.0	7.0									
	3	小梁（4枚吊り）	96	20	32.0							2.9	7.0	7.0	7.0	7.0									
	4	階段	16	20	5.4					2.5	2.5														
足場材	5	柱溶接足場	20	5	1.7				1.7																
	6	外周足場	60	5	5.0			2.5	2.5																
	7	HTBほか	5	10	0.9	2.3																			
コンテナユニット	8	スタッド	8	10	1.4																				
	9	溶接機ほか	3	10	0.5				0.5																
	10	補助クレーン	1		2.1					2.1															
鉄骨外同期作業	11	デッキプレート	84	10	14.0							1.0*	1.0*	1.0*	1.0*	1.5	8.5		*は仮敷きDP						
	12	鉄筋	9	10	1.5														1.5						
	13	ワイヤメッシュ	8	10	1.4														1.4						
	14	フロアダクト	56	10	9.4												8.5	0.9							
設備	15	設備ベース ユニット	14	20	4.7														4.7						
その他	16	タワークレーン クライミング		2日	16.0															8.0	8.0				
	17	（作業不可能日）																							
計					129.0(h)	7.8	8.0	8.0	7.7	7.6	8.0	7.9	8.0	8.0	8.0	8.5	8.5	8.5	8.5	8.0	8.0	8.0			

2.6.9 鉄骨工事関連の仮設計画

工事現場の安全確保と施工の効率は，仮設計画の出来により大きく左右される．計画にあたって，前述の安全化計画と工程計画に基づき綿密に具体的に計画する．

足場計画は，作業のしやすい足場・安全な作業通路・落下物に対する養生など，施設を確実に配置する．このような作業環境であれば安心して作業ができ，能率も上がり，品質も確保できる．中でも工事現場溶接作業は，作業姿勢が悪くなると溶接上の欠陥も生じやすいので，足場はしっかりしたものを計画する．

鉄骨工事に関する仮設計画検討項目を表 2.6.21 に示す．

表 2.6.21 鉄骨工事関連の仮設計画検討項目

①	接地路盤計画	：クレーン転倒防止
②	足場計画	：作業通路，作業足場
③	養生計画	：内部養生，外部養生
④	仮設電気設備計画	：電源

（1） 接地路盤計画

　a） 移動式走行クレーンの転倒防止

　　移動式走行クレーンの場合は，走行時の車輪圧と作業時におけるアウトリガーの反力について，その支持盤の強度検討を行わなければならない．任意の１点におけるアウトリガー反力 R は，(2.6.3) 式で計算する．

$$R = (自重 + 吊荷重) \times 衝撃係数(1.2) \times 0.7 \qquad (2.6.3)$$

　　設置位置を限定すれば，その場所を集中的に補強することも可能である．

　　躯体を作業床として使用する場合は，梁・床板などの構造体に加わる応力から断面寸法や鉄筋量を検討し必要に応じて補強するか，あるいは補強鋼材を敷いて作業床を床板から浮かす方法など，状況に応じて選択する．

　　公道・歩道を使用して建方を行わなければならない場合は，地下埋設管などを調査した上でしかるべき補強を行う．

　　また，アウトリガー張出し長さは，伸びあるいは油圧の調整が完全でないとカタログより小さい場合があるので，実測して計画時点の長さを確保しているかチェックすることも大切である．

　b） クローラクレーンの転倒防止

　　クローラクレーンの場合は，キャタピラの全面積が均等に接地した状態で作業することは少なく，通常は 75 ％程度の接地面積で計画するのが良い．作業床に傾斜があると作業上危険なので作業床面を水平にする対策が必要である．

　　また，躯体を作業床として使用する場合は，移動時にコンクリートの削り込みがあるので，鉄板などで養生をして躯体を保護する．

（2） 足場計画
　a） 足場の種類
　　鉄骨工事に必要な足場としては，作業を行う場所に至る作業通路と，ボルト締付けや溶接を行うための作業足場に大別される．
　① 作業通路
　　垂直移動用には，柱の昇降タラップや仮設昇降階段を使用する．昇降用タラップは，鉄筋を加工して溶接固定する方法や，鋼製はしごを取り付ける簡便な方法がある．仮設昇降用階段は，鉄骨建方が完了しボルト締めや溶接作業をする際の移動に使用するもので，本設の鉄骨階段を利用する場合もある．
　　昇降タラップの例を，図 2.6.8 と写真 2.6.1 に示す．
　　水平移動用には，建方初期の梁上歩行に，親綱を早期に柱間に張り渡し歩行の安全を図る．作業通路の確保には，デッキの先行敷きを利用する方法，既成の通路や足場板などを利用す

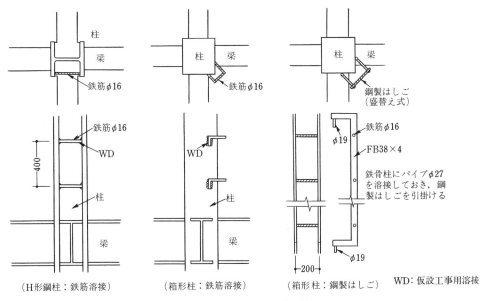

図 2.6.8　昇降タラップの例

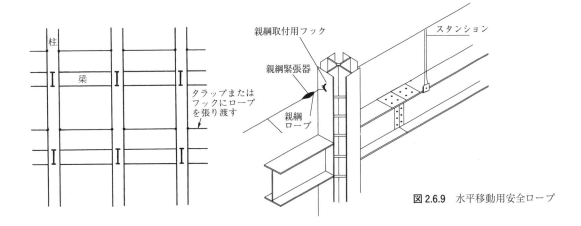

図 2.6.9　水平移動用安全ロープ

写真 2.6.1 柱タラップ

写真 2.6.2 親綱張り

　　る方法がある．いずれの方法であっても，全ての鉄骨工事の作業位置に作業員が渡って行けるように設置する必要がある．水平移動用親綱張りの例を，図 2.6.9 と写真 2.6.2 に示す．
② 作業足場
　　作業足場の必要な主な箇所として，
　　（イ）　柱と柱の接合部
　　（ロ）　柱と梁の接合部・梁と梁の接合部
があり，さらに建物の内部・外周部によってそれぞれ形状も異なる．
（イ）　柱と柱の接合部
　　柱と柱の接合部足場は，工事現場溶接用と高力ボルト締付け用がある．
　　工事現場溶接用は，梁上に箱形に組んだ足場を使用し，防風・遮光を兼ねることを考慮する．高力ボルト締付け用は，箱形足場や梁上に足場板を架け渡す方法がある．箱形足場には，既製品があるので利用すると良い．
　　溶接用足場の例を図 2.6.10 に示す．
（ロ）　柱と梁の接合部・梁と梁の接合部
　　柱と梁・梁と梁との接合部の足場には，図 2.6.11 に示すような方法がある．
　・吊足場（スカイハンガー）
　　　箱形のユニット足場を，作業場所おのおのの梁鉄骨の上フランジに引っ掛けて足場を構築する方法，重量があるのでクレーンで盛り替えるのが通例．

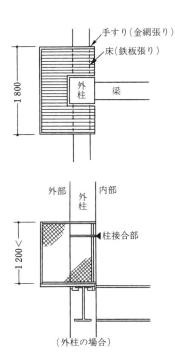

図 2.6.10 柱溶接用足場

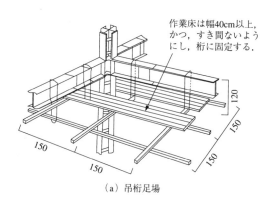

（a）吊桁足場

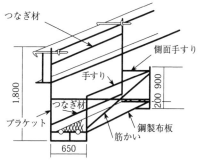

（b）吊足場（スカイハンガー）

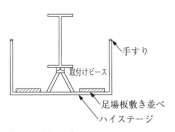

梁下に取付けピース
130×65×9を工場で溶接しておき
現場でハイステージを取り付ける．
建方後、足場板を敷き並べる．

（c）吊足場（ハイステージ）

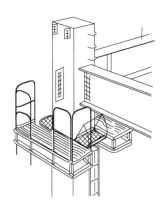

（d）箱形吊足場

図 2.6.11 鉄骨接合用吊足場

・吊足場（ハイステージ）

　　吊枠形式の吊足場で，鉄骨梁の下フランジ下面に取付け用ピースをあらかじめ工場で溶接をしておき，建方前に型枠を地上で取り付ける．SRC造に多く用いられている．

・箱形吊足場

　　梁フランジが工事現場溶接接合の場合に用いる足場で，柱本体に固定する．

b) 足場の選定条件

足場の選定は，次の事項を考慮して決定する．

① 安　全　作　業

　足場上作業時の安全性はもとより，足場盛替え時の安全性を考慮し，組立て・解体や移動が容易な構造の足場が望ましい．高力ボルト締付け用は，ボルトの落下を防止できるもの，溶接作業用は，溶接火花の落下防止を兼ねた形状とする．

② 組立て・解体・盛替え作業

　足場の組立て・解体・盛替え作業は，鉄骨建方の中で比較的大きな比率を占めるので，組立解体や移動が容易な構造の足場が望ましい．また，工程計画では，足場の組立解体の日数を組み込むため，建方用機械の使用の有無や組立解体の作業員の配置は重要な検討事項である．

③ 他工事との関連

　足場を鉄骨工事以外の工程にも使用する場合があるので，他工事の足場計画と合わせて検討する．また，組立解体時期と他工事との関連は，事前に手順計画を十分に検討し足場を選定するとよい．

　外壁プレキャストコンクリート板の取付けやデッキプレートの敷込みなどは，上下で交錯するので，錯綜しないように綿密な計画をする．

(3) 養　生　計　画

鉄骨工事期間中の養生は，作業員や資材の落下を防止するための内部養生と，外部への飛散を防止する外部養生とがある．

a) 内　部　養　生

① 親　　　綱

　鉄骨建方中に，まだ十分な作業通路を設けられない時期，作業員はつねに墜落の危険にさらされている．これには，初期段階でワイヤロープや安全ロープの親綱を速やかに張り渡し，命綱を使用させて歩行の安全を図る．

　親綱は，吊り上げる資材にあらかじめ仮付けし，梁取付けと同時に柱間に張り渡し，玉掛けワイヤを外すときは，この命綱を掛けて中央までの歩行の安全を確保する．

② 水平養生（安全ネット）

　水平養生は，作業員が万一墜落した場合の保護と，ボルトなどの資材の落下を防止する目的で設ける．水平養生は，一般的に安全ネットを使用するが，デッキプレートを敷き込む場合は，部分的に使用することもある．

　安全ネットに関する技術指針として，厚生労働大臣から「墜落による危険を防止するため

のネットの構造等の安全基準に関する技術上の指針について」の公示が出されている．

労働安全衛生規則では，高さ2m以上の墜落危険箇所で，作業床を設けることが困難な場合（第518条），あるいは作業床の端・開口部などの手すり・囲い・覆いなどが設けにくい場合（第519条）には，「防網」を張るなどの危険防止装置を講じるべきことを義務づけている．この場合の「防網」は，指針にいうネットに該当するが，物体の落下による危険防止のための「防網」（第537条）は，通常，養生網といわれるもので，前述の指針にいうネットには該当しない．また，「安全ネット」の中でも無結節のものは前述の指針では除外されている．安全ネットの例を写真2.6.3に示す．1972年（昭和47年）に労働省産業安全研究所より「安全ネット指針」が刊行されている．これを受けて（一社）仮設工業会より安全ネットの認定基準（2001年1月改訂）が定められている．

b） 外部養生

外部養生は，高所からの資材の飛散防止の目的で設けるが，さらに作業員の高所作業時の不安感を除くためにも役立つので，多角的な面から検討がする．養生目的とその施設には次のようなものがある．

外部養生目的　　　　　　　　　　施　設

　風　散　……………ナイロンネット張り・養生シート張り

　飛来落下……………養生だな（朝顔）・養生構台

高層建物にみられるように，鉄骨に直接養生用ナイロンネットを張る場合は，ワイヤロープ（9φ）を上下に張り，それに綱を結束する．これらの綱は後続の外壁工事の支障にならないよう，部分的に取り外しができるように取付けを工夫する．外部養生の例を，図2.6.12に示す．なお，建築工事用垂直ネットのJIS（JIS A 8960）が2004年に制定されている．

外部の枠組足場にメッシュシートなどを張る場合は，建方に合わせて足場を組み立て，早い時期に養生する．外部養生足場の例を写真2.6.4に示す．

写真 2.6.3　安全ネット張り

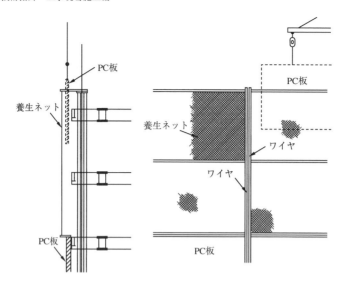

図 2.6.12 外部養生の例

写真 2.6.4 外部養生足場

（4） 仮設電気設備

　鉄骨工事関連に必要な電力は，タワークレーンなどの建方機械と溶接機用とに大別できる．建方用機械の電源は他の機械類の負荷と併せて検討する．溶接用の電源は溶接機個々の容量も大きく電圧変動率が大きいため，溶接の品質確保を考慮し，原則として幹線は他の負荷と別にして設ける．

　　a） 溶接機用電源

　　　　使用する溶接機は鉄骨量・工程・施工法により異なるので，まず機種・入力容量・台数使用率を調査する．また被覆アーク溶接の場合には乾燥機の電源を考慮し，ガスシールドアーク溶接の場合には，エアコンプレッサおよびCO_2ガス気化器の電源も忘れずに算出する．

　　　　通常使用されている溶接機に必要な電源容量の算定は，6.2.1「溶接設備」の項による．

　　b） 頭付きスタッド溶接機用電源

　　　　頭付きスタッドを工事現場で溶接する場合の電源は，2次電流を1 200 A以上に安定させる必要がある．またその使用率は，4 %，最大通電時間は1.5 sec/回と短時間で大電流を流す

ことになり，他の機器の電流に大きな影響を与えるので単独に分離するとよい．

　　頭付きスタッド溶接機用として，スタッド溶接機1台につき70 kVA以上，電圧降下を考慮すると100 kVAを見込むとよい．スタッド溶接機に必要な電流容量の算定は，7.3.3「施工条件の把握」による．

2.6.10　建入れ調整計画

　強風時の倒壊を考慮に入れ，建方範囲と調整する区画，およびその日程の組合せや検査方法を決める．それらが能率的に行えるように，建入れ調整用ワイヤの先取付け，下げ振り取付け金物，または測量器などを検討する．また，自重による柱の縮み，溶接による柱・梁の縮み，変形の調整，処理方法も忘れてはならない．特に柱を1本だけ自立させる場合は不安定になるため，4方向にワイヤを取り付け，転倒防止と建入れ調整を行う．

　建入れ直しは建方時の誤差，すなわち柱の倒れ・出入りなどを調整し，建方精度を確保するために行うものであるが，建方がすべて完了してから行ったのでは十分に調整できない場合が多い．したがって，建方の進行とともに，できるだけ小区画に区切って建入れ直しを行うことが望ましい．

　建入れ直しの方法は通常柱を主体に考えて，下げ振りや，セオドライト等による三次元計測により，柱の倒れ・出入りを測定しながらワイヤロープおよびレバーブロックを使って調整する．柱の倒れなどをワイヤロープだけでは調整できない場合には，ベース部にくさびを打ち込んで調整し，アンカーボルトの締付けを行う．建入れ直しを行ったものは，できるだけ速やかに本締めを行うようにする．なお，調整時のワイヤロープなどは本締めが完了するまでは，風や地震による倒壊の防止にもなるので，なるべく緊張したままで残しておくことが望ましい．また，建入れ調整後の変位を防止するために，返しのワイヤロープを張ることが望ましい．

　また，ワイヤロープを使用しないで，エレクションピースに建入れ調整用の治具を取り付けて，建入れ調整を行う工法が採用される場合が増えている．この工法では，ワイヤロープが不要のため，クレーン吊りこみ作業と建入れ調整の時間短縮が可能である．建入れ調整用治具は，ねじ式，特殊カムアーム式，油圧ジャッキ式等があるが，いずれもエレクションピースに取り付けることにより，建方時の転倒防止と建入れ調整ができるシステムになっている．また，最近ではレーザ測量機やインターネット環境を利用して鉄骨柱上部に設置したターゲットを利用して位置情報や建入れ精度を三次元計測により計測・測定し，自動で調整できる鉄骨建方自動計測システムも採用され始めている．

　建入れ調整計画を行う上で検討事項を表2.6.22に示す．

2.6.11　施工計画と工場製作との整合

　施工計画によって立案された施工方法や手順計画は，できあがる製品，製作手順や製作工程に影響を及ぼす．詳細の施工計画ができたら，基本計画で不足していた事項について鉄骨製作と整合を図る必要がある．

　施工計画と工場製作との整合すべき事項を表2.6.23に示す．

表 2.6.22　建入れ調整計画の検討事項

① 建入れ直し方法の選定
　・建入れ検査方法
　・ワイヤの緊張方法・手順
　・各節・各ブロックごとの建入れ直し時期
② 建入れ直しの設備計画
　・建入れ直し用ワイヤの先取付けおよび固定方法
　・建入れ直しの加力・緊張方法
　・建入れ測定方法（測定器，下げ振り等）
　・加力部分の養生方法
③ 接合部の精度の確保
　・高力ボルト接合の精度基準と誤差の修正方法
　・溶接接合部の精度基準とひずみ分散方法
　・高力ボルト接合と溶接接合の順序
　・柱の長さ方向の誤差の修正方法
④ ワイヤの存置と取外し
　・存置期間中の安全確認方法
　・ワイヤの取外し手順と方法

表 2.6.23　施工計画と製作との整合を図る事項

① 製作工程上の整合
　・建方工区・順序と製作工程の整合
　・建方工区・順序と搬入時期の整合
② 工作図との整合
　・仮設設備との整合
　　昇降用タラップ，吊足場受けピース，親綱受けピース，外部足場壁つなぎ受け
　　水平ネット用受け金物，垂直ネット用受け金物，荷揚げステージ受け金物
　　作業用通路受け金物，仮設揚重機械架台補強
　・建方作業との整合
　　吊上げ用ピース，建方用補強部材
　・建入れ直し作業・精度確保との整合
　　建入れ直し用ワイヤ受けピース，ひずみや縮みへの対応

なお，仮設用受けピースは既製品がいろいろ開発されており，必ずしも鉄骨部材に溶接固定しなくともよいものがある．鉄骨部材への不要な溶接を避けることができ，製作工程に影響を与えないので検討するとよい．

2.6.12　配員計画

工程計画に基づいて，関係する職種の人数を把握し配員計画する．一般に，建方工程・建物形状・規模により使用機械を選択し，その台数・性能などによって1日の作業量を決め，配員計画をする．

配員計画は，できるだけ一定の作業員で一定の作業が継続して行われるように調整することも大切なことである．

一般的な鉄骨工事に関係する工事現場の作業職種と作業内容を表 2.6.24 に示す．

このうち，建方に関係する職種はクレーンの台数によって決定され，高力ボルト締付けや現場溶接などは，施工場所や作業員の能力により決定される．

表 2.6.24 鉄骨工事に関する職種と作業内容

①	大工	：墨出し，建入れ計測
②	左官工	：ベースモルタル，グラウト注入
③	とび（鳶）工（建方）	：鉄骨建方，建入れ直し
④	とび工（仮設）	：足場組立・解体，建方用機械組立・解体，安全施設組立・解体
⑤	かじ工	：建方合い番，高力ボルト締付け
⑥	溶接技能者	：工事現場溶接
⑦	オペレータ	：建方用機械の運転・操作
⑧	塗装工	：塗装
⑨	デッキプレート工	：デッキプレート敷込み・固定
⑩	スタッド溶接技能者	：現場施工の頭付きスタッド溶接
⑪	耐火被覆工	：耐火被覆の施工

高力ボルト締付け作業能率と工事現場溶接の作業能率を，表 2.6.25 と表 2.6.26 に示す．

現場溶接作業日数は，この溶接作業能率から必要溶接技能者の員数を算出できる．表 2.6.26 に示すように，下層階の梁のほうが厚いので，上層階に行くに従って溶接技能者の段取替えや移動に手間がかかり，溶接長さが短くなっても能率は必ずしもよくはならないのが普通である．

一例として，タワークレーンを一台使用した鉄骨造のビル工事の配員計画を表 2.6.27 に示す．

表 2.6.25 高力ボルト締付け標準作業能率

高力ボルトの種類	標準作業能率
高力六角ボルト（F 10T）	150 本／人・日
トルシア形高力ボルト（S 10T）	250 本／人・日

表 2.6.26 工事現場溶接の作業能率
（6 mm 換算溶接長さ／人・日）

被覆アーク溶接	25〜30 m
セルフシールドアーク溶接	60〜80 m
ガスシールドアーク溶接	（高層ビル）：80〜100 m （一般建物）：60〜 80 m

表 2.6.27 配員計画例

作業項目	職　種	所要員数（名）	作　業　内　容
運転・操作	オペレータ	（交替含む）　2	建方機械の操作・作業連絡
建　方	とび（鳶）工	下部作業者　2 上部作業者　4	荷さばき・玉掛けほか 建方
合　番	かじ（鍛冶）工	作業指揮者　1 下部作業者　1 上部作業者　1	図面照合・作業手順指揮・プレート取付け・仮ボルトあずけ とび（鳶）工との共同作業
建入れ直し	とび（鳶）工 計　測　工	建入れ修正作業者　2 建入れ計測者　2	建入れ修正 墨出し・建入れ計測
足場・養生	とび（鳶）工	足場作業者　2〜3	足場取付け・盛替え・安全養生
高力ボルト締付け	かじ（鍛冶）工	作業指揮者　1 ボルト作業者　5〜10 （工程により適宜）	ボルト入れ・一次締め・本締め
溶　接	溶接工	溶接作業者　3〜5 （溶接量・工程により適宜）	工事現場溶接

2.7 施工計画書の作成と情報の伝達

2.7.1 施工計画書の作成

施工計画書の作成の目的は，設計図書の内容と品質目標を加味した施工方針のもとで，鉄骨製作業者や専門工事業者等の参画の上で施工方法・手順・工期・施設などの基本を計画し，日常管理のための項目や基準値を明確にしたものを，書面や図面にまとめ，鉄骨製作業者や専門工事業者にその内容を伝達することにある．

この「施工計画書」は，鉄骨製作業者・専門工事業者・検査会社が作成する「製作要領書，施工要領書，検査要領書」の基本となるものである．

施工計画書の内容は，全体工程計画・工場製作・建方計画・建方用機械・安全施設，配員計画・輸送計画など施工計画の立案で決定した事項と，日常管理をする時の管理方法などを簡潔明瞭にまとめる．

施工計画書にまとめるべき項目を表 2.7.1 に示す．

表 2.7.1 鉄骨工事施工計画書に記載する項目

①	総則	：適用範囲，変更追加
②	一般事項	：工事概要，建物概要，鉄骨工事概要
③	要求品質・設計仕様	：材料品質，溶接仕様，寸法精度，強度，塗装仕様
④	施工条件	：工事期間，敷地条件，近隣協定，採用工法
⑤	組織（管理体制）	：社内組織，専門工事業者組織
⑥	工程計画	：全体工程計画，詳細工程計画，配員計画
⑦	工場製作計画	：製作関連工事，工作図，製作要領書，溶接技能者技量付加試験，現寸図，質疑要領
⑧	受入検査計画	：材料検査，現寸検査，中間検査，溶接部検査，製品検査
⑨	現場施工計画	
	・準備工事	：定着工事，建方用機械と路盤，搬入仮置き
	・建方方法	：建方手順，鉄骨自立計画，建入れ調整計画
	・仮設設備	：第三者危害防止施設，昇降設備，作業足場，水平・垂直養生，仮設支保工
	・高力ボルト接合	：高力ボルトの選定，管理項目
	・工事現場溶接接合	：技量資格，養生施設
	・デッキプレート	：敷込み方法，固定方法
	・鉄骨塗装	：仕様と施工範囲，管理項目
	・耐火被覆	：仕様と施工範囲，管理項目
⑩	現場検査計画	：高力ボルト受入検査，高力ボルト締付け検査，工事現場溶接接合部検査，頭付きスタッド溶接検査，塗装塗膜検査，耐火被覆厚み検査
⑪	共通安全事項	：重点安全事項，作業中止条件，安全管理項目

2.7.2 鉄骨製作業者への施工計画情報の伝達

鉄骨製作要領書は，工場製作の品質・工程を確保するために重要なので，製作開始前に作成し工事監理者の承認を受ける．

製作要領書は鉄骨製作業者が作成し，鉄骨工事担当技術者は，設計図書と施工計画書と照合し内

容のチェックを行い，要求品質を確保するための具体的な方法がとられているか確認し承認しなければならない．

したがって，鉄骨工事担当技術者は，製作要領書の作成の指示に先立ち，全体の工事計画の内容や受入れ基準および管理要領などを明確にして，鉄骨製作業者や専門工事業者に伝達しなければならない．鉄骨製作業者へ伝達すべき事項を表2.7.2に示す．

表 2.7.2　鉄骨製作業者への伝達事項

① 工事範囲
　　・構造図記載の範囲
　　・建築図に記載してある中で特に指定してあるもの
　　　（ALC板の取付金物，鉄骨階段，テラスの柱・梁など）
　　・設備工事関連（梁貫通スリーブ，補強板）
　　・その他工事の関連
　　　（建方用タラップ，建方用吊ピース，建方用親綱フック，テンプレート，アンカーフレーム，建方用仮ボルト）
　　・仮設鉄骨
　　　（タワークレーン等の補強鉄骨・控え鉄骨，荷取り構台用鉄骨受け金物，工事用エレベーターの補強鉄骨・控え鉄骨，吊足場用受けピース，養生ネット架け用鉄骨）
② 工作図の作成
　　・作図期間と承認時期
③ 工程・工期
　　・建方工程と工期
　　・製作工程上の試験・検査工程と時期
④ 製品精度
　　・製品精度の設定（本会編「鉄骨精度測定指針」）
　　・不適合品の処置
⑤ 工場塗装
　　・素地調整，塗装
⑥ 製作要領書の作成
　　・作成期間と承認時期
⑦ 輸送
　　・近隣ならびに交通事情による制約
　　・運搬の範囲（建方工事との区分）
　　・道路管理者への届出等に関する諸費用等
⑧ 試験・検査
　　・ミルシート，各種社内検査記録の提出
　　・高力ボルト締付け施工法の確認・高力ボルトのすべり試験，材料試験の実施
　　・溶接技能者技量付加試験の実施
　　・超音波探傷試験の実施
　　・現寸，製品，工場検査費用
⑨ 現場鉄骨工事
　　・鉄骨建方の合番，かじ（鍛冶），高力ボルト締付け，溶接，タッチアップ塗装
⑩ 安全衛生管理事項
　　・定例会議開催，災害防止協議会等

2.7.3　専門工事業者への施工計画情報の伝達

施工要領書は専門工事業者が作成し，鉄骨工事担当技術者は，施工計画書と照合し内容を確認する．したがって，施工要領書の作成に先立ち，鉄骨工事に関する計画の内容・受入れ基準や検査項目を専門工事業者に伝達しておかなければならない．

鉄骨工事の工事現場施工は，いくつかの専門工事業者によって施工されるので，各工事が円滑に進むように，綿密な計画と責任範囲を明確にし，その内容を専門工事業者に伝達する．

(1) 建方業者への伝達

建方は，鉄骨製作業者が行う場合と専門工事業者が行う場合があり，一般に大規模工事の場合は別々に発注されることが多い．また，建方とともに足場架設も並行して同じ業者が行うこともある．

建方工事に関する施工計画情報として伝達すべき項目を表2.7.3に示す．

表2.7.3 専門工事業者（建方工事・足場工事）への伝達事項

① 工事範囲 ・鉄骨の荷卸し，荷さばき，建方，建入れ調整，建入れ調整後のワイヤ外し仮設に取り付けた鉄骨・金物等の除去 ・上記に用いる工具・資材一式 ・揚重機の請負範囲 ・仮設工事の請負範囲 ② 工程・工期 ・建方工程と工期 ③ 立地，環境条件による制約 ・作業時間，作業休止日，および作業不可能日 ・交通渋滞ならびに近隣による制約 ④ 建方精度 ・本会編「鉄骨精度測定指針」による． ⑤ 現場施工計画 ・準備工事…定着工事，建方用機械と路盤，搬入仮置き ・建方方法…建方手順鉄骨自立計画，建入れ調整計画 ・仮設設備…第三者危害防止施設，昇降設備，作業足場，水平・垂直養生，仮設支保工 ⑥ 共通安全事項 ・重点安全事項，作業中止条件，安全管理項目 ・定例会議開催，災害防止協議会等

(2) 現場接合工事業者への伝達

現場接合は，高力ボルト接合と工事現場溶接接合がある．一般に，鉄骨製作業者に発注することが多い．この工事は鉄骨の構造品質を決定する重要な部分であり，計画内容を伝達することは特に重要である．

現場接合工事に関する施工計画情報として伝達すべき項目を表2.7.4に示す．

(3) デッキプレート工事業者への伝達

デッキプレート工事は，床構法によってその種類が違うので，仕様と工程を十分に確認して，施工計画内容を伝達する．一般に合成スラブ用デッキプレートと型枠用デッキプレートがあり，それぞれ施工業者が異なる場合もある．また，梁に接合する方法も，合成スラブ用と型枠用では基本的に違うので必ず確認をする．

デッキプレート工事業者に施工計画情報として伝達すべき事項を表2.7.5に示す．

表 2.7.4 専門工事業者（現場接合工事）への伝達事項

① 工事範囲と使用
　・施工範囲と数量
　・接合仕様
　・仮設工事の請負範囲
② 工程・工期
　・建方工程と現場接合工程
　・現場接合の所要日数
③ 施工時の天候
　・作業時間，作業休止日，および作業不可能日
　・施工中の作業中止条件（風，雨）
④ 寸法精度
　・開先寸法精度
⑤ 現場施工計画
　・仮設設備　　　…作業足場，防風設備
　　　　　　　　　　第三者危害防止施設，昇降設備
　　　　　　　　　　水平・垂直養生，仮設支保工，トラワイヤ
　・高力ボルト接合…高力ボルトの選定，管理項目
　・工事現場溶接接合　…技量資格，養生施設
⑥ 現場鉄骨検査計画
　・高力ボルト受入検査，高力ボルト締付け検査
　・現場溶接接合部検査
⑦ 共通安全事項
　・重点安全事項，作業中止条件，安全管理項目
　・定例会議開催，災害防止協議会等

表 2.7.5 専門工事業者（デッキプレート工事）への伝達事項

① 工事仕様
　・合成スラブ用，型枠用，厚さ
　・接合仕様
② 工事範囲
　・デッキプレートの荷卸し，荷さばき，荷揚げ，敷込み
　・揚重機の請負範囲
　・仮設工事の請負範囲
③ 工程・工期
　・建方工程と工期
　・敷込み工程と日数
④ 立地，環境条件による制約
　・作業時間，作業休止日，および作業不可能日
　・交通渋滞ならびに近隣による制約
⑤ 精度
　・本会編「鉄骨精度測定指針」による
⑥ 現場施工計画
　・搬入，保管揚重，仮置き
　・敷込み方法—敷込み手順
　・デッキプレートと梁との接合
　・デッキプレート相互の接合
　・スラブと梁との接合
　・開口部補強
　・仮設設備　　　…第三者危害防止施設，昇降設備，作業足場，水平・垂直養生
⑦ 共通安全事項
　・重点安全事項，作業中止条件，安全管理項目
　・定例会議開催，災害防止協議会等

(4) 鉄骨塗装工事業者への伝達

鉄骨塗装は，鉄骨製作工場で下塗りを行い，工事現場では継手部分の塗装を行うのが一般的である．なお，耐火被覆をする部分としない部分では仕様が異なるので注意する．

鉄骨塗装業者に施工計画情報として伝達すべき事項を表2.7.6に示す．

表2.7.6 専門工事業者（鉄骨塗装工事）への伝達事項

① 仕様
　・素地調整の種別と仕上程度
　・溶接部・高力ボルト接合部の処理
　・下塗り用塗料の種類
　・上塗りと組合せ
② 工事範囲
　・仮設工事の請負範囲
　・塗料の保管
③ 工程・工期
　・建方工程と工期
④ 立地，環境条件による制約
　・塗装作業の条件
　・作業時間，作業休止日，および作業不可能日
⑤ 現場施工計画
　・仮設設備　　…第三者危害防止施設，昇降設備，作業足場，水平・垂直養生，仮設支保工
　・養生
⑥ 共通安全事項
　・重点安全事項，作業中止条件，安全管理項目
　・定例会議開催，災害防止協議会等

(5) 耐火被覆工事業者への伝達

耐火被覆工事は，仕様によってその種類が規定されているので，仕様と工程を十分に確認し，施工計画内容を伝達する．一般に，吹付け工法・巻付け工法・成形板張工法などがある．

耐火被覆工事に施工計画情報として伝達すべき事項を表2.7.7に示す．

表2.7.7 専門工事業者（耐火被覆工事）への伝達事項

① 仕様
　・耐火被覆材の種類と厚さ
　・施工方法
② 工事範囲
　・仮設工事の請負範囲
③ 工程・工期
　・施工工程と工期
④ 立地，環境条件による制約
　・作業時間，作業休止日，および作業不可能日
⑤ 現場施工計画
　・養生
　・仮設設備　　…第三者危害防止施設，昇降設備，作業足場，水平・垂直養生，仮設支保工
⑥ 共通安全事項
　・重点安全事項，作業中止条件，安全管理項目
　・定例会議開催，災害防止協議会等

2.8 届出・申請書類の作成提出

鉄骨工事に関する届出・申請の種類は、次のように分類できる。

- 建設工事に関する届出：建築工事施工計画報告書
  建築工事施工結果報告書
- 鉄骨工事に関する届出：鉄骨工事施工計画報告書・工事現場溶接工事作業計画書
  鉄骨工事施工結果報告書
- 仮設設備に関する届出：建設工事計画届・クレーン設置報告書
- 作業資格に関する届出：鉄骨組立作業主任者・足場組立作業主任者等
- 公共施設使用許可に
  関する届出：道路使用許可申請書・航空障害標識設置届

これらの中でも特に鉄骨工事に関する届出は、鉄骨工事の品質管理計画とその結果の確認に関したもので、これまでに述べてきた工事計画のまとめを書き込むことでもある。その中でも、鉄骨接合部の溶接工事の使用部位、材種、板厚、作業姿勢、溶接技能者資格等の計画と、製品の検査を、いつ、誰が、何を行うのかを明らかにすることが重要である。したがって、鉄骨工事担当技術者は、「書類を作成するという意識」から「鉄骨工事を計画するという意識」に立ち戻り、これらの作成をすることが大切である。

鉄骨工事を施工するにあたり、届出・申請を必要とする項目を表2.8.1に示す。

鉄骨工事に関する届出・申請の方法や書式は、都道府県により異なっている。

表 2.8.1　届出申請書類の概要

種　類	届出先	期　間	留意点
（1）建築基準法12条3項に基づく報告書 建築工事施工計画報告書 建築工事施工結果報告書 鉄骨工事施工計画報告書 鉄骨工事施工結果報告書 工事管理報告書（構造関係） 鉄骨工事報告書	特定行政庁指定確認検査機関	着工前 中間及び完了後 着工前 中間及び完了後 中間及び完了後 中間及び完了後	他に確認通知初受領時に指示のあるもの ・鉄骨工事施工計画書 ・鋼材の材料試験成績表 ・高力ボルト接合工事の施工計画 ・溶接工事施工計画
（2）建設工事計画届	労働基準監督署	着工14日前	・高さが31mを超える鉄骨建方 ・鉄骨建方計画概要・安全管理重点事項 ・施工管理組織表・鉄骨建方計画図 ・吊足場計画図・外部足場計画図
（3）クレーン設置届	労働基準監督署	設置30日前	・吊上げ荷重3t以上のクレーンを設置する場合
（4）クレーン設置報告書	労働基準監督署	あらかじめ	・吊上げ荷重3t未満のクレーンを設置する場合
（5）道路使用許可申請書	所轄警察署	10日前	・道路を一時的に使用する場合
（6）航空障害標識の設置届出書	航空保安事務所	工事前	・地表または水面から60m以上の高さの物件（鉄骨／クレーンなど）航空障害灯および航空障害標識を設置する場合

3章　管理・検査

3.1　鉄骨工事における品質マネジメント

　鉄骨は建築物の構成部材の一つであり，鉄骨工事の品質マネジメントは建築工事の品質マネジメントの一環としてとらえなければならない．

　品質マネジメントとは，JIS Q 9000（品質マネジメントシステム－基本及び用語）によれば"品質に関して組織を指揮し，管理するための調整された活動"と定義されている．品質マネジメントシステムは，顧客およびその他の利害関係者の満足を向上させる可能性を高めるための継続的改善の枠組みを提供することができる．したがって，ある組織に適正な品質マネジメントを構築することによって「この組織は要求事項を満たす製品を一貫して供給することができるのだ」という自覚を組織構成員が持つと同時に，同様の信頼感をその組織の顧客に与えることができる．

3.1.1　顧客とそのニーズ
（1）　建築における顧客

　単品受注が主な建築生産者として，まず頭に浮かぶ顧客は発注者である．また，完成した建物に居住・利用する人も顧客である．工事中および完成した建物によって種々の影響を受ける近隣の人々，さらに都市の景観や機能への影響，建設にあたっての地球資源の有効利用，および建設途上や建物使用時に発注する廃棄物の影響なども考慮すると，社会全般が顧客となる．すなわち，建築における顧客として

　　a）　発注者
　　b）　居住者・利用者
　　c）　近隣および社会全般

を視野に入れなければならず，鉄骨における顧客も同じである．

（2）　発注者のニーズ

　発注者にもいろいろな立場があり，発注する建物もさまざまな用途があるので，そのニーズも一様でない．平均的なデータの一つとして，雑誌に発表されたアンケート調査結果"建築にあたって重視するポイント"を表 3.1.1 に示す．

　調査期間がいずれも景気低迷期であることや，アンケート回答者は企業の発注担当者であるという事情はあるものの，発注者はつねに，建築コスト，使いやすさ，安全性能を重視している．

　ただし，表 3.1.1 の順位は，発注者ニーズの真の順位を表しているとは言い切れない．真のニーズを探るときに参考となるのは，"魅力的品質・一元的品質・当り前品質"という品質要素の三区分で

表 3.1.1 発注者が注意するポイント

順位	1977年調査（回答161法人）	1993年調査（回答）
①	建築コスト	建築コスト
②	使いやすさ	使いやすさ
③	安全性能	安全性能
④	耐久性	工　期
⑤	維持管理費	デザイン
⑥	工　期	耐久性
⑦	環境との調和	維持管理費
⑧	デザイン	環境との調和

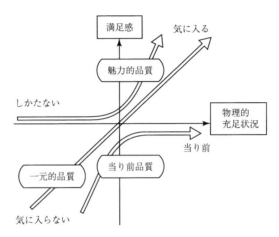

図 3.1.1 品質要素3区分の概念図

ある．三区分の概念を図 3.1.1 に示す．

この概念で表 3.1.1 に表れたポイントを区分してみると，

・魅力的品質：デザイン，環境との調和

・一元的品質：使いやすさ，建築コスト維持管理費

・当り前品質：安全性能，工期，耐久性

となると思われる．

発注者の真のニーズは，「安全性能・耐久性・工期の充足は当り前として，使いやすさ・建築コスト・維持管理費を充足させたい．また，デザイン・環境との調和が充足されればもっともよい」と推測できる．

鉄骨に対するニーズを発注者が直接表現することは少ないが，建築における鉄骨の役割やその占める位置から推し量ると，次のとおりと思われる．

　a）安全性能………鉄骨は建物の構造安全性能を担う．

　b）耐久性　………さびの問題を除けば，耐久性は高い．

　c）工　期　………鉄骨の製作・現場施工の工程が全体工期に与える影響は大きい．

　d）使いやすさ……鉄骨は使いやすい空間を形成する骨組となる．

　e）建築コスト……鉄骨工事コストは全体コストに占める割合が大きい．

f） 維持管理費……塗装替え費を効率的に使いたい．
　g） デザイン………体育館屋根のような鉄骨露わしについて求められる．また意匠デザインが特別のものは，新技術開発を伴う鉄骨のデザインが求められる．

（3） 居住者・利用者のニーズ

　居住者・利用者の建築に対するニーズは，基本的には発注者のニーズと同じであるはずである．しかし，立場の違いによって，項目ごとに見た場合，重視する順序は変わってくることが考えられる．

　世の中の流れは，"製造物責任法（PL法）"の制定・施行のように，より消費者を重視する傾向になってきており，建築生産者においても同様に，実際に住む人，建物を利用する人のことを今まで以上に考えて建設することが重要になってきている．このような動きの中で，居住者・利用者の鉄骨に対する潜在的な要求は「日常生活をする上で危険がないこと」と思われる．この要求は，構造安全性の他に使用の安全性も含まれている．例えば，鉄骨階段の出来が悪くて昇降中に転倒し怪我をしたというような，事故を引き起こす危険を排除することが求められている．

（4） 近隣および社会のニーズ

　昨今の，特に市街地における建設にあたっての近隣折衝の困難さは周知の事実であり，近隣にとってみれば，完成した建物による日照の問題や鉄骨高力ボルトの本締め時の騒音などによる被害が発生することもある．これらに関しては，近隣と建設側双方が十分満足する解決策は不可能に近く，協議の上，妥協点を見い出す努力が必要である．

　さらに広く地域社会や地球環境を視野に入れると，建設途上の廃棄物（鉄骨工事だけ見るとその量は少ないが）の処理や，再生物の利用（鉄骨工事の例では電炉鋼材の適切な利用）など社会からの要求を考慮しなければならないだろう．

　また，建築は社会的存在であり，鉄骨はその構造的安全性の基幹であることから，鉄骨に対する発注者を含めた社会の最低限の要求として法令や告示や指導があり，また設計・施工のための規準や標準類が制定されている．

　なお，工事従事者の安全と健康を守ることは当然の責務である．特に鉄骨工事では，重量物を扱い高所作業も含まれるので，最も大切な社会からの要請である．

（5） 顧客の満足

　顧客が建物について満足と感じるか，不満足と思うかは何らかの評価をした結果である．評価にあたっては，出来上がった建物を見たり使ってみての評価だけでなく，企画・設計から施工にいたる建設のプロセスをうまくやってくれたか，きずが出たときに迅速適切に対応してくれたか，営業，設計，施工，アフターサービスの担当者が親身になって対応してくれたか，などを総合して評価していると思われる．すなわち，

　a） 出来上がった建物の質
　b） 出来上がるまでのプロセスの質
　c） 出来上がった建物へのサービスの質
　d） 建物にかかわる人の質

の総合評価であろう.

ただし，c）とd）は本指針の範ちゅうではない．a）およびb）の一部，すなわち出来上がった鉄骨の質，および鉄骨の質のつくり込みに限定したプロセスの質について次項に述べる.

3.1.2 鉄骨の生産システムと品質保証体制

（1） 鉄骨の生産システム

自動車や家電製品等の製品は，一般的には企画・設計・製造が同一企業内で行われているが，建築においては，一つ一つのプロジェクトが，発注者，設計者，工事監理者，施工者，協力業者の多数の企業がプロジェクトごとに異なる組合せで参加して作られていく．鉄骨においても同様であり通常は図3.1.2に示す形が多く，多数の企業や人々が絡み合っているところに複雑さがある.

しかし，複雑だから悪いということではない．多数の企業がかかわり分業化が進んでいることは，専門化が進んでいることでもあり，その分野における技術の開発や改善，ノウハウの蓄積がしやすい形となっている．プロジェクトに参加した企業が有機的な結びつきを持ち，それぞれの技術や情報を活用して，はじめて鉄骨の品質保証が可能になる.

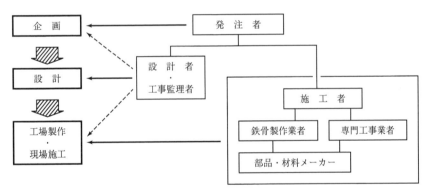

図3.1.2　鉄骨の生産システム

（2） 鉄骨工事の品質保証体系

前述のように多くの企業の分業で鉄骨生産を進めていくので，それぞれの企業の役割と仕事のやり方を明確にしておかないと，たとえ全企業が高い品質意識を持って業務に専念しても有効に機能することが困難となる．品質保証体系は，品質保証活動を十分に機能させるために，生産の流れに従い各段階における保証項目，作業項目，保証責任者，成果図書などを明確に規定し，体系化したものである．この体系を図示したものが品質保証体系図である.

鉄骨工事においては，設計者，工事監理者，施工者，鉄骨製作業者の4者の連携が特に重要となる．これら4者のおおまかな役割分担および工事のフローの例を2.1.4の図2.1.2に示す．また2.1.4の図2.1.3に，プロジェクトを対象とした鉄骨工事品質保証体系図の例を示す．体系図では生産段階に応じた各企業の役割を作業項目として記載し，それぞれの作業項目における記録・帳票などの例を成果図書としてあげている．成果図書には，品質保証項目に対する実績が記載される.

この体系図は一例であり，実際のプロジェクトでは作業順序，作業項目，成果図書などは必要に応じて変更や取捨選択されるべきものである．

（3） 設計品質と施工品質

図2.1.2や図2.1.3には"設計品質"と"施工品質"という用語が使われている．この用語の意味は，JASS 6によれば次のとおりである．

　　　設計品質：施主・設計者が施工の目標として設計図書で定めた性能・仕様をいう．
　　　施工品質：設計品質を満足するように施工した鉄骨の実際の品質をいう．

この二つと3.1.1で示した顧客のニーズとの関係は模式的には，図3.1.3のように表される．

図3.1.3　顧客ニーズ，設計品質と施工品質

設計品質は設計図書に定められており，施工者らは，これを施工品質の目標として，工作図と製作要領書，現場施工要領書等を作成して施工していくことになる．

現状の鉄骨生産では，設計品質に関する協議は工作図作成の際に行われ，合意確定された設計品質は工作図に表現される場合が多い．工作図の本来の役割は製作のためであるが現在では，鉄骨のねらいの品質に関する合意形成の場となっており，RC工事におけるコンクリートプランと同等またはそれ以上に，鉄骨工事では重要な役割を担っている．適切な工作図を早く確定することが，鉄骨の品質保証では非常に大切である．

（4） "保証する"ことの意味

"保証する"とは，問題が起これば無料で直す，または損害賠償をするということではなくて，①自分で確信できる，②第三者に証明できる，③あとあとまで責任を持つ，という内容が含まれた行為である．特に②の証明できるということは重要で，鉄骨工事のように完成品の検査だけでは真の品質性能がわからないものは，完成までの経過がブラックボックスでは不安である．途中の経過も証明することで，はじめて顧客の安心と満足を得ることができる．

設計者は，顧客に対して設計品質を保証する．具体的には，

a） 顧客のニーズを建築のことばに展開する．
b） 設計者自身が自信の持てる設計をする．
c） これを第三者に証明できるような手法（例えば，構造計算書の作成・確認試験など）により，建築確認（必要ならば指定性能評価機関の評定を受けて）の手続きを踏む．
d） 設計図書作成後も，構法，細部の決定に際し，設計品質を確定するための協議に参加する．
e） 建物完成後も設計に責任を持つ．

ということである．

施工者は，顧客に対して施工品質を保証する．具体的には，

a） 設計品質を把握し，工法，細部の決定に際し，設計品質を確定するための協議に参加する．
b） 設計品質を実現するための計画（施工計画・品質管理計画・施工図など，品質保証をするための計画・要領など）を作成し，工事監理者の承認を受ける．
c） 計画どおり，かつ継続的に実施していることの証明を整える．
d） 施工品質が設計品質を確保していることを工事監理者や建築主事などに証明する．
e） 建物完成後も施工に責任を持つ．

ということである．

(5) 鉄骨の品質保証体系における現状の問題点

これまで述べてきたように，多数の企業が参画した生産システムにおいて，品質保証体系に基づきそれぞれの役割で鉄骨の品質保証をしていくが，周辺状況やプロジェクトの進め方によっては，種々の問題点が生じてくる．

a） 問題点-Ⅰ

現状の生産システムでは，建築プロジェクトは図3.1.4の（a）に示すように，まず発注者の示す漠然としたイメージから始動する．発注者から委託・発注を受けた設計者や施工者は，おのおのの専門知識・技術・ノウハウを駆使しながら，発注者のイメージをもとに顧客ニーズを分業しながら展開していく．この時に図3.1.4の（b）に示すすき間やダブリがどうしても発生する．その典型例が，設計段階での意匠・構造・設備図間の不整合や製作・施工困難な図面等であり，施工段階では，鉄骨工事と設備工事間の未調整や鉄骨製作工場とPC板製作工場間の誤解などである．

すき間やダブリは調整作業を経て，図3.1.4の（c）に示す完成したジグソーパズルのように境界線が密着した形にならねばならない．調整作業の巧拙によってプロジェクト全体の評価が大きく左右される．1991年にマスコミに掲載された"欠陥鉄骨"の例などをみると，その原因はすき間やダブリのところに位置しているものが多い．調整を誰がどのような仕組みで行うか，が要点の一つである．

誰が調整のリーダーシップをとるかは，発注者，設計・工事監理者，施工者のいずれかだろう．調整の仕組みについても，プロジェクトの特性に応じて前記三者間で協議して決定すべきことである．専門化・分業化した多数の独立した企業が寄り集まって遂行する建設プロ

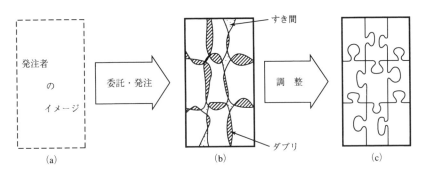

図3.1.4 分業化での建設プロジェクト

ジェクトでは自企業の遂行範囲を自分なりに限定したり，エゴが出たりで非常に難しいが，ぜひ成しとげねばならないことである．

b) 問題点-Ⅱ

次に分業化での情報の流れについてみてみよう．図3.1.5の太線で示すように，設計者の作成した設計図書に基づいて施工者が施工図や施工計画書を作成し，施工図に基づいて鉄骨製作業者やその他の専門工事業者が工作図，加工・組立図や製作・施工要領書を作成し，工場製作工程や現場施工に流れていくのがメインのフローである．しかし現実には，図3.1.5の細線のサブルートで示す質疑書・変更願書や変更指示書のやり取りで多くの時間を費やし，工場製作工程や現場施工の時間を圧迫し，結果として品質やコストに大きな影響を与えているケースもみられる．その理由として，もちろん発注者からの追加・変更要請もあるが，当初の設計図書の不備・不整合，施工者からの変更提案も大きなウェイトを占めている．理由はどうあれ，後工程を圧迫することはプロジェクトの進め方として非常に問題である．工場製作や現場施工も，近隣問題，労働人口の減少，時短問題などで無理がきかない状況となっている．

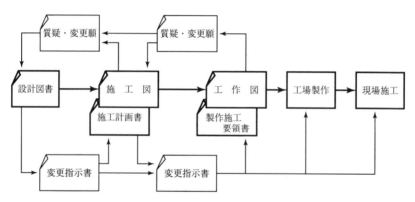

図3.1.5 建設プロジェクトに直接かかわる情報の流れ

この問題を打開する手段として浮き上がってくるのが，プロジェクト全体の工程管理と，後工程（工場製作・現場施工）情報の前工程（設計）への組込みの重要性である．

工程管理については，ネットワーク手法等すでに完成した手法もあり，問題は誰が，特に着工前の（鉄骨について遅くとも工作図確定前の）工程管理を行うかに尽きる．"Time is Money" という言葉があるが，"Time is Quality" と考えることも重要である．

後工程情報の前工程への組込みについては，現状の生産システムのもとではさらに難しい．設計段階から施工者ら（施工者，鉄骨製作業者，部品・材料メーカー）を特定することは，一般論からすれば，競争原理に反するからである．この対応策の一つとしては，設計者および施工者双方で，特定施工者に偏しない施工情報データベースを構築して活用することであろう．既存のカタログや技術資料類がこれに相当するが，多くの場合営業目的を主として作成されているため，技術的にまた品質保証の観点から判断するにはデータ不足であることが多い．良いデータだけでなく，悪い

データの蓄積も重要である．その意味では，本指針は鉄骨工事の施工情報データベースとして有効になるだろう．

図 3.1.6 QC工程図および作業標準（例）

作業手順	プロセスフロー チャート	プロセスフロー 工程名	管理項目 管理点	管理項目 点検点	重要度 Q	重要度 C	重要度 D	重要度 S	管理基準 基準値	備考	職務 主任	職務 担当者
3	建入れ直し	建入れ直しワイヤ張り		ワイヤの配置	B		A		配置図どおり			◇
		スパン調整	柱心心の誤差寸法		A				スパン寸法±5mm以内		□	◇
		建入れ直し	柱の倒れ		A	A	B		(各節) ±10mm以内		□	◇
									(全体) ±30mm以内			
				柱継手部のすき間	A				0〜0.2mm		□	◇
				手順5の計測へ移行					(工場での切削精度)			
4	HTB本締め	搬入	本数・サイズ・種類				A		搬入計画どおり			
		受入検査	品質	軸力	A						□	□
		接合部確認		摩擦面の粗さ，異物の有無	A				異物なし発せい			◇
		本締		締付け順序	A			B	作業標準による			□
				ボルト挿入方向	A		B		下から挿入する			□
		建入れ直しワイヤ解体		ワイヤ解体時期	A							◇
		本締め検査		本数・種類・サイズ，ピンテールの有無	A							◇
		柱ジョイント本締め	本締め作業に同じ									
		最下階より本締め										
5	計測	柱建入れ	柱の倒れ		A	A			±10mm/節以内		□	◇
									全体±30mm以内			
									+5〜-10			
		柱頭レベル	柱頭レベル		A				±6mm以内		□	◇
									+5〜-10			
		梁天端	梁天端レベル		A	A			6〜8mm以内		□	◇
		節トップへ基準心追あげ		基準墨とのずれ	A				±3mm以内 (コンクリート打設後の墨と比較して)		□	◇
	次節建方	手順1.に戻る										

3.2 材料発注と確認

建築の鉄骨に使用される材料としては鋼材・高力ボルト・溶接材料等があるが，これらの品質は建物本体の構造安全性に直接影響を与えるものであり，鉄骨材料の発注に際しては設計図書で仕様を確認し，不明な点は設計者・工事監理者と協議する．一般に材料発注は鉄骨製作業者が行うが，施工者は工場調査での製作工場の能力を考慮し，選定された材料に対して確認するとともに，納入された材料の確認，検査が必要である．

3.2.1 鉄骨材料

建築鉄骨の材料として，鋼材，高力ボルト，溶接材料，スタッド，デッキプレート，塗料等があるが，建築構造用に使用する鋼材はJIS規格適合品および国土交通大臣認定品を使用することが建築基準法（法37条）に規定されている．

建築用材料には，JIS規格適合品，国土交通大臣認定品があり，これ以外のものが無規格品として分類できる〔表3.2.1参照〕．無規格品は主要構造部材には使用できない．

表3.2.1 材料の規格上の分類

JIS規格適合品	製造業者がJISに該当することを保証した製品で，種類の記号を表示し，かつ，規格品証明書が添付されている製品．
国土交通大臣認定品	建築基準法第37条の規定に基づき，国土交通大臣の一般認定を取得した製品．例えば，建築構造用TMCP鋼材，トルシア形高力ボルトほか．
無規格品	上記以外の製品

建築基準法では，建築物の基礎，主要構造部に使用する建築材料を「指定建築材料」とし，告示で材料を指定し，適合すべき規格と品質に関する技術的基準を定めている．

鋼材，ボルト，溶接材料等は指定建築材料で，これらはJIS規格適合品あるいは，国土交通大臣認定品でなくてはならない．詳細は工場製作編を参照されたい．

3.2.2 材料発注

鉄骨の材料発注の中で鋼材は大きなウェイトを占めており，流通経路も複雑であるので，以下に鋼材の発注について述べる．JIS規格では高炉材か電炉材かの製鋼法までは規定されていない．しかしながら，電炉材を使用する場合は使用部位の制限やメーカーの指定があることが多く，設計者・工事監理者の承認が必要である．

鋼材は，一般的に鉄骨製作業者から商社等を通して鉄鋼メーカーに発注される．鉄骨製作業者は材料の発注にあたっては材料規格，メーカー，ロール発注時期を確認し，製作要領書に明記する．

建築用鋼材の発注から納入までの一般的な流通経路を図3.2.1に示す．鋼材の購入は鉄骨製作業者が鉄鋼メーカーにロール発注する場合が一般的であるが，市中品を購入する場合もある．また，一部の材料では種類・寸法によって市中品でしか購入できない場合もあるが，一般に市中品は規格品証明書が添付されない場合があるので注意が必要である．

一般的にロール発注の場合は，以下の手順で発注され，納入される．

① 当月10日までに鋼材の大枠を申し込む．
② 当月20日までに明細（カットリスト）で注文する．
③ 翌月に鉄鋼メーカーはロールする．
④ 翌々月末までに，メーカーは製品を関連の商社またはシャーリング業者に出荷する．

以上のように，鋼材は鉄骨製作業者が注文してから納入されるまで2～3か月を要する．また，材料によっては隔月ロールのものや，角形鋼管のように鋼管メーカーの加工期間の関係からさらに納入が延びる場合もある．特に，第1節の鋼材発注は鉄骨製作業者の決定後，現場の工程上早い段階で行わなければならない場合が多いため，注意が必要である．

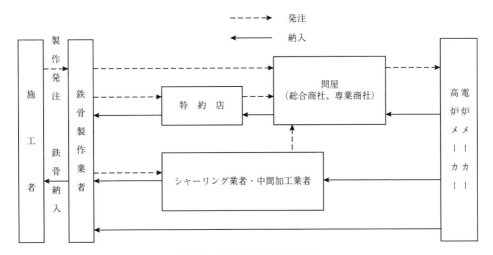

図 3.2.1 建築用鋼材の流通経路

3.2.3 材料の受入れと確認

鉄骨製作に使用する材料については，製作工場の責任において材料の品質が保証されるべきであるが，自主検査に任せるだけでなく，工場の管理能力・実績，また，そのプロジェクトにおける切板などの外注形態を考慮して，材料検査の方法を決定することが望ましい．

鋼材の誤使用は構造耐力上大きな問題となり，鉄骨製作後の補修が困難であり，部材の作り直し等の手戻り作業も発生するため，十分な管理，検査が必要である．発注された鋼材は，鉄骨製作工場に直接納入される場合と，シャーリング業者や中間加工業者の工場に納入される場合があるが，いずれの場合も材料発注者である鉄骨製作業者が購入品検査，外注品検査等の社内検査を行っていることを施工者は確認する必要がある．

① 購入品検査………社内検査のうち，鋼材・高力ボルト・ボルト・スタッド・ターンバックル・溶接材料・塗料などの工業製品を鉄骨製作業者が受け入れる際に実施する検査をいう．なお，工業製品とはおのおのの規格・生産管理下で工業的に生産されるもので，鋼材の加工・組立て・溶接を主な作業範囲とする鉄骨製作業者の一般的な生産能力によっては生産不可能なものをいう．

② 外注品検査………社内検査のうち，鉄骨製作業者が外注品を受け入れる際に実施する検査をいう．なお，外注品とは，適正な管理下において同業者または中間部品加工業者に発注して製作した鉄骨加工製品，または鉄骨加工製品の一部となる中間加工部品をいい，鉄骨製作業者の一般的な製作能力で製作可能な部材の一部またはすべてを当該鉄骨製作業者以外で製作したものをいう．

　購入品検査では工場の資材担当者は，規格品証明書と納入された材料との照合とともに外観検査等を行う必要がある．特に，鋼材が切板や外注品として半製品として納入される場合は，シャーリング業者等の外注先の鋼材の管理状態が重要なポイントであり，工場の資材担当者は切板検収時に規格品証明書との関連をチェックしなければならない．図3.2.2に鉄骨製作業者，シャーリング業者での書類と製品の流れを示す．

　通常，材料検査では施工者は，規格品証明書の照合・確認を書類上で行い，立会検査は省略することが多いが，鉄骨製作業者やシャーリング業者らでの材質の品質管理や鋼材の保管状況には十分注意する．さらに，製品の検査の時点では鋼材材質判別器による材質の確認も材料判別の手がかりとして簡便な方法である．JASS 6では，規格品証明書は原則として原本であることが規定されているが，原品証明書で良いことになっている．また，切断された鋼材は材質別に識別区分や印字をして混同しないような管理が行われているかのチェックが必要である．識別は原則として契約当事者

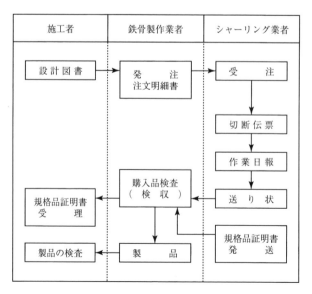

図 3.2.2 書類と製品の流れ

間で決めれば良いが，「工場製作編」付13「鋼材の識別表示標準」に従うのが全流通を考えると誤り防止に有効である．近年では，新たな鋼種も製造されており，上記標準以外の鋼種については，随時適した識別方法を採用する必要がある．

3.3 施工者の行う検査

鉄骨製作業者によって製作される製品を施工者が受け入れるのに際して，製品が設計者の意図通り要求された品質を満足し，現場施工が問題なくできるかどうかを確認するのが受入検査である．このため，受入検査は建物の品質を確保するために，製作過程でのミスをなくし，出来上がった製品の品質を目標どおりに確保するために重要な業務となっている．今まで話題となった不良鉄骨工事の事例をみても直接の原因は鉄骨製作業者にあるが，工場の事前調査に始まって鋼材の検査，製品検査等を施工者が適正に行っていれば防止できたものと考えられる．一方，設計者は設計図書に構造物の性能を確認するための検査方法を明記するべきであるが，受入検査の認識が明解でなく，設計図書等に明示されていない場合もある．このため，受入検査の位置づけを明確にし，工事監理者・施工者・鉄骨製作業者の三者間で，検査対象，回数，時期，合否判定基準を早い時期に取り決める必要がある．しかしながら，一般に設計段階では鉄骨製作業者も未定の場合が多く，工場の技術レベルも判断できないため，鉄骨製作業者が決まった段階で，工事監理者，鉄骨製作業者等と検査のレベルを具体的に再調整することも必要となってくる．

3.3.1 受入検査と社内検査

一般に受入検査は最終段階での製品の検査と同義語に考えられがちであるが，広い意味では製品の検査だけでなく鋼材等の材料検査，現寸検査，中間検査，各種試験等も受入検査の対象範囲となる．

図3.3.1 に鉄骨工事に関係する協力業者（メーカー，中間加工業者，鉄骨製作業者，検査会社），施工者，工事監理者，特定行政庁，指定確認検査機関の間における，材料・製品の流れと一般的な

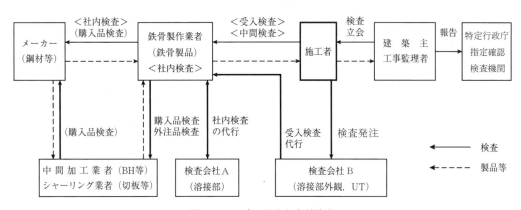

図 3.3.1 工事関係者と各種検査

検査業務の関係を示す．このように，鉄骨工事における検査は工場での受入検査としての製品の検査だけでなく，材料・製品の流れにともなって各種の社内・受入検査が品質確認のために実施される．このなかで，受入検査としての溶接部の超音波探傷検査（UT）は検査会社に代行させることが一般的であり，また工場での溶接部の自主検査も検査会社に外注していることもあり，社内検査と受入検査とが混同されていることがある．このため，施工者は溶接部の受入検査の意味を認識し，2.4.3項を参照して自らの責任において検査会社を選定しなければならない．また，建築主または工事監理者が検査会社に発注することもある．

3.3.2　受入検査の計画

受入検査には工場製作の各工程に応じて，材料検査，現寸検査，中間検査，製品の受入検査等があり，工事現場においては現場溶接部検査，高力ボルト検査等がある．それぞれの受入検査の検査項目として書類確認，寸法・外観・溶接部検査等がある．受入検査を行うにあたっては鉄骨製作業者は工場製作における各工程において要求品質を保証するために，社内検査を実施しなければならない．社内検査は鉄骨製作業者が加工の各段階で品質管理上，自主的に行うものでありその検査方法等については原則として自ら決定すべきものであるが，製作工場の能力によってはその内容をチェックする必要が出てくる．

表3.3.1に鉄骨製作から現場施工に伴う社内検査と受入検査の関係を示す．建築鉄骨は節・工区ごとに製作された後現場で施工されるため，小規模建築以外では受入検査は何度か繰り返されることになる．製品の品質を確保する上で重要なことは受入検査の数ではなく，鉄骨製作業者の品質管理状況を適切に把握することである．このため，受入検査を効率的に行うために鉄骨工事担当技術者は現場の建方工程だけでなく鉄骨製作業者の工程を考慮し，以下の点に注意して検査計画を立てる必要がある．

表3.3.1　社内検査と受入検査

検査		社内検査	受入検査
		鉄骨製作業者	施工者
材料	検査名	・購入品検査（鋼材，高力ボルト他）	・材料検査 ・試験（材料，溶接等）
	検査書類	規格品証明書	鋼材検査報告書，試験報告書
工場製作	検査名	・外注品検査（寸法，溶接，外観他） ・溶接部検査 ・寸法検査	・現寸検査 ・中間検査（組立て，寸法，溶接部） ・製品の検査（外観，寸法，取合部，溶接部）
	検査書類	UT記録，寸法検査記録	工作図 製品検査報告書
工事現場施工	検査名	・現場溶接部検査 ・高力ボルト検査	・現場溶接部検査 ・高力ボルト検査 　締付け施工法の確認
	検査書類	UT記録 高力ボルト検査成績書	UT報告書 高力ボルト検査成績書

・設計図，特記仕様書（受入検査の種類・要領，各種試験の有無）
・製作工場のランク，能力
・工場での各工程の自主管理の体制・方法
・検査の回数，時期
・製品の外注方法および外注工場の能力

施工者は鉄骨製作業者の社内検査がどのように行われ，その結果が製品にどのように反映されているかを確認し，社内検査の結果によっては当初計画した受入検査計画を修正する必要がある．

以下に代表的な検査とその時期について述べる．

(1) 現寸検査

現寸作業は鉄骨加工に入る直前の段階であり，現寸検査を実施する場合は検査時期，検査部位等を鉄骨製作工程，建方工程と関連して早期に決定しなければならない．JASS 6 では現寸による確認を行う場合，その時期，方法，内容などを特記することになっている．詳細は 3.11 節を参照すること．

(2) 中間検査

中間検査は建物の規模・形状，工場の能力等によって加工，組立て段階で設計図書・工作図・製作要領書に従い製作されているかどうかを確認するとともに，溶接施工等の実状を知るために行うものである．

中間検査は受入れ側が製作工程の途中で行う検査なので製作ミスを防ぐ予防的なものでもあり，最終検査の製品の受入検査における手直し作業等を少なくするためにも重要であり，品質をつくり込む意味では製品検査よりも重要かつ有効である．このため，施工者は製作の段階で検査を実施する必要も生じてくる．

その中で，溶接組立箱形断面柱のダイアフラム溶接部や角形鋼管柱の内ダイアフラム溶接等の検査は完成品での製品検査では確認できない場所もでてくる．このように，適切な時期に検査しなければ検査も補修も難しい箇所は，その検査時期に注意しその方法を指示しなければならない．

特に，鉄骨製作業者が製品の一部を外注する場合や加工製品を購入する場合には，外注業者の自主検査，鉄骨製作業者の購入品検査の確認とともに，受入検査としての中間検査の時期や方法を発注段階で協議し指示する必要がある．なお詳細は「工場製作編」8.3 節を参照すること．

(3) 製品の受入検査

製品の検査は受入検査の中では検査項目も多く，さらに工場製作工程，現場建方工程を決める上で大きなウェイトをしめる．JASS 6 では，製品検査での受入検査の種類，要領などで特記がない場合の標準的なものとして，以下の項目を上げている．なお，検査の前に社内検査記録などの自主検査の内容を確認する必要がある．

・寸法精度検査
・取合部検査
・外観検査
・完全溶込み溶接部の内部欠陥検査

- スタッド溶接部検査
- 工場締め高力ボルトの締付け検査
- 付属金物類検査
- 塗装検査
- 出来高検査

製品の受入検査の実施にあたっては，鉄骨製作業者との間で検査ロットの設定，検査方法・基準等を明確にしておくことが重要である．製品検査時点で検査対象ロットの製品が完成していないことのないように，製作の進捗状況や出来高については事前に調べておく必要がある．また，検査対象ロットの製品が完成していない場合には当初の検査範囲から，検査ロットの分割等の処置が必要となり施工者は鉄骨製作業者や検査会社に対してその対応について指示する必要がある．

建物規模や建物のグレードにもよるが，規模が大きく同様な形状の製品であれば，工場の管理能力，その工事での実績を考慮して製品検査の密度を低減することも可能であるが，その場合は工事監理者の承認を得る必要がある．また，製品検査の時期は製作工程，建方工程を考慮するとともに補修およびその再検査時間を考慮しておく必要がある．なお詳細は「工場製作編」8.4節を参照されたい．

（4） 工事現場検査

工事現場での主な受入検査として，鉄骨建方の進捗に合わせて，高力ボルト検査と現場溶接部検査がある．工事現場で行われる溶接として，主架構の継手部・頭付きスタッド・外装ファスナ・デッキプレート等がある．

3.3.3 検査の項目と合否判定基準

各種の受入検査を実施する場合には製品の合否を判定する品質の基準が必要である．その基準となるものは，鉄骨製品の要求品質を規定している設計図書，仕様書等であるが，一般的な基準として，表3.3.2に示すものがある．また，仕口のずれ，突合せ継手の食違い，アンダーカットについては国土交通省告示に記述があるので注意が必要である．

表 3.3.2 受入検査の合否判定基準

項目	判定基準
基本的な基準	設計図書，特記仕様書，JASS 6
材料の規格	日本工業規格（JIS）
溶接部の品質規格	外観～JASS 6 付則6 内部欠陥～鋼構造建築溶接部の超音波探傷検査規準・同解説
寸法・精度・外観	JASS 6 付則6

製品が現場で施工されるまでに各種の受入検査があるが，その中で代表的な検査項目について以下に述べる．

（1） 寸法精度検査

　JASS 6では寸法精度の検査方法は社内検査成績表に対する書類検査が前提になっており，対物検査を行う場合は特記することになっている．検査項目として，柱の長さ・階高・仕口部の長さ・柱のせい・仕口部のせい・梁の長さ・梁のせいがあり，これらの項目について全数検査とする．また，形状の複雑な建物や部材は，前もって計測方法について関係者と協議し，製作要領書に具体的に記載する．

　仕口のずれ・突合せ継手の食違いの測定方法と検査成績表への記入要領を事前に工事監理者に確認しておく．

（2） 取合部検査

　取合部検査のボルト孔寸法や接合部の精度は現場溶接部の目違い，建方精度等，現場での施工品質に直接影響を与え，工事現場へ搬入後は対応が難しいためこの段階で十分な検査が必要である．工事監理者から，現場取合部の相対誤差表の提出を求められる場合もある．二つの部材が取り合うところはおのおのの精度が許容差内であっても，相対的な誤差が発生するため建物の重要度に合わせて，取合い部の許容差を厳しく設定する場合も出てくる．

（3） 溶接部検査

　a） 工場溶接

　　工場溶接部の受入検査は，一般に現場に製品が発送される前の製品の受入検査の一環として行われる．溶接部は構造安全性の上からも重要な部位であり，検査は専門の検査技術者・検査会社に依託するのが普通であり，検査費用も時間もかかり検査の中で大きなウェイトを占めている．

　　溶接部の受入検査については，検査方法，合否判定，ロットの構成，抜取方法等は，構造体の性能・信頼性の問題でもあり設計図書に明記されるべき内容であるが，特記がない場合はJASS 6によるのが一般的である．

　　溶接部の検査としては，溶接部の外観検査（表面欠陥検査，精度検査）と完全溶込み溶接部の内部欠陥検査からなり，内部欠陥検査は建築構造物では超音波探傷検査（UT）が一般的である．溶接の検査といえば，超音波探傷検査のみと思われがちであるが溶接部表面の欠陥は，内部の欠陥よりも構造耐力上影響が大きい場合もあり，溶接部の検査は外観・超音波探傷検査によって確認する必要がある．

　　超音波探傷検査は通常の建物では抜取検査が適用されており，JASS 6では工場溶接部の抜取りをJIS Z 9015を基にした計数選別型の2回抜取り方法を採用している．抜取検査が可能となる前提は，製作工場が社内検査などをとおして一定の品質管理がなされていて，適当な検査ロットが構成できるということである．このため，工場の品質管理や社内検査が不十分な場合は抜取り率を高くする必要もあり，また工場の技術レベルによっては製品の品質を効率的に確認するため，その逆も可能である．

　　超音波探傷検査は，検査自体は専門の検査会社に依頼し検査業務を代行させているが，任せきりでなく溶接部や検査ロットの合否の最終判断は工事監理者，施工者が決定すべきもの

である．

また，溶接部の強度，靱性に入熱・パス間温度が大きな影響を及ぼすため，その管理が適切に行われていることを確認する必要がある．

　b）工事現場溶接

現場溶接部の受入検査の内容は原則的には工場溶接に同じであり，現場溶接施工者の自主検査終了後に受入検査を行う．しかしながら，現場溶接の検査は以下に示すように工場溶接に比べて不利な条件が多いため，これらを考慮して検査方法や検査工程を決めなければならない．

・屋外における高所作業が多く，天候の影響を受けやすい．
・1か所あたりの溶接が少なく，移動距離・回数が大である．
・作業エリアが広く，作業場所が日により異なる．
・他作業および複数業種が交錯する．
・開先状態など溶接部の精度が不利である．
・入熱量・パス間温度の管理の遵守が難しい．

特に，検査の期間が一般に短いため，検査を効率よく正確に行うには建方工程や溶接施工順序を考慮し検査計画を立てることが望ましい．そのような理由により JASS 6 では，特記のない場合検査は全数検査としている．検査工程を決めるには，不合格になった箇所の補修方法や補修後の再検査の時間について考慮しておく必要がある．

(4) 高力ボルト検査

搬入された高力ボルトはメーカーの規格品証明書で発注時の条件の確認を行うのが一般的である．高力ボルトの締付け後の検査等の詳細については 5.7 節を参照のこと．

(5) 試　　験

鉄骨工事では先に述べたような標準的な製品そのものの受入検査以外に，建物の規模・形状，製作工場のランク，使用材料等によっては以下の各種試験が設計図書で指示されることもあり，その結果をもとに受入検査を行うことがある．

　a）材　　料
・鋼材の材料試験
・高力ボルト摩擦接合面のすべり係数試験またはすべり耐力試験
・特殊鋼材の材料試験および溶接性試験

　b）溶　　接
・エレクトロスラグ溶接の承認試験，サブマージアーク溶接の承認試験
・溶接技能者の技量付加試験
・溶接ロボットの施工試験
・溶接オペレータの技量付加試験

　c）そ の 他
・頭付きスタッド打撃曲げ試験

3.4 工場製作要領書

3.4.1 製作要領書記載内容

　製作要領書は鉄骨の製作者が設計図書に基づき，鉄骨の製作に関して，具体的な体制・材料・工作・管理から鉄骨工事現場への搬入までについて計画・検討した実施計画書である．

　したがって，そこには設計品質を確保するために，製作各段階での仕様あるいは基準などが明記されていると同時に，鉄骨製作業者の保有する設備や技術・経験が活かされ，作業性なども十分考慮された製作方法が示されたものでなければならない．

　最近では，製作要領書の作成が標準化され，ややもすると形式的な書類として扱われている場合があり，その内容も実作業の内容が反映されていない例も見受けられる．

　また，記載内容も当該工事に関係のない内容が含まれていて鉄骨製作業者としての実質的な製作への取組み体制や仕様が不明確な場合もある．

　表3.4.1には製作要領書に記載すべき項目を示すが，おのおのの項目と内容は，その工事に関する特有なものとし，不要な部分を削除した簡潔なものとする．

　工場製作要領書の承認にあたっては，上記に示した項目などが記載されており，準拠する仕様書や規準などが設計図書に適合しているか，また使用材料についても設計品質に即したものであり工作，溶接などの各工程で一貫した品質確保が図られているかどうかの確認がまず必要である．

　そして，各作業工程に対して鉄骨製作業者としての品質管理や検査の体制が明確に示されていなければならない．

　また，製作段階で問題が生じた場合の対応についても記載されていなければならない．

　一方，設計図書内容の誤記や不明確な部分などが明確にされていて，製作上の基本的な問題点が解決されていることも重要な確認事項である．

　製作要領書の承認は鉄骨製作業者の品質保証を含めた製作全体の実施計画についての承認であり，この承認により工場製作のスタートとなるものであり，十分な検討と早期の対応が必要である．

3.4.2 現場施工に関連する製作検討項目

　工場製作における製作品質も現場施工計画に合致し，鉄骨建方から現場接合，現場塗装と鉄骨工事完了までの各工程における要求品質を満足して，はじめてその品質確保がなされたといえる．

　実際にはおのおの関連事項の具体的な製作への対応は工作図等に反映され処理されている場合が多いが，その基本的な方針が工場製作要領書に反映されていることを確認する必要があり，以下に主な施工関連の製作検討項目を示す．

（1）　構造形式に応じた柱および架構の変形への対応
（2）　鉄骨建方計画に伴う架構の変形への対応
（3）　溶接による収縮量への対応

表 3.4.1 製作要領書記載内容

①	総則	・準拠した仕様書，設計規準，施工基準（運用および運用外項目を明確に） ・疑義および変更の処置
②	工事概要	・建物概要（大きさ，階数），構造概要（構造材料種別，接合方法） ・工事範囲，全重量（必要ある場合は各部重量または部材の最大重量）
③	製作工場概要	・名称，所在地，加工場，現寸場，材料置場および製品置場の配置や面積 ・作業分担担当者組織一覧表（特に必要とするとき，担当技術者・担当者の略歴を別表として添付） ・技術者の資格と人数，技能者の資格と人数，その他工事に必要な特別技能者（名簿で添付） ・工事に使用する機械器具の一覧表
④	使用材料	・使用鋼材の種類，使用溶接材料の種類，製造会社名および鋼種の識別方法，保管方法 ・材料試験検査の有無および方法（試験方法，数値）
⑤	工場製作の工程概要	・製作工程のフローチャートおよび設計者の承認，立会試験，立会検査の明記 ・製作工程表
⑥	切断，加工，組立て	・開先加工，スカラップ加工，切断，孔あけ等の精度基準，使用機器 ・高力ボルト接合部の摩擦面の処理方法，処理範囲および注意事項 ・柱梁仕口部の製作順序を示す姿図および組立て溶接技能者の資格，使用治具，組立て上の注意事項（仕口のずれ，突合せ継手の食違いの精度確保） 組立て台の水平精度の確保および組立て台への取付け方法の注意事項 ・組立て溶接の位置および注意事項
⑦	溶接	・エンドタブ，裏当て金についての注意事項 ・ガウジングについての注意事項 ・予熱についての注意事項 ・入熱，パス間温度の管理要領 ・下向溶接姿勢確保のための回転治具，ポジショナの使用と注意事項 ・溶接ロボットに関する事項 ・溶接ひずみを極力押える方法およびひずみ発生時の矯正と注意事項 ・溶接技能者の資格および有効期間 ・溶接管理技術者の資格および有効期間 ・溶接検査技術者の資格および有効期間
⑧	品質管理検査	・命令，情報系統図，製作の管理方法 ・不適合品の処理要領 ・外観検査基準，完成品に対する寸法検査方法および精度基準 ・仕口のずれ，突合せ継手の食違いの寸法測定方法 ・超音波探傷検査（UT）を行う場合の抜取方法，抜取率，合格判定基準（社内検査） ・UT，外観検査により不合格となった箇所の補修方法 ・高力ボルト摩擦接合面の処理の確認
⑨	塗装	・防せい塗料の種類，製造会社名 ・塗装方法（回数，塗布量），素地調整，塗残し
⑩	輸送	・輸送方法，荷姿，経路，緊急連絡先および搬入時間 ・製品の仮置，養生についての注意事項
⑪	その他	・工程表，溶接基準図ほか

3.5 溶接部受入検査要領書

3.5.1 溶接部の受入検査

　完全溶込み溶接部の内部欠陥の受入検査は超音波探傷検査を適用するため，専門の検査会社に委託して行われてきた．当初は超音波探傷検査のみを委託していたが外観検査の重要性も認識され，現在は外観検査と超音波探傷検査を合わせ溶接部検査として委託することが一般的である．また，特記によっては隅肉溶接部の検査が含まれる場合もある．溶接部の外観検査については「工場製作編」8.4.5「溶接部の外観検査」，また，非破壊検査については同 8.6「溶接部の非破壊試験技術」を参照のこと．

3.5.2 検査要領書の記載内容

前述したように溶接部の受入検査は通常検査会社に委託して行われるので，委託された検査会社は検査要領書を作成して工事監理者・施工者の承認を受けなければならない．溶接部受入検査要領書に必要な事項を表 3.5.1 に示す．

工事監理者・施工者による検査要領書の承認にあたっては，これらの項目が特記を満足しているかどうかを確認し，その上で当該工事に適切な記載内容であることを確認する．

検査範囲については，特に大規模工事などで複数の検査会社に委託する場合に製作工場，工事現場，節ごとなどで担当する範囲が契約どおりか確認する．また，検査会社が複数になる場合は事前に協議して検査のレベルを合わせることが重要であり，さらに，検査結果の報告書の様式，速報や重大な不適合が検出された場合の連絡系統などもあらかじめ決めておく必要がある．

表 3.5.1 溶接部受入検査要領書に必要な事項

①	総　　則	・適用範囲（受入検査・工場，現場溶接部検査） ・当該工事の設計図書 ・外観検査の基準（告示 1464 号，JASS 6 鉄骨精度検査基準） ・超音波探傷検査の基準（本会編「鋼構造建築溶接部の超音波探傷検査規準・同解説」） ・疑義および変更の処置
②	工事概要	・建物概要 ・構造概要（構造材料種別） ・鉄骨製作工場あるいは現場溶接施工業者
③	検査概要	・検査範囲 ・検査会社（会社名，所在地，連絡先） ・検査組織（技術体制，検査報告内容の保証体制を明確にする） ・検査技術者（人数，取得認定資格，実績）
④	検査要領	・要求品質（溶接部に要求される品質を確認） ・検査対象部位 ・検査方法（外観検査，超音波探傷検査） ・検査機器（外観検査器具，標準試験片または対比標準試験片，探傷器，探触子，接触媒質） ・検査数量（特記により抜取り方法の確認） ・検査時期（材質により溶接後の必要経過時間を確認する） ・欠陥の評価（評価規準を明記，対象欠陥，欠陥評価長さ） ・合否判定（判定基準を明記，検査箇所の合否，ロットの合否） ・不合格部の処置（補修要領のフロー，命令系統）
⑤	記　録 　その他	・検査成績書の書式（速報・正報告書，記録と検査部を照合できるようにする，検査方法，検査日，検査技術者） ・検査結果一覧表・工程表（検査日ごとの速報，検査技術者，検査部位） ・装置の点検記録 ・技量認定書

3.5.3 検査対象の確認

a．外観検査

特記によっては完全溶込み溶接部のみではなく隅肉溶接部も含まれる場合があるので確認する．

b．超音波探傷検査

JASS 6 では検査対象範囲が完全溶込み接部のすべてとなっているが，本会編「鋼構造建築溶接部の超音波探傷検査規準・同解説」（以下，学会 UT 規準）では次の場合は適用範囲外となるのでどのように対応するか事前に確認する必要がある．

・板厚が 6 mm 未満のもの
・直径が 300 mm 未満の円周継手（角形鋼管柱溶接角部を除く）
・鋼管長手継手および分岐継手

板厚が 6 mm 未満のように薄くなると余盛により探触子が十分接近できないため直射法では探傷できず，また，1 回反射法ではビームの広がりが板厚よりも大きくなるため探傷が難しくなる．学会 UT 規準をそのまま適用するか他の基準を適用するかなどを協議する．

鋼管周溶接部の探傷については（一社）CIW 検査業協会「探傷感度の調整に A2 形系標準試験片を用いた鋼管円周継手の超音波探傷試験法に関する指針（2013 改定）」を参考にすることができる〔工場製作編 8.7.2 項参照〕．

鋼管長手継手および分岐継手の場合，継手が複雑な形状の場合，ダイアフラムの間隔が狭くて探傷が困難となる場合，鋼材の材質により特殊な探触子を必要とする場合（例えば制振材に使用される低降伏点鋼には 2 MHz 未満の周波数や縦波の探触子を使用する場合がある），対比試験片が必要となる場合などは対応を協議する．

3.5.4 検査技術者

検査は合否判定を伴う技術なので信頼性の担保として資格が必要とされる．検査に関係する資格は多数あるが，建築鉄骨溶接部の外観検査に適する資格には（一社）日本溶接協会が認証している溶接管理技術者（特別級，1 級，2 級），（一社）日本鋼構造協会・建築鉄骨品質管理機構が認定している鉄骨製品検査技術者があり，超音波探傷検査の資格には，（一社）日本非破壊検査協会が JIS Z 2305（非破壊試験技術者の資格及び認証）に基づいて認証しているレベル 3，レベル 2，レベル 1 の超音波探傷検査技術者と（一社）日本鋼構造協会・建築鉄骨品質管理機構が認定している建築鉄骨超音波検査技術者がある．

特記に検査技術者の資格が規定されている場合は，当該工事に従事する検査技術者の資格が特記を満足しているかどうかを確認する．特記がない場合でも，上記の有資格者が検査しなければならないが，超音波探傷検査に従事する検査技術者は，建鉄骨超音波検査技術者であることが望ましい．

なお，検査技術者の資格については「工場製作編」8.1.7 項にも記述されている．

3.5.5 抜取検査方法と合否判定基準

記載された抜取検査方法が特記に合致しているかどうか確認する．特記に抜取率以外の規定が示

されていない場合は，検査ロットの大きさ，抜取方法（1回抜取法，2回抜取法），検査ロットの合否判定基準，ロットが不合格となった場の追加検査などについて工事監理者の承認を得る．また，特記がある場合でもロットの構成方法まで規定していることは少なく，検査ロットの構成方法（継手種類，溶接方法，開先形状などによる分類）が適切かどうかも確認する．

JASS 6 では完全溶込み溶接部の外観検査と超音波探傷検査は同じ箇所を抜き取ればよいが，特記によっては外観検査と超音波探傷検査の抜取率が異なる場合もあるので注意する．隅肉溶接部の検査が特記された場合，厳密な抜取検査は難しいが「工場製作編」8.4.5「溶接部の外観検査」の抜取検査要領の例を参考にするとよい．

外観検査の合否判定基準は国土交通省告示第1464号を満足し，かつ特記されている基準を満足しなければならない．特記が JASS 6 の場合は鉄骨精度検査基準の限界許容差が一般的であるが，管理許容差が合否判定基準に規定される場合もあるので注意する．

超音波探傷検査の合否判定基準についても特記に規定されているかどうかを確認する．JASS 6 では特記がない場合，学会 UT 規準 7.2.1（1）「溶接部に引張応力が作用する場合」によるとされているが，クレーンガーダのような場合は疲労を考慮した基準にするかどうか構造設計者に確認する必要がある．

なお，抜取検査の詳細については「工場製作編」8.4.6項に，合否判定基準については「工場製作編」8.1.5項に記述されている．

3.6 溶接技能者の確認

3.6.1 溶接技術検定試験と資格

本溶接における被覆アーク溶接および半自動溶接に従事できる溶接機能者は，作業姿勢・板厚に応じた JIS Z 3801 および JIS Z 3841 の溶接技術検定試験に合格した有資格者とし，またサブマージアーク溶接・エレクトロスラグ溶接，その他の自動溶接装置を用いて行う溶接に従事できる溶接技能者は，少なくとも JIS Z 3801 または JIS Z 3841 の基本となる級（下向溶接）の技術検定試験に合格した有資格者とする．またロボット溶接に従事できる溶接技能者は少なくとも JIS Z 3841 の技術検定試験に合格した有資格者とする．

表 3.6.1 と表 3.6.2 に JIS Z 3801 と JIS Z 3841 における技術検定試験の種類を示す．

また，これらの有資格者に対する実際の溶接作業の種別や板厚区分に応じた標準作業範囲の参考を表 3.6.3 に示す．

また，組立て溶接は，本溶接に匹敵する重要なもので，特に本溶接の一部となる組立て溶接が良好でないと，その後で行われる本溶接において，優秀な技量の溶接技能者が入念に溶接してもそれをカバーできない場合が多い．

そして，組立て溶接部の不良は製品の品質に悪影響を与えるばかりでなく，製作中の組立て溶接部の破断により事故を引き起こす危険性がある．さらに実際の組立て溶接は下向き姿勢のみでなく，横向きおよび立向き，場合によっては上向き姿勢で行わざるを得ない場合さえある．このような重

表 3.6.1 手溶接技術検定試験の種類（JIS Z 3801）

継手の種類	溶接姿勢	試験材料の厚さ区分 mm	開先形状	裏当て金の有無[*2]	曲げ試験の種類	溶接方法及び記号 被覆アーク溶接	溶接方法及び記号 ガス溶接
板の突合せ溶接	下向（F）[*1]	薄板（板厚 3.2）	I 形または V 形	N	表曲げ 裏曲げ	N-1 F	G-1 F
		中板（板厚 9.0）	V 形	A / N	〃	A-2 F / N-2 F	
		厚板（板厚 19.0）	V 形	A / N	側曲げ 裏曲げ	A-3 F / N-3 F	
	立向（V）	薄板（板厚 3.2）	I 形または V 形	N	表曲げ 裏曲げ	N-1 V	G-1 V
		中板（板厚 9.0）	V 形	A / N	〃	A-2 V / N-2 V	
		厚板（板厚 19.0）	V 形	A / N	側曲げ 裏曲げ	A-3 V / N-3 V	
	横向（H）	薄板（板厚 3.2）	I 形または V 形	N	表曲げ 裏曲げ	N-1 H	G-1 H
		中板（板厚 9.0）	V 形	A / N	〃	A-2 H / N-2 H	
		厚板（板厚 19.0）	V 形	A / N	側曲げ 裏曲げ	A-3 H / N-3 H	
	上向（O）	薄板（板厚 3.2）	I 形または V 形	N	表曲げ 裏曲げ	N-1 O	G-1 O
		中板（板厚 9.0）	V 形	A / N	〃	A-2 O / N-2 O	
		厚板（板厚 19.0）	V 形	A / N	側曲げ 裏曲げ	A-3 O / N-3 O	
管の突合せ溶接	水平及び鉛直固定（P）	薄肉管（肉厚 4.9）	I 形または V 形	N	裏曲げ	N-1 P	G-1 P
		中肉管（肉厚 11.0）	V 形	A / N	表曲げ 裏曲げ	A-2 P / N-2 P	
		厚肉管（肉厚 20.0 以上）	V 形	A / N	側曲げ 裏曲げ	A-3 P / N-3 P	

[注] [*1] 下向溶接を溶接技術の基本とする．
　　 [*2] A：アーク溶接（裏当て金を用いる），N：アーク溶接（裏当て金を用いない），
　　　　　 G：ガス溶接（裏当て金を用いない）．

表 3.6.2 半自動溶接技術検定試験の種類 (JIS Z 3841)

継手の種類	溶接姿勢	試験材料の厚さ区分 mm	開先形状	裏当て金の有無[*2]	曲げ試験の種類	溶接方法及び記号 マグ溶接	セルフシールドアーク溶接
板の突合せ溶接	下向 (F)[*1]	薄板（板厚 3.2）	I形またはV形	N	表曲げ 裏曲げ	SN-1 F	
		中板（板厚 9.0）	V形	A N	〃	SA-2 F SN-2 F	SS-2 F
		厚板（板厚 19.0）	V形	A N	裏曲げ 側曲げ	SA-3 F SN-3 F	SS-3 F
	立向 (V)	薄板（板厚 3.2）	I形またはV形	N	表曲げ 裏曲げ	SN-1 V	
		中板（板厚 9.0）	V形	A N	〃	SA-2 V SN-2 V	SS-2 V
		厚板（板厚 19.0）	V形	A N	裏曲げ 側曲げ	SA-3 V SN-3 V	SS-3 V
	横向 (H)	薄板（板厚 3.2）	I形またはV形	N	表曲げ 裏曲げ	SN-1 H	
		中板（板厚 9.0）	V形	A N	〃	SA-2 H SN-2 H	SS-2 H
		厚板（板厚 19.0）	V形	A N	裏曲げ 側曲げ	SA-3 H SN-3 H	SS-3 H
	上向 (O)	薄板（板厚 3.2）	I形またはV形	N	表曲げ 裏曲げ	SN-1 O	
		中板（板厚 9.0）	V形	A N	〃	SA-2 O SN-2 O	SS-2 O
		厚板（板厚 19.0）	V形	A N	裏曲げ 側曲げ	SA-3 O SN-3 O	SS-3 O
管の突合せ溶接	水平及び鉛直固定 (P)	薄肉管（肉厚 4.9）	I形またはV形	N	裏曲げ	SN-1 P	
		中肉管（肉厚 11.0）	V形	A N	表曲げ 裏曲げ	SA-2 P SN-2 P	SS-2 P
		厚肉管（肉厚 20.0以上）	V形	A N	裏曲げ 側曲げ	SA-3 P SN-3 P	SS-3 P

[注] *1 下向溶接を溶接技術の基本とする.
　　 *2 A：アーク溶接（裏当て金を用いる）
　　　　 N：アーク溶接（裏当て金を用いない）

表 3.6.3 作業範囲と溶接技能者技量資格標準

作業種別		板厚区分	アーク手溶接	半自動溶接
薄板構造		6 mm 以下	N-1 F N-1 H または N-1 F N-1 V	SN-1 F SN-1 H または SN-1 F SN-1 V
中板構造		4.5 mm 以上 25 mm 以下	A-2 F A-2 H または A-2 F A-2 V	SA-2 F SA-2 H または SA-2 F SA-2 V
中厚板構造		6 mm 以上 50 mm 以下	A-3 F A-3 H または A-3 F A-3 V	SA-3 F SA-3 H または SA-3 F SA-3 V
鋼*管構造	薄肉	6 mm 以下	N-1 F N-1 P	SN-1 F SN-1 P
	中肉	4.5 mm 以上 19 mm 以下	A-2 F A-2 P	SA-2 F SA-2 P
	厚肉	6 mm 以上 32 mm 以下	A-3 F A-3 P	SA-3 F SA-3 P

[注] ＊：管の外径が 400 mm 以上の場合は板構造と見なす．また，部材を反転または傾斜させて，固定管の資格（P）の代わりに立向（V）または水平（H）の資格で代用可能な場合もある．

要な溶接であることと実際の溶接姿勢を考えると，全姿勢溶接ができる熟練した溶接技能者が従事することが望ましい．

現実的には，これを要求することが困難な状況を考慮し，JIS Z 3801 または JIS Z 3841 の基本となる級（下向溶接）は最低限必要とする．

3.6.2 技能者の確認

鉄骨製作および工事現場溶接における溶接品質は溶接技能者の技量に大きく左右され，ひいては鉄骨工事全体の品質につながるともいえる．

したがって，実際の溶接作業・溶接方法に応じた技量を有することを確認することが必要である．また，工事現場溶接では作業種別や溶接姿勢が比較的明確である場合が多く，それらに適した JIS 有資格者とする．

溶接技能者のいままでの工事経歴書やその作業内容についても確認し，溶接技量の参考とすることも重要である．

図 3.6.1 には JIS の適格性証明書の例を示すが，合格資格の種類と有効期限についての確認が必要である．

JIS の技術検定のほかに国土交通省「鉄道構造物等設計標準・同解説　鋼・合成構造物　平成 21 年 7 月　改定」，石油学会 JPI-7S-31-2007「溶接士技量検定基準　平成 19 年 6 月改訂」，日本海事協会「鋼船規則 M 編」第 5 章「溶接士とその技量試験」，厚生労働省「ボイラおよび圧力容器安全規則　労働基準局」，国土交通省「運輸試験規則　鋼船構造規定」，日本高圧力技術協会 HPI-規則「溶接構造物に対する溶接工法認定試験規則」，同じく「一般鋼管の溶接施工に対する試験方法とその判定規準 JIS Z 3040-88」，日本道路協会「道路橋示方書」など各専門分野で，それぞれに適合した異なった溶接技能者の技量資格試験方法が規定され，実施されている．これら JIS 以外の溶接技

図 3.6.1 適格性証明書

能者技量試験の資格内容を調査し，必要とされる JIS の資格と同等と認められる場合は，有資格者として扱うことができる．

3.7 溶接技能者技量確認試験

JASS 6 では有資格溶接技能者に対し，技量付加試験を行う場合は設計図書に特記がある場合としている．ただし，JIS の溶接技術検定試験に合格した有資格者や技量付加試験（「工場製作編」5.3.2「技量付加試験」参照）の合格者において，その技量に疑問が生じて，工事監理者が特に必要と認めた場合は適切な技量確認試験を行うものとする．

技量確認試験を行う場合は確認したい技量に対し，工場あるいは工事現場での溶接条件に即した実効的な試験方法を採用するよう十分に検討したものとする．

なお，AW 検定協議会では建築鉄骨溶接の専門級としての資格検定を実施しており，その試験内容を参考にするとよい〔「工場製作編」付 10〕．

3.8 施 工 試 験

3.8.1 施工試験の実施

ここでは後述する材料確認試験以外の，鉄骨工事に伴った工場製作や現場接合に関連して実施する諸試験を総称して施工試験と呼ぶこととする．

施工試験の実施については，設計図書による特記のある場合に行うものとする．

建築基準法で定められた鋼材である大臣認定品の中でも特殊な鋼材を用いる場合や溶接方法でサブマージアーク溶接やエレクトロスラグ溶接を行う場合には溶接性試験等を行うことがある．

ただし，すでに行った試験の結果により，工事監理者が支障のないものと認めた場合は，この試験を省略することができる．

それ以外でも，鉄骨部材における設計および施工上で，接合形式の特殊性などの要求品質や使用材料における材質特性，また鉄骨製作に伴った使用溶接機器の性能や施工実績が乏しい場合など，使用条件から溶接方法やその施工性および品質を確認する上で必要となる場合がある．

3.8.2 施工試験の種類と承認

ここには上述した内容から，施工試験の実施による承認が必要と思われるもの，あるいは実績データなどの提出を行う書類審査による承認が必要と思われる施工試験の種類を示す．

（1） サブマージアーク溶接の承認試験

試験概要，合否判定基準などは「工場製作編」付7を参照のこと．

（2） エレクトロスラグ溶接の承認試験

試験概要，合否判定基準などは「工場製作編」付8を参照のこと．

（3） 特別な摩擦面処理を用いた場合のすべり係数試験

標準試験片による試験方法として本会編「高力ボルト接合設計施工ガイドブック」のすべり係数試験に準じて行う．

（4） 構造用特殊鋼材を用いる場合や特殊条件下の使用における溶接性試験

特殊鋼材としては下記のような材料がある．

  a） 建築構造用耐火鋼材（FR鋼）
  b） 590 N/mm² 級以上の鋼材
  c） 鋳鋼（SCW 490等）

（5） 代替エンドタブおよびエンドタブ省略による溶接施工試験

試験概要，合否判定基準などはAW検定協議会による技量検定試験に準じて行うと良い．

（6） 溶接ロボットの施工試験

試験概要，合否判定基準などは「工場製作編」付11「建築鉄骨溶接ロボットの型式認証試験（抜粋）」に準じて行う．

（7） 溶接組立箱形断面部材の加工工場の施工試験

一連の製作加工ラインによる製作精度の確認を行い，JASS 6の付則6に準じて行う．

承認にあたっては，要求品質に応じた試験項目が実施され，それらが定められた合否判定基準に即して合格していることを確認する．また，試験は工事監理者の承認する試験所にて行う．

これらの施工試験は実施することを原則とするが，すでに行った試験および施工の結果により，工事監理者が支障のないものと認めた場合は，これらの試験を省略することができる．

（8） 溶接条件確認試験

設計図書に指定された溶接部の性能を満足させるための溶接条件を確認するために行う．試験方法は工事監理者に確認する．

（9） 標準開先以外の開先を用いる場合の承認試験

標準開先以外の開先を用いる場合には，JASS 6の付則8に準じた承認試験を行う．

3.9 材料確認試験

3.9.1 材料確認試験の実施

材料試験は製品証明書が添付されている材料については，その照合が確認されれば行う必要はない．

照合の一つの方法として，JASS 6 において 3.5「材料の購入，受入れおよび保管」として述べられている．

しかし，次に述べる場合は材料試験を行い品質を確認する必要がある．
（1） 材料の機械的性質等を特記した場合
（2） 工事監理者が特に必要と認めた場合

また，材料試験は工事監理者の承認する試験所で行う．

3.9.2 材料試験の種類と承認

材料試験は，化学成分分析試験および機械的性質試験によりその品質を，外観・形状と呼び寸法は，外観・形状および寸法試験を行う．試験項目および試験方法は以下の JIS 規格による．

（1） 化学成分分析試験

JIS G 1211-1　鉄及び鋼 − 炭素定量方法（第 1 部〜5 部）

JIS G 1212（鉄及び鋼 − けい素定量方法）

JIS G 1213（鉄及び鋼 − マンガン定量方法）

JIS G 1214（鉄及び鋼 − りん定量方法）

JIS G 1215（鉄及び鋼 − 硫黄定量方法）（第 1 部〜4 部）

JIS G 1216（鉄及び鋼 − ニッケル定量方法）

JIS G 1217（鉄及び鋼 − クロム定量方法）

JIS G 1218（鉄及び鋼 − モリブデン定量方法）

JIS G 1221（鉄及び鋼 − バナジウム定量方法）

JIS G 1253（鉄及び鋼 − スパーク放電発光分光分析方法）

JIS G 1256（鉄及び鋼 − 蛍光 X 線分析方法）

JIS G 1257（鉄及び鋼 − 原子吸光分析方法）（第 0 部〜18 部）

（2） 機械的性質試験

JIS Z 2241（金属材料引張試験方法）

JIS Z 2248（金属材料曲げ試験方法）

JIS Z 2242（金属材料のシャルピー衝撃試験方法）

（3） 外観・形状および寸法試験

外観・形状および寸法は，それぞれの規格に規定された許容差内にあることを確認しなければならない．

3.10 工作図

3.10.1 工作図の内容

　工作図は鉄骨工事の，工場製作から現場施工完了までの施工計画に伴って部材製作に反映させるべき情報が盛り込まれた図面としなければならない．

　言い替えれば，設計図書に示された建物を施工するための鉄骨部材の製作設計図であり，鉄骨工事や関連する工事の計画・仕様も工作図の内容によって左右されるといっても過言ではない．

　したがって，建方工事や関連する仮設工事，躯体各工事，内・外装工事，設備工事との検討や各工事相互の調整も十分なされていなければならない．

　工作図の内容は建物の規模，形状，構造形式によって，また製作工場の製作体制によって異なるが，以下の表 3.10.1 には標準的な工作図の内容を示す．

　鉄骨製作の実質的なスタートは工作図の承諾がなされてからであり，工作図の作成が完了し，承諾用工作図の提出があれば十分なチェックとともに速やかな対応を行う必要がある．

　工作図の承諾が遅れることにより材料発注から製作工程，また現場鉄骨工事まで影響することになる．鉄骨工事担当技術者は工作図の作成工程・材料発注・製作工程から現場鉄骨工事までの工程を十分に把握しておく必要があり，また工事監理者にも事前に十分な理解を得ておく必要がある．

　また，承諾手続きの原則は承諾用工作図の原図への承諾日記入と押印あるいはサインによるが，異なる場合は承諾行為を明確にしておく必要がある．

表 3.10.1 工作図の内容

	図　面　内　容
一 般 図	軸組図，梁伏図，柱脚伏図，アンカー伏図，部材リスト
基 準 図	溶接基準図，継手基準図，仕口基準図，柱心図，ファスナ配置図，スリーブ配置図，胴縁・母屋配置図，仮設部材基準図，その他関連工事取合基準図
詳 細 図	大梁詳細図，小梁詳細図，柱詳細図，間柱詳細図，ブレース詳細図，仕口詳細図，階段詳細図，胴縁・母屋詳細図，その他各部材詳細図

3.10.2 工作図のチェックポイント

　工作図には設計図書に示された要求品質と施工計画による各工事からの諸要求を盛り込んだ上に，製作の作業性・経済性が反映された内容で作成されているわけであるが，その内容のチェックを怠ると鉄骨関係各工事をはじめ関連する各工事に影響し，ひいては建物全体の工事に大きく影響する．

　したがって，工作図のチェックはそれらの工事の関連性などを含めた全情報を把握した上で行われなければならない．

　鉄骨工事担当技術者は鉄骨部材の製作に関する事項はもちろんであるが，施工関連工事に伴った部材の製作については特に責任を持ってチェックに望む必要がある．

チェックの基本は設計図書・質疑検討事項による決定事項などが反映され，不明確な事項がないことである．表 3.10.2 には工作図の主なチェックポイントを示す．

表 3.10.2 工作図チェックポイント

工作図＼項目	チェックポイント	
共　　通	・使用材料の種別	・設計図書との照合
一　般　図	・建物通り心と鉄骨部材心 ・スパン・階高などの基準寸法 ・継手位置	・建物 FL と鉄骨天端寸法 ・部材符号の整合
基　準　図	・溶接工法の区分 ・開先形状および寸法 ・柱筋・梁筋との納まり	・溶接姿勢の区分 ・エンドタブの種類・形状
詳　細　図	・ボルト締付けの作業性 ・スリーブ貫通の位置と補強 ・仮設取付ピースの位置・形状 ・部材寸法（幅，長さ，せい，板厚等） ・建方作業の可否	・溶接作業の施工性 ・内・外装用取付ピース・金物 ・設備工事用取付ピース・金物 ・アンカー締めの作業性

3.11 現寸検査

3.11.1 現寸検査

　現寸検査は，設計図の意図する鉄骨部材の寸法，形状などが工場製作に必要な情報に正しく反映されているか，また現場施工での納まり，他工事との関連あるいは施工性などに問題がないかを確認する目的として行う．

　かつては床書き現寸図として，工場内の現寸場の床に該当する部分の現寸図を直接書いて確認することも多かったが，現在では現寸用のフィルムにプロッタで描画してそのフィルムを見て確認する方法が主流である．また，フィルムに打ち出すことなくディスプレイ上で納まりや寸法を確認する方法もある．それらの場合には，現寸検査を鉄骨製作工場ではなく工事現場事務所などで行うことも可能である．

　なお，構造が特殊・複雑な箇所で，縮尺表示の工作図では必要な詳細図・展開図などが図示できない部分については，現寸やモックアップで工作図を補完することもある．

　一般的に現寸検査は，下記事項の中から選択して確認する．「工場製作編」表 4.2.2 に定規・型板に記入する記号・略号の一例が示されているので参考にするとよい．

　（1）　一般事項
　　a）　基本寸法（梁間，柱間，階高，斜材の押え心など）
　　b）　部材の材質，大きさ，厚さ，マーク，指示事項
　　c）　各部材の取合い，納まり，方向
　　d）　溶接開先形状
　　e）　ボルト孔径，ピッチ，縁端距離，鉄筋貫通孔

f） ガセットプレート形状
（2） 工場製作に関する事項
　　　a） 各部材の取合いに支障はないか
　　　b） 溶接施工に支障はないか
　　　c） 工作手順に支障はないか
　　　d） ボルトの締付けに支障はないか
（3） 現場施工に関する事項
　　　a） 輸送上問題はないか
　　　b） 建方上支障はないか（梁の払込み，ブレースの取付け等）
　　　c） 高力ボルトの締付けに支障はないか（ボルトの挿入，締付機の寸法等）
　　　d） 溶接は支障なく行えるか

3.11.2　鋼製巻尺の照合

　鋼製巻尺（テープ）の照合は，現場の寸法と工場製作の寸法の基準の長さを同一にすることを目的として行う．

　したがって，現寸作業開始前に，工事現場要鋼製巻尺（基準テープ）と鉄骨製作用鋼製巻尺（製作用テープ）の誤差の確認を行う．巻尺は JIS B 7512（鋼製巻尺）の1級品を使用する．照合は同一条件下（同一のテープ，温度，張力，たるみ）で複数の巻尺を現寸場で相互に並べて，0点の目盛を一致されて固定し，他端からばね秤で巻尺に指定された所定の張力を加え，5m単位で鉄骨製作用鋼製巻尺の誤差を測定し記録する．記録は読み値（例 29 998 mm）を差（例 + 2 mm）と併記するのが良い．「工場製作編」の表 4.3.1 に鋼製巻尺の許容差，表 4.3.2 にテープ合わせ記録表が示されているので参考にするとよい．

　なお，現寸検査時に同時に行うことがあるが，工事現場用鋼製巻尺（基準テープ）を現寸作業開始前に工場に送付し，鋼製巻尺の照合を済ませておく必要がある．また複数の工場で製作する場合は，代表工場ですべての巻尺を集めて照合を行うことが望ましい．工場に NC 機械が使用されている場合，機械の精度を決めている工場の基準テープも照合しておくとよい．

3.12　中間検査

　鉄骨部材の製作においては幾多の工程を経て製品となる．したがって，最終の受入検査のみでは，その品質に関する情報を確認することが困難である場合，中間検査を実施する．検査の頻度，内容は建物の規模，形状，製作工場の能力にもよるが，できれば製作の初期段階で実施するのが望ましい．

　この検査は，設計図書，工作図，製作要領書等に記載されたとおり材料管理，加工・組立て，溶接施工などが行われているか，また現場の必要とする工程に従って製作が進められているかなどを確認する目的で行う．詳細は「工場製作編」8.3 節を参照されたい．

3.13 製品の受入検査

　製品の受入検査は工場製作の完了した部材が設計図書の要求品質を満足し，工作図どおりに製作され，建方等の現場施工に問題がないかを最終的に判定する目的で行う．製品の検査は鉄骨製作業者が行う社内検査と施工者が行う受入検査に分けられる．受入検査を行う前に社内検査記録など自主検査の内容を確認する．検査内容は建築物の種類，重要度によって異なるが，特記がない場合の検査項目は寸法精度検査，取合部検査，外観検査，溶接部の内部欠陥検査，スタッド溶接部検査，付属金物類検査，出来形検査等が標準的なものとしてあげられる．受入検査の実施にあたっては，鉄骨製作業者との間であらかじめ検査方法，基準を明確にし，製作要領書または検査要領書に記述しておくことが望ましい．また受入検査の時期は製作工程，建方工程を考慮するとともに不合格の場合の補修およびその再検査の時間も考慮しておく．詳細は「工場製作編」8.4節を参照されたい．

3.14 仮組検査

3.14.1 目　　的

　仮組検査は鉄骨部材単品の製品検査では確認できないが，現場建方工事遂行上，必要な寸法，数値，納まり，取合関係を把握して，建方や関連工事が支障なく行えるよう構造物の一部あるいは全体を工場で仮組して必要な事項を確認する目的で行う．例として挙げると，X, Y, Zの3方向に取合のある複雑な構造物，製作時に設けるむくり量（キャンバー），全長などを事前に確認したい大架構部材，建設場所が遠方やビルの最上部に建てる鉄塔や立体構造物で，万一，不具合が生じると補正に多大な期間の発生が予想される場合などがある．しかし工場の能力に左右され，費用や時間を要するので，設計者，施工者，鉄骨製作業者で十分に検討し，目的を達成されるよう決める必要がある．

3.14.2 部　分　仮　組

　部分仮組は工事現場で修正が困難であろうと予想される複雑な取合部分を組み立て，部材相互の納まりを確認したい場合，同種のトラス構造が多数あるうち，その一つを90°倒して平面で組み立て，形状，全長などを確認したい場合，あるいは鉄塔の塔身を相互2体上下に組立て形状などを確認したい場合など，構造物の一部を仮組することにより目的を達成できるものである．その一例を写真3.14.1に示す．

　写真3.14.1は，一方向に長いトラス梁を仮組している．検査項目としては，①寸法検査，②取合部検査であり，仮組することによって確認できる重要な検査である．

　寸法調査は，まず仮組部材の受台のレベルがそろっていることを確認し，仮組されたトラス部材の上弦材と下弦材の全長と，製作時に設けるむくり量（キャンバー）を測定する．このように長いトラスで，鋼製巻尺で全長等を測定しようとすると，プレート類の障害物をよけるなどして真っ直

ぐに巻尺で測定することが難しい場合があり，測定値に誤差が生じる場合がある．この場合は仮組定盤上のマーキング墨とトラス梁との位置のずれを確認する方法と，光波測定器を用いて寸法を測定する方法がある．

取合い部検査では，特に現場での精度が問題になる斜材が食い違っていないことを確認しておく．また，上弦材には，屋根の取合いのつなぎ梁，水平ブレース材が取り付くので，このブラケット位置寸法と角度も確認しておくことが大切である．

写真 3.14.1　部 分 仮 組

3.14.3　全 体 仮 組

全体仮組は，構造物全体を工事現場で再現できるように組立てを行ない，全体の寸法精度，納まり，内外装などの取合いを確認するものである．その一例を写真 3.14.2 に示す．仮組されたものの寸法の許容差は，標準となるものがないため，工事ごとに工事監理者と施工者が仮組立要領書を作成し，協議して決定している．

写真 3.14.2　全 体 仮 組

4章 建　　方

4.1 現場鉄骨建方要領書の確認

4.1.1 基本事項

　工事現場全体の工事概要，全体工程と鉄骨工事の工程，工事を運営する組織を記述する．鉄骨建方計画が工事全体の施工計画で経済的，安全，かつ合理的なものであることを確認する．

（1）工 事 概 要

一般に下記の項目を記載する．

　　a）工事名
　　b）工事場所
　　c）設計者　一般・構造・監理
　　d）建築物の規模　①建築面積・基準階面積
　　　　　　　　　　　②延面積・敷地面積
　　　　　　　　　　　③構造種別と階数
　　　　　　　　　　　④最高部の高さ
　　　　　　　　　　　⑤鉄骨総重量
　　e）工期　着工・竣工

（2）工期・工程

全体の工程と鉄骨工事の位置づけを把握するため，下記のものを示す．

　　a）工事総合工程表
　　　　工事現場の着工から竣工までを示すネットワークとする〔図 4.1.1〕．
　　b）鉄骨工事工程表
　　　　鉄骨部材の搬入，建方，本締め，溶接完了までの全体工程を示す〔図 4.1.2〕．
　　c）詳 細 工 程
　　　　各節ごとの詳細工程または，サイクル工程等を示す〔図 4.1.3〕．

（3）現場施工管理組織

鉄骨工事にかかわる工事現場員と協力業者の会社名，担当者名を組織図にする〔図 4.1.4〕．

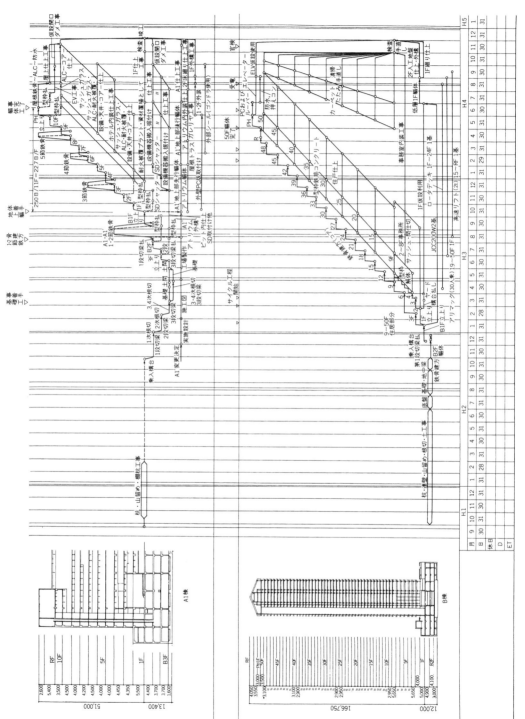

図 4.1.1 工事総合工程表の例

4章 建　方 —105—

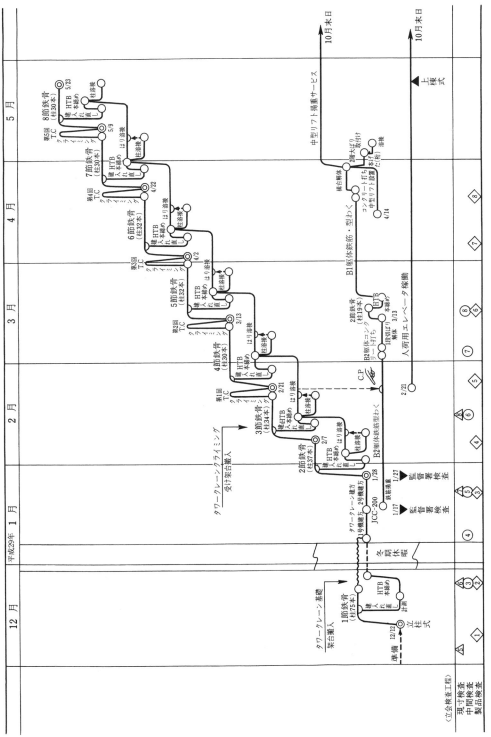

図 4.1.2　鉄骨工事工程表の例

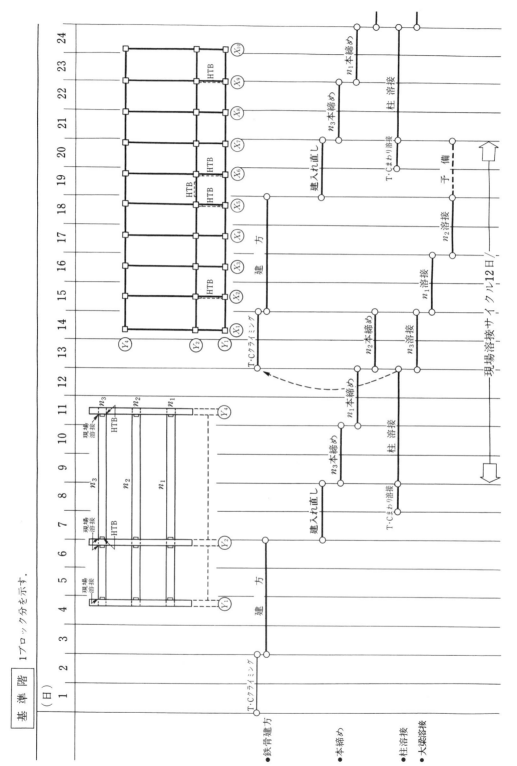

図 4.1.3　詳細工程表の例

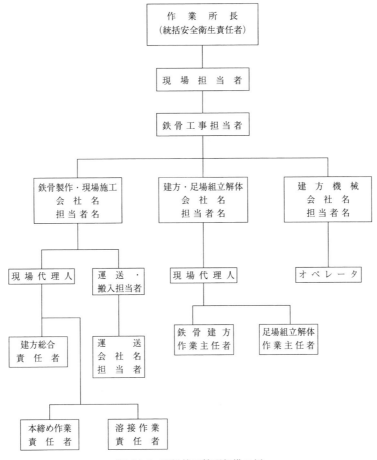

図 4.1.4 現場施工管理組織の例

4.1.2 計画諸元

鉄骨建方工事の詳細を決定するための部材に関する諸元を把握する．

(1) 鉄骨範囲

平面，立面で鉄骨がある範囲を図面で明示し，山留め壁と柱，梁の位置関係，地下部鉄骨の柱脚の位置，杭上直接建方する柱があるかを確認する．

(2) 主要部材の数量と建方数量

柱，大梁，小梁，階段，間柱，トラス等の数量を一覧表などわかりやすい表示をする．さらに，現場接合用高力ボルトのこん包数，デッキプレートのパレット数，足場，養生資材のこん包数も算出し一日の建方数量に算入する．

鉄骨部材のうちブレース，つなぎ材，方杖，火打ち，胴縁，母屋などの小部材で主要部材に取り付けず，単品で建方したり地組で数部材を一体で建方する場合は，建方数量に算入しなければならない．

(3) 主要部材の最大重量・最大長

建方用機械や搬入車両を決定するため柱や大梁，トラスの中から最大重量，最大長を平面図，立

面図に記載する．

選定した揚重機で建方上安全か，仮置き，吊上げに支障ないかの確認をする．

運搬経路で重量制限がある場合，道路の幅が狭く長さに制限がある場合など，これらを把握した上で搬入の計画を行う．

(4) 部材の形状と本接合の形式

柱，梁の接合形式は高力ボルト接合あるいは溶接接合のいずれかを採用している〔図 4.1.5～4.1.8 参照〕．

溶接接合の柱，梁では建方時の仮ボルト数が少なくなるため部材の形状，重量，スパンを考慮の上，エレクションピースの諸元を決定しなければならない．

大梁は，梁端部でシヤープレートによるウェブの高力ボルト接合となり，建方時の払込み方向（片寄せ）を決定し，柱の製作要領書，工作図へ反映する．さらに，溶接部のずれを規定精度以内に納めるよう治具や仮受けピースの計画を工作図へ記入する．

高力ボルト接合の大梁は落とし込みするのが通例である．搬入時に，柱，梁，それぞれのスプライスプレートをどのような形状で取り付けてくるかを鉄骨建方作業者の意見を検討の上，鉄骨搬入担当者に伝えておかねばならない．接合の形式，仮ボルトの取付け方法によって時間を要する部位を確認しておく．

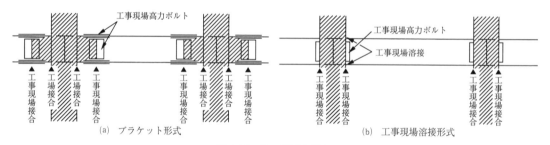

図 4.1.5 柱・梁接合形式

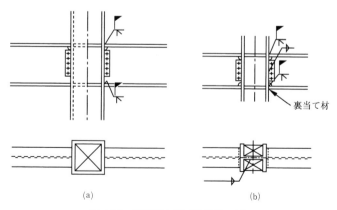

図 4.1.6 混用接合部（柱梁仕口例）

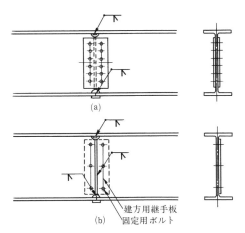

図 4.1.7 梁・梁接合部の例

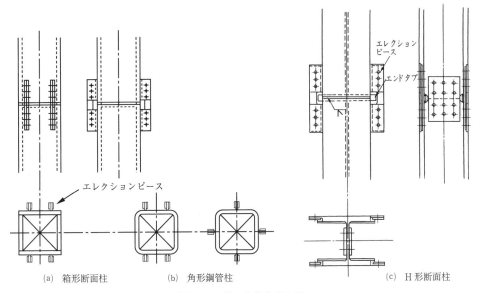

(a) 箱形断面柱　　(b) 角形鋼管柱　　(c) H形断面柱

図 4.1.8 柱・柱接合部の例

4.1.3 建方準備

鉄骨建方開始前に下記の事項を確認し，建方工事に支障がないよう準備する．

（1） 届出・申請書類および許可等

前掲 2.8「届出・申請書類の作成提出」に記述した書類のうち，必要な書類が提出され，許可がおりているかを確認する〔表 2.8.1 参照〕．

さらに，近隣との協定による作業時間，作業場所の確認，建築主敷地内規定による制約の確認も忘れてはならない．

（2） アンカーボルト・ベースモルタル

アンカーボルトは，その機能を工事監理者に確認する．

構造耐力を負担するボルトは，修正を許されないため，保持方法は強固にしなければならない．

これに比べ，鉄骨建方時の精度保持のボルトは，仮設なので多少の修正が許されるので保持方法も簡素化できる．また，アンカーボルトをあと施工する各種工法があり，経済性との精度確保のバランスを考慮し選択できる．

地下鉄骨柱のアンカーボルトで山留め壁に接近してナットの締付けができないものは，工事監理者と協議し，位置の変更など対策を決定しておく．

SRC造で鉄筋本数が多く，その間隔が狭くナットの締付けが不可能な場合も，主筋の位置変更や曲げもどしを行うなどの対策を検討する．

ベースモルタルは柱脚のレベルを確保し，鉛直荷重を基礎へ伝達しなければならない．ベースプレートの大きさ，アンカーボルトの位置に適した寸法，形状を計画し強度確保のための期間を設定しておかねばならない．したがって，鉄骨工事工程表で，配慮しなければならない．

（3）部材搬入

鉄骨製作工場から工事現場までの搬入経路と途中の制限，現場付近の待機場を図面上に記載する．2.6「施工計画の立案」で計画した建方方式と柱，梁の部材の建方順序に従った搬入順序，輸送日程を確認する．

（4）建方用機械とその特性

鉄骨建方用の揚重機は，2.6.4「建方用機械の選定」で詳しく述べられている．

ここでは，決定に際しての要因，特性面で計画諸元と照合し機種の選定に問題ないか確認する〔図4.1.9，図4.1.10参照〕．

（5）各種資材

鉄骨建方に必要な資材をリストアップし，その必要数量を確認する．

通常，表4.1.1が考えられる．

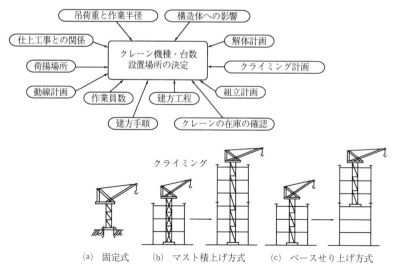

図 4.1.9 タワークレーンの場合

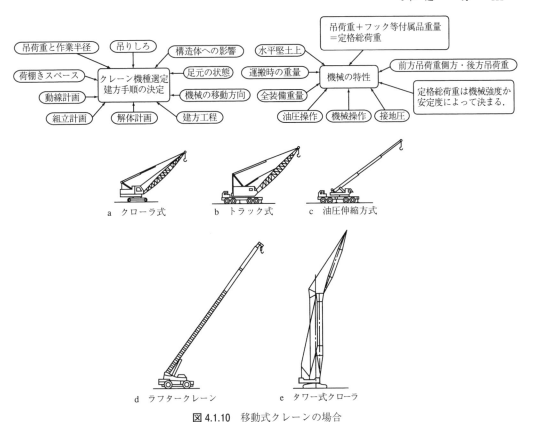

図 4.1.10 移動式クレーンの場合

表 4.1.1 建方用資材

工具袋	建入れ直し用ワイヤロープ
めがねスパナ	12 mm, 16 mm, 18 mm
片口スパナ	ターンバックル結束用短尺ワイヤロープ
ボックススパナ	15 mm, 18 mm
モンキースパナ	ロープ（マニラロープ）
ボール心（ポンチ）	足場板
割り（くさび）大	吊袋
割り（くさび）小	通信連絡用具（トランシーバー，マイク，笛など）
かじや（かなてこ）大	合図用手旗
かじや（かなてこ）小	交通遮断ロープ（トラロープ）・バリケード
チルホール	立入禁止標識
レンフロークランプ	昇降用はしご
ジャーナルジャッキ（必要に応じ）	安全ブロック
油圧ジャッキ	キャッチクランプ
大ハンマ 4.5 kg（10 ポンド）位のもの	トビック
手ハンマ 1.8 kg（4 ポンド）〃	単管
下げ振り（ピアノ線共）	枕材（または受け台）（短尺端太角，レール用枕木，
許容積載荷重標示板（ステージ用）	五平，尺角，鋼製受台等）
防火シート	ロリップ
当物（やわら）	命綱用親綱
シャックル（荷重に適したもの）	安全ネット（工法によって）
玉掛けワイヤロープ（荷重に適したもの）	水平養生ネット
控え用ワイヤロープ（荷重に適したもの）	垂直養生ネット
ターンバックル	補強材料
クリップ 12 mm, 16 mm, 18 mm	高所作業車
	計測機械（セオドライト，レベル等）

4.1.4 建　　　方

詳細は 4.8 節に記述するので，ここでは確認内容を示す．

（1）　建　方　方　式

　　a）　タワークレーンによる水平積上げ
　　b）　移動式クレーンによる建逃げ
　　c）　移動式クレーンによる輪切り建て

通常いずれかの方法により総合仮設計画図，建方計画図に図示する．

（2）　建方順序と安定性

鉄骨建方は，毎日状況が変化する．1日ごとの建方手順を決め，そのつど，強風や地震に対する安全性を確認する．1日ごとの進行図にしておくとよい．

（3）　吊込み方法

荷卸し，荷さばきの場所，広さによって柱の建起こしと吊込み方法が制限される．柱の建起こしに相番クレーンを準備するかどうか，その場所が確保できるか確認する．大梁，小梁を単品で吊り込むか，数台まとめて吊り込むかにより，それぞれの資材が必要となる．

（4）　仮ボルトの締付け

接合部の形式，部材の重量，スパンにより，建方順序によって継手の仮ボルトの配置，本数を決め，継手基準図に記入しとび工に徹底する．

（5）　建方精度と修正

設計図書に記載された精度を確認する．特に明記のない場合，建方精度は JASS 6 の付則 6「鉄骨精度検査基準」による．

しかし，建物の特性によってこれを厳しくし，付則 6 の管理許容差で管理するなどの検討をする．建入れ修正は，ワイヤロープを使用することが多いが，建物の形状，鉄骨部材重量，スパンによっては，油圧ジャッキなどの機材を準備する．

建方順序のどの時点で修正するかを計画しておく必要がある．

（6）　地組と地組用構台

鉄骨建方時に地組をするのは，次のような場合である．

　　a）　運搬の都合で分割した大梁，トラス
　　b）　小梁とデッキプレート
　　c）　大梁と小梁
　　d）　大梁・小梁と火打ち，および方づえなどの小部材
　　e）　柱，大梁と足場材

上記に示す地組を行う場合は高所作業が減り，地上での作業であるため効率的だが，一方，市街地の工事現場で，そのスペースの確保，揚重機や構台の準備および作業員の増員等，コスト増があることを考慮して計画する．

（7）　安　全　対　策

鉄骨建方中の安全対策は，第三者への安全対策，作業員の安全対策および揚重機・足場・構台の

安全対策がある．

 a）第三者への安全対策
  ① 資材搬入時の通行制限……………………ガードマンの配備
  ② 揚重機による荷取り時の通行制限……ガードマンの配備
  ③ 鉄骨建方中の部材，資材の落下防止…垂直ネット，吊りピース，ワイヤロープ，養生ネットのチェック

 b）作業員の安全対策
  ① 部材の荷卸し，荷さばき時のはさまれ防止……置場の整備
  ② 鉄骨建方中の墜落防止………………親綱，安全ネットの設置
  ③ 柱昇降中の墜落防止…………………タラップ，はしご，親綱，安全ブロックの設置

 c）揚重機，足場，構台の安全対策
  ① 転倒の防止……使用条件厳守，強度検討
  ② 落下の防止……取付ピースの確認，足場板・幅木・手すりの取付方法の確認

 d）鉄骨の自立対策
  ① 積載過荷重による倒壊防止…荷重制限，座屈の補剛
  ② 強風による倒壊防止…………筋かい設置，養生材の選定と撤去のタイミング
  ③ 地震による倒壊防止…………筋かい設置，部材の補強
  ④ 雪荷重による倒壊防止………除雪，座屈の補剛

各工事現場ごとに該当する事項の対策を計画し，必要な資機材の手配をしておく．
鉄骨建方計画図書に設置のための資・機材数量，設置の時期・タイミング等を記述する．
これらの詳細は，4.4節および10章に記述する．

（8）建方の事例
 a）建逃げ方式の計画例
  トラッククレーン・クローラクレーンなど，移動式の建方機械を使用して建方を行う場合に多く用いられる．
  建物の端部から建て始めて1スパンないし3スパンぐらいごとに最上階まで建て，機械を移動させた後にまた同じように建方する．これを繰り返しながら建方を進めていく方法で，建逃げ方式と呼ばれる．
  建物周囲に建方機械の走行の余地があれば，建物の中央部から外周部へ建方を進めていく方法もある．工場・倉庫など高さが比較的低く，細長い形状の建物に適し，高さ30m程度のビル鉄骨にも採用できる．
 ① トラッククレーンによる建逃げ計画
  図4.1.11は，建物周囲を移動しながら建方を進めていく計画例である．スパンが大きいので，仮補強も同時に取り付ける．周囲から建方するので，クレーンの位置と吊荷重・作業半径を検討してクレーンの機種を選定しなければならない．
  図4.1.12は，建物両側を隣接建物にはさまれているため，建物1階にクレーンが乗り入れ

て建物の奥から建逃げする計画例である．

建物内部でのクレーンの位置の選定には，吊荷重と作業半径，荷取りの位置，旋回の可能性，および建方途中クレーンに近い側の柱梁との接触を検討しなければならない．

最前列の柱梁は道路上になるので，電線・高圧線との接触，道路の使用範囲を検討する．

② 乗入れ構台上のタワー式クローラクレーンによる建方計画

図4.1.13は，地下工事用の乗入れ構台を地上の鉄骨建方に使用する事例である．

タワー式クローラクレーンは，垂直のマスト上でジブが起伏するので，最大・最小の作業半径内は，柱・梁との接触の危険性がなく，平面的に分割したブロックの第1節から最上節まで一気に建方できる．

クローラ式なので，構台上の移動がいつでも可能であり，前進後退を繰り返しながら，広範囲に建方できる．ただし，クレーンのブームの組立てを工事現場で行うため，別の組立て用クレーンと組立てのためのスペースが必要になる．

③ 乗入れ構台上のトラッククレーンによる建方計画

図4.1.14は市街地で行う中規模の鉄骨鉄筋コンクリート造の建方で，地下工事用の乗入れ構台上からトラッククレーンで建方する事例である．

通常地下の鉄骨のみ建方し，1階床まで躯体施工後構台を解体しながら，地上の鉄骨建方を行う．平面的にブロック割りし，各ブロックごとに最上節まで建方できる機種の選定とそれに伴う構台の補強が必要である．乗入れ構台上は，クレーンの動線，鉄骨搬入車の動線，搬入資材の配置，躯体工事用車両の動線を検討しなければならない．

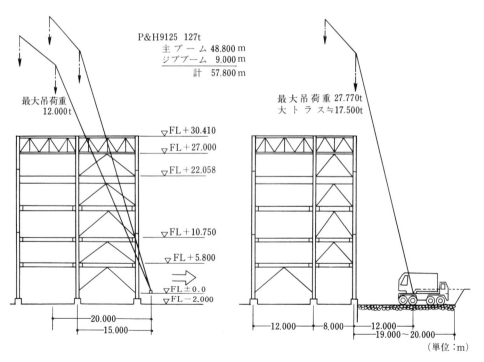

図4.1.11 移動式クレーンによる建逃げと鉄骨軸組の仮補強計画

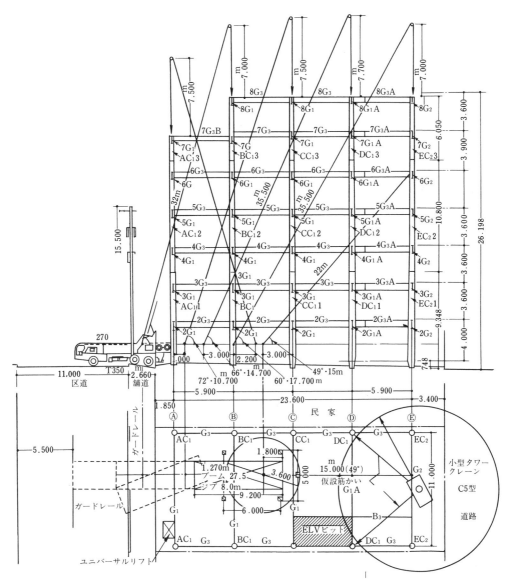

図 4.1.12 移動式クレーンによる建逃げ方式計画例 （単位：m）

b) 水平積上げ式の計画例

　タワークレーンなどを用いて建方を行う場合によく用いられる形式で，建物全体を水平割りとし，下層から順に上層へ積み上げて建方を行う方法である．

　図 4.1.15 のように各節ごとに水平にまとめながら上部へ建方を進めることにより，すぐ下の節から後続作業が追従でき，またデッキプレート敷きの構法なら，いくら高い建物でも直下に床が設けられることにより，高所作業の心理的不安感が除かれて作業の安全性も高い．

　クレーンを図 4.1.16 のようにフロアクライミングすることにより，下層の開口部も残らない．

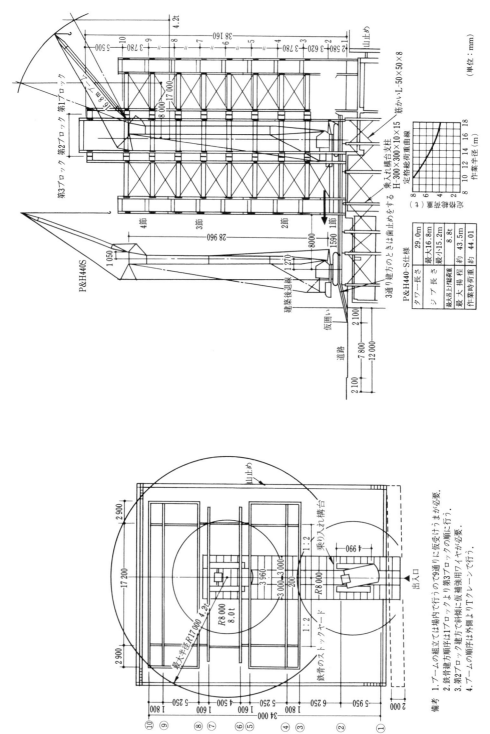

図 4.1.13 タワー式クローラクレーンによる建方計画例

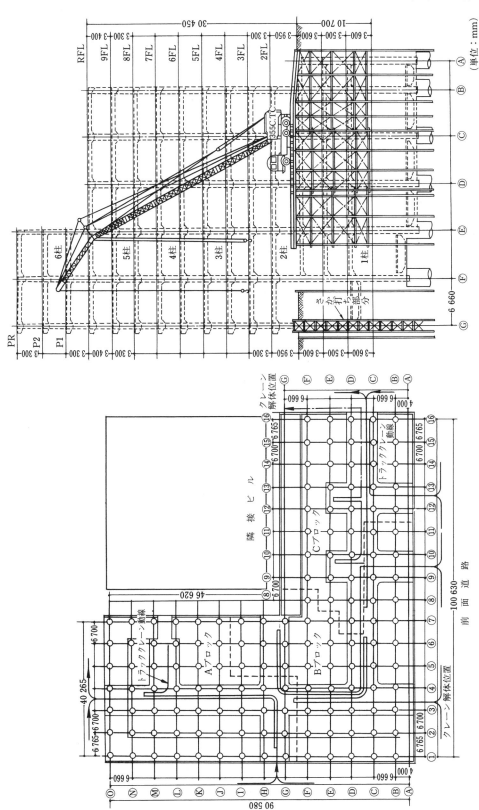

図 4.1.14 乗入れ構台上のトラッククレーンによる建方計画例

また，建物内にタワークレーンを設置することにより，建方用機械設置のための用地を必要としない．

タワークレーンの機種とその設置位置は，鉄骨の重量，その部材の位置，PC板などの他の重量部材も考慮し選定する．

タワークレーンはその重量が大きく，また作業時・地震時・強風時によって架台反力が異なり，その反力も大きいので，支持構台や本設構造体鉄骨の強度，変形を十分に検討し，補強の要否を判断しなければならない．

タワークレーンの組立て時・解体時のクレーンの選定ではタワークレーンの分割重量，相互の位置関係により必要能力に応じた機種とする．

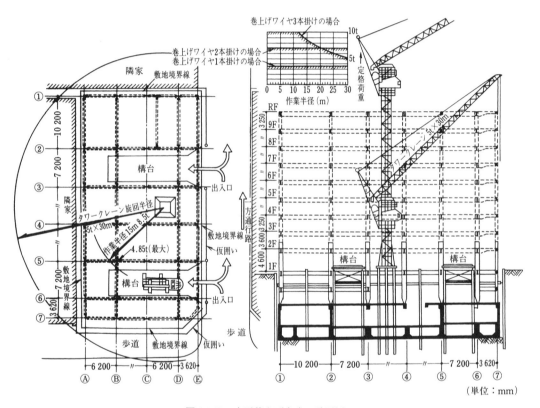

図 4.1.15　水平積上げ方式の計画例

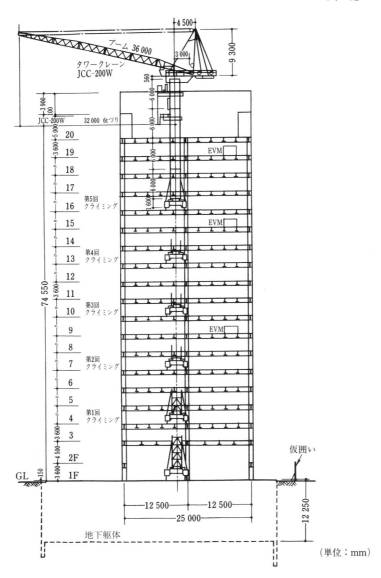

図 4.1.16 クライミング計画

4.2 現場鉄骨工事施工要領書の確認

4.2.1 総　則

　工事現場において施工する鉄骨工事のうち，その要領書を適用する施工範囲と，関連する規・基準類について記述する．

（1）適用範囲

　鉄骨建方と本接合が主たる現場施工の範囲となるが，アンカーボルトとベースモルタルの施工，デッキプレート工事，スタッド溶接，塗装工事，耐火被覆も関連するので，この要領書がどの範囲

まで含むのか明記する．

(2) 準拠図書および規・基準

法律や設計図書の他に，公共建築協会や本会等の標準類で引用すべきものを列記しておく．一般的に「建築工事標準仕様書 JASS 6 鉄骨工事」「鉄骨工事技術指針」「鉄骨精度測定指針」「鋼構造建築溶接部の超音波探傷検査規準・同解説」等，本会の図書が引用される．

(3) 変更，疑義，協議

設計図書に関する変更は，工事監理者の承認が必要となるが，施工計画を具体化する段階で変更を余儀なくされる場合や記載がない事項があり，問題が生じたときの対処方法を具体的に示す．

4.2.2 一般事項

工事全体の概要，建物概要，鉄骨工事概要について記述する．

(1) 工事概要

4.1.1 (1) 工事概要による．

(2) 工期・工程

4.1.1 (2) 工期・工程による．

(3) 現場施工管理組織表

4.1.1 (3) に示す組織図〔図 4.1.4〕に適用範囲に含まれる各工事の会社名，担当者を加える．

各工事の責任を明確にし，連絡の徹底を図るため組織図は，具体的にする．特に高力ボルト施工管理者，工事現場溶接管理者を明確にしておく．

塗装工事やスタッド溶接などは，鉄骨製作業者の管理下で施工されるのか，施工者の直接の管理となるかを明確にしておく．

4.2.3 工事用仮設設備

鉄骨建方・本接合等に関する各職種の作業ごとに必要な足場，通路，資材置場，安全，養生設備を示す．

鉄骨の架構形式，建方順序，地組方法などによって仮設計画が異なるので，施工計画に最も適した仮設設備であることを確認する．

(1) 足場・通路・資材置場

　a) 鉄骨建方時

　　昇降タラップ，はしご，親綱，安全ブロック等は主としてとび工の昇降，水平移動のために必要となる．

　　鉄骨部材形状，寸法に適しているか，墜落防止に適合するかを確認する．

　b) 高力ボルト施工時

　　吊枠足場等がかじ工の作業，移動に必要である．

　　S 造でデッキプレートと同時施工する場合，これを水平移動の通路にしたり，資材置場にする．デッキプレートを用いていない場合は，既製品の渡り桟橋や，鋼材と足場板を組み合

わせて利用する.

ただし，高力ボルトを多数集積する場合，その重量に適した部材の選定が必要であり，本体鉄骨の強度を確認する.

c） 溶 接 時

溶接技能者の作業と移動に必要な吊足場で，高力ボルト施工時と同じでよい．ただし，外柱は，専用の溶接用足場が良い．また，溶接機，ガスボンベ，溶接ワイヤ，関連資材はまとめて集積することが多く，50～60 kN の重量になり，そのための受構台と支持する梁の強度を確認する.

（2） 防 風 対 策

溶接作業では，その溶接工法によって作業可能な風速の限界がある．特にガスシールドアーク溶接では，溶接部での風速を 2 m/s 以下にしていなければ欠陥を生じる．被覆アーク溶接やセルフシールドアーク溶接でも 10 m/s 以下でなければならない.

そのために，溶接箇所全体を囲って，制限風速以下となるよう養生する．溶接の火花やガウジングの火花を受けるために不燃材で養生する.

写真 4.2.1 防風対策の例

（3） 落下防止対策等その他の養生

鉄骨建方と同時作業で水平，垂直の落下防止対策にネットを張る〔図 4.2.1，写真 4.2.2 参照〕．垂直ネットは，第三者災害防止のために，現場から外へ資材や道具が落下するのを防止することを主とし，グリーンネットやメッシュシート，養生シートを使用する.

水平ネットは，作業員や資材が落下した場合に安全を確保するためにネット下部の空きが〔図 4.2.2〕必要となり，1 階おきに設置するか，あるいは各階すべてに設置するかは，通路の配置や作業の内容によって異なるので計画に沿った設置方法を検討する．材料には，安全ネット専用，養生用・安全用兼用のものがある．その使い分けも合わせて検討する.

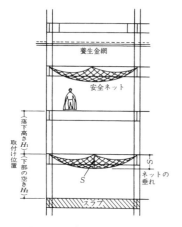

図 4.2.1 ネットの使用方法

写真 4.2.2 安全ネット張り

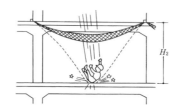

図 4.2.2 ネット下部の空き

表 4.2.1 ネットの使用基準

条件 \ ネットの種類	落下高さ (H_1)(m)		ネット下部の空き (H_2)(m)		ネットの垂れ (S)
	単体ネット	複合ネット	10 cm 網目	5 cm 網目	
$L<A$	$0.25(L+2A)$ 以下	$0.20(L+2A)$ 以下	$0.85(L+3A)\div 4$ 以上	$0.95(L+3A)\div 4$ 以上	$0.20(L+2A)\div 3$ 以下
$L\geqq A$	$0.75L$ 以下	$0.60L$ 以下	$0.85L$ 以上	$0.95L$ 以上	$0.20L$ 以下

H_1：落下高さ (m)
H_2：ネット下部の空き（十分余裕を持ち取り付ける）(m)
L ：ネットが架設されたときにおけるネットの短辺方向の長さ (m)
A ：ネットが架設されたときにおけるネットの長辺方向のネットの支持間隔 (m)
S ：ネットの垂れ (m)

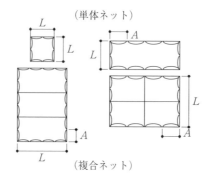

例えば 6 m×6 m の単体ネットを用いた場合は，落下高さ $H_1=0.75\times 6=4.5$ m 以下，下部の空き $H_2=0.85\times 6=5.1$ m 以上，ネットの垂れ $S=0.2\times 6=1.2$ m 以下となる〔表 4.2.1 参照〕．

また，安全ネットの使用には使用上の注意事項を勘案することが必要である．

4.2.4 高力ボルト施工

現場で施工を行う高力ボルト施工の搬入から締付け,検査までの要領を確認する.なお詳細は,5章「高力ボルト接合等」による.

（1） 一 般 事 項

使用する高力ボルトの種類と等級,径,長さ,締付け方法,検査方法について設計図書に記載されたとおりであることを確認する.

建築工事では,構造用トルシア形高力ボルトのセットが多用されており,国土交通大臣の認定品を使用する.

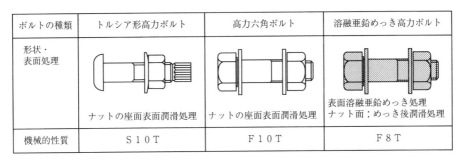

図 4.2.3 高力ボルトの種類

最近溶融亜鉛めっき高力ボルト接合が増えている.これに使用する溶融亜鉛めっき高力ボルトのセットは,国土交通大臣の認定品とする.

（2） 高力ボルトの取扱い

工事現場へ搬入された高力ボルトは下記事項を確認する.

　a） 荷姿外観…………包装が完全で未開封
　b） 等級・径…………設計図書の規定
　c） 高力ボルトの長さ…………所定の長さと本数
　d） ロット番号…………メーカーの社内検査表と一致

保管時は等級,径,長さ,ロット番号ごとに区分できるよう作業所内にその場所を確保する.高力ボルトは表面処理されているので,雨水を避け,温度変化が少ない場所を選定する.

（3） 受 入 検 査

搬入された高力ボルトは,メーカーの社内検査表を満足するものであることを抜取検査で確認する.事前に工事監理者と検査の内容（等級,径,長さ,本数,判定方法,再検査方法）を決め,その内容に沿った要領とする.

（4） 施 工 管 理

　a） 高力ボルト施工管理者

　　高力ボルト施工管理者は,組立て精度,締付け検査に従事する.

b) 組立て精度

　部材の製品検査において個々の部材が，許容差以内に納まったとしても，接合部で肌すきやボルト孔の食違いは必ず生じるので，その許容差を超えた場合の処理を事前に協議し，その内容を記載する．肌すきは，フィラープレートで調整するのが通常だが，建方直後に処置方法を決定しなければ，摩擦面の処理ができたものを準備できない．ボルト孔の食違いはリーマ掛けで修正できない場合も，スプライスの取替えになるので，その対応が急がれる．

c) 高力ボルトの締付け

　締付け方法は，高力六角ボルトとトルシア形高力ボルト，溶融亜鉛めっき高力ボルトでそれぞれ異なる．しかし，手順は基本的に同じで，継手一群ごとに1次締め，マーキング，本締めの順で行う．当該工事で採用した方法とその管理値を仕様書に照らして確認する．1次締付けトルク値がJASS 6で与えられているので，このトルク値の確認のための機器を明記しておく．一群の中では，中央から外側へ締付け作業をする．継手では，下フランジ，ウェブ，上フランジの順に締め付けるのが通常である．

　降雨中の締付けは，ボルト，ナット等がぬれることにより，表面の状態が変化し締付け軸力が変動するので行ってはならない．締付け途中に降雨となった場合は，速やかに作業を中止する．ただし，差し込んでしまったボルトがある場合は，少なくとも1次締め，マーキングまでは行っておく．工事全体で使用されるボルト総数とかじ工の人数，1日あたりの施工本数，平面的，立体的な作業の流れを把握し全体工程の中で，予定工期内に納まるかを確認する．

d) 検査と処理

　高力ボルト締付け後の検査は締付け方法により，検査方法が異なる．特記がなければJASS 6を採用する．いずれもマーキングの確認が検査の基本になっている．

　判定で不適合となったボルトは，新しいものに取り替えなければならない．

　マーキングを忘れて締め付けられたボルトも導入軸力の確認方法がないため原則として一群全体を取り替えねばならない．

　これら不適合となった高力ボルトは再使用できない．高力ボルトの種類と締付け方法の違いによる作業フローチャートを図4.2.4～4.2.6に示す．

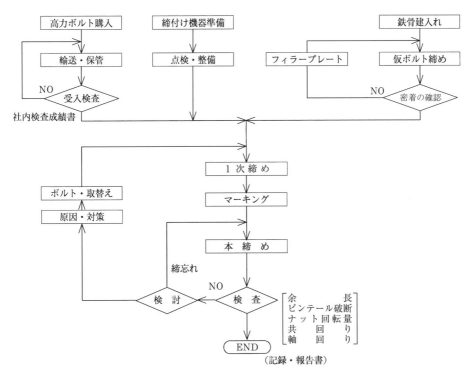

図 4.2.4 トルシア形高力ボルトの締付けフロー

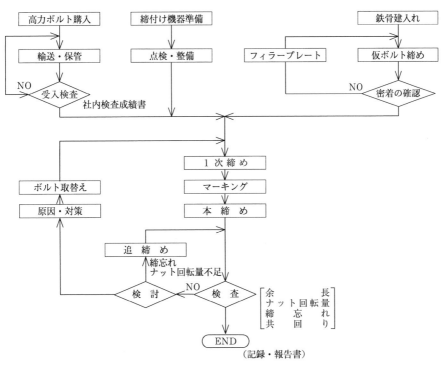

図 4.2.5 ナット回転法による締付けフロー

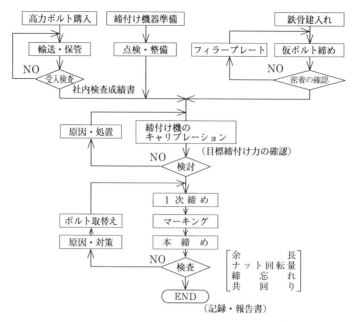

図 4.2.6 トルクコントロール法による締付けフロー

4.2.5 溶接施工

（1） 一般事項

現場で溶接施工を行う範囲と適用する溶接方法，溶接後の検査方法等，設計図書の記載内容を確認する．

鉄骨製作業者が複数の場合，その請負範囲を図示し明確にしておく．

（2） 溶接設備

溶接に使用する機器のリストによって，溶接器の台数，全重量，電力量を確認する．

設置スペースの確保，設置場所の強度上の安全性確保，必要電力の確保をしなければならない．

ガスシールドアーク溶接を使用する場合は，ガスボンベの集積場所が必要である．

4.2.3「工事用仮設設備」でも述べたように，溶接用足場，火花養生，防風対策養生，移動通路，昇降設備，消火対策設備が必要なので図示する．

（3） 溶接材料

溶接方法に応じた溶接材料の規格，銘柄，棒・ワイヤ径，メーカー名を確認する．

ほかに，裏当て金，エンドタブ，エプロン等の付属材料も規格・寸法等を確認する．鋼製エンドタブの替わりに，固形エンドタブを使用する際は，あらかじめ工事監理者の承認を得ておく必要がある．溶接技能者の技量付加試験が義務づけられているときは，同時にエンドタブの技量付加試験を兼ねるのがよい．

ガスシールドアーク溶接用の炭酸ガスも規格を記載する．

（4） 溶接技能者

溶接技能者は現場の溶接姿勢に応じたJISの有資格者であることが基本であり，施工中にJIS資格の有効期限が切れていないことを確認する．ただし，設計図書にはJIS資格に加えて技量付加試

験の合格者であることが要求されていることが多いため，現場施工前に試験を実施し，必要な人数の合格者を確保しなければならない．通常，このような技量付加試験は，合否の判定まで最短でも1か月を要するため，工事現場溶接前に十分な準備期間が必要となるので注意が必要である．また，類似の工事や同一設計事務所の実績で試験が免除になる場合もあるので早めに工事監理者と協議する．

　最近の設計図書では，一般的な工事現場溶接技能者の技量について，AW 検定協議会が認定している資格取得者であれば技量付加試験が免除されることが多い．この資格は，1996 年（平成 8 年）から工事現場溶接技能者に対して行われている統一した技量付加試験であり，溶接姿勢およびエンドタブの種類により資格が分類されている．JIS 資格と同様に資格の種類と有効期限が切れていないことを確認する必要がある．

　工事に従事する溶接技能者は，要領書に溶接適格性証明書や資格証のコピーを添付しておく〔3.6 節参照〕．

（5）　溶接施工管理

　　a）　工事現場溶接管理者

　　　　工事現場溶接管理者は，溶接条件の管理，組立て精度の管理，溶接技能者の資格の確認，溶接技能者の指導，材料の保管，溶接前・中・後の検査に従事する管理者を決める．

　　b）　施 工 順 序

　　　　高力ボルト接合に引き続いて溶接施工に入るが，平面的，立面的に作業を進めていく順序を明確にする．

　　　　通常は下階から上階へ，平面中央から外側へ作業が進められる．

　　　　溶接後の超音波探傷検査で計数連続生産型抜取検査を採用する場合は，溶接技能者個々の溶接部の溶接順序をあらかじめ決めておかなければならない．

　　c）　天候と気温

　　　　雨・雪の場合は，水分，湿気で溶接部に欠陥が発生しやすいため，また，安全の面からも溶接を避ける．

　　　　溶接部近傍の気温が −5℃ を下回る場合は，溶接を行ってはならない．気温が −5℃ から 5℃ においては，接合部より 100 mm の範囲の母材部分を適切に加熱すれば溶接することができる．

　　　　風の強い日は，遮風して溶接を行う．雨天または特に湿度の高い場合は，たとえ屋内であっても水分が母材の表面および裏面付近に残っていないことを確かめてから溶接を行う．

　　　　なお，ガスシールドアーク溶接の場合，風が 2 m/s 以上ある場合には溶接を行ってはならない．ただし，適切な防風処理を講じた場合は，この限りでない．

　　d）　溶接材料，機器類の管理

　　　　溶接棒の吸湿，発せい，被覆材のはく離，変質，損傷がないよう保管する．

　　　　保管場所，方法が適切か判断し，不適な場合処理方法を工事現場溶接管理者へ指示する．

　　　　酸素，アセチレン，炭酸ガス等の高圧ガスは，特に厳重に点検する．

高圧ガス保安法に従って,保管場所,消火設備を整える.

e) 溶接条件

溶接前,溶接中に遵守すべき検査項目を一枚のシート〔表4.2.2〕にして,溶接箇所ごとに管理する.

溶接部には,溶接技能者自ら日付,氏名,パス数等を記入する欄をつくっておく〔表4.2.3参照〕.

検査項目は,事前に工事監理者と検討し,併せて許容差,手直し方法も決めておく.

表4.2.2 溶接施工管理シートの例

工事現場溶接施工管理シート																
KEY PLAN									年　月　日							
									天　気			風速			m/s		
									気　温			℃　湿度			%		
									作業時間							
									検査者名							
									溶接作業主任者名							
部位	溶接技能者氏名	方向	溶接前検査				溶接中検査					溶接後検査				評価	備考
			板厚(mm)	ルート間隔(mm)	食違い	裏当て	エンドタブ	初層ビード	電流(A)	電圧(V)	パス数	パス間温度管理	外観検査			UT		
													ピット	アンダーカット	ビード			

表4.2.3 溶接部に張るステッカーの例

溶接施工記録				
施工年月日　　年　月　日　　　　管理技術者氏名				
開先形状　t=36×36　　　　　╲╱　　承認				
母材　[SN] SM SS	使用溶接棒 [MG 50]	MGS-53 B, LB 52 LB 52 A, LB 62		
	東	西	南	北
溶接技能者	○　○	×　×	○　○	×　×
パス数	19	18	19	19
検査合否	合　否	合　否	合　否	合　否
補修	月日				
	溶接技能者				
	検査合否				

表 4.2.4 チェックポイントの例

区分	項目	チェックポイント
施工前	溶接施工試験	① 溶接法と溶接機種,溶接材料の組合せが適正か ② 溶接法と継手形状(開先寸法を含む)の組合せが適正か ③ 溶接施工の技術レベルに問題がないか ④ 機械試験は規格に合格したか ⑤ 非破壊検査は規格に合格したか
	溶接技能者技量付加試験	① 溶接技能者と技量資格を確認したか ② 溶接技能者の技量に問題がないか ③ 機械試験は規格に合格したか ④ 非破壊検査は規格に合格したか
	開先管理	① ルート間隔は所定の範囲内にあるか ② ルート面は所定の範囲内にあるか ③ 開先内の汚れ,ノッチ,水分等は除去したか ④ 開先防せい塗装は適切に塗布されているか ⑤ 裏当て金取付け後,日時が経過し,発せい,水の心配はないか ⑥ 仕口のずれ,突合せ継手の食違いが所定の範囲にあるか
	溶接材料管理	① 溶接材料と乾燥温度,時間は適正か ② 溶接材料を誤用する心配はないか ③ 溶接材料の保管場所は適正か
	予熱管理	① 鋼材の種類,板厚,天候により,必要な予熱を行っているか ② 加熱方法ならびに予熱温度の計測方法は適正か
	天候管理	① 降雨,降雪のとき作業を中止したか ② 気温が−5℃以下のとき作業は中止したか ③ 湿度が90%を超えるとき,結露の有無を確認したか ④ 風速が下記のとき,作業を中止したか 　被覆アーク溶接,セルフシールドアーク溶接 − 10 m/s 以上 　ガスシールドアーク溶接 − 2 m/s 以上
溶接中	溶接条件	① 溶接電流は標準条件内で行っているか ② アーク電圧は標準条件内で行っているか ③ 溶接速度は標準条件内で行っているか ④ シールドガス流量は適正か
	施工管理	① 溶接順序は,計画指示どおりに行っているか ② スラグ除去はパスごとにていねいに行っているか ③ アーク長,エクステンションは適正か ④ 棒継ぎ,クレータ処理はていねいに行っているか ⑤ 溶接中断時の処置は計画どおり行っているか ⑥ 溶接材料ならびに予熱管理は計画どおり行っているか ⑦ 天候管理は計画どおり行っているか ⑧ パス数は計画指示どおりになっているか ⑨ パス間温度管理を計画指示どおりに行っているか
溶接後	外観検査	① アンダーカット,オーバーラップの著しいものはないか ② 割れはないか ③ 余盛寸法は所定の範囲内にあるか ④ ビード形状は整っているか ⑤ ビードの始終端処理は適切か
	非破壊検査	① 非破壊検査結果は良いか ② 一部の溶接技能者や一時期に非破壊検査結果の成績が低下していないか
	補修溶接	① 溶接欠陥の種類・位置を確認し,完全に除去したか ② ガウジング形状は適正か ③ 予熱を本溶接と同等以上に行ったか

(6) 溶 接 検 査

　溶接部の検査は，溶接前，溶接中，溶接後と三段階ある．これらのチェックポイントの例を表4.2.4に示す．

　前項の溶接条件のシートの例とも比較して，工事ごとに工夫する必要がある．

　溶接後の検査は，主として外観検査と非破壊検査となる．非破壊検査は，超音波探傷検査が多く用いられる．

　超音波探傷検査では全数検査も抜取検査も可能であり，設計図書で指定してある．ただし，JASS 6では特記のない場合，全数検査を原則としている．

　超音波探傷検査は，発見できる欠陥とできないものがあり，全数検査しても無欠陥の建物とはいえない．溶接前，溶接中を含んだ一貫した品質確保の管理をした上で，信頼できる超音波探傷検査技術者（例：（一社）日本鋼構造協会建築鉄骨品質管理機構の有資格者）の検査があって，高品質の建物となる．外観検査と超音波探傷検査の不適合箇所も直ちに修正，補修するより，手を加えないままのほうが良好な場合も考えられ，工事監理者の承認を得て補修することが望ましい．なお，外観検査の許容差に特記がない場合は，JASS 6付則6の限界許容差を採用する．

(7) 補 修 溶 接

　溶接前・溶接中の管理を十分実施することによって，溶接後の検査による不具合は，少なくなるはずである．しかし，現場の施工は順次進んでいる過程で変化し，人が作業するので，不具合がなくなることは難しい．不合格となった箇所は，要領書に定めた方法で補修する．

　超音波探傷検査で不合格となった内部欠陥は，表層部では容易に補修可能であるが最深部は溶接部を大部分はつり取ることになり，基準どおりに補修することが，品質の良い継手となるとは断定できないこともある．

　最終判定者は工事監理者であり，事実を適確に伝え，その指示に従って補修することが大切である．工事現場溶接部で最も多く発生するのは食違い，仕口のずれであろう．国土交通省告示第1464号に許容差について規定されているので注意が必要である．しかし，部材のせいの誤差，現場での組立て誤差などが累積して，許容差を超えてしまうことがある．6章に紹介した例をもとに工事監理者と協議する必要がある．

4.2.6　デッキプレート施工

　デッキプレートは，使用目的が4種類ある〔表4.2.5参照〕．その詳細は7章で記述してあるが，梁との接合が異なるので，設計条件の把握が重要である．

　デッキプレートは，通常3種類に分類されている．搬入時の仕分け，敷込み方法は，この使用目的と種類ごとに管理されねばならない．

　デッキプレートは鉄骨建方時に同時に搬入し，各節各階ごとに荷揚げする．こん包数量は，建方工程に関係するので1日の鉄骨ピース数と同様に取り扱う．小梁と地組を地上で行って建方する場合や，建方と同時に敷き込んで通路として使用する場合は，デッキプレートの施工者，溶接技能者を手配しなければならない．以下チェックの要点をまとめる．

表 4.2.5 デッキプレートの使用目的と種類

床構造	概要図	デッキプレートの役割	使用されるデッキプレート
デッキ合成スラブ	溶接金網	構造材	合成スラブ用デッキプレート
デッキ複合スラブ	溶接金網、主筋	構造材	合成スラブ用デッキプレートまたはプレーンデッキプレート
スラブの捨て型枠鉄筋コンクリート	鉄筋	仮設材	合成スラブ用デッキプレートまたはプレーンデッキプレートまたは床型枠用鋼製デッキプレート
デッキ構造スラブ	溶接金網	構造材	合成スラブ用デッキプレートまたはプレーンデッキプレート

（1） 搬入：荷さばき，敷込み
　a） こん包数量の把握……使用目的・種類
　b） 敷込み時の安全対策……親綱，手すり，タラップ，安全ネット
　c） デッキプレートの飛散落下防止……梁へのかかり代，梁への接合方法
（2） デッキプレートと梁の接合
　a） 焼抜き栓溶接……溶接技能者の資格，溶接条件，溶接方法，溶接箇所
　b） 発射式打込み鋲……梁フランジ板厚，鋲のピッチ，本数
　c） アークスポット溶接・隅肉溶接……溶接技能者の資格，溶接長さ，溶接方法，溶接条件
（3） 検査と補修
　上記接合方法ごとに検査を行い，適否の判定とその補修を行う．構造体としての検査に関しては工事監理者の確認を要するが，落下防止等の安全対策としての（2）のc）項は，現場の判断で検査数や処置を決めることとなる．

4.2.7 スタッド溶接

現場で施工されるスタッドは，主としてスラブと梁のシャーコネクタの役割がある．

（1） 溶 接 材 料

JIS B 1198（頭付きスタッド）のJIS規格適合品を使用する．

アークシールドはフェルールと呼ばれているが，溶接姿勢に応じたフェルールがあり，使用目的に合ったものとする．

（2） 溶接技能者

スタッド溶接に従事する溶接技能者は，（一社）スタッド協会の「スタッド溶接技術検定試験実施規定」に基づく技術検定試験に合格した有資格者とする．

（3） 溶 接 設 備

電源，変圧器，配電盤，溶接機，制御装置，溶接ガンの機器とそれらを接続するケーブルが必要である．詳細については，「工場製作編」5.14.3「溶接機器」を参照されたい．

（4） スタッド溶接のできる鋼材とその板厚

スタッド溶接の溶接部が母材である鋼材の延性への影響を考慮して，母材の材質とスタッド軸径，板厚の範囲が決まっている．設計内容を合わせてチェックし，場合によっては，スタッド溶接の品質試験を行う．さらに，施工開始前に試験溶接によって適切な溶接条件を設定する．

（5） デッキ貫通溶接

スタッド溶接は，母材に直接溶接するのが原則であるが，使用目的に応じてデッキプレートを貫通して溶接される場合がある．この際，溶接性に影響を与える要因として下記の5つがある．

　　a） デッキプレートの厚み

　　b） デッキプレートの亜鉛めっき量

　　c） 塗装の種類と厚さ（梁フランジ表面，デッキプレート裏面）

　　d） デッキプレートと梁フランジ間のクリアランス

　　e） スタッド軸径

注意点，対処方法などは7.3「頭付きスタッド」を参照する．

（6） 検　　　査

スタッド溶接の検査も一般の溶接施工と同様，溶接前と溶接後の検査を行う．

　　a） 溶 接 前

　　　① 溶接機器と材料の組合せは適正か

　　　② スタッドに著しいさび等の付着物がないか

　　　③ スタッドベースに異常がないか

　　　④ フェルールの形状，寸法は適正か

　　　⑤ フェルールの破損，湿気，水ぬれはないか

　　　⑥ 溶接面は適正か

　　　⑦ 作業環境は適正か

b） 溶接後
① 外観検査

検査数量と欠陥の判定基準およびその補修方法を確認する〔表4.2.6〕．特記なき場合はJASS 6 による．

表4.2.6 溶接欠陥と判定基準例

欠　　陥	判　定　基　準
カラーの不整	カラーは全周にわたり包囲していること，カラーは高さ1 mm，幅0.5 mm 以上のものをいう．
割　　れ	あってはならない．
アンダーカット	するどい切欠き状のアンダーカットおよび深さ0.5 mm 以上のアンダーカットはあってはならない．
仕上り高さ	設計値の±2 mm を超えてはならない．
傾　　き	5°を超えてはならない．

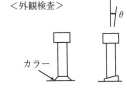
＜外観検査＞

② 15°打撃曲げ検査

頭付きスタッドの頭をハンマー等で打撃し，約15°傾ける．

検査数量と欠陥の判定，ロットの処置について確認する．特記なき場合はJASS 6 による．

図4.2.7　打撃曲げ試験

4.2.8 現場塗装

工事現場での塗装は，工場塗装の未施工部分に限って施工される．

工事現場溶接部，その超音波探傷検査の探触子走査範囲，高力ボルト接合部および運搬，揚重，建方での塗膜の損傷部などがある．塗料は工場塗装と同一のものを使用する．詳細は8章「鉄骨塗装」を参照のこと．

（1）素地調整

工事現場では種別2種とする．

特に工事現場溶接部のビード表面にも所定の素地調整を施す必要がある．

（2）塗装環境
 a） 気温5℃以下の場合は塗装しない．
 b） 湿度85％以上の場合は塗装しない．
 c） 降雨，結露，降雪，降霜のおそれがあるときは塗装しない．

d) 風が強く，砂塵が飛散するときは塗装しない．

e) 鋼材の表面温度が50℃以上の場合は塗装しない．

養生を行うことによって，上記環境条件を避け，現場の工程を進めることが重要となる．立地条件に応じた養生方法となっていることを確認する．

(3) 塗装方法

現場塗装は，高所作業であり，塗装面積は少ないが箇所数が多いので一般にははけ塗りが用いられる．塗装箇所が分散しているため簡単な足場となるが，作業の安全と塗料の飛散防止のための養生を明確にしておく．

(4) 検査

a) 素地調整面

b) 塗装外観

c) 塗膜厚……測定方法，時期，箇所数，判定は特記による．

d) 塗膜の補修

上記内容を要領書に記載する．

(5) 施工の管理要領

塗装施工の管理要領の例を表4.2.7に示す．要領書に必要事項が記載されているか確認する．

表4.2.7 塗装施工の管理要領の例

作業段階	管理項目	確認事項
塗装前	1. 設計図書と施工計画の照査	・塗装範囲 ・塗装面積 ・素地調整の種別 ・使用塗料・使用量・色の種類・塗り回数
	2. 安全・衛生	・関連法規の照合 ・仮設計画
	3. 塗料の品質と所要量	・指定銘柄 ・必要塗料缶数 ・使用工具
	4. 素地調整面の仕上げ程度	・さび・黒皮・異物の除去程度 ・素地調整面の状況
塗装中	1. 塗装条件	・天候・気象禁止条件 ・非塗装部分の防護 ・塗装工具 ・塗料の撹拌 ・塗料の使用量 ・塗料の希釈程度
	2. 塗装作業	・均一な塗膜厚 ・溶接部・接合部の塗装作業 ・天候・気象に対する防護
塗装後	1. 塗膜の品質	・塗残し ・塗膜厚 ・下地面の透け，はけ目・流れ・むら・ふくれ・割れ・孔
	2. 使用塗料缶数	・使用塗料缶数

4.2.9 耐火被覆施工

耐火被覆の主な工法は8種類あり，それぞれ耐火被覆材料の種類も多く，設計図書を確認しなければならない．詳細は9章「耐火被覆」を参照のこと．

施工要領書は，耐火被覆を施す範囲，採用する工法と材料を明記し，耐火性能に基づく，施工管理基準値の設定と具体的施工方法，検査および補正について記載する．

（1） 下地処理

耐火被覆工法が吹付け工法等のように材料の付着力を期待して施工される場合，鉄骨面の浮きさび，油，ゴミ等の付着を妨げるものを除去するための方法を明記する．JASS 6に示した鋼材面素地調整の種別2種にするのが通常である．

鉄骨に塗装するか否かは，採用する工法，材料と使用する塗料の種類の関係，さらに施工時の条件や竣工後の環境等を考慮し検討する．

（2） 耐火被覆の種類

一般的に吹付け工法が多用されているが，複合耐火と呼ばれる合成工法が外壁PC板の普及に従って増えてきた．

異種の材料の組合せで個々に耐火指定を受けていても新たに合成耐火構造としての指定を受けなければならない．

（3） 材料の保管養生

現場で受け入れた材料の保管場所とその養生方法を図示する等，具体的に示す．

（4） 施工

指定した耐火被覆工法，材料は，国土交通大臣指定の条件に従った施工方法となっていることを確認する．

（5） 検査および補修

各種工法ごとに特記によって検査項目，検査方法を定める．特記がなければ，9章の各工法別の詳細，ならびにJASS 6の13節を引用して検討する．

（6） 安全衛生

耐火被覆の施工は，躯体工事に引き続き行われ，床コンクリート打設後の作業となることが多く，作業足場は移動式の枠組足場や脚立等簡便なものが多く，高さがあまりないため，墜落等の防止に対する配慮が足りないことが多い．特に外部に面した作業は，危険が多いので，墜落，落下，粉塵の飛散防止の計画がなされなければならない．

作業員は，防じんマスクや保護めがねの着用など各工法に応じた適切な対策を講じなければならない．

4.2.10 安全管理

建設工事における労働災害の発生率は，他産業に比較して高く，死亡事故は，全産業の40％を占める．さらに，工事に従事する人だけでなく，第三者に対して災害を及ぼすことも忘れてはならない．

鉄骨工事に関しては，建方用機械の転倒，鉄骨建方接合時の墜落，飛来落下等が発生しやすい．その他関連工事においても，デッキプレート，スタッド，塗装，耐火被覆施工等，つねに危険作業を伴う．

安全設備の完備，保護具の着用といった設備的な予防措置だけでは，労働災害は防止できない．工事に関係する各個人が安全への意識をつねに持っていなければ事故が減少しない．各節ごとに記載された作業と安全対策，10章の安全衛生および関連法規に照らして，適切な対策の要領が記載されていることを確認する．

4.3 工事中における鉄骨骨組の安全

鉄骨工事が進行していく過程で，鉄骨骨組が受ける荷重条件は刻々と変化する．接合が完了する前の不安定な状態で受ける力としては，建入れ直しによる引張力がある．また本接合が行われた場合でも，仮設資機材による集中荷重や衝撃荷重の発生に対して，鉄骨骨組の安全はもちろん，個々の部材に損傷や変形が生じないよう検討する必要がある．本会編「鉄骨鉄筋コンクリート構造計算規準・同解説」には次のように解説している．

鉄骨鉄筋コンクリート構造は，本来，鉄骨・鉄筋とコンクリートとが一体となったとき所定の強度が得られる構造であるから，通常は一体構造として，例えば鉄骨部分の座屈を考慮せずに設計されている．しかし，施工時には鉄骨部分のみでかなりの長期間にわたって荷重・外力を負担しなければならず，座屈・ねじれ・たわみなどが問題となる場合もあるので，設計者は施工担当者と協議のうえ，施工時荷重の実情を十分に把握し，施工時応力に対する安全を確認しなければならない．

施工時の応力は，固定荷重・積載荷重（施工時積載荷重）・積雪荷重・風圧力・地震力などの一般的な荷重・外力によるもののほか，施工法や施工順序に伴う特有の荷重によるものがあり，これらの応力に対して，実情に応じ補強材を併用するなどして，鉄骨部分が十分抵抗できるようにしなければならない．

上記応力のうち，一般には施工中の風圧力による応力が問題となることが多い．風圧力を算定するには，速度圧・風力係数および受圧面積を知る必要があるが，このうち速度圧は，建設地点における風の観測資料に基づいて決めるか，建築基準法施行令に準じて決めることができる．また，その値は建設地域・施工期間などを考慮して，建築業協会風害対策特別委員会編「鉄骨工事中の風による災害防止規準」（1969年）などに従って低減することができる．風力係数・受圧面積は，実情に応じて適切な値を決めることが望ましい．

施工時応力に対する鉄骨部材・接合部の算定は原則として本会編「鋼構造設計規準」に従うこととするが，特別な調査などに基づいてこれに従わない場合でも，応力の実情に応じて，例えば永久変形が残るなど，構造物として支障が生じないよう十分に検討をする必要がある．

しかし，上記の解説の注意にもかかわらず，実際の鉄骨工事の倒壊事故はあとをたたない．架構の補強不足，鉄骨部材が弱小であること，および風荷重の過小評価が主な要因である．特に集合住宅・マンションでは，戸境壁があるため梁間方向の大梁鉄骨は弱小断面になっており，建方中の座

屈を補剛しなければならない例が多い．

また，鉄骨柱を独立または数本建方した状態での建入れ直し待機中に柱が倒壊する事故も多い．これを防ぐには4方向に柱倒壊防止用の補強ワイヤを張る必要があるが，敷地条件などで難しい場合は柱脚の固定度を高めるなどして柱を安定させる必要がある．

鉄骨部材は，400，490 N/mm^2 級の鋼材が多用されているが，さらに高強度の材料である 520，550，590 N/mm^2 級の鋼材が採用されることもある．この場合にはさらに断面が小さくなり，部材の軽量化が図られるようになると鉄骨工事中の骨組はさらに不安定になるので，建方時の安全性についての検討は重要になる．

4.3.1 仮設資機材および揚重機による荷重

鉄骨工事中はその工事の進行に伴って仮設資機材が必要であり，骨組には集中荷重や衝撃荷重が発生する．これらに対して個々の部材や骨組全体に損傷や変形が生じないよう検討する．表 4.3.1 に仮設荷重の一例を示す．

表 4.3.1　仮設資機材の荷重の例

高力ボルト・溶接棒などの収納コンテナ	ボックス容量 1.5 tf　内容 4.5 tf　最大 6 tf
溶接機器架台	架台 0.65 tf 溶接機 125 kgf/1 台×（6～8 台）　2 tf 以内
ガスボンベ架台	架台 0.65 tf ボンベ 70 kgf/1 本×12 本　2 tf 以内
ごみ箱	2 tf 以内
鉄筋	1 束 2 tf
デッキプレート	1 束 1.5～2.0 tf
足場板	50 枚 1 組，0.7 tf

通常，これらの重量は仮ボルト時における小梁の耐力と照合するのはもちろん，材料の手配り限界距離から1こん包の大きさを決定することが多い．また，これらの荷重が梁上に載せられるかどうか強度検討をし，もし，耐力不足のときは梁を補強するか，または2つの梁にまたがるよう仮設梁を設けて荷重を分散する必要がある．

溶接機架台は，2次側ケーブルの長さから決まる適切な位置および設置箇所と専有面積からその大きさを決める．コンテナボックスは最大 5 tf まで収納できるが，小梁の耐力不足の場合は大梁間に架台受け材を流すなどの処理をする．しかし，クレーンの吊り能力あるいは高力ボルトの荷配り距離から，コンテナの収納量を小さくするのが普通である．

一般に大型揚重機の設置に関しては，構造計算による検討をした上で補強するなどの処理をするが，足場板・角パイプをはじめ，重量の重い仮設材・工事用材料などの仮置きについては，個々の梁は安全であっても，偏在荷重となった場合は骨組全体がバランスを失い，ねじれ倒壊を起こすおそれがある．特に鉄骨鉄筋コンクリート構造の鉄骨では剛性不足に注意する必要がある．また，大型揚重機を鉄骨骨組上に設置して作業する場合，その骨組の剛性が不足していると，作業による動荷重が，振動として伝わって寸法測定の障害となったり，せっかく決まった鉄骨の精度をくるわす

ことになるので，筋かいなどを設けて補剛するなどの注意が必要である．

揚重機を設置した場合の荷重条件は，揚重作業時と停止時に分けて，それぞれの状態で考えられる外力に対して検討する．その際，計算条件と実際に施工された状態が異なる場合があるので注意しなければならない．

各部材，接合部に生じる応力に対しては，本会編「鋼構造設計規準」に規定する短期許容応力度を超えてはならない．特に，大型の揚重機（タワークレーン・ジブクレーン）を設置する鉄骨骨組では，揚重機以外の荷重も評価して骨組の安全性を検討する．

揚重機の架台反力は，表 4.3.2 のように表される．タワークレーンでは停止時（暴風時）または地震時の反力が大きくなることが多い．

表 4.3.2　タワークレーンの架台反力例

	作業時	停止時 （暴風時風速 55 m/s）	地震時
モーメント M（kN・m）	2 703	6 498	7 503
垂直力　V（kN）	1 117	1 026	1 055
水平力　H（kN）	18.6	224	204

［注］　上表は，180 tm タワークレーンのブーム 40 m での反力表

揚重機の架台反力によって生じる骨組の応力と，骨組自体の風や地震によって生じる応力，固定荷重による応力，および仮設材などによる応力などの組合せについて算定して短期許容応力度で検定しなければならない．

揚重機によって生じる応力のほかに骨組には風や地震によって生じる応力などが付加されることを無視すると，部材は短期許容応力度を超え，揚重機を支えきれず倒壊し，骨組全体も崩壊することもある．しかし，骨組に作用する応力をすべて算定することは計算量が多く，施工担当者の負担が大きい．一般に最大荷重による応力を長期許容応力度で検定し，算定外の荷重は 1.5 倍の安全率の中で吸収するという考えもあるが，算定外の荷重も合わせて短期許容値を超える場合は，永久ひずみが残るおそれもあるので揚重機反力の大きさと骨組の架構形状を考慮し構造設計者と協議のうえ合理的な検定方法を決定するとよい．

4.3.2　強風時の安全

鉄骨造の建物では建方中は骨組が完成していないために不安定で，風荷重，地震荷重などの外力を受けると倒壊の危険性がある．1日作業終了時，作業の一区切りごとに安定した状態になっていることが最低限の必要事項である．特に年間を通じてかなりの確率で発生する強風によりこれまでも多くの事故が発生しており，より厳密な検討をすべきである．

建方中の鉄骨骨組に作用する風荷重に対する安全性を確認する上での主要な留意点としては，適切な風荷重の算定と骨組や補強部材の耐力算定が挙げられるが，ここでは風荷重の算定法として，建築基準法施行令に基づく算定法と建設地の観測記録に基づく算定法について記述する．

（1） 建築基準法施行令に基づく風荷重算定法

この算定法は，建築基準法施行令に示された地域ごと示されている基準風速を10年再現期間の数値に修正し，それに地表面粗度区分・地域別月別の低減率・建方時の外周形状などの状況を加味して風荷重を算定する方法である．

ただし，地域ごとの基準風速は気象官署の設置位置における過去の観測データを基に算出し推定されたものであるため，実際の建物の建設地や建設時期（季節）に留意する必要がある．たとえば，現場の建方担当者が実際の建設地で強風を経験しておらず数か月程度の建方期間である場合は，この算定法による荷重は非常に過大であるように感じてしまう．そして何の根拠もなく，建方担当者の判断で風荷重を低減して足場で使用する風荷重を用い建方中の安全性の確認をする場合がある．また逆に海岸などで常に強風であると感じている地域では，過小な数値と感じ不要な仮設補強をする場合もある．したがって，この算定法を用いる場合でも，建設地の観測データ，地表面の状況や建方時期（季節）を把握した上で適正な数値であるかどうかを判断する必要がある．

強風時の風荷重は，建築基準法施行令第87条（風圧力）（平成12年6月1日施行）に準じて定める．本指針の対象とする鉄骨は高さ60mまでとし，これを超える場合は個別に施工期間を考慮して検討する．風荷重の算定は次の手順による．

　　a） 建設地点の地理的位置により基準風速 V_0 を決める．
　　b） 建設地点の周辺地域の状況に応じて，表4.3.3にて地表面粗度区分を決める．
　　c） 基準風速と地表面粗度区分に応じて，図4.3.2〜4.3.5により速度圧 q を設定する．また，地域区分と建方時期に応じて速度圧を表4.3.4によって低減することができる．
　　d） 風力係数を鉄骨部材や各種養生材に応じて決める．
　　e） これらの速度圧・風力係数・見付け面積を乗じて風荷重を算出する．

1） 基　準　風　速

基準風速 V_0 は，平成12年建設省告示第1454号第2により建設大臣が定めた値とする．

2） 地表面粗度区分

表4.3.3，図4.3.1に従って地表面粗度区分を選定する．

区分の違いにより，設計用速度圧が大きく違ってくるので以下の解説を参考にして，選定には注意しなければならない．

① 各区分における地表面の状況

表4.3.3は，各地表面粗度区分で想定している代表的な地表面の状況を示したものである．

地表面粗度区分Ⅰは，ほとんど障害物のない開けた平たんな地域である．その代表的なものに，海岸および海上がある．海岸からやや内陸に入った地点でも，そこから海岸線に至るまでの地域が障害物のほとんどない平たんな地域はこの区分に含まれる．

地表面粗度区分Ⅱは，高さ数mから10m程度の障害物が散在している地域である．この地域に選定される代表的なものに田園地域がある．

地表面粗度区分Ⅲは，高さ数mから10m程度の障害物が密集しているか，または高さが10mを超えるような障害物が散在している地域である．その代表的なものに住宅地があげら

表 4.3.3 地表面粗度区分

地表面粗度区分	周辺地域の地表面の状況	代表例
I	都市計画区域外にあって、極めて平坦で障害がないものとして特定行政庁が規則で定める区域	海岸地帯
II	都市計画区域外にあって地表面粗度区分Iの区域以外の区域（建築物の高さが13 m以下の場合を除く．）又は都市計画区域内にあって地表面粗度区分IVの区域以外の区域のうち、海岸線又は湖岸線（対岸までの距離が1,500 m以上のものに限る．以下同じ．）までの距離が500 m以内の地域（ただし、建築物の高さが13 m以下である場合又は当該海岸線もしくは湖岸線からの距離が200 mを超え、かつ、建築物の高さが31 m以下である場合を除く．）	田園地帯
III	地表面粗度区分I、II又はIV以外の区域	森林地帯 工場地帯 住宅地
IV	都市計画区域内にあって、都市化が極めて著しいものとして特定行政庁が規則で定める区域	中・高層市街地

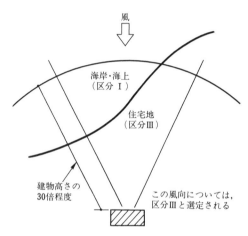

図 4.3.1 地表面粗度区分の選定例

れるが、それに加えて大都市中心部を除くほとんどの市街地がこの区分に該当する．また、住宅などの低層建築物が散在していても、樹木の多い地域や森林地帯も対象となる．さらに工場地帯などもこの区分に考えてよいであろう．

地表面粗度区分IVは、高さ10 mを超えるような障害物が広範囲に密集している地域である．なお、この区分は現時点で大都市の都心など、ごく一部の地域に適用が限定されると考えるべきである．

② 地表面粗度区分の選定

地表面粗度区分の選定にあたっては、建設地点周辺の状況を調査する必要がある．建設地点の周辺地域の地表面粗度を調べた場合、周辺の広い範囲にわたって同一の粗度で占められることはむしろまれであり、実際には二つ以上の粗度が入り混じっていることが多いと思われる．

このような場合の適切な区分選定方法を示すことは現状では難しい．当面、図4.3.1の例の

ように，当該建物高さの30倍程度の半径をもち，建設地点から風上方向に向かって開いた扇形地域を考え，その中で過半の面積を占める粗度によって，その風向きに対する地表面粗度区分を選定するというような方法が考えられよう．

なお，一般に番号の若い区分を選定すれば風荷重は大きく見積もられ，安全側となる．

3) 速度圧の設定

図4.3.2～4.3.5は，地表面粗度区分ごとに各基準風速別の速度圧を計算したグラフである．このグラフより速度圧を設定する．なお，この速度圧には，ガスト影響係数がすでに含まれており，その値は，平成12年建設省告示第1454号第1とした．また，設計風速にかかる再現期間換算係数Rは，再現期間を10年と定めて，本会編「建築物荷重指針・同解説（1981年）」により算定し，$R=0.84$とした．

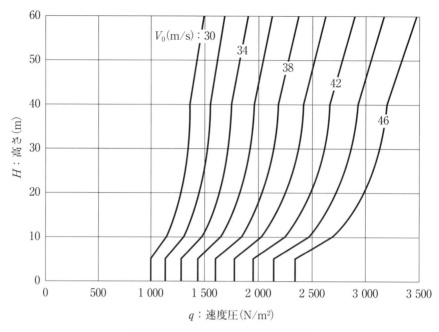

図 4.3.2　地表面粗度区分Ⅰ（海岸地帯）

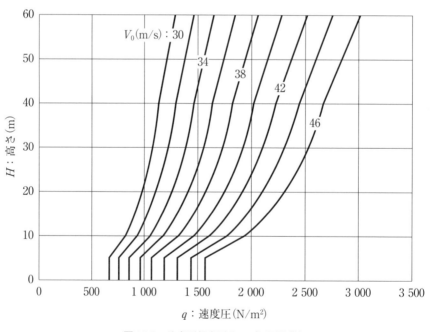

図 4.3.3　地表面粗度区分Ⅱ（田園地帯）

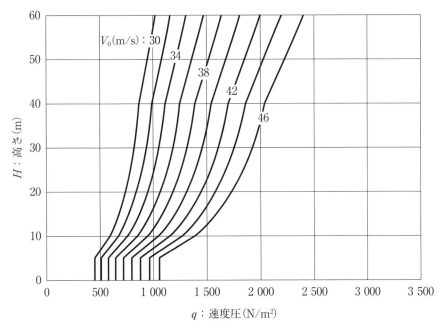

図 4.3.4 地表面粗度区分Ⅲ（森林・工場・住宅地帯）

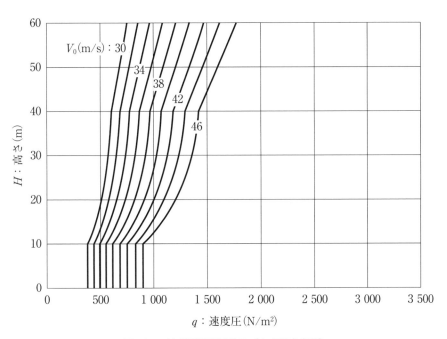

図 4.3.5 地表面粗度区分Ⅳ（中高層市街地）

通常の鉄骨工事において，建方から本接合までは約1か月以内であり，その期間に10年再現期待値を超える風速を受けない確率は99％になり，高い確率で安全が確保できる．

$$P_s = \left(1 - \frac{1}{T}\right)^n = \left(1 - \frac{1}{10}\right)^{1/12} = 0.991$$

また，大型工事の建方の場合でも6か月以内であり，10年再現期待値以上の強風を受けない確率は95％であり，安全性の一つの指標となる．この再現期間に建物が再現期待値以上の強風を受けない確率を非超過確率という．再現期間と非超過確率の関係を建方期間ごとに算出すると，図4.3.6のようになる．

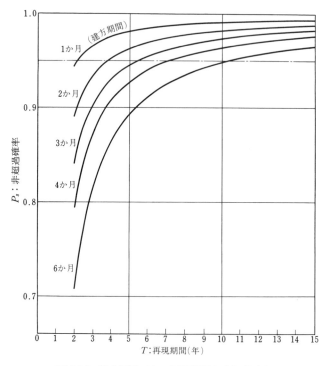

図4.3.6 建方期間ごとの再現期間と非超過確率

基準風速は，台風や季節風を含んだデータなので，この基準風速から求まる速度圧は，図4.3.7の地域区別ごとに求めた表4.3.4の低減率を用いて低減することができる．この低減率は，月別最大風速の10年再現期待値を求めて10年再現期待値との比率を地域別に区分し，丸めたものである．

図 4.3.7 月別 10 年再現期待値風速の低減率地域区分

表 4.3.4 月別 10 年再現期待値から求まる速度圧の低減率

区分	都道府県	月 1	2	3	4	5	6	7	8	9	10	11	12
I	北海道, 青森 岩手, 秋田, 山形 宮城, 福島		1.0					0.8				1.0	
II	関東各県 新潟, 富山, 石川 静岡, 山梨, 長野 岐阜, 鳥取, 島根		1.0					0.8		1.0		0.8	
III	愛知, 三重, 滋賀 福井, 京都, 大阪 奈良, 兵庫, 岡山, 広島 山口, 福岡, 佐賀 長崎, 大分		0.8			0.65		0.8	1.0			0.65	
IV	四国各県 和歌山, 熊本 宮崎, 鹿児島の一部		0.65			0.5		0.65	1.0			0.65	
V	沖縄および $V_0 = 40$ m/s の地域			0.5				0.65	1.0			0.5	

(日本建築学会荷重分科会資料による)

(使用データ：1964 年 1 月 1 日～1979 年 12 月 31 日，対象地点数：143 か所)

[注] （1） 基準風速 V_0 が 20 m/s の地域は低減しない（図 4.3.7 に示す）．
　　 （2） 基準風速 V_0 が 25 m/s の地域は 0.15 を加える（1.0 を除く）．
　　 （3） 仮ボルト期間が 2 か月を超える場合は低減しない．
　　 （4） 台風発生時は気象情報に応じて対応する．

4) 風力係数

風力係数は，本来風洞実験によってその値を決定するが，代表的な鉄骨部材や各種養生材の風力係数を以下に示す．

① 鉄骨部材の風力係数

鉄骨部材の断面形状により風力係数 C は，表 4.3.5 のように異なる．表に示す以外の形状は，これらを準用する．

表 4.3.5 断面形状と風力係数

断　面	C	断　面	C
■	2.03	L	1.99
I	1.96～2.01	⌐	1.62
I	2.04	⊢	2.01
H	1.81	T	1.99
L	2.00	ロ	2.19
⌐	1.83	○	1.20

② グリーンネットの充実率と風力係数

次式で評価することが提唱されている．

$$充実率\quad \varphi = 1 - \frac{(L-2d)^2}{L^2}$$

$$風力係数\quad C' = 0.718\,\varphi + 2.13\,\varphi^2 \quad（無結節ゴルフネット）$$
$$C' = 0.697\,\varphi + 4.94\,\varphi^2 \quad（有結節ゴルフネット）$$

たとえば無結節編み 210 D 48-25 は，充実率 $C' = 0.168$，風力係数 $C' = 0.181$ となる．ただし，C' は充実部と空げき部を加えた面積に対する風力係数である．

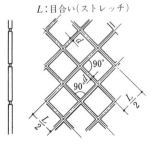
図 4.3.8　無結節ゴルフネット

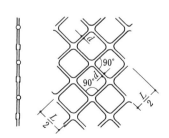
図 4.3.9　有結節ゴルフネット

（建築業協会編「鉄骨建方工事の施工指針」(1999 年) より）

③ 亀甲金網の充実率と風力係数

亀甲金網の充実率と風力係数を表4.3.6に示す．

表 4.3.6 金網の充実率と風力係数（上段：充実率，下段：風力係数）（建築業協会編「鉄骨建方工事の施工指針」（1999年）より）

呼称網目	線　径（mm）				
	1.60 (No.16)	1.40 (No.17)	1.20 (No.18)	1.00 (No.19)	0.90 (No.20)
10			0.29 0.49	0.24 0.36	0.22 0.32
13			0.23 0.34	0.19 0.27	0.17 0.23
16	0.25 0.39	0.22 0.32	0.19 0.27	0.16 0.22	0.14 0.18

④ 足場用枠付き金網（エキスパンドメタル）の充実率と風力係数

エキスパンドメタルの例を図4.3.10に示す．

充実率　$\varphi = 0.2$

風力係数　$C' = 0.45$（枠組含む）

名呼	枠足場組立て寸法 (mm)	セーフティネット寸法 H, W (mm)
A	1 700×1 800	847×1 785
B S	1 600×1 800	797×1 785
C	1 725×1 829	860×1 814
D	1 955×1 829	975×1 814

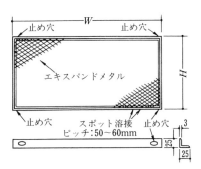

図 4.3.10　エキスパンドメタルの例

⑤ ひし（菱）形金網の充実率と風力係数

ひし形金網の充実率と風力係数を図4.3.11に示す．

$$充実率\quad \varphi = 1 - \frac{\left(l - \frac{2}{\sqrt{3}}d\right)^2}{l^2}$$

風力係数

　　　　ビニル被覆の場合　$C' = 0.669\,\varphi + 1.30\,\varphi^2$

　　　　亜鉛めっきの場合　$C' = 0.684\,\varphi + 1.75\,\varphi^2$

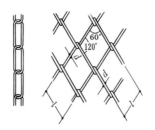

図 4.3.11　ひし形金網詳細図

⑥　養生シートの充実率と風力係数（仮設工業会編「風荷重に対する鋼管足場等の安全技術指針と解説」より）

　　シートの風力係数を示した資料は乏しく，的確な数値を示すことはできないが，シート自体非常に柔らかであり，風に対してはらむことから考え合わせ，風力係数は $C=1.3～1.7$（正圧），$C=-1.3～-0.8$（負圧）程度とする必要があるように思われる．

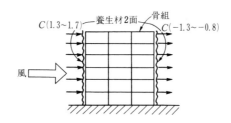

図 4.3.12　養生シートで囲まれた鉄骨骨組の風力係数

5）　風荷重の算定

　　a）～d）の各項で求めた速度圧・風力係数に見付け面積を乗じて風荷重を求める．

　　　$P = CqA$ または $C'qA$

　ここに，P：風荷重

　　　　　C：風力係数

　　　　　C'：充実部と空げき部を加えた面積に対する風力係数（ネット等）

　　　　　A：見付け面積

　　　　　q：速度圧〔図 4.3.4～4.3.7〕

そのほか下記の事項を考慮して風荷重の算定を行う．

①　養生シートなどで鉄骨骨組外周を囲っている場合は，図 4.3.12 のように風上と風下の 2 面分の風力係数を採用して算定しなければならない．

②　グリーンネットなどで空げきがある養生材では，通り抜けた風が鉄骨骨組にあたり，さらに風下へ抜けていくため複雑になるが，現在のところ明らかな算定方法がないので，養生材と鉄骨骨組の両者を加算すれば安全側の算定になる．

③　鉄骨骨組のみの場合は，各通りの柱梁が見付け面積上は重なってくる．この場合，風上側

の柱梁に対し，風下にある柱・梁は風力係数が低減できる．その場合に用いる低減率は，表 4.3.7 に示す遮蔽率 η を採用する．

表 4.3.7 遮蔽率 η （BSI Code による）

s/b \ β	0.1	0.2	0.3	0.4	0.5	0.6	0.7	0.8 以上
1 以下	1.0	0.96	0.90	0.80	0.68	0.54	0.44	0.37
2	1.0	0.97	0.91	0.82	0.71	0.58	0.49	0.43
3	1.0	0.97	0.92	0.84	0.74	0.63	0.54	0.48
4	1.0	0.98	0.93	0.86	0.77	0.67	0.59	0.54
5	1.0	0.98	0.94	0.88	0.80	0.71	0.64	0.60
6 以上	1.0	0.99	0.95	0.90	0.83	0.75	0.69	0.66

[注] 　　b：見付けスパン
　　　　s：実行スパン（奥行スパン）
$\beta = C\phi$　C：風上側の部材の風力係数
　　　　ϕ：風上側ラーメンの充実率

この η の求め方を例を用いて示す．

階高 H，梁間スパン b の見付け面積は図 4.3.13 の斜線部になる．なお，桁行方向がスパン s で重なっている場合は以下のようになる．

（例）

風上側のラーメンの充実率は　$\phi = \dfrac{\text{斜線部の柱梁の面積}}{b \times H}$　で表せるので，

見付けスパン $b = 6.0$ m，階高 $H = 4.0$ m，実行スパン（奥行スパン）$s = 6.0$ m

柱幅 600 mm，梁せい 600 mm と仮定すると，$\phi = \dfrac{0.6 \times 6.0 + 0.6 \times 3.4}{6.0 \times 4.0} = 0.235$ となる．

H 形鋼の場合は表 4.3.5 より $C = 2.04$ となるので，

　　$\beta = C\phi = 2.04 \times 0.235 = 0.48$

表 4.3.7 で 0.4 と 0.5 の η の値を直線補間すると $\eta = 0.7$ となる．

見付け面積上，3 本の柱・梁が重なっていると図 4.3.14 のように風下側になるので，η の分だけ低減される．

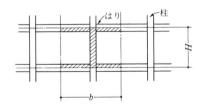

図 4.3.13　鉄骨骨組の見付け面積の算定　　図 4.3.14　見付け面積が重なった場合の風力係数の低減方法

(2) 建設地の観測記録に基づく算定法

建設地の風速観測記録に基づき，その地域特性と建方時期をより精度良く反映させた風荷重の算定法を示す．この方法は，理科年表や気象庁のホームページから得られる気象観測データに基づいて任意の再現期間に対する風速（再現期待値）を求めるものである．この算定法の詳細は，本会編「建築物荷重指針・同解説（1981）」6章に記載があり，Gumbel の積率法により再現期待値を計算する．ここでは建方事例を示して算定手順を説明する．

建物は鉄骨造，建設地を東京丸の内（地表面粗度Ⅳ）とし，建物高さ40 m，建方時期（地上鉄骨建方から本締め，溶接完了まで）を3～5月とする．算定事例を表4.3.8に示す．

表 4.3.8 建方時の風荷重算定事例

速度単位：(m/s)

年	3月 速度	方向	4月 速度	方向	5月 速度	方向
1985	21.1	南西	24.3	北北西	20.8	南西
1986	24.0	北北西	23.2	北北西	19.3	南西
1987	23.9	北北西	23.1	南西	25.3	北北西
1988	26.4	北北西	22.0	南西	24.5	北北西
1989	22.5	北北西	25.9	北北西	18.9	南西
1990	23.9	南西	25.9	北北西	21.2	北北西
1991	19.7	北北西	25.2	南西	21.6	北北西
1992	17.9	北北西	22.6	西北西	24.6	南西
1993	30.6	北西	25.2	北北西	21.2	西北西
1994	16.0	北北西	24.3	南西	22.2	南西
1995	20.0	南南西	29.0	南南西	21.6	北西
1996	24.3	北西	23.4	北西	22.4	北
1997	23.1	北	19.2	北北西	27.9	西南西
1998	29.2	南西	20.1	南西	22.2	南西
1999	29.0	北北西	25.6	西南西	26.8	南西
2000	26.7	北	24.6	北北西	18.2	南西
2001	23.5	北西	21.4	北北西	21.2	西南西
2002	26.9	北西	25.0	北北西	17.3	西南西
2003	24.5	北西	24.8	北	21.1	西南西
2004	31.5	南西	32.2	南南西	29.6	西南西
1985～2004	3月		4月		5月	
最大速度（V_{max}）	31.5	(m/s)	32.2	(m/s)	29.6	(m/s)
平均値速度（$\overline{V}$）	24.2	(m/s)	24.4	(m/s)	22.4	(m/s)
標準偏差（S）	4.10		2.9		3.2	
パラメータ（a）	0.3	(s/m)	0.4	(s/m)	0.4	(s/m)
パラメータ（b）	22.4	(m/s)	23.1	(m/s)	21.0	(m/s)
再現期間（t）	10	(年)	10	(年)	10	(年)
再現期待値（V）	29.6	(m/s)	28.1	(m/s)	26.6	(m/s)
1995～2004	3月		4月		5月	
最大速度（V_{max}）	31.5	(m/s)	32.2	(m/s)	29.6	(m/s)
平均値速度（$\overline{V}$）	25.9	(m/s)	24.5	(m/s)	22.8	(m/s)
標準偏差（S）	3.44		3.9		4.0	
パラメータ（a）	0.4	(s/m)	0.3	(s/m)	0.3	(s/m)
パラメータ（b）	24.3	(m/s)	22.8	(m/s)	21.0	(m/s)
再現期間（t）	10	(年)	10	(年)	10	(年)
再現期待値（V）	30.4	(m/s)	29.7	(m/s)	28.1	(m/s)

ここでは表4.3.8の3月を例にして手順を説明する.

① 建設地の最も近い気象観測データとして気象庁のホームページから大手町の1985〜2004年の20年間の3月の最大風速のデータを取得する.このとき観測地点である大手町の地上高さと地表面粗度を調べておく必要がある.

　　大手町：高さ80 m, 地表面粗度Ⅳ

② 月ごとに20年間の最大値 ($V_{\max}$), 平均値 ($\overline{V}$), 標準偏差 (S) を求める.ここでは3月の20年間の数値と最近10年間での数値を求める.（単位 m/s）

表4.3.9 3月の最大風速の最大値, 平均値, 標準偏差

3月	20年間（1985〜2004）	10年間（1995〜2004）
$V_{\max}$	31.5	31.5
$\overline{V}$	24.2	25.9
S	4.10	3.44

③ ここでは最近10年間の数値の方が大きい値のため,以下の計算は過去10年間の数値を用いて計算する.

　　Gumbel分布の形状を決めるパラメータ a と b を求める.

$$a = \frac{1}{0.780 \times S} = \frac{1}{0.780 \times 3.44} = 0.373 \text{ (s/m)}$$

$$b = \overline{V} - 0.450 \times S = 25.9 - 0.450 \times 3.44 = 24.3 \text{ (m/s)}$$

④ 再現期待値の推定値 $V(t)$ は次の式となる

$$V(t) = -\frac{1}{0.373} \times \log_e\left(\log_e\left(\frac{t}{t-1}\right)\right) + b$$

3月の10年再現期待値の推定値は,

$$V(10) = -\frac{1}{0.373} \times \log_e\left(\log_e\left(\frac{10}{10-1}\right)\right) + 24.3 = 30.4 \text{ (m/s)} \text{ となる.}$$

⑤ この再現期待値を基準値である高さ10 m, 地表面粗度Ⅱに修正する.

　　建築基準法施行令による告示平12建告第1454号より

$$E_r = 1.7 \times \left(\frac{H}{Z_G}\right)^{\alpha}$$

データ測定値の大手町は, 地表面粗度Ⅳ, 高さ $H = 80$ m なので,

$Z_G = 550$ m, $\alpha = 0.27$,

$$E_r' = 1.7 \times \left(\frac{80}{550}\right)^{0.27} = 1.01 \text{ となる.}$$

高さ10 mにおける地表面粗度Ⅱの10年再現期待値は,

$$V_G = V_{10\mathrm{II}}(10) = \frac{V(10)}{E_r'} = 30.1 \text{ (m/s)} \text{ となる.}$$

⑥ 建設地の実際の建物高さ 40 m, 地表面粗度Ⅳに合わせ, E_r, G_f を求める.

$$E_r = 1.7 \times \left(\frac{40}{550}\right)^{0.27} = 0.838$$

$$G_f = 2.3$$

⑦ 3月における速度圧（q）は，次の値となる.

$$q_3 = 0.6 \times E \times V_0^2 = 0.6 \times (E_r^2 \times G_f) \times V_0^2$$
$$= 0.6 \times (0.838^2 \times 2.3) \times 30.1^2 = 878 \text{ (N/m}^2\text{)}$$

同様に4月と5月を求めると，

$$q_4 = 0.6 \times (0.838^2 \times 2.3) \times (29.7/1.01)^2 = 838 \text{ (N/m}^2\text{)}$$
$$q_5 = 0.6 \times (0.838^2 \times 2.3) \times (28.1/1.01)^2 = 750 \text{ (N/m}^2\text{)} \text{ となる.}$$

（1）の建築基準法施行令に基づく風荷重算定法では750（N/m²）であるので，少し大きな値となる.

⑧ 風力係数と見付け面積は，（1）と同じ計算により風荷重を算出する.

⑨ 注意事項

　気象庁のホームページから入手する気象観測データについては，観測地点と建設地の地上高さや地表面粗度が異なっているために補正の必要があり，観測地点の気象庁に問い合わせするなどして調べておく必要がある．また，20年間のデータを基本とするが，観測地点が移動している場合があり観測データをそのまま使用できないことがある．

　この方法で算出した速度圧は気象観測データに基づいているため，データ数によってはある年に特異な数値があると従来の算出法と数値が大きく異なる場合が生じてしまい，建方の安全性検討には危険側の検討となる可能性がある．このようなことにならないように，この方法を用いる場合は建築物の建方時期の前後2か月以上の観測データに基づいて算出して，建築基準法施行令に基づく風荷重算定法と比較し，建設地の状況調査（特にビル風）や建方手順を考慮して総合的に速度圧の数値を検討することが重要である．

（3）検討・注意事項

風荷重に対する構造計算による検討上でのその他の注意事項を構造種別にまとめると次のようになる．

1）鉄骨鉄筋コンクリート造（SRC造）

　工事の施工段階ごとに次の3つの状態を考慮する．

① 鉄骨建方の最中における強風（$V = 10$ m/s 以上）

　この場合の対策は建方を中止する．

② 仮ボルトの状態

　通常は，建入れ直しから本締め完了までこの状態であるが，長くても1週間から1か月程度にとどめたい．この状態のまま放置できる限度は2，3節である．なお，この場合の仮ボ

ルトは，ピン接合または剛接合として計算をする．風の受圧面は，鉄骨骨組またはグリーンネットなどである．

③ 本締め完了後コンクリートが打設されるまでの状態

この状態が最も長く続くわけであるが，この間においても，鉄筋が先行して組み立てられたときと，それ以前とで検討する内容も異なる．

当初の本締め完了直後から鉄筋組立てまでの間は，グリーンネット養生による受圧面の増加を考慮する．鉄筋組立て完了と同時に地震荷重によるチェックも必要となるが，風荷重においても，養生枠（エキスパンドメタル）シートなどへの変更による風圧力の増加をも考慮してチェックしなければならない．この場合，床面の剛性がほとんどないため，各フレームごとの安全上，鉄筋やワイヤなどによる仮設筋かい補強を行うこともある．ワイヤは施工の実態から考えて効き方が悪いこともあり，過大な変形が生じるおそれがある．さらに仮設筋かいを引張材として用いた場合，柱や梁の座屈に対する検討では，特に柱について十分安全を見込んでおくべきである．倒壊事故は，ねじれと座屈が重なった部材を起点として発生している場合が多い．

2） 工 場 建 家

工場は，大スパンのフレームが桁行方向に多スパンで連続する筋かい構造の例が多い．それを数区画に区切って建方することになる．したがって作業の一区切りごとに安定するよう注意を払って施工すべきである．

この場合の柱が，細幅のH形鋼ならば，桁行方向は柱脚アンカーボルトも部材も外力に対して弱く，ワイヤや構造体の筋かいが取り付けられていなければ，風荷重には耐えられない．工場では急施工が多く，柱・梁の建方を先行し，それらをあと施工としがちであるが，風荷重対策上，柱・梁と同時に施工することが必要であり，それを前提に検討する．

3） 純鉄骨造多層骨組

純鉄骨造の場合は，鉄骨自体ですべての荷重に対して安全なように設計されている．しかし通常，地下部分から鉄骨が入っている場合が多く，そのときの地下部分は鉄骨鉄筋コンクリート造となっている．したがって，地下部分の鉄骨がコンクリートで固められるまでの数か月間における鉄骨骨組の安全について，風荷重あるいは地震力に対して検討しておかなければならない．

4.3.3 地震時の安全

従来から鉄骨工事期間中の耐震検討の具体的な指針はなかった．それは建物の耐用年数に比べると工事期間が短いため，地震に遭遇する確率がきわめて小さいからである．しかし，工事中は構造的にみても不安定な状態を経過するので，地震時の安全性について検討しないわけにはいかない．そこで，ここでは地震時の安全についての考え方を記すことにする．

工事中の風に対する検討については4.3.2項で述べた．地震力も骨組に働く水平力であるが，慣性力であるから，地震力は質量（重量）の大きい部分に大きな慣性力が発生する．風圧力は受圧面積

に関係し，地震力は質量に関係するが，いずれか一方の大きいほうの外力で工事中の安全対策を施しておけばよい．幸い工事中は質量が小さいので，風圧力で検討しておけば耐震対策になることが多い．したがって，強風時の安全対策を兼ねた方法で補強すればよい．

(1) 設計震度

民間(旧四会)連合工事請負契約約款(2016年3月)に，工事中の不可抗力による損害を規定する次のような条文がある．

第21条 (1) 天災その他自然的または人為的な事象であって，発注者と受注者のいずれの責にも帰することのできない事由(以下「不可抗力」という．)によって，工事の出来形部分，工事仮設物，工事現場に搬入した工事材料，建築設備の機器(有償支給材料を含む)または施工用機器について損害が生じたとき，受注者は事実発生後すみやかにその状況を発注者に通知する．

(2) 本条(1)の損害について，発注者ならびに受注者が協議して重大なものと認め，かつ，受注者が善良な管理者の注意をしたと認められるものは，発注者がこれを負担する．

(3) 火災保険，建設工事保険その他損害をてん補するものがあるときは，それらの額を本条(2)の発注者の負担額から控除する．

この条文(2)項に「善良な管理者の注意をしたと認められるものは，発注者がこれを負担する」とある．この「善良な管理者の注意」の一つに，耐震対策を考慮したか否かも含まれるものと解釈してよい．したがって，なんら耐震的な配慮なしに施工し，地震で倒壊した場合は，施工者がその責を負うことになる．

それでは，耐震検討として地震力をいかに評価すべきかは論議が生まれるところである．建築基準法で規定する震度は建物の完成後の値であって，施工途中の仮設工事を対象としたものではない．

施工途中の略算として基準震度$K=0.2$を用い，接合部をはじめ仮設補強材の最大耐力・座屈耐力を計算して工事中の倒壊防止を検討しておくことが一般的に行われている．また高層建築物で高層部の仕上げ工事，例えばPCカーテンウォールが先行しすぎたりすると固定荷重が予定より大きくなり，下層の鉄骨鉄筋コンクリート造部分の鉄骨が地震力で耐えられなくなり，工程に制限を与えなければならないようになることもある．この場合の地震力の計算でも，構造部材の最大耐力を超えないように検討し，工程計画を立てることが必要である．ただし，地震を受けた構造物は地震後の点検を行い，計算に基づいて短期許容応力度を超えたと思われる部材に関しては，十分な実情調査をした上で再使用の可否を決めるなどの処置をする．

(2) 耐震対策上の留意事項

a) 鉄骨鉄筋コンクリート構造

鉄骨鉄筋コンクリート構造は，コンクリートを打設し，硬化してはじめて本来の構造耐力が発揮できる設計になっている．したがって，鉄骨骨組だけの状態ではきわめて不安定なことが多い．特に柱の座屈に対する検討，フレームの水平抵抗力をもたせるための仮設筋かい

の設置，床の面内剛性不足を補う仮設水平筋かいの設置を検討する．
　　b) 鉄 骨 構 造
　　　鉄骨構造で最も不安定な時期は，建方途中の仮ボルトで接合した状態である．この場合，幸い骨組の自重が軽いので大きな地震力が発生しないが，溶接構造の場合は仮ボルトの本数が少なくなるので，少なくとも仮設筋かい（ワイヤロープを含む）と仮ボルトの最大強度で検討する．

4.3.4 雪 荷 重

　鉄骨工事中の鉛直荷重のうちで，この雪荷重は地域差が大きい．積雪時期は，多雪地域では大雪による倒壊事例もあるので，鉄骨建方中の不安定な時期は特に注意が必要である．

　鉄骨建方中は，自重に加えて足場・足場材・水平養生・デッキプレートなどが全面および局所に配置してあり，さらに雪荷重が付加されると予想外の大きな鉛直荷重となるので，時期・地域に応じて，荷重としてあらかじめ見込まなければならない．

　鉄骨工事中の雪荷重は，本会編「建築物荷重指針・同解説（2015年）」による〔付8参照〕．ただし，鉄骨工事中降雪期に入らない場合は，雪荷重は採用しなくてもよい．

　骨組の検討は，柱の座屈，梁の横座屈に重点をおく．また，鉄骨工事中の期間が一般に短期間であり，雪荷重は下記のような特長があるので，風荷重や地震力との組合せは考慮しないこととする．

　雪荷重は，
（1）　大雪の予知・予報がある程度可能であり，過去のデータも整理されている．
（2）　荷重の変化が比較的ゆるやかである．
（3）　雪下ろしなどにより荷重をコントロール・低減できる．
（4）　可視現象であり，積雪量・降雪量が判断しやすい．

4.3.5 建方時の骨組安全性の具体的検討手順

　鉄骨建方時の安全対策を具体的に検討するには，現場の基本的な施工計画が決まっていなければならない．

　水平積上げ方式や建逃げ方式の建方中，日々変化する現場の状況の中から危険な時期を選んで場合によっては何通りもの検討をしなければならない．風が強い季節や，雪荷重との組合せ等を考慮し，現場の進捗度に応じ適切な補強対策が必要となる．弱小断面鉄骨部材で構成されるSRC造では，本締め完了後もブレースを撤去すると危険なこともあり，補強期間は，建方時にとどまらない．鉄筋の先組み，小梁・バルコニーのPC化等の新工法採用の現場では，積載荷重が大きく常時不安定でまた地震時の水平力は，鉄骨のみの水平力の数倍にもなる．

　これらの前提を踏まえ，下記の順序に従って検討し補強方法や荷重の低減方法を決定する．

　　(1)　鉄骨建方計画
　建方方法と順序を決定する．タワークレーンによる積上げ方式と，移動式クレーンによる建逃げ方式では，荷重の大きさや補強方法に違いがある．また，足場の種類，デッキプレートを敷く時期

も荷重として影響する．

(2) 鉄骨工事中の養生条件

建方中の垂直・水平養生のネットの有無，およびその種類で風荷重が大きく変わるので，養生の対象をよく検討し，風荷重も考慮の上選定することが望ましい〔4.3.2項（5）参照〕．

(3) 鉄骨工事中の補強方法

鉄骨の部材形状や骨組の形状によってワイヤや鉄骨筋かいを配置する．接合部のボルト本数も計画時に施工担当者が決めておく．

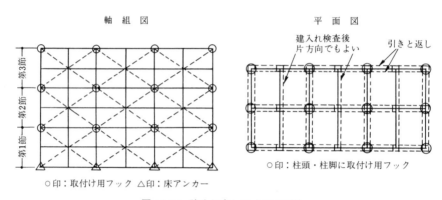

図 4.3.15 建入れ直しワイヤの原則

(4) 荷重の算定と検討

前述 4.3.1～4.3.4 項による．

(5) 予報発生時の対応

風荷重のうちでも，台風発生時は再現期待値とは関係なく，その規模・通過経路に応じて大きな荷重となる．近くを通過する場合は，予想される風速によって補強しなければならない．

そのほかにも，強風注意報（東京では平均風速 13 m/s を超える場合に発表される）が出た場合は，補強の点検や補強の追加を工事現場の建方の進行状況によって判断する必要がある．

雪荷重は，大雪注意報で積雪が予想外に大きくなる場合，荷重を再確認し，骨組の安全性を再検討のうえ必要に応じて補強をする．施工上，補強が時間的に無理ならば，荷重を低減するための除雪方法を検討する．

(6) フローチャート

前述の(1)～(5)をフローチャートに示すと図4.3.16のようになる．

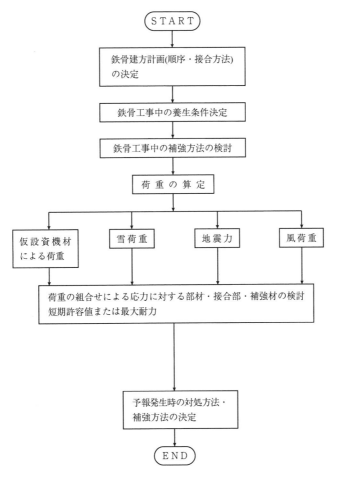

図 4.3.16 建方時の骨組安全性の検討手順

参考文献
1) 丸安隆和：新制測量（上），オーム社
2) R.M. Milner：Accuracy of measurement with steel tapes；B 105 Building 217(38), pp.139～140, 142, 1929
3) 武藤 清・佐藤邦昭ほか：鋼材溶接における問題点と対策，日本鋼構造協会
4) (社) 建築業協会編：鉄骨建方工事の施工指針，1999
5) (社) 仮設工業会編：風荷重に対する鋼管足場等の安全技術指針と解説，1981
6) (社) 鋼材倶楽部編：建築鉄骨工事施工指針，1992

4.4 揚重機の安全，足場・構台の安全確認

4.4.1 建方重機の転倒防止

鉄骨建方では，2.6.4項で選定した建方用機械が使用される．建方工法によって，タワークレーンと移動式クレーンの2種類に分けられている．これら揚重機の安全性は，工事への直接の影響の他に第三者や公共物への影響が大きいので十分検討しなければならない．特に，クレーン自体の水平力については，その設置状況を考慮して慎重に検討する．

（1） 移動式クレーン

作業場所が広範囲で，作業条件が常に変化するので，作業路盤の準備が重要である．トラッククレーンは，アウトリガーの接地圧で本体を支え，クローラクレーンはキャタピラの接地圧で本体を支える．クローラクレーンは，斜め45°方向にブームが向いている状態で，最大接地圧となることが多く最も不安定である．本会編「乗入れ構台設計・施工指針」の第Ⅱ編1.3節にその算定方法が示されている．接地反力全体は側方吊りで総重量の80％が等分にかかるので，作業条件が変化することを考慮し，3方向について検討しておくべきである．

トラッククレーンも同上，第Ⅱ編1.3節にアウトリガーの荷重分担率が示されている．斜め方向吊りで最大反力となるのが一般的だが，大型クレーンは，フロント・リアにもアウトリガーがあり略算では算定できないので作業半径・吊荷重が明らかな場合は，メーカーで反力を計算して詳細なデータに基づいて検討するのが良い．

トラッククレーンの転倒は，アウトリガーの張出し幅が十分でないときに側方吊りした場合，旋回中に発生している．

道路幅が狭い，道路の占有幅が狭い，乗入れ構台の幅が狭い，作業半径が不足する等の理由でアウトリガー中間張出しやまったく出さずに作業して転倒している例がある．正しい使用方法で計画し実施しなければ，検討しても意味がない．

敷地内で使用する場合で，直接地盤支持力で支持する場合，地耐力 $300\,kN/m^2$ 程度必要になるので地表部は砕石敷込転圧，鉄板養生，さらに軟弱な地盤では，地盤改良をしなければならない．乗入構台では，覆工板，根太，大引，支柱，根入れ地盤，ブレースの検討をする．

構造体床では，スラブ，小梁，大梁，柱を検討する．このとき単に強度検討だけではなく，床や梁のひび割れを考慮したたわみの検討も忘れてはならない．

道路で使用する場合，地中埋設管や側溝を避けてアウトリガーやキャタピラ位置を計画しなければならない．計画時に道路，その周辺の埋設等の種類，位置，深さを十分調査する必要がある．

（2） タワークレーン・ジブクレーン

クレーンを固定して使用することが有効で，建物が高層になるほどタワークレーンを使用することが多い．中層規模では，鉄骨建方を移動式クレーンで行い，屋上階にジブクレーンを設置し，外装の揚重，躯体，仕上資材の揚重に使用することが多い．

同一機種でも使用条件によって，クレーン基礎反力が大きく異なり，その後の検討内容にも差があり安全確保に重要な要因となる．

構造体に設置する場合，基礎や杭は本設用で強固になっていることが前提となるので，大梁と柱の検討をすれば良い．移動式と同様に強度とたわみの両者を検討しなければならない．

タワークレーン用に基礎の設計をする場合，構台，杭，基礎の強度と地盤の強度で決まる．ボーリングデータを十分検討し，地盤の沈下や杭引抜きで転倒しない設計が必要である．

両者に共通してアンカーボルトがクレーンと基礎や構造体との接合部材で最も重要といえる．ねじ部分の引張強度と定着部分の付着強度を満足しなければならない．大型クレーン用は，熱処理した高強度のアンカーボルトを用いるので，その品質の確認をする．

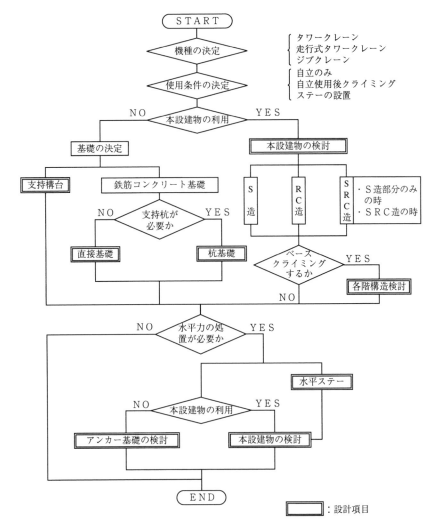

図 4.4.1　クレーン設置計画フロー

クレーンを設置するために，計画・検討を進めてゆく流れを図 4.4.1 のフローチャートに示す．

一般に，機種が決定すると，その使用条件を決定し，設置位置と設置時期との関連よりその支持方法を決定する．その支持方法に従って，詳細の設計を進めていく．

計画の時点で，クレーン設置から最終使用状態までの諸条件の変化を明確に把握しておくことが大切である．

4.4.2　機械等の定期自主検査

鉄骨工事とその関連工事に使用する機械等に関して，整備不良や各部分の異常，安全装置，制御装置等の異常により事故となることを防止するため，表 4.4.1 に自主検査項目を，表 4.4.2 に作業開始前等点検項目を示す．

表 4.4.1　機械等の定期自主検査項目

機械等の種類	検査時期	検査事項等	規則条項
車両系建設機械 (安全法施行令別表第7に掲げる建設機械で動力を用いかつ不特定の場所に自走できるもの.)	1月以内ごと再使用の時 (1月を超える期間使用しない場合)	1．ブレーキ，クラッチ，操作装置及び作業装置の異常の有無 2．ワイヤロープ及びチェーンの損傷の有無 3．バケット，ジッパー等の損傷の有無	安衛則 168条1項
アセチレン溶接装置 ガス集合溶接装置	1年以内ごと再使用の時 (1年を超える期間使用しない場合)	1．装置の損傷変形，腐食等の有無 2．装置の機能	安衛則 317条1項 〃　2項
絶縁用保護具等 (絶縁用保護具，絶縁用防具，活線作業用装置，活線作業用器具)	6月以内ごと再使用のとき (6月を超える期間使用しない場合)	絶縁性能	安衛則 351条1項 〃　2項
フォークリフト	1月を超えない期間ごと再使用の時 (1月を超える期間使用しない場合)	1．制動装置，クラッチ及び操縦装置の異常の有無 2．荷役装置及び油圧装置の異常の有無 3．ヘッドガード及びバックレストの異常の有無	安衛則 151条の22 1項 〃　2項
ショベルローダ等	1月を超えない期間ごと再使用のとき (1月を超える期間使用しない場合)	1．制動装置，クラッチ及び操縦装置の異常の有無 2．荷役装置及び油圧装置の異常の有無 3．ヘッドガードの異常の有無	安衛則 151条の32 1項 〃　2項
クレーン (吊上げ荷重 0.5 t 以上のもの)	1月以内ごと再使用の時 (1月を超える期間使用しない場合)	1．巻過防止装置その他の安全装置，過負荷警報装置，その他の警報装置，ブレーキ及びクラッチの異常の有無 2．ワイヤロープ及び吊りチェーンの損傷の有無 3．フック，グラブバケット等の吊り具の損傷の有無 4．配線，集電装置，配電盤，開閉器及びコントローラーの異常の有無 5．ケーブルクレーンにあっては，メインロープ，レールロープ及びガイロープを緊結している部分の異常の有無並びにウインチの据付けの状態	クレーン則 35条の1項 〃　2項
移動式クレーン (吊上げ荷重 0.5 t 以上のもの)	1月以内ごと再使用の時 (1月を超える期間使用しない場合)	1．巻過防止装置その他の安全装置，過負荷警報装置，その他の警報装置，ブレーキ及びクラッチの異常の有無 2．ワイヤロープ及び吊りチェーンの損傷の有無 3．フック，クラブバケット等の吊り具の損傷の有無 4．配線，配電盤及びコントローラーの異常の有無	クレーン則 77条の1項 〃　2項
エレベーター (積載荷重 0.25 t 以上のもの)	1月以内ごと再使用の時 (1月を超える期間使用しない場合)	1．ファイナルリミットスイッチ，非常止めその他の安全装置，ブレーキ及び制御装置の異常の有無 2．ワイヤロープの損傷の有無 3．ガイドレールの状態 4．屋外に設置されているエレベーターにあっては，ガイロープを緊結している部分の異常の有無	クレーン則 155条の1項 〃　2項

機械等の種類	検査時期	検査事項等	規則条項
建設用リフト（ガイドレールの高さ10 cm以上で且つ積載荷重0.25 t以上のもの）	1月以内ごと再使用の時（1月を超える期間使用しない場合）	1．ブレーキ及びクラッチの異常の有無 2．ウインチの据付けの状態 3．ワイヤロープの損傷の有無 4．ガイロープを緊結している部分の異常の有無 5．配線，開閉器及び制御装置の異常の有無 6．ガイドレールの状態	クレーン則 192条の1項 〃　2項
ゴンドラ	1月以内ごと再使用の時（1月を超える期間使用しない場合）	1．巻過防止装置その他の安全装置，ブレーキ及び制御装置の異常の有無 2．突りょう，アーム及び作業床の損傷の有無 3．昇降装置，配線及び配電盤の異常の有無	ゴンドラ則 21条の1項 〃　2項

表 4.4.2　作業開始前等点検項目

機械等の種類	検査時期	検査事項等	規則条項
車両系建設機械	作業開始前	ブレーキ及びクラッチの機能	安衛則　170条
くい打機 くい抜機 ボーリングマシン	組み立てたとき	1．機体の緊結部のゆるみ及び損傷の有無 2．巻上げ用ワイヤロープ，みぞ車及び滑車装置の取付状態 3．巻上げ装置のブレーキ及び歯止め装置の機能 4．ウインチの据付け状態 5．控えのとり方及び固定の状態	安衛則　192条
軌道装置	作業開始前	1．ブレーキ，連結装置，警報装置，集電装置，前照燈，制御装置及び安全装置の機能 2．空気等の配管からの漏れの有無	安衛則　232条
コンベヤー	同上	1．原動機及びプーリーの機能 2．逸走等防止装置の機能 3．非常停止装置の機能 4．原動機，回転軸，歯車，プーリー等の覆い，囲い等の異常の有無	安衛則　151条の82
クレーン デリック エレベーター 建設用リフト	組立又は解体の作業を行うとき	（作業指揮者の職務） 材料の欠点の有無並びに器具および工具の機能	クレーン則 33条2項 〃　118条2項 〃　153条2項 〃　191条2項
クレーン	その日作業開始前	1．巻過防止装置，ブレーキ，クラッチ及びコントローラーの機能 2．ランウェイの上及びトロリーが横行するレールの状態 3．ワイヤロープが通っている箇所の状態移動式クレーン同上巻過防止装置，過負荷警報装置その他の警報装置，ブレーキ，クラッチ及びコントローラーの機能	クレーン則　36条
建設用リフト	その日作業開始前	1．ブレーキ及びクラッチの機能 2．ワイヤロープが通っている箇所の状態	クレーン則　193条
簡易リフト	同上	ブレーキの機能	クレーン則　210条
クレーン，移動式クレーン又はデリックの玉掛用具	同上	ワイヤロープ，吊りチェーン，繊維ロープ，繊維ベルト又はフック，シャックル，リング等の異常の有無	クレーン則　220条

クレーン デ リ ッ ク エレベーター 建設用リフト	1. 瞬間風速30メートルを超える風が吹いた後 2. 中震以上の震度の地震の後	各部分の異常の有無 (注) 暴風後の点検については、屋外に設置されているクレーン，デリック，エレベーター及び地下に設置されているものを除く建設用リフトが対象である．	クレーン則　37条 〃　　　122条 〃　　　156条 〃　　　194条

4.4.3 構台の設置計画

仮設の構台は，鉄骨工事だけではなく工事全体の基本計画の中で，効率よく現場の運営ができるような位置に適切な面積で計画しなければならない．

下記に検討すべき事項を述べる．

（1） 現場周辺の環境により出入口，位置，範囲を決める．

（2） 地下工事における根切り工事，機械組立て，解体作業の全体の関連を検討し，幅，面積，位置を決める．

（3） 地下躯体工事・仕上げ工事のための必要性を考慮して位置，設置期間を決める．

（4） 構台への乗込みスロープの勾配と幅は，すべての機種に対しスムーズな出入ができるような計画にする．

（5） 構台交差部はすべての機種が安全かつスムーズに曲がれるよう計画する．

（6） 構台の幅は，使用する機種の各配置，資材の置き方，アウトリガーの張出し幅を考慮して計画する．

（7） 支柱は，地下の主要構造体にあたらないよう計画し，撤去後漏水の原因とならないよう止水処理方法を計画する．

（8） 筋かい，つなぎ材は根切り方法，地下躯体，山留め支保工配置を考慮して高さを計画する．

（9） 強度検討は，新品材料を使用し許容応力度は短期を用いる．支柱の根入れ部は，地盤のボーリングデータを参考に圧縮，引抜き，曲げについて検討する．

（10） 接合検討は，ボルト接合，溶接接合を用いる．ボルトは，ゆるみを生じないためにも高力ボルトで締め付けることが望ましい．

　　　ブレースや水平つなぎは，支柱との取合いが密着しないことが多いので，補助部材や補助ピースを使用し所要の溶接寸法やボルト本数を確認する．

4.4.4 足場用仮設設備の設置

建物の特性によって，施工計画・仮設計画がさまざまあり，鉄骨工事にかかわる足場も変わってくる．足場用仮設設備は，その計画した種々の足場を設置するための仮設で，工事終了後撤去するので簡単なものにしたいが，安全に効率良く作業ができることが必要である．

（1） 外 部 足 場

枠組足場を地盤から組み立てる場合と，途中階から外部足場受ブラケットを設ける場合がある．ブラケットを支持する方法には片持ち梁とする方法，方づえで支える方法，上階から斜材でブラ

ケット先端を吊る方法が考えられる．足場の総重量（自重および積載荷重の合計）によってブラケットの耐力を定める．

足場の総重量によって，強度，たわみを検討し，部材断面と接合部詳細を決定する．

（2）内部足場

　a）吊棚足場

　　吊りチェーンで角パイプを梁下に吊り下げ，足場板を角パイプ間に渡す形式である．
　　資材重量と作業員を設定しチェーン本数，支持スパンを決める．

　b）吊枠足場

　　大梁下フランジ下端に取付け用金物を工場溶接し，現場で大梁建方前に組立てし建方する．取付け金物に吊られているため，その溶接部は欠陥があって強度が不足することは許されない．数が多いので取付けされたまま本溶接を忘れた例もあり，工場と現場で二重に全数検査する．柱専用の足場の取付けピースも同様の検査が必要である．

　　大梁上フランジに吊り枠専用つかみ金物で取り付ける方式の足場があり，高力ボルト締付け用として転用して使用する．簡単に着脱できるが，取付け不十分だと落下する可能性がある．取付け作業をする人，使用する人それぞれが取付けや締付けが十分かチェックするよう，鉄骨工事担当技術者は指示を行い報告させる．

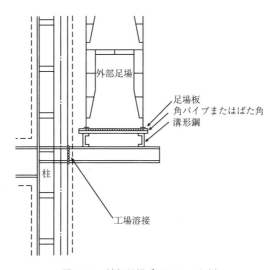

図 4.4.2 外部足場受ブラケット例

4.5 アンカーボルトの施工と検査

4.5.1 柱脚に求められる力学的性能

鉄骨構造骨組（SRC 造の鉄骨を含む）部材を RC 造部分に接合し固定することを定着という．定着には鉄骨梁を RC 造柱に固定する場合などもあるが，本指針では，定着の代表的な部位として鉄

骨柱とRC造基礎との接合部，すなわち柱脚を取り扱う．

(1) 構造体としての性能

柱脚は，基本的には

    a) ベースプレート

    b) アンカーボルト

    c) ベースモルタル

    d) 基礎鉄筋コンクリート

の4要素で構成されている．ただし，上部の構造形式，応力伝達条件，および骨組の規模などにより，複雑な形状のものから単純なものまで多岐に渡っており，柱脚での力の伝達も一様ではない．一例として，露出形固定柱脚における応力伝達機構を図4.5.1に模式的に示す．この図では，せん断力に対しては，柱脚に圧縮力が働いていればベースプレート下面の摩擦力により抵抗するが，柱脚に引張力が働く場合や作用せん断力が摩擦力を超える場合はアンカーボルトのせん断力により抵抗する．またアンカーボルトのせん断耐力は，アンカーボルトに働く引張力を考慮したアンカーボルトの最大せん断耐力またはボルト埋込み部の支圧耐力によって決まる．軸力および曲げモーメントに対しては，ベースプレート下端のベースモルタルとコンクリートの圧縮力，およびアンカーボルトの引張力により抵抗する．

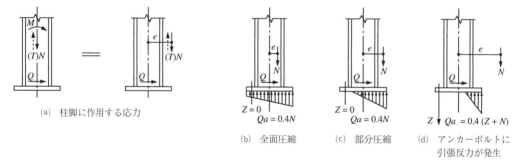

(a) 柱脚に作用する応力　　(b) 全面圧縮　　(c) 部分圧縮　　(d) アンカーボルトに引張反力が発生

Qa：ベースプレート下面の摩擦力による許容せん断力
Z：アンカーボルトに生じる引張力

図 4.5.1　露出形固定柱脚に作用する応力と反力

さまざまな柱脚形式と各種の条件で，柱脚を構成する各要素に求められる力学的性能を表4.5.1に示す．アンカーボルトは，「構造耐力を負担するボルト」と「構造耐力を負担しない建方用のボルト」に大別される．ベースモルタルについては，ベースプレートとの摩擦によりせん断力を伝達するものとしないものに分けられる．

構造耐力からみた柱脚を構成する各要素の役割は，構造設計の考え方と計算方法による．設計図に明示されない場合が多いので，あらかじめ構造設計者に問い合わせて把握すると良い．なお，建築基準法において定める鉄骨造の柱の脚部の仕様について告示に示されているので注意する．

(2) 建方時の性能

柱1本のみ建て込まれたときは，図4.5.2(a)に示すように柱脚には柱自重による圧縮力，風圧力によるせん断力，および風圧力と柱形状偏心による曲げモーメントが作用する．柱・梁・ブレースなどが建方されて仮ボルトが締められた段階では，図4.5.2(b)に示すように，柱脚には軸力（通常は圧縮力）とせん断力が作用する．一般には，柱1本建込み時は，柱脚に作用する曲げモーメントをアンカーボルトとベースモルタルのみで支持することが多く，倒壊防止のためには4方向に補強ワイヤーを張るなどの補強が必要である．

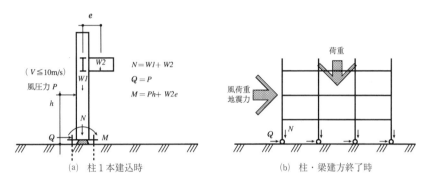

図 4.5.2 建方中に柱脚に作用する応力

これら柱脚に作用する応力に対する柱脚を構成する各要素の分担は，柱脚のディテールと応力の大きさにより異なる．ベースモルタル工法別にみた各要素の役割を表4.5.2に示す．

(3) 柱脚施工の重要性

過去の地震災害において柱脚の損傷に起因する鉄骨構造物の被害をみると，柱脚の性能は施工に依存するところが大きいことがわかる〔写真4.5.1参照〕．また建方時においても，柱脚の施工不良は人身事故に直結しかねない．建方時と構造体完成時のいずれにしても，柱脚に求められる力学的性能を具体的に把握して，その性能を満たすよう施工することが肝要である．

(4) 柱脚の施工順序

柱脚の一般的な施工順序を図4.5.3に示す．本節と4.6節は，このフローに従って記述する．

表 4.5.1 柱脚の形式と各部材の役割

上部構造形式			S 造				SRC 造	
柱脚の形式			露出型	ピン	根巻き型	埋込み型	非埋込み型	埋込み型
柱脚の応力伝達条件			固定（半固定）		固定（半固定）	固定	固定（半固定）	固定
柱脚ディテール例								
構造耐力負担	アンカーボルト	引張耐力	○		△	△	△	△
		せん断耐力	○		△	*	△	*
	ベースモルタル	圧縮耐力	◎		◎	◎	◎	◎
		ベースプレートとの摩擦によるせん断耐力	○		○	△	△	△
	下部 RC	軸方向力	◎		◎	◎	◎	◎
		曲げ・せん断	○		◎	△	◎	◎
	上部 RC	軸方向力			△	◎	◎	◎
		曲げ・せん断			◎	◎	◎	◎

[注] ◎：必ず負担する ○：負担する場合が多い △：まれに負担する ＊：負担しない

表 4.5.2 建方中の柱脚各要素の役割

ベースモルタル工法			後詰め中心塗り工法	全面後詰め工法	全面塗り仕上げ工法
柱脚ディテール例（建方中）					
柱建方時	アンカーボルト	圧縮耐力	△	◎	＊
		引張耐力	○	◎	△
		せん断耐力	○	◎	○
	ベースモルタル	圧縮耐力	◎		◎
		ベースプレートとの摩擦によるせん断耐力	◎		◎
柱・梁等建方終了時	アンカーボルト	圧縮耐力	＊	◎	＊
		引張耐力	△	◎	△
		せん断耐力	○	◎	○
	ベースモルタル	圧縮耐力	◎		◎
		ベースプレートとの摩擦によるせん断耐力	◎		◎

[注] ◎：必ず負担する　○：負担する場合がある　△：まれに負担する　＊：負担しない

写真 4.5.1　地震による鉄骨構造物の被害例
　　　　　　本会近畿支部編（「1995年兵庫県南部地震鉄骨造建物被害調査報告書」より）

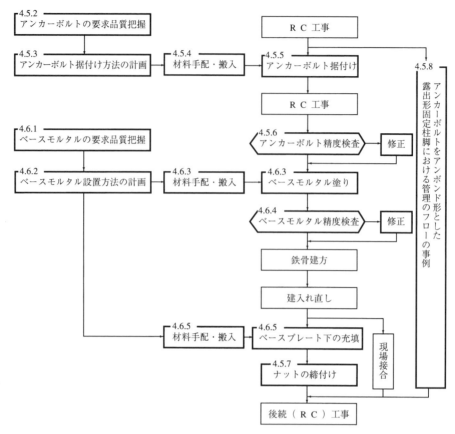

図 4.5.3 柱脚の施工フロー

4.5.2 アンカーボルトの要求品質

　アンカーボルトは，前項で述べたように構造耐力を負担するボルトと構造耐力を負担しない建方用のボルトに大別され，その役割によって，要求品質項目やその重要度が異なる．
　（1）　力学的性能
　構造耐力を負担するボルトには，引張耐力のみ期待するものと引張耐力とせん断耐力を期待するものがある．構造耐力としてのボルトの負担応力度は建方時の負担応力度に比べて一般的に大きいので，構造耐力を負担するボルトは特に注意深く施工しなければならない．
　（2）　埋込み精度
　アンカーボルトの埋込み精度は，ボルトの平面的な位置とボルト頭部の突出し寸法が主なポイントである．また，柱建方時にアンカーボルトがベースプレートの孔に無理なく挿入でき，ナット締付け時のベースプレートとの密着度を高めるために，長さ方向の垂直度を正確に保つことも大切である．表 4.5.3 に JASS 6 の付則 6「鉄骨精度検査基準」の許容差を示す．なお，ボルト頭部の突出し寸法については，柱据付け面の高さに必要突出し寸法を加えたボルト頭部の高さを特性値とし，同表の許容差を準用する．

表 4.5.3 アンカーボルト埋込み精度の許容差（JASS 6 付則 6「鉄骨精度検査基準」）

名　　称	図	管理許容差	限界許容差
(3) アンカーボルトの位置のずれ Δa	柱心、$a \pm \Delta a$	構造用アンカーボルト，建方用アンカーボルト $-3\,\mathrm{mm} \leq \Delta a \leq +3\,\mathrm{mm}$	構造用アンカーボルト，建方用アンカーボルト $-5\,\mathrm{mm} \leq \Delta a \leq +5\,\mathrm{mm}$
(4) 柱据付け面の高さ ΔH	標準高さ，$H+\Delta H$，ベースモルタル	$-3\,\mathrm{mm} \leq \Delta H \leq +3\,\mathrm{mm}$	$-5\,\mathrm{mm} \leq \Delta H \leq +5\,\mathrm{mm}$

（3）経済的な施工

アンカーボルト工事費の主なものはボルト材料費と据付け手間である．構造耐力を負担するボルトは設計図書に示された材料品質とし，据付けも修正のないよう費用を投入すべきである．構造耐力を負担しないボルトは建方用のみの仮設材なので，材料，据付けとも過剰品質とならないよう経済的な施工が求められる．

4.5.3 据付け保持方法の計画

（1）構造耐力を負担するボルトの据付け保持方法

構造耐力を負担するボルトは，コンクリート打設後の台直しなどの修正は行わない前提で，据付け保持方法を決定する．通常は次の二つの方法から選択される場合が多い．ただし，国土交通大臣により認定された柱脚工法についてはその仕様書などに従う．

　a）鋼製フレーム固定法

　　型枠とは別個にアングルやチャンネルなどで鋼製のフレームを設ける．このフレームはコンクリート打設の衝撃などでも移動・変形を生じないよう堅固な構造とし，これに柱心をけがき，型板（テンプレート）などを用いてボルトを正確に据付け，フレームに固定する．一例を図 4.5.4(a)に示す．この作業は通常，基礎梁の配筋に先立って行われる．

　　型枠に固定してボルト位置を保持する方法では十分な精度を期待することができないので，ごく小規模な基礎の場合を除きこの鋼製フレームによる方法を用いることが望ましい．

　b）箱抜き・ボルト後据付け法

　　アンカーボルトの据付け位置にスパイラルチューブなどを用いて箱抜きしておく．基礎コンクリート硬化後に，アンカーボルトを箱抜き穴に挿入しモルタルをグラウトして固定する．図 4.5.4(b)にはスパイラルチューブ等を型枠から吊下げ固定した例，同(c)には，下部をモルタルで固定した例を示す．スパイラルチューブ等の設置に際しては，その大方の位置と深さと垂直度を保持すれば，アンカーボルトは基礎コンクリート硬化後に挿入するので，精度の問

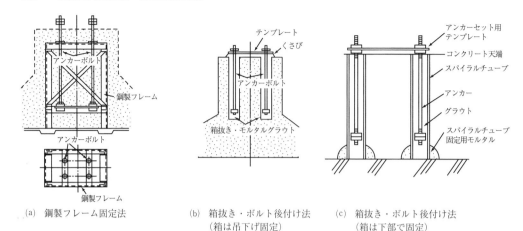

図 4.5.4 構造耐力を負担するアンカーボルトの据付け保持方法

題は解決する．比較的小径のボルトに適している．

ただし，構造耐力のうちせん断力のみを負担するボルトはよいが，引張力を負担するボルトではボルトの許容引張力を十分満足する定着が得られることを事前に試験等で確認されたものでなければならない．

(2) 構造耐力を負担しない建方用のボルトの据付け保持法

構造耐力を負担しないボルトの場合は，さまざまな据付け保持方法が考えられる．(1)に示した鋼製フレーム固定法や箱抜き・ボルト後付け法を選択してもよいが，その他に次のような方法を選択することも多い．

a) 基礎鉄筋を利用した固定法

基礎中に配置された柱筋にアングルなどの横材を取り付け，簡易なフレームをつくる．フレームに柱心をけがき，型板などを用いてボルトを正確に据付け，鉄筋の溶接や番線を用いるなどして固定する．図 4.5.5(a)にその一例を示す．柱筋の他に地中梁上端筋保持用のアングルうまをアンカーフレームにうまく兼用することもある．

基礎のせいが高く，柱主筋が比較的大径の場合に適する．ただし，鉄筋溶接時は，アンダーカットや鉄筋材の溶接熱による硬化を防ぐ管理が必須となる．近年は，鉄筋に締め付けて固定する型板受け金物も市販されている．

b) 型枠固定法

型枠に柱心出し用材を適切な方法で設置し，型板などを用いてボルトを正確に固定する．型枠は移動変形を生じないよう堅固に補強する．図 4.5.5(b)にその一例を示す．

一般に，型枠による保持ではコンクリート打設時の衝撃やコンクリートの流れによりボルトが移動・変形しやすいので，コンクリート打設中も型枠の通りやボルトの倒れをチェックし，移動・変形があれば修正する作業が伴う．比較的基礎せいの低い場合に適する．

c) アンカープレート埋込みボルト後溶接法

コンクリート定着用のアンカーボルトを裏面に工場溶接した鋼板（アンカープレート）を

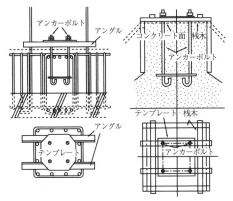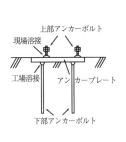

(a) 基礎鉄筋を利用した固定法　(b) 型枠固定法　(c) アンカープレート埋込み ボルト後溶接法　(d) あと施工アンカー法

図 4.5.5　構造耐力を負担しない建方用アンカーボルトの据付け保持方法

基礎コンクリート打設上端レベルに据え付けてコンクリートを打設し，その後地墨を出し，締付け用のボルトをアンカープレート上の正確な位置に溶接で固定する．図 4.5.5(c) にその一例を示す．アンカーボルトの所定位置に基礎鉄筋が密に配筋される場合に有効な方法である．下のボルトと上のボルトは位置がずれるので，アンカープレートは曲げやせん断に耐えられる厚さが必要となる．また，ボルトとアンカープレートの溶接には十分な管理を要する．

　d）　あと施工アンカー法

　　場所打ち杭頭部の直上に鉄骨柱が建つ場合に用いられる方法である．杭頭部に地墨を出し，アンカーボルトの所定位置でコンクリートを穿孔し，金属拡張アンカーまたは接着系アンカーを用いてアンカーボルトを埋込み固定する．図 4.5.5(d) にその一例を示す．

　　あと施工アンカーの耐力は，アンカー材耐力のほかに，コンクリートへの埋込み深さやコンクリートの強度と密実性により決まる．施工にあたっては，削孔後の孔内清掃が大切である．また樹脂接着系アンカーでは，低温時や水分があると樹脂の硬化遅延や硬化不良が発生するので注意を要する．

（3）　他工事との関連で事前に検討すること

　a）　基礎梁筋等とアンカーボルトとの干渉の有無

　　アンカーボルトの据付け位置は，地中梁筋が交差して配置されるなど配筋が密集しているところが多いので，鉄筋の間に正しくアンカーボルトが納まるか，1/1〜1/10 程度の図面を作成して事前に必ず検討する．鋼製フレーム架台やスパイラルチューブを用いる場合はそれらも同様に干渉の有無を検討する．

　　梁主筋とボルトが干渉するときは，工事監理者や構造設計者と打合せのうえ梁主筋を 2 段配筋とする，あるいは梁幅を広げ，梁主筋の位置を調整するなどの対策を立てて，速やかに実行に移す．図 4.5.6 は検討の結果干渉するので，梁の主筋位置を変更した例である．

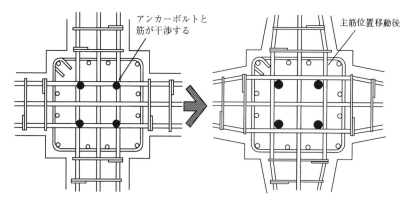

図 4.5.6　梁主筋とアンカーボルトの干渉の検討と対策

b) 山留め壁に近いアンカーボルトの締付け作業性

地下にある柱脚で山留め壁に近接している場合，特に隅柱では，建方後にアンカーナットの締付け作業が可能なスペースのないことがあり得る．工事監理者や構造設計者と打合せの上，アンカーボルトの位置を変更し工作図に反映させる，または構造耐力を負担しない建方用のボルトならば建方中にボルトに引抜き力がかからないよう，柱頭から山留め壁にワイヤで引張るなど建方計画に反映させる対策をとる．

図 4.5.7 にその事例を示す．

c) 柱主筋とナット締付け作業性

露出形柱脚を除くすべての柱脚の周囲には，柱主筋が立ち上がっている．鉄骨柱建方や建入れ直しやアンカーナット締付けの際，柱主筋の間または上から手や工具を入れて作業可能か，事前に検討しておく．支障があれば，工事監理者や構造設計者と打合せの上，主筋位置をずらす，または SRC 柱の場合に柱主筋の継手位置を低くするなどの対策を立て，鉄筋の加工組立に反映させる．

支障のある主筋が移動できない場合は，やむを得ず鉄筋を折り曲げることになるが，曲げ角度は鉛直に対して 30° 程度を限度とする〔図 4.5.8〕．

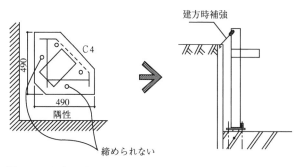

図 4.5.7　山留め壁に近いアンカーボルトの締付け作業性の検討と対策の例

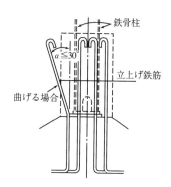

図 4.5.8　柱脚鉄筋の納まり

4.5.4 アンカーボルトの材料

（1） 品質・数量・形状・寸法

a） アンカーボルトの構成

一般のアンカーボルトは，頭なしボルト・六角ナット・平座金のセットで構成される．一方，普通ボルトには，JIS B 1180（六角ボルト），JIS B 1181（六角ナット），および JIS B 1256（平座金）の規定があり，一般にこれらの組合せはボルトの強度区分によって決定される．したがって，ボルトねじ部，ナットおよび座金もこれらの規定に準じ，ボルト材の強度に応じて製作する．ねじ部の加工方法には切削と転造があるが，転造によるほうが好ましい．

b） 構造耐力を負担するアンカーボルト

JASS 6 では，構造耐力を負担するアンカーボルトは JIS B 1220（構造用両ねじアンカーボルトセット）または JIS G 3138（建築構造用圧延棒鋼）に準拠して製造されたものとしている．ナットと座金についてもボルトの強度に応じたものを用いる．また，フックなしでボルト先端に定着板を設けて引抜きに抵抗させるよう設計された場合，定着板の仕様について確認を要する．

アンカーボルトに引張力と伸び能力を期待する場合，あまり降伏比（降伏点/引張強度）が大きいと，ねじ部の破断が軸部の降伏より先行し，靭性が失われることがある．伸び性能が要求される場合には，JIS B 1220（構造用両ねじアンカーボルトセット）を使用するのが良い．

c） 構造耐力を負担しない建方用のアンカーボルト

設計図書に明示のない場合は，一柱につき 4-M 20，定着長さ $25d$，先端 180°フック付きを標準とするが，梁スラブ配筋後に施工されることも多く施工性が悪いので，検討の上，転造の定着部を有するフック無しのアンカーボルトが使用される例もある．

（2） 手配・搬入

アンカーボルトと据付けに必要な型板（テンプレート）は，鉄骨製作業者が製作し現場に搬入するのが通常である．基礎鉄筋コンクリート工事の前に搬入されるよう，早めの手配を行う．

型板は，ベースプレートと同じ大きさで，厚みは 1.6 mm が一般的だが，その大きさやアンカーボルトの据付け方法に応じた適切な厚さのものとする．型板のアンカー孔はボルト径+2 mm とする．必要枚数は据付け方法により異なるが，各タイプで少なくとも 1 枚は必要である．

4.5.5 アンカーボルト据付け作業

アンカーボルト据付け作業は，一般的には以下の作業手順で進められる．

柱心のマーキング → 基準高さのマーキング → ボルト固定用材の設置 → 型板取付け → ボルト取付け → ボルトの保持固定 → ボルトの養生

各作業段階での一般的な注意事項を次に述べる．

（1） 柱心のマーキング

a） 測量機器は 4.9 節に示すものを用いる．使用する鋼製巻尺は，鉄骨製作工場が使用しているものとの誤差が許容内のものとする．

b) 通り心に対し柱心が偏心している場合は，偏心の方向と寸法に注意する．

(2) 基準高さのマーキング

a) ベースプレート下端レベル，またはその返りレベルを基準高さとしてマーキングする．

b) ベース下端レベルの異なる柱は特に注意する．

(3) ボルト固定用材の設置

計画図に従い，正確な位置に堅固に組み立てる．鋼製フレームの場合は，コンクリート打設中の移動変形のないよう立ち上がった鉄筋や，必要ならば捨てコンクリートにあらかじめ埋め込んだ鉄筋を利用して，フレームを固定する．

(4) 型板取付け

a) 柱心マークに合わせて型板を取り付ける．

b) アンカーボルト位置が柱心に対して非対象の場合は，型板取付け方向に注意する．

(5) ボルト取付け

型板の孔にボルトを取り付ける．ボルト頭部の高さは，基準高さマークから計算した高さに合わせる．アンカー頭部の必要高さを図4.5.9に示す．

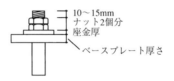

図4.5.9 アンカー頭部の必要高さ

(6) ボルトの保持固定

コンクリート打設時の流れや衝撃で移動しないよう，堅固に固定する．ボルト下端部は，ボルトの垂直度を計測しながら，フレームや立上がり鉄筋などに鉄筋材の控えを溶接，または番線で控えをとって固定する．

(7) ボルトの養生

a) コンクリートに埋め込む前に，ねじ部に打ちきずやさびがないか検査し，ナットが完全に回転できることを確認しておく．

b) ボルトのねじ部は，コンクリートなどによる汚損を防ぐため，布やビニールテープなどを巻き養生する．

c) 基礎コンクリート打設後に埋戻しなど重機を用いた工事のある場合は，パイプ等でアンカーボルト周囲に柵などをつくり，表示を行っておく．

4.5.6 アンカーボルトの精度検査と修正

基礎コンクリート打設後ベースモルタル施工前に，アンカーボルトの埋込み精度を検査する．精度測定値の合否判定は表4.5.3の限界許容差による．限界許容差を超えたものは，工事監理者と協議

の上修正方法を決める．以下各項目について，精度検査方法と修正方法の例を示す．ただし，これらの修正方法例はどの工事にも採用できるとは限らない．最悪の場合は基礎のつくり直しとなる．

（1） 埋込み位置

基礎コンクリート上に通り心（必要ならば柱心）の地墨を出す〔図4.5.10参照〕．アンカーボルトに型板（テンプレート）を挿入し，地墨と型板にけがかれた通り心（または柱心）との差を測定する〔図4.5.11参照〕．この検査はアンカーボルト全数について実施する．

修正は，構造耐力を負担するボルトと構造耐力を負担しない建方用ボルトとにより，判断も方法も異なる．構造耐力を負担しない建方用ボルトの場合は，図4.5.12(a)に示す範囲でボルトを台直しすることもあるが，構造耐力を負担するボルト，特に引張力を負担するボルトには適用できない修正方法である．また，ずれ量が小さい場合には，図4.5.12(b)に示すように，ベースプレートの孔をその方向に広げ，ベースプレート上面に厚い平座金を溶接する方法がある．ずれ量が大きい場合には，図4.5.12(c)に示すように，ベースプレートのボルト用の孔を溶接で埋め，あらためて孔をあけ直す方法がある．ベースプレートの孔あけが済んでいないときは，現場実測した位置に孔あけ位置をあわせる方法もある．いずれにしても関係者で十分協議の上，修正方法を決定しなければならない．

（2） ボルト頭部の高さ

基礎コンクリートが正確な高さに打設されていれば，コンクリート上端からボルトの突出し寸法の計測でおおよその検査ができる．レベルを用いて抜取りで数箇所測定し，突出し寸法測定結果と照合してみるとよい．

ボルトが下がりすぎてナットのかかり代が少ない場合，やむを得ない措置として，図4.5.13(a)に示すように，ベースプレートのボルト孔を工場で漏斗状に開先加工し，ナットを用いないでアンカーボルトとベースプレートを現場で溶接する方法がある．この場合，アンカーボルトの軸断面の降伏耐力に見合う開先深さが必要である．また，ボルトが上がりすぎてナットが遊ぶ場合は，図4.5.13(b)に示すように，見合う厚さの座金を挿入する方法がある．

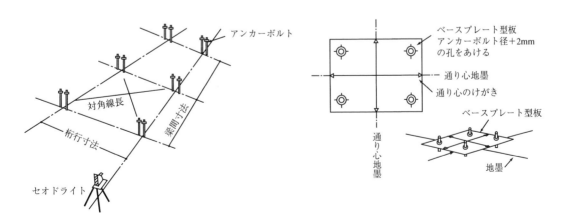

図4.5.10　地墨出し　　　　　　　　図4.5.11　埋込み位置ずれの測定方法

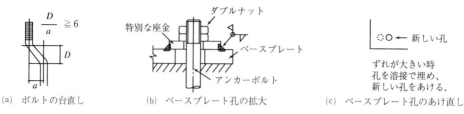

図 4.5.12 アンカーボルト位置不良時の修正方法の例

図 4.5.13 アンカーボルト高さ不良時の修正方法の例

（3） ボルトの垂直度

水準器を用いて測定する方法もあるが，型板が真上から無理なく挿入できるかでほぼ判断できる．微小な傾きであれば，ナットを取り付けてボルトを曲げ起こして補正する．

4.5.7 アンカーナットの締付け

ナットの締付けは，ベースプレート下充填モルタルが十分硬化した後，すべてのボルトの張力がほぼ均等になるように締め付ける．導入軸力や締付け方法に特記のある場合はそれによるが，特に指定のない場合は，均等な締付けを確実にするため，次の手順でナット回転法により締め付ける．

スパナやレンチで一次締め → マーキング → 二次締めでナットを30°回転

アンカーボルトのナットは，柱脚露出の場合は二重ナットとし，コンクリートに埋め込まれる場合は一重ナットとする方法が一般的である．

4.5.8 アンカーボルトをアンボンド形式とした露出固定柱脚における管理フローの事例

柱脚に要求される耐力と剛性は，施工条件によって影響を受けるので，ここでアンカーボルトをアンボンド形式とした固定度の高い露出形柱脚を対象として，工事現場における管理の事例を紹介する．

なお，本例ではアンカーボルトの据付け精度を確保するためアンカーフレームを用い，かつアンカーボルトには定着金物を用いるものとする．

（1） 施工品質を確保するためのポイント

図 4.5.14 は，本事例が対象とする柱脚が曲げ応力を受けたときの各部の反力を模式的に示したものである．これに基づいて施工上のポイントを述べる．

a) コンクリート・モルタルの強度とベースプレート下面の密着

　柱脚に圧縮力 N が加わると，モルタルを介して基礎コンクリートには圧縮反力が作用する．その分布は，モルタルがベースプレートに密着していれば滑らかな分布となるが，凹凸があれば局部的な支圧破壊を生じやすい．

　・施工上の注意：基礎コンクリートの圧縮耐力を評価して設計されているので，モルタルの強度も基礎コンクリートと同等以上とし，ベースプレート下面に密着することが必要である．

b) はしあき e と配筋

　曲げ応力 M が大きくなると，コンクリートからの圧縮反力は局部支圧状態になる．この場合，コンクリートの強度不足や，ベースプレートからの端あき e が不足すると，コンクリートの支圧破壊や貝殻状の破壊を生じて，柱脚の曲げ耐力が急速に低下する．

　・施工上の注意：基礎立上がり部は，主筋のほか，帯筋が所定の位置になければならない．また，端あき e は通常 25 mm 以上，かつモルタル塗厚さ a 以上が必要である．

c) アンカーボルトの材質

　圧縮側のモルタル・コンクリートが所定の耐力を有していることと同時に，アンカーボルトの定着性能も要求される．すなわち，柱脚が十分な変形能力をもつためには，終局状態までモルタル・コンクリートが破壊せず，アンカーボルトの軸部が降伏状態になることが必要である．埋め込まれたアンカーボルトの伸び能力を確保するためには，図 4.5.15 に示すように引張力に対して最初にねじ部が降伏し，次いでひずみ硬化の過程を経てボルト軸部が降伏しなければならない．また，ボルトの軸部が降伏する前にねじ部が破断しないことが必要である．ねじ部の破断が軸部の降伏より先行すると，この柱脚の変形能力は失われる〔本会編「鋼構造柱脚設計施工ガイドブック」参照〕．

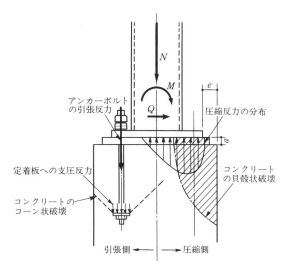

図 4.5.14　柱脚の応力伝達機構

・施工上の注意：アンカーボルトの材質は降伏点/引張強度（降伏比）が，ねじ部有効断面積/軸断面積の値（≒0.8）より小さくなければならない．

d) アンカーボルトの埋込み深さと定着端

アンカーボルトの引抜きに対するコンクリートの抵抗力は，本会編「各種合成構造設計指針」に示すように，アンカーボルト先端を頂部とするコーン状の破壊を想定した耐力である．したがって，アンカーボルト軸部の降伏耐力以上の抜出し抵抗力をもたせるため，埋込み深さ L および定着板の大きさと，それに接するコンクリートの支圧耐力を確保することが設計図書に指定してあるので注意する．

・施工上の注意：本例のように，アンカーボルトがアンボンド形式の場合，コンクリートの定着性能を確実にするための管理のポイントは，アンカーボルトの埋込み深さ L，コンクリートの強度，および定着板の大きさと厚さである．

e) アンカーボルトに対する張力導入と台直し

露出形固定柱脚は，設計にあたり固定度を考慮した応力解析を行う．したがって，アンカーボルトの締付けに「ゆるみ」があったり，軸部を局部的に曲げ矯正したものは，ボルトが引張性能を発揮するまでに柱脚に大きい回転変形が生じ，構造計算の仮定をくつがえす結果となる．

・施工上の注意：初期ゆるみを防ぐため，アンカーボルトに張力を導入することが効果的である．アンカーボルトの据付け精度が悪い場合，補正することはきわめて困難である．そこでやむを得ずベースプレート側の孔を修正するなどの方法をとらざるを得ない〔図 4.5.12 (b)参照〕．このようなことを未然に防ぐために，本例ではアンカーボルトの据付けにあたり，アンカーフレームを設けている．

f) 柱脚の施工条件が力学的性能に与える影響

柱脚の力学的性能は，柱脚に加わる曲げモーメント M とベースプレートの回転角 R との関係で示すことができる．

図 4.5.15 は，設計者が意図する M–R 関係で塑性変形能力が十分確保できた状態を示す．

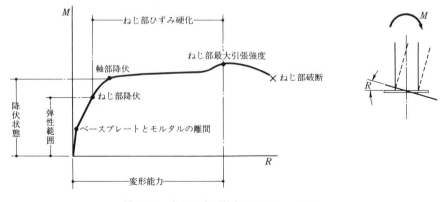

図 4.5.15 柱脚の変形能力とアンカーボルト

（2） 施工管理フローの例

以上述べたように，露出形柱脚の性能は施工に依存するところが大きい．したがって，工事現場では作業のステップごとに管理項目とその水準をあらかじめ決めておき，プロセスで管理することが望ましい．表4.5.4は，施工順序に従って管理項目と管理水準を示した例である．

表4.5.4 露出形固定柱脚管理フローの例

作業フロー	管理項目（点検点）	管理水準
アンカーボルト設置	埋込み精度（平面） 埋込み精度（レベル） アンカーボルトねじ部の養生 アンカーフレームの捨コンへの定着 アンカーボルトのアンボンド処理	柱心±1mm ボルト位置±1mm 基準高さより±3mm
基礎，基礎梁配筋	アンカーフレーム・ボルトと鉄筋の接触防止	
コンクリート打設	アンカーフレーム・ボルトとバイブレータの接触防止 打上がりレベル アンカーボルトの埋込み精度	柱心±1mm ボルト位置±3mm
ベースプレート下面のモルタルの施工（中心塗り部分のみ）	目荒し レベルの精度 モルタルの施工後建方までの経過日数	基準高さより±3mm 最低2日（5℃以上に保つ）
鉄骨建方	柱の倒れ	$e \leq (H/1000)$ かつ $e \leq 10$mm
後詰めモルタルの施工	無収縮モルタルの確認 表面の清掃 充填の確認 アンカーボルト本締めまでの経過日数	ベースプレート下端+10mm 最低3日（5℃以上に保つ）
アンカーボルト締付け	マーキング 締付け順序	
終了	本締め角度	±10°

4.6 ベースモルタルの施工と検査

4.6.1 ベースモルタルの要求品質

4.5.1で述べたベースモルタルの力学的性能を満たすための要求品質は,
（1） 構造体として必要な圧縮耐力があること
（2） 建方時に必要な圧縮耐力があること
（3） ベースプレートと密着していること
（4） 基礎コンクリートと密着していること
である．また，ベースプレートの高さを確定する基準となるので
（5） 上端の高さ精度を確保すること
が求められる．その他に生産性に関連する要求品質は
（6） 建入れ直しに支障のないこと
（7） 経済性を考慮すること
である．

4.6.2 ベースモルタル設置方法の計画

前項の要求品質を満たすベースモルタルの一般的な工法としては次の3つがあげられる．
（1） 後詰め中心塗り工法〔図4.6.1(a)〕
（2） 全面後詰め工法〔図4.6.1(b)〕
（3） 全面塗り仕上げ工法〔図4.6.1(c)〕

それぞれの工法の例を図4.6.1に示す．一般的なベースモルタル設置方法としては(a)後詰め中心塗り工法が採用されることが多く，間柱などの付属鉄骨を組み立てる際に(b)全面後詰め工法，(c)全面

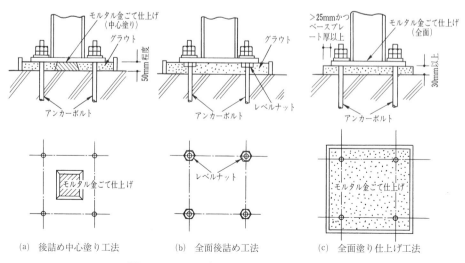

(a) 後詰め中心塗り工法　　(b) 全面後詰め工法　　(c) 全面塗り仕上げ工法

図4.6.1 ベースプレート下面のモルタル工法

塗り仕上げ工法を採用することがある．

(1) 後詰め中心塗り工法

この工法は，ベースプレートの据付けレベルを確保し，建方中の荷重を支持する目的で，ベースプレート下面の中央部がタッチするよう部分的にならしモルタル（通称"まんじゅう"）を施工し，建方完了後に中心部モルタルの周辺に側面からモルタルを充填し，ベースプレート下面と基礎コンクリートを密着一体化させる方法である．この工法は，ベースプレートの面積が大きく全面を密着させることが困難な場合，また一般には建入れの調整を容易にするために広く使われている．

ベースモルタルの厚さは 30〜50 mm が適切である．中心塗り部分の形状・寸法は，既往の実績によれば 200 mm 角以上または 200 mmφ 以上が適切であり，建方中に柱脚に作用する応力に見合うものとする．また，後詰めモルタルは無収縮性のモルタルを使用し，ベースプレート下面の全面に行き渡るように施工する．

(2) 全面後詰め工法

この工法は，建方荷重の支持および据付けレベル調整を鋼製ピースまたは受けナットなどで行い，建方完了後にベースプレート下端の間げき全面にモルタルを充填し，密着させる工法である．建方荷重に対する支持鋼材の強度や剛性を十分検討して採用すべきである．また，この工法専用の荷重支持兼レベル調整可能な鍛造製品（基礎コンクリートに一部埋め込む）も市販されている．

ベースモルタルの厚さは，受けナットなどの厚さ以上かつ 50 mm 程度（後詰めモルタルの充填に必要な厚さ）とする．後詰めモルタルは無収縮性のモルタルを使用し，ベースプレート下面の全面に行き渡るように施工する．

(3) 全面塗仕上げ工法

この工法は，ベースプレート全面が密着できるよう，あらかじめモルタルを金ごてを用いて平滑に仕上げておき，ベースプレートを直接硬化したモルタル上にセットさせる方法である．ベースプレート下面を密着させるには，モルタルの平滑な仕上げとともにベースプレート自体が平滑でなければならない．しかし既往の実情調査によれば，モルタルの不陸の程度は，入念な仕上げで ± 3 mm 通常 ± 5 mm 程度の誤差の報告例があり，ベースプレートの平滑度は，± 2 mm 程度の誤差が報告されている．この工法は高い精度が要求されるが，実情を考慮すると採用には慎重な態度でのぞまなければならない．また，この工法ですき間が生じたときの対策をその程度に応じて検討しておく必要がある．やむを得ずすき間が生じた場合は，モルタル系グラウト材を圧入するのも一つの方法である．

4.6.3 建方に先立つベースモルタルの施工

(1) 材料と調合

一般的な建物では，モルタルは所定の圧縮耐力が得られるような材料と調合を計画する．砂と普通ポルトランドセメントを体積比で 2：1 の調合とし，水を適切に加え混練りする．極寒期においては早強セメントの使用も検討する．

（2） 高さマーキング

アンカーボルトにベースモルタル上端レベルをマーキングする方法があるが，一般にマーキング姿勢が悪くなりがちで誤差も大きく出やすい．モルタルを塗り付けながらレベルをみたほうが良い．中心塗りベースモルタルでは，天端レベル調整可能なベースモルタル専用鋼製型枠も市販されている．

（3） モルタルの塗付け

基礎コンクリートのレイタンス等を清掃，目荒らしの後，ベースプレートの中心となる位置にモルタルを塗り付ける．

（4） 養　　生

建方開始まで衝撃を与えない．寒冷期には凍結を防ぐためシート等で覆う．

養生期間は，建方時にベースモルタルに想定される圧縮応力度により異なるが，通常3日間以上でよい．

4.6.4　ベースモルタル精度の検査

ベースモルタル硬化後，レベルを用い上面を計測する．計測点は，ベースモルタルの大きさによるが，中心塗り工法では1点以上，全面塗り工法では4隅とし，補助として水準器で計測する〔図4.6.2〕．

判定基準は，JASS 6 付則6 付表5を参照のこと．限界許容差を超えたものは撤去し再施工する．

4.6.5　ベースプレート下の充填

硬練りモルタルを手作業で加圧充填する方法もあるが，外周鉄筋に妨げられ施工性が悪く，また充填確認が不可能であるので，グラウトすることを原則とする．

（1） 型枠の取付け

ベースプレート端部より25 mm以上かつベースプレート厚さ以上の余長を確認して，外周に型枠を取り付ける．型枠高さはベースプレート上端以上とする．上面にふたをしてホース圧入する場合は空気孔を設けるとともにほかにモルタルが流出しないよう堅固な型枠とする．

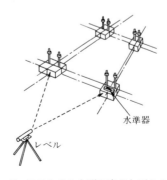

図4.6.2　ベースモルタル上面の高さと平たん度の計測

（2） 材料の調合

特に軽微な場合のほかは原則として，信頼性の高い無収縮性のプレミックスモルタルを用い，メーカーの仕様に従って加水混練りする．加水し過ぎると，ブリージングによりベースプレート下面にすき間が生じ所要の性能が発揮できなくなるので，水量はグラウトに支障のない軟度までとする．

（3） グラウトの施工

内部に空気がとじ込められないよう，一方向からグラウトする．外周部のモルタルが均一にベースプレート上端の高さに達すること，または圧入の場合は空気孔からのモルタルの流出により，充填完了を確認する．

4.7 免震・制振部材の取付け

免震・制振部材は高い製品精度で製造されているため，これらを鉄骨に取り付けるまではその扱いに十分注意する必要がある．ここでは，工場出荷から運搬，保管，取付け施工時に留意すべき事項を紹介する．また，取付け施工においては精度確保の観点から現場の対応だけでなく高い精度の工場加工が必要となる部分もあり，それについては「工場製作編」4.15節に示す．

4.7.1 運　　搬

運搬中の免震部材，制振部材には，振動および吊荷の上げ下ろしにより損傷を与えないように配慮しなければならない．

（1） 積層ゴム系支承

積層ゴム支承の揚重に際しては，ワイヤロープによる単独の吊下げを避け，免震部材にアンカープレートを取り付けた状態でアンカープレートにワイヤ掛けをして吊り下げ，免震部材表面に損傷を与えないように配慮する．

（2） すべり・転がり系支承

弾性すべり支承の積層ゴム部は四隅に仮固定治具を設けてすべり板上に固定する．また，直動転がり支承の運搬はブロックがレール上をすべらないようにアタッチメントを取り付けて固定した状態で行う．その際，表面に損傷を与え，レールの直角度・平行度等を損なうような力を加えないように注意する．

（3） ダンパー

粘性系ダンパーの運搬に際しては，ピンジョイントならびに防じんカバーを取り付けた状態で行う．その際，ダンパーの表面に損傷を与えないように，またロッド部分に無理な力を加えないように注意する．

4.7.2 保　　管

施工中の免震部材，制振部材およびその関連品が衝突，熱，水および化学物質の影響により品質および性能を低下することがないように，保管場所の選定には注意を払い，周囲の環境に合わせた

養生を施す．

なお，雨水等により免震ピット内に保管された免震部材が水没するとさびの原因となるため，天候に留意し，免震ピット内での保管ではかさ上げ設置を行い，ポンプアップによる貯留水低減を行うなどの対策を立てる必要がある．

(1) 積層ゴム系支承

積層ゴム系支承はゴムを主材料としており高温および衝撃によって損傷しやすいため，屋内保管を原則とし周辺では火気を使用しない．やむを得ず屋外に保管する場合は，落下物や車両による衝突の危険性のない場所に平坦な設置台を用意し，直射日光を避けるためにシート等で養生して保管する．また，周囲で溶接などの作業を行う場合は，火気に対する養生を確実に行う．さらに，作業中に物体の衝突が無いように養生保管する．

(2) すべり・転がり系支承

すべり・転がり系支承は，すべり材，金属製ベアリング部を傷めないように保管と養生に注意する必要がある．また，雨がかからないように露天状態を避けるための措置を講じる．

(3) ダンパー

免震部材および制振部材に用いられる履歴系ダンパーには，多少の衝撃でも傷がつき変形しやすいものがあり，衝撃に対して十分な仕様で養生し保管する必要がある．

粘性系ダンパーの保管は，屋内保管を原則とする．屋外で保管する場合は，落下物や車両による衝突の危険性のない場所に平坦な設置台を用意し，シート等で養生する．また，長期間にわたって高温にしないこと，油・薬品に汚染させないことおよび火気の使用に注意する必要がある．

スパッタ，コンクリートのダレ，物体の衝突などが予想される作業環境での保管はしっかりした養生が必要である．特に取付け前，取付け後においてピストンロッド部は注意が必要である．また，夏場の直射日光による高温状態を避けるため直射日光があたらないように保管すべきダンパーもある．

粘弾性制振ブレースは，初期のせん断変形が生じるおそれがあるため斜め置き，水平置きは好ましくない．風揺れ対策の粘弾性体は小さな変形でもせん断ひずみが大きくなり，制振部材としての性能へ与える影響度が大きい．そのため，あらかじめメーカー，設計者，施工者により運搬，保管，吊上げ，取付けの各段階で十分な打合せが必要である．

粘性制振壁は，斜め置き，水平置きにすると粘性体がこぼれるため，製品は立てたままの状態で保持する必要がある．また，スパッタ，コンクリートのダレ，物体の衝突などが予想される作業環境での保管はしっかりした養生が必要となる．粘性体貯留部分に取り付く上部カバーは，水，ごみ等の進入を防ぐために設けられているものであり，取付け施工中においても取外し禁止であることに留意が必要である．

4.7.3 取付け施工

施工者は，免震または制振工事施工計画書を作成し，適切な施工手順に従って免震部材，制振部材および取付け部位の施工を行う必要がある．それらの留意点を以下に示す．

(1) 免震部材

a) 積層ゴム系支承材,すべり・転がり系支承材は,上下のプレートを拘束しておかないと施工時に免震部材が変形し,建方精度に支障をきたすおそれがあるため,写真4.7.1に示すように免震部材に変形を与えないよう拘束材が必要である.

また,下部が鉄骨造の中間層免震で免震部材を鉄骨に直接設置する場合,上下の鉄骨建方精度が低いと建方精度を確保しようとして免震部材に無理な変形を与えてしまう場合がある.特に大梁が溶接接合の場合は,溶接による変位が生じるので注意が必要である.

(a) 積層ゴム支承

(b) すべり支承　　　(c) 転がり支承

写真 4.7.1 主要な支承材の変形拘束の例

b) 免震支承材は,設置後すぐに本締めまで行うと鉄骨建方,スラブ打設および外壁の取付けに従い,支承材に荷重がかかりボルトが緩むため,締直しを行う必要がある.

(2) 制振部材

a) 制振部材であるブレース型ダンパー(粘性,粘弾性,履歴系)の取付けに際しては,特に履歴系ダンパーについて注意が必要である.ダンパーを先行して取り付けてしまうと上層階の建方,スラブの打設による柱,梁の変形が,履歴ダンパーの初期変形として加わり所定の性能が発揮されにくくなることが懸念される.そのため,取付けのタイミングは鉄骨建方時ではなく,スラブ打設,外壁取付け後とすることが望ましい.また,やむを得ず制振部材を先行して取り付ける場合は,設計者と協議して取付けのタイミングを決める必要があるが,その際に,建方によって生じる先行荷重を考慮した変形や応力の検証を行うことが望ましい.なお,制振部材端部のガセットプレート周辺でスラブを打設する際は,先付け後付けに関わらず箱抜きして対処する必要がある.

b) 粘弾性ダンパーの吊上げに際しては,ダンパー自重により粘弾性体が変形する場合があるため,これを避けるための吊上げ用のピースを用意するか,梁と地組みした状態で揚重するなどの適切な方法を選択する必要がある.

c) オイルダンパー設置時にピン接合部がスラブと干渉すると可動部に支障を与えるおそれがあるため,コンクリート打設にあたっては接合部周囲を箱抜きして対処する必要がある.

d) 耐火被覆を吹き付ける際に,オイルダンパーのピン接合部へ耐火被覆を吹き付けると,ピン接合部のすき間を埋めてしまい可動部の挙動に支障を与える.これを避けるためピン接

合部には吹付けをしないように注意が必要である．

4.7.4 精度管理

　免震，制振部材の種類は多種多様であり，取付け部の形態についても同様である．例えば，シリンダー型の粘性系ダンパーのように一般部材より取付け精度に対して融通がきく種類のものもあれば，粘性制振壁や鋼板制振壁のように鉄骨フレームとの接合長さが長いため，多数のボルト孔の精度を同時に確保することが困難となる場合もある．免震部材と鉄骨ベースプレートが直接取り合う場合も同様である．また低降伏点鋼などの履歴ダンパーは一般に建方時に初期応力を負担することを前提としないため，通常の鉄骨建方に伴う精度確保に加えて，建方中の軸変形を回避するための対応が求められる．ここではこれらの精度確保のために行う方法として，ボルト接合部の「拡大孔」と接合面の「フェーシング」を紹介する．

　（1）拡　大　孔

　建方時に免震，制振部材を取り付ける際の誤差を吸収する方法には，①工事現場溶接，②スプライスプレートの取換え，③拡大孔の選択肢がある．①工事現場溶接の場合，完全溶込み溶接ではルートギャップに幅を持たせることで，また隅肉溶接では板の重ね代に幅を持たせることで寸法誤差を吸収することができる．この方法では，溶接による熱ひずみの影響があるとともに溶接作業環境，溶接姿勢に品質が左右されるので管理コストがかかる傾向にある．②スプライスプレート取換えは，誤差吸収のための措置として技術的な課題はないが，その効果がボルト孔位置の計測精度に依存することと，多種類のスプライスプレートを用意して建方時に合わせながらハンドリングしなくてはならないという，現場効率の悪さが問題となる．

　これに対して拡大孔は，①②の両者の欠点を補い，良好な施工性と安定した品質確保を両立させる選択肢となる．拡大孔は，「工場製作編」4.9.7「拡大孔」でも示したように本会編「鋼構造接合部設計指針」における高力ボルト接合部の耐力低減係数を用いることで技術的には使用可能である．ただし，拡大孔を用いた接合部耐力は低減されるので標準的な場合よりボルト本数が多くなることや設計時に大臣認定を受けることが必要である．現在，拡大孔は一般の確認申請では認められてないが，性能評価を受けて大臣認定を得ることにより使うことができるので，免震・制振部材を使用する建物には有効な選択肢となる．

　拡大孔を適用する場合の適用条件として，注意することがあるため「工場製作編」4.9.7「拡大孔」を参照して頂きたい．なお，拡大孔の加工法については「工場製作編」4.9「孔あけ加工」を参照するとよい．

　拡大孔の適用によって，建方時の精度確保の観点で期待される効果が高いため，免震・制振部材で，真円孔，スロット孔が用いられる可能性がある．実用的にはねじの呼びはM 22以下が一般的であるので，拡大孔の直径は$d+3$ mmもしくは$d+4$ mm，スロット孔の長さは$d+6$ mmを選択肢として考えることになる．現行のJASS 6で許容される精度で製作された鉄骨に対して，実用上，有効かつ必要な拡大孔の大きさの検討例を対角方向に設置されるブラケット形式のブレース〔図4.7.1〕および鋼板制振壁〔図4.7.2〕として示す．

a） 制振ブレースの例

　対角方向に設置されるブラケット形式のブレースを対象に接合部に設ける真円の拡大孔の大きさの検討例を図4.7.1に示す．この場合，個々の部位におけるJASS 6の管理許容値を累積すると，柱心心間距離（スパン）は最大±9 mm，階高は最大±3 mmの誤差が生じうる．スパン7 m，階高4 mと仮定すると，これらの誤差により対角寸法の変動は±9.3 mmとなる．これに対してブレース長さの製作誤差は最大±9 mm許容されている．その結果，ブレースの設置に際して生じうる製作寸法と対角寸法の差は最大±18.3 mmとなる．実際は誤差が大きくなる方向にばかり累積する可能性は低いので，想定する誤差としてその平均値をとるとブレースの組立誤差は±18.3/2≒±9 mmとなる．標準孔の場合，ブラケットとの接合部1か所で吸収可能な誤差は±(1+1)×2＝±4 mmであるからブレース全体で±8 mmとなる．したがってブレース回りの製作誤差を標準孔で吸収できない可能性があることになる．ここで，添板に標準孔を用い，母材に$d+4$ mmの拡大孔を用いると，接合部1か所で吸収可能な誤差は±(1+2)×2＝±6 mmとなり，ブレース全体では±6×2＝±12 mmまで対応できるので，誤差吸収に有効であると考えられる．

　このような例は履歴ダンパーなどによく見られ，真円の拡大孔で対応可能と考えられる．

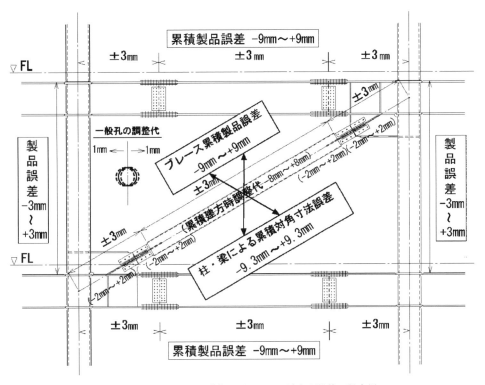

図4.7.1　ブラケット形式のブレースに対する誤差の設定例

b) 鋼板制振壁の例

鋼板制振壁の接合部における高力ボルト摩擦接合部のスロット孔の設定例を図 4.7.2 に示す．主体骨組は角形鋼管柱と H 形鋼梁で構成され，柱梁接合部は工場溶接形式でブラケットが設けられ，梁中央部との継手は高力ボルト接合が用いられている．

鋼板制振壁の上下の辺と鉄骨大梁との接合部は M 22 高力ボルトの 2 面摩擦接合により，ガセットプレート側にスロット孔を設けている．左右辺と柱との接合部は M 22 高力ボルト 1 面摩擦接合により壁および柱のガセットプレート側にスロット孔を設けている．これらのスロット孔の大きさを，寸法精度に関する管理許容差を考慮して決める方法として以下のように考えることができる．

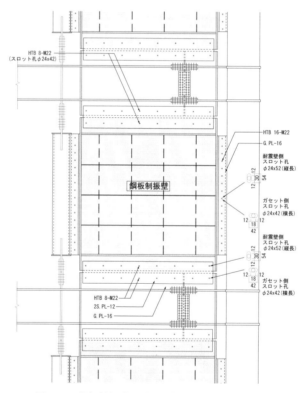

図 4.7.2 鋼板制振壁に対する短スロット孔の設定例

① 鋼板制振壁側ガセットプレートのスロット孔

柱際に配置したボルト孔は，通常の孔径 24 mm よりも鉛直方向に 18 mm 大きい，長さ 42 mm のスロット孔としている．その設定に際しては，層間に生じる以下の誤差を考慮している．

①-1 階高の誤差吸収用（6 mm）：柱部材の長さの管理許容差は ± 3 mm である．

①-2 仕口部角度の誤差吸収用（6 mm）：製品寸法精度で，仕口への梁ブラケットの取付け角度の管理許容差は，鉛直方向に最大 1/300 かつブラケット端での鉛直方向 3 mm 以

下である．柱面からのブラケット長さを 1 200 mm とした場合，仕口部の角度の管理許容差は，$e_1=L/300=1\,200/300=4$ mm かつ 3 mm 以下であるため，最大で ±3 mm の誤差が生じる可能性がある．

①-3 鋼板制振壁の誤差吸収用（6 mm）：鋼板制振壁の高さの管理許容差は ±3 mm である．よって，すべての誤差が累積すると最大 6 mm＋6 mm＋6 mm＝18 mm となる．この誤差を吸収するためのスロット孔として，24 mm＋18 mm＝42 mm を設定している．

② 梁側ガセットプレートのスロット孔

水平方向に 36 mm のスロット孔とし，通常の孔径 24 mm よりも 12 mm 大きく設定して水平方向の誤差を吸収する．

②-1 梁の長さの誤差吸収用（3 mm）：梁中央部の長さ（梁両端第 1 ボルト孔心間距離）の管理許容差は ±3 mm である．

②-2 仕口長さの誤差吸収用（6 mm）：仕口長さの管理許容差は ±3 mm であり，両端の仕口長さの許容差の合計は ±6 mm となる．

②-3 鋼板制振壁の誤差吸収用（3 mm）：鋼板制振壁の長さの管理許容差は，±3 mm 以下である．よって，すべての誤差が累積すると最大 3 mm＋6 mm＋3 mm＝12 mm となる．この誤差を吸収するためのスロット孔として 24 mm＋12 mm＝36 mm を設定している．

このような鋼板制振壁は，平面的に多数のボルトが配置されるため，母材とガセットプレートで互いに直交するスロット孔を組み合わせて鉛直・水平 2 方向の建方精度調整を行うことが有用である．ただし真円孔の加工はドリルを用いれば容易であるが，スロット孔については加工面で留意すべき点があるので，「工場製作編」4.9「孔あけ加工」を参照されたい．

(2) フェーシング

鉄骨柱と免震部材を接合する際，上部構造の柱脚ベースプレートを免震部材のフランジプレートに直接接続することとなるため，プレートの平たん度，建方精度などが重要となる．プレートが平たんでなければプレート間に隙間が生じ，柱軸力が均一に免震部材に作用せず局所的に大きな応力および免震部材に変形を生じさせ，免震部材の性能に支障をきたすおそれがある．また，傾きが大きければ柱の建方精度に影響を及ぼし，上部構造の建設に支障が生じる．図 4.7.3 は，鉄骨柱と柱脚ベースプレート周辺との接合に完全溶込み溶接を採用し，熱ひずみにより変形が生じた例である．

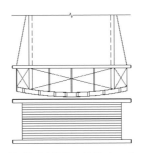

図 4.7.3　免震部材受け鉄骨の溶接時のプレートひずみ

高力ボルト摩擦接合または引張接合により接合する場合，このような状態のままボルト締めを行うとプレート間が密着されておらず摩擦力によるせん断力の伝達および引張力に対して，設計で求められる接合部耐力を発揮することが困難となる．これらの問題に対応するためには，ベースプレートの折れおよび凹凸の精度を保つだけでなく柱脚ベースプレートの表面にフェーシングを施すことにより平たん度を高めることも重要である．このような対応により，免震部材のプレートと鉄骨柱脚のプレートを密着させ，建方精度と確実な応力伝達および免震材の確実な性能確保に努めることが必要である．

4.8 鉄骨建方と建入れ直しの実施と検査

4.8.1 建方に求められる要求品質

工事現場施工における建方とは，工場で製作された製品あるいは地組された部材を逐次組み立てて本接合に至るまでの一連の作業を対象とする．

したがって，建方は鉄骨工事の工事現場施工の中でも骨組を形成するという意味でも重要な工程であり，次に示す目的を果たさなければならない．

（1） 本接合まで骨組として要求されている精度を確保する．
（2） 現場接合部の部材集結精度を確保する．
（3） 本接合が完結するまで外力に対して大変形や倒壊を防止する．
（4） 建方は，高所作業が伴う最も危険な作業になるので安全管理を徹底し，墜落・飛来・落下を防止する．
（5） 定められた工期・コストを厳守する．

鉄骨骨組は，建方と工事現場接合との一連の作業によって設計図書に示された品質と性能が具現化される．

骨組の精度は，製品精度，柱脚部の定着精度，建方精度および工事現場接合時の変形による精度の相関関係で決まるものである．建方時の精度は，製品精度・定着精度の制約を受ける．これらの精度は，建方精度の支配的要因になるので，多スパン多層の場合は，累積誤差を防止する上で製品精度のバラツキ・偏りを検討しておくことが望ましい．

現場接合部の部材集結精度は接合後の品質に大きな影響を与える．また，接合部の精度は建方精度と製品精度に制約される．建入れ直し時には，建方精度とともに接合部の精度も考慮して実施しなければならない．

また，建方順序が建入れ直し，ひいては建方精度にまで影響を与えるので注意し，次工程の関連工事に及ぼす影響が最小限となるようにしなければならない．鉄骨構造ではカーテンウォールの取付け，鉄骨鉄筋コンクリートの構造では，鉄筋のかぶり厚さに支障がないようにその精度を確保しなければならない．特に，鉄筋のかぶり厚さは建物の耐久性に影響を与え，さらに，安全性の確保にも重要である．鉄骨骨組の工事中の不慮の倒壊は，一般に事故の規模が大きく，作業員の災害だけでなく近隣や一般の第三者まで巻き込むおそれがあるので，社会的な影響と当該工事への影響は

計り知れないものである．また，作業中における墜落・飛来・落下などの事故の場合も同様である．工期・コストの管理にもまして，特にこの安全管理と品質管理の両者が満足されることが，建方におけるポイントである．

(1) 建方精度

品質管理上，関連の深い建方精度について概要を説明する．

鉄骨骨組の現場接合完了後の最終的な形状精度は，JASS 6 付則 6 付表 5 に示すとおりである．

建方精度と現場接合後の骨組精度は，溶接による収縮や建入れ直しワイヤを取り外したときの鉄骨のもどりなどにより異なってくるので，工事の内容によっては建方精度の許容差を同基準の値より厳しいものにするとよい．

また同基準に示す許容差は，中低層ビルを対象とした一つの標準であって，どんな建物に対してもこの値で規定するものではない．骨組精度の決定に関連する要素を以下に述べ，この基準の適正な運用に供したい．

a) 次 工 程

鉄骨工事の次工事，例えばカーテンウォール工事・仕上げ工事などを円滑に進めることができるように精度を確保する必要がある．次工程に工場製品を使用する場合は，この製品精度を考慮しなければならない．しかし，鉄骨鉄筋コンクリート構造のように現場打ちコンクリート工事，あるいは施工上の逃げのきく左官工事などに移行する場合は，各部位の精度の許容差は実情に応じて JASS 6 付則 6 付表 5 より緩和する処置をしても問題は生じない．

b) 建物の用途・機能

体育館やボーリング場の床のように，その使用目的から高い精度の仕上がりを要求する場合がある．また，エレベーター・天井クレーンなど建物に直接設備機器を設置するときは，これらの機器の運転に支障があってはならない．これらに関連する精度に関しては，メーカーの指示する値を採用する．ここに参考として（一社）日本クレーン協会「改訂増補天井クレーン点検基準」に定めた許容差を表 4.8.1 に示す．

表 4.8.1 天井クレーンのランウェイレール設置時の許容差〔(一社) 日本クレーン協会より〕

レールスパン	25 m 未満	±10 mm
	25～40 m	±15 mm
両レールの水平差		スパンの 1/500
ランウェイレールの勾配		1/500

c) 視 覚

建物各部の変形が視覚上感知できる限度は個人差があり，また，仕上げ材の形状・材質によって変わるので，具体的に基準を与えることができない．また，この基準には，鉄骨骨組を対象としているので各許容差に視覚の要素が入っていない．

鉄骨が現しで意匠上のポイントとなる場合は，視覚の要素を考慮する．

(2) 接合部の精度

高力ボルト接合部および工事現場溶接接合部の部材集結精度はJASS 6 付則6 付表1，2に示すとおりである．

4.8.2 建方準備

(1) 作業に対する事前打合せ

計画と準備が整ったのち，建方作業に対して十分な事前打合せを行って正しい安全作業のルールを決め，それを確実に実行させるよう日常の管理運営に努める．

建方作業は熟練技術者のチームワークによって行わなければならないので，作業員相互の連帯を深めるため関係者（作業所長・鉄骨担当技術者・とび（鳶）工・かじ（鍛冶）工・オペレータほか）の間で建方作業が開始される数日前に次の打合せを行う．

a) 建方計画と工程

作業所長および担当技術者は，建方の方法・順序・仮設設備など，計画の主旨と作業工程を関係作業員に徹底させる．また計画どおり作業が開始され，かつ順調に進行するよう作業員責任者の意見も尊重し，事前にその障害があれば除去・解決しておかなければならない．

b) 指揮命令系統・作業手配

作業所長を頂点とし，作業員の末端に至るまでの組織と連絡系統を確認し，併せて緊急災害時の対策・組織も含めて相互に確認する．また作業手配の打合せ方法，手配書の発行，安全指示事項の伝達および復命の仕方などについても明確にしておく．

c) 鉄骨および諸資材搬入の連絡方法

建方順序によって決まる鉄骨の運送手配，およびこれに関連する仮設材・機械などの入場手配の方法・ルート・時間について関係者間で申合せをしておく．

d) 作業上の心構え，機械工具などの取扱い方法

作業は安全法規にのっとり，無理のない，余裕をもった行動で行うべきこと，また使用機械の能力など，使用上の注意事項，さらに工具類の取扱い・保管方法などについて相互に確認し合う．特に第三者災害につながる危険作業や不注意な機械の取扱いについては，具体例をあげて厳重な注意を払う．

e) 合図の方法

安全作業基準などによる統一された方法を明示して確認する〔付6〕．

f) 荒天・雨天に伴う処置

強風・雨天，または雨天あけ・降雪の場合の作業中止の連絡方法，およびそれに伴う鉄骨・諸資材の搬入延期と調整の連絡方法について申し合わせておき，混乱しないようにする．

g) その他

① 作業員の資格，免許証の有無および携帯を確認し，控えを提出させる．

② 詰所の割当て，自主的な詰所使用のルールなどについて，また近隣・第三者に対する注

意事項，そのほか作業所内における遵守事項について指示する．
(2) 建方当日の連絡指示
建方作業当日は，連絡指示を的確に行い，建方作業の管理を行う．

4.8.3 搬入・受入れ・仕分け

製品の受入れに際しては，工場からの送り状と照合して数量・形状を検査するのはもちろん，製品，仮設材料およびデッキプレートなども含めて，荷卸しと荷さばき用のスペース，重機と作業メンバーを計画しておかなければならない．限られたスペースと重機と作業メンバーで機動力を発揮するためには，図4.8.1の連携を円滑に運ぶことが大切となる．

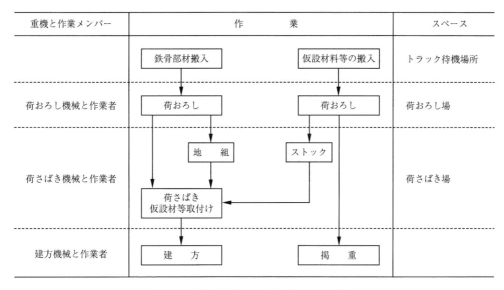

図 4.8.1 搬入・荷おろし・荷さばきの流れ

(1) 搬　　入

鉄骨工事担当技術者は，鉄骨製作工場に1日の建方区域，建方順序および期日を明確に指示する．特に市街地工事では，部材の搬入順序とトラック待機場所の指示も大切となる．

指示内容をもとに鉄骨製作工場では，車種・荷姿・車台数などの検討が行われた上で，輸送計画書が作成される．なお，柱の荷姿については，柱頭の向きおよび柱面の向きを決定することにより荷おろし機械の能力と配置が決まる．重量の大きい部材は，荷おろし用の吊りピースをあらかじめその面に取り付けておく．

(2) 荷おろし

現場内で荷おろしを行うことが望ましいが，やむを得ず道路上で荷おろししなければならない場合は，所轄の警察から道路使用許可証を得るとともに誘導員を配置し，通行人と通行車両の誘導にあたらせる．トラック等に柱を2段積みの場合は特に荷おろし作業には注意をはかりたい〔図4.8.2〕．

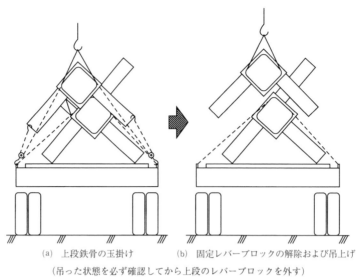

(a) 上段鉄骨の玉掛け　　(b) 固定レバーブロックの解除および吊上げ

(吊った状態を必ず確認してから上段のレバーブロックを外す)

図 4.8.2　柱2段積みの荷おろし方法

（3）荷さばき

　a) 建方順序に従い製品を仕分けし集積する．その際，部材の検査や仮設材等取付けのために，個々の部材に接近できる通路を確保する．

　b) 梁せいのある部材や重層に並べる場合は，倒壊防止処置をする．

　c) 万一，部材に損傷・ねじれ・曲がりなどを発見した場合は，建方に先立ち修正する．考えられる損傷については，あらかじめ検討を加え，予防対策とともに発見した場合の処置要領を決めておく．

　d) 建方に必要な仮設材などを取り付けた部材は，建方用機械の作業半径内にセットする．

（4）仮設材等の取付け

　a) 柱部材

　　柱建方前に以下のような仮設材等をセットする〔図 4.8.3 参照〕．

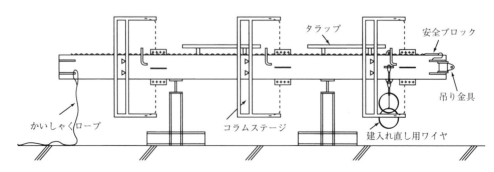

図 4.8.3　柱部材の建方準備の例

① 柱吊込み用ピース
② 安全ブロック
③ 補強用兼建入れ直し用ワイヤ
④ かいしゃくロープ
⑤ ノンブラケット柱の場合の梁取付け用足場
⑥ ブラケット付き柱の場合の梁接合足場用吊枠
⑦ 外周柱の場合の柱接合用足場
⑧ タラップ

b) 梁部材

梁部材建方前に以下のような仮設材等をセットする〔図 4.8.4 参照〕.
① 親綱および親綱取付け用治具類
② 柱・梁接合用仮ボルト袋（所要数の仮ボルトを投入）
③ スプライスプレート（建方しやすい形状にセット）
④ かいしゃくロープ
⑤ 吊枠足場と安全ネット
⑥ 垂直養生ネット

(5) 地　組

a) 地組は，輸送ブロック寸法の限度を超えた部材に関してそれを工事現場で集積する場合と，複雑な小物群が多い場合に行われるが，いずれの場合にも吊荷の重心の位置の考慮，作業場所と使用クレーンの機動性を考慮する．

b) キャンバーをとる必要がある場合は，仮ボルト締付け時に各部の寸法を計測し，その後，本締めあるいは溶接完了時に再度，確認・検査を実施して，そのデータをほかの部材へ反映する．

c) また，吊上げに対して，吊位置による構造検討を行い，補強を要する場合はその撤去の方法と時期を検討する．

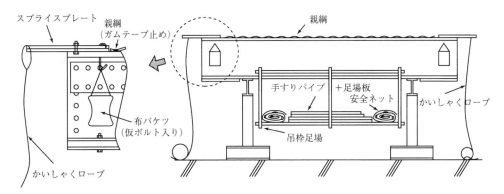

図 4.8.4　梁部材の建方準備の例

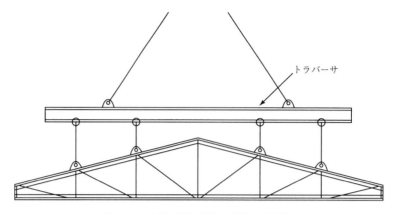

図 4.8.5　合掌小屋組部材の吊込み方法例

4.8.4　建方作業

建方におけるそれぞれの作業行動はすべて「安全」に裏づけられていなければならない．担当技術者は安全で正しい作業方法はどうあるべきかを知って日常の作業管理にあたり，さらにその安全作業が満足されるような設備と器具を事前に整え，作業の中でそれらが十分活用されるようにつねに心掛けなければならない．一般的な建方順序とその要点を表4.8.2に示し，その内容を以下に述べる．

（1）建方順序の厳守

搬入された鉄骨部材の入場順序がまちがっていても，建方作業の安全が確かめられなければ建方の順序を変えてはならない．

やむを得ず変更する場合は，部材の自立，クレーンブームの操作上の障害がないこと，墜落防止設備の完備などを確認してからにする．

（2）鉄骨ピース重量の掌握と確認

鉄骨ピース重量については事前に部材重量表によって明確にし，玉掛けにあたってそれぞれ確認させる．

（3）吊り治具類の選定

鉄骨の荷おろし，荷さばきおよび建方に用いるワイヤ・シャックル・吊り金具類はすべて，吊り荷の重量に見合った適正なものでなければならない．これら吊り治具類の種類と許容荷重，また吊り荷の形状重量に応じた吊り治具類の選定について以下に述べる．

　　a）ワイヤロープ

　　　ワイヤロープの規格はJIS G 3525に規定されており，24種類に区分されている．建方などの玉掛け用に使用されるものとしては，6×24の普通Sよりまたは普通Zより〔付4の図9〕のものが柔軟性があり，一般に使用されている．

　　　玉掛け用ワイヤロープは，「クレーン等安全規則」第213条により安全率は6以上と定められている．

表 4.8.2 建方順序と方法の要点

順序	作業指揮者	補助者	要点	備考
1	玉掛け信号合図	玉掛け信号補助	あらかじめ取り付けられたピースに，確実にシャックル止めする	玉掛けワイヤも決められた長さの一対を使用する
2	吊上げ信号合図	玉掛け信号合図中継・かいしゃく	地上 1.0 m の位置で一時荷の吊上げを停止し，荷の振れを止めて巻上げ信号の合図をする	荷が振れたり回転したりすると，ワイヤのより戻りの危険性，また建物などにあたる危険性がある
3	取付け位置付近での信号合図	取付け位置付近で待機信号合図中継・かいしゃく	安全帯のフックを，柱に付けた取込みタラップにかけて待機し，レシーバを使用し正確な合図をする	吊り梁の回転により，柱に衝突した場合，墜落のおそれが多分にある
4	取付け位置態勢に入る	他方の取付け位置態勢に入る	取付け位置に水平に静止させる	水平にさせないと，払い込みまたは落し込みが困難
5	信号合図位置に戻る	信号合図位置に戻り，信号合図を中継	全日本産業安全連合会の標準信号合図による	微動信号がわかりやすい
6	しの・ボール心などをボルト孔に差し込む	しの・ボール心などをボルト孔に差し込む	払込み側から，しの・ボール心などを入れて固定させる [注] スプライスプレートの取付け方の一例	反対側からだと梁が逃げてしまう
7	仮ボルトで仮締め	仮ボルトで仮締め	梁の片側端ボルト入れ，締付けは 2 名で行う．ボルトは孔数の 1/3 かつ 2 本以上	ボルト・ナット・ボール心・締付け工具などの落下防止を図る
8	信号合図	玉掛けワイヤ取外し	あらかじめ梁に付随して上げた親綱をセットし，それを使用して取り外しにくい	締付けボルトは，完全に締める．梁のずれ・転びなどで墜落するおそれがある

ワイヤロープの安全率 S は 4.8.1 式により求める．

$$S = \frac{T \cdot n}{W \cdot k} > 6 \tag{4.8.1}$$

ここに，S：安全率
T：ワイヤロープ切断荷重
n：ワイヤロープの掛け数

表 4.8.3 ロープ端末の止め方と効率

止 め 方	効 率
(a) 合金または亜鉛止め	100 %
(b) クリップ止め	80～85 %
(c) くさび止め	65～70 %
(d) シンブル付きスプライスまたはアイスプライス	75～90 %
(e) 圧縮止め	100 %

[注] ＊：(a)～(e)以外の止め方は，効率50 %以下

表 4.8.4 クリップの最小数

ロープの径（mm）	クリップの最小数
10 以下	3
11.2～20	4
22 ～26	5
28 ～36	6

W：吊荷の重量

k：吊角度によるワイヤロープ張力増加係数

ワイヤロープの許容重量表を付4の表3に示す．

安全率には，付4の表2に示す吊角度によるロープ張力増加係数も加味する．

b) ワイヤロープ端部

ロープの端末の止め方は各種の方法があるが，これらの止め方をした部分は，一般に切断荷重が低下する〔表4.8.3〕．

① 合金ソケット止め

最も確実な方法で適正に施工される場合は，ロープの切断荷重を100 %保持することができる．ワイヤロープメーカーに依頼するケースがほとんどである．

② クリップ止め

ワイヤロープのクリップ止めは，工事現場で作業ができることから最も広く用いられている方法である．ワイヤロープ径が32 mm以上は合金ソケット止めにすることが望ましい．ワイヤロープをクリップ止めする際には，次の諸点に注意する必要がある．

（ⅰ） クリップのサドルはワイヤロープの力のかかる側にあること．

（ⅱ） クリップの間隔はワイヤロープの径の6倍以上であること．

（ⅲ） クリップの数は表4.8.4の最小数以上にすること．

（ⅳ） ワイヤロープの荷重のかかった前後において，再度固く締め付けること．

（ⅴ） 安全のため，たびたび作業中締め付けること．特に補強用ロープ等として使用する場合は，ワイヤのずれを早期発見できるように，ワイヤロープの部分に色彩鮮明なペンキを帯状に塗っておき，定期的に点検を実施する．

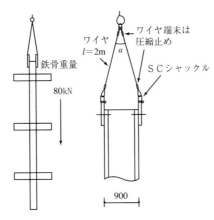

図 4.8.6 柱の吊込み例

(vi) シンブルを取り付けること.

c) シャックル

付4の図8および表1にシャックルの種類に応じた許容荷重を示す.

d) レンフロークランプ

付4の図1に,レンフロークランプ平吊用(ABA型)の定格荷重と,つかみ可能厚さを示す.なお,垂直吊用クランプは,建方には使用しない.

e) 柱用吊具の選定例

自重:80 kN の鉄骨柱を図4.8.6のように吊り込むとき,吊り治具の選定計算例を示す.

衝撃荷重等として,柱自重の30%を考慮する.

$W = 80 \times 1.3 = 104$ kN

ワイヤ1本にかかる引張力:T は

$$T = \frac{W}{2\cos(\alpha/2)} = \frac{104}{2 \times \frac{\sqrt{2^2 - 0.45^2}}{2}} = 53.3 \text{ kN}$$

安全係数は6なので,玉掛けワイヤの必要切断荷重は,

$T \times 6 = 53.3 \times 6 = 320$ kN

ワイヤ端末は圧縮止めなので表4.8.3より100%有効.したがってワイヤ単体の必要切断荷重は

$320/1 = 320$ kN

付4の表3より,320 kN以上の切断荷重を持つワイヤを選択すると

ワイヤ:φ28 mm(切断荷重333 kN)…………端末圧縮止め

付4の表1より,引張力53.3 kN以上の許容荷重を有するシャックルを選択すると

シャックル:SC 32(許容荷重60.8 kN)

表 4.8.5　ワイヤロープの使用制限

素線の切断	1より間において素線の数の10％以上が切断しているもの	
摩　　耗	直径の減少（摩耗）が公称径の7％以上になったとき	
キ ン ク	(1)　　　　　　(3) (2)　　　　　　(4)	
変　　形	著しい形くずれのあるもの 著しい腐食のあるもの	

（4）　吊り治具類使用時の留意点

　a）　点　　検

　　玉掛けワイヤ等は定期的な点検と使用直前の点検を励行させる．使用中に損傷したものは修理または破棄する．

　　ワイヤロープは「クレーン等安全規則」第215条によって表4.8.5の場合には使用が制限されている．

　　また，ワイヤロープ端部をクリップ止めする場合の点検方法は，前項（3）のb)で述べたとおりである．

　　レンフロークランプの点検方法は，付4を参照されたい．

　b）　その使用にあたっては，許容荷重を超えないよう，また，誤った使い方をしないよう留意する．

　c）　ワイヤ大まわしによる吊込みは，鉄骨の角でワイヤが傷つくので避ける．やむを得ぬ場合やわらで角を養生する．

　d）　ワイヤロープの1本吊りは次の理由で行ってはならない．

　　①　正しい重心がとりにくく，吊り上げた瞬間に荷が回転したり移動して危険

　　②　荷が偏ったとき縦につられ，吊荷が落下する．

　　③　目通し部分でロープが急角度に屈曲し，非常に大きな力が働きロープが切れるおそれがある．

（5）　玉掛け作業

　a）　玉掛けおよび仕分け作業の要点を付5の表によって把握し，作業者に対して各ステップの注意点を認識させ，日常作業を管理する．

　b）　信号・合図の励行

　　①　合図者には合図の方法だけでなく，玉掛け作業・クレーン運転方法についても十分な知

②　合図者にはクレーンの運転者から見やすく，また作業場所を確認しやすく，かつ安全な場所に位置させる．

③　合図者であることを遠方から容易に判別できるよう，固有の色の作業上衣を着用させるか，または保護帽にわかりやすい標識をつけさせることが望ましい．

④　つねに定められた合図方法によって明確な合図をさせる〔付6〕．

c）　かいしゃくロープの使用

寸法の長いもの，重量の大きいものは揚重の途中で回転しやすいので，かいしゃくロープを吊荷の端部に取り付けて回転を止めたり，また吊荷が他のものに当たらないように回転を与えるなどして安全作業の補助とする．

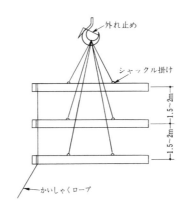

図 4.8.7　かいしゃくロープの取付け方法

(6)　柱 の 建 方

a）　吊込み柱脚部の作業

第1節柱については，かいしゃくロープなどを用いて鉄筋やアンカーボルトを傷めないよう吊り落ろし，下部コンクリート上の墨とベースプレートのけがきを合わせ，ねじれのないようセットする〔図4.8.8〕．セット後ただちに，アンカーボルト全数をレンチで均等に締め付ける．

倒壊防止のため，4方向に補強ワイヤを張ることを原則とするが，やむを得ず補強ワイヤが張れない方向には，その方向に倒壊しないように，例えば仮支柱を取り付けるなどの処置をする．

第2節以降の柱については，相手のスプライスプレートなどを傷めないよう吊り落ろし，仮ボルトを所要本数締め付ける．エレクションピースのボルトは全数を締め付ける．

b）　昇降および柱頭部の作業

昇降にあたっては，あらかじめ取り付けてある安全ブロックのフックを着用の安全帯D環に取り付け，昇降タラップや柱のタイプレートをつかんで昇降する．柱頭部では，昇降タ

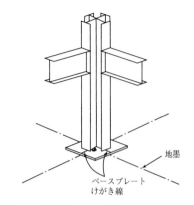

図 4.8.8 地墨とベースプレートけがきの一致

ラップ等に安全帯フックを取り付け,柱頭部の玉掛けワイヤを取り外す.また,あらかじめ巻き込んで取り付けられていた補強ワイヤの一端を下げおろす.

(7) 梁 の 建 方

a) 柱頭部昇降タラップなどに安全帯フックを取り付ける.
b) ブラケット付き柱の場合は,ブラケット上に騎乗姿勢をとって梁を取り込み,所要の仮ボルトを締め付ける.ノンブラケット柱の場合は,あらかじめセットされた足場上で梁取付けを行う.
c) 梁にあらかじめ仮止めされた親綱を柱間に張り渡す.
d) 安全帯フックを親綱にかけ直し,梁上を注意深く移動して吊具を取り外す.
　　梁上を移動せず,柱付きブラケット上にまたがったまま,梁の吊金具を取り外すことができるよう,トラバーサの使用を検討する〔図 4.8.9〕.

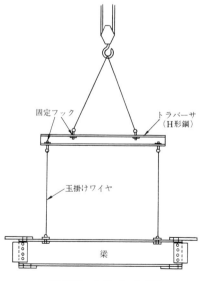

図 4.8.9 トラバーサの例

（8） 小梁の建方
   a） 大梁間の親綱に安全帯フックを取り付け，小梁取込み位置に移動する．
   b） 小梁の払い込み方向に留意して取り付け，所要の仮ボルトを締め付ける．
   c） 吊元は大梁に近いところとし，大梁上から小梁の吊具を取り外す〔図 4.8.10〕．または，図 4.8.9 のようなトラバーサを用いることも検討する．

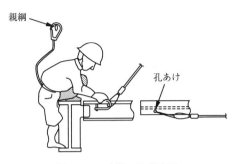

図 4.8.10　小梁の取付け例

（9） 補強ワイヤ張り
　建方直後の鉄骨軸組は，仮ボルトによってのみ架構の安全が保たれている．建方中のクレーンブームや吊荷の接触，または強風・突風などの予想外の外力に対して最低限の安全を確保するため一日の建方終了ごとに所定の補強ワイヤを張ることを作業員に厳守させる．

（10） 仮ボルト
   a） 仮ボルトの種類
　　　仮ボルトには，原則として本締めボルトと同軸径の JIS B 1180（六角ボルト）仕上げの程度中（中ボルト）および JIS B 1181（六角ナット）のセットを用いる．油などが付着しているものは，それを除去して使用する．溶接継手におけるエレクションピースなどに使用する仮ボルトは，高力ボルトとする．
　　　本締め用の高力ボルトを仮ボルトに兼用すると，本締めまでの期間にナット潤滑処理面やねじ山が湿気などで変質する危険性が高いので，建方当日に本締め作業が終了できるなど特別な場合を除き兼用してはならない．
   b） 仮ボルトの本数と配置
　　　JASS 6 によれば，仮ボルトの本数と配置は以下のとおりである．〔図 4.8.11, 図 4.8.12 参照〕．
　　① 高力ボルト継手では，ボルト 1 群に対して 1/3 程度かつ 2 本以上をウェブとフランジにバランスよく配置して締め付ける．
　　② 混用接合および併用継手では，ボルト 1 群に対して 1/2 程度かつ 2 本以上をバランスよく配置して締め付ける．
　　③ 溶接継手では，エレクションピースなどに使用する仮ボルトは全数締め付ける．

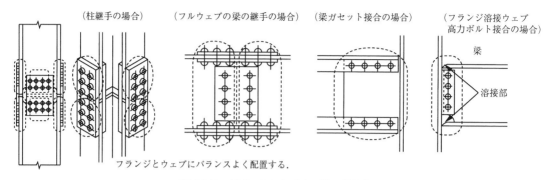

図 4.8.11 仮ボルトにおける一群の考え方

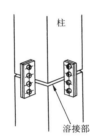

エレクションピースのボルトは全数高力ボルトで締め付ける

図 4.8.12 エレクションピースの仮ボルト

　　JASS 6は一般的な標準を示したものであり，工事ごとに計算などによって接合部耐力の安全性が確かめられれば，上記の値に規定されるものではない．また「～程度」とは，その数の仮ボルトでも耐力上不十分な場合もあり得るということである．

　　本指針では，前述の4.3項により強風や地震など想定される外力に対する接合部の応力を計算し，発生応力に必要な仮ボルトをとることとしている．

　　そのほかにもあらかじめ仮ボルトの本数と配置を決めておき，しかる後に，その接合部分の抵抗モーメントを求め，この値から骨組の水平耐力を求め，限界風速と対比してみるという方法もある．

　　このように接合部の耐力から逆算して，これを超える強風に対して仮設筋かいなどにより対処するのが現実的であろう．また，突風が予想される場合は，まず，建方を延期するなどの処置をするが，本締めまでの期間が長く，その間に突風のおそれがある場合は，筋かいを補強したり，ボルトの本数を増加するなどの緊急処置をとるのが良い．

c）　仮ボルト接合部の耐力算定例

　　仮ボルトの径・本数・配置による接合部の耐力を表4.8.6にあるタイプ区分を例にとり算定してみる．表4.8.7によく使われる仮ボルトの耐力および板材の支圧耐力を示す．ここでボルトの許容せん断力とスプライスプレートの許容支圧耐力の最小値が，仮ボルトの短期せん断耐力である．

表 4.8.6 建方時期・地域区分による仮締めボルトタイプ表（建設業協会編「鉄骨建方工事の施工指針」（1999 年）より）

ここでは、標準スパン（スパン数：3～4、スパン長さ：6m 前後）の建物について、建方月別・地域別に「仮締めボルトタイプ表」を示した。なお、次の①～⑤の場合には、別途検討しなければならない。

① スパン数が少ない建物
② 標準より大きいスパンの建物
③ 工場上家などの特殊な梁
④ 外壁シート張りなどによる特別な横荷重が考えられる場合
⑤ びょう建てによる建方

特別な条件のものについては、適用を制限すると同時に、通常の建物の場合でもスパン数が少ない場合には注意を要する。

(a) 梁（使用ボルト：M22，2面せん断）

建方時期	7～10 月				その他の月	
地域	I	II	III	IV	I, II, III, IV	
RF	1	1	1	1	1	
9F	1	1	1	1	1	
8F	1	1	1	1	1	
7F	2	1	1	1	1	
6F	2	2	1	1	1	
5F	3	2	2	1	2	
4F	4	3	2	2	2	
3F	5	4	3	2	2	
2F	5	5	5	3	3	

〔タイプ区分〕
1タイプ（上フランジ2本，ウェブ2本）　2タイプ（上フランジ2本，ウェブ3本）　3タイプ（上フランジ2本，ウェブ4本）　4タイプ（上・下フランジ各2本，ウェブ2本）　5タイプ（上・下フランジ各3本，ウェブ2本）

〔注〕ウェブボルトのうち上部2本のボルトは最上端に、また、上部群のものについては下部より詰めて挿入すること。

(b) 柱

	M20ボルトを使用する場合					M22ボルトを使用する場合				
建方時期	7～10 月				その他の月	7～10 月				その他の月
地域	I	II	III	IV	I, II, III, IV	I	II	III	IV	I, II, III, IV
9F										
8F					すべて1タイプ					すべて1タイプ
7F										
6F										
5F						1				
4F	2	1	1	1	1	2	1	1	1	1
3F	2	2	1	1	1	2	2	1	1	1
2F	2	2	2	1	1	2	2	2	1	1
1F	3	2	2	2	1					

〔タイプ区分〕
1タイプ（8-M20, M22 2本×4）　2本
2タイプ（12-M20, M22 3本×4）　3本
3タイプ（16-M20, M22 4本×4）　4本

（平面図）
（姿図）

表 4.8.7　ボルト耐力（4.6）および板材（400 N/mm² 級）の支圧耐力表（短期）

	許容せん断力 (kN/本)		許容支圧耐力（板厚）(kN)				
	1面せん断	2面せん断	6.0 mm	8.0 mm	9.0 mm	10.0 mm	12.0 mm
M 20	42.4	84.8	52.9	70.5	79.3	88.2	105
M 22	51.3	103	58.2	77.6	87.3	97.0	116

① 梁接合部：下フランジ仮ボルトなしの場合——1タイプ

（ⅰ）曲げモーメント：M は上フランジおよびウェブ上側の仮ボルト群とウェブ下側の仮ボルト群の偶力で負担する．偶力の腕の長さは，上下各ボルト群の図心間の距離とする．

（ⅱ）せん断力：Q は，ウェブ仮ボルトが負担する．

（ⅲ）したがって，ウェブ下側のボルトは，（ⅰ）で負担分の左右せん断力と（ⅱ）で負担分の上下のせん断力との合力：S_r を負担する．

図 4.8.13 について計算する．

ボルト M 20 → 84.8 kN/本

ウェブ PL 9 → 79.3 kN/本　よってウェブ下端ボルトのせん断耐力：79.3 kN/本（短期）

$$\therefore S_r = \sqrt{\left(\frac{Q}{2}\right)^2 + \left(\frac{M}{3/4 \times 55 \times 2}\right)^2} \leq 79.3 \text{ kN/本（応力中心間距離を「55 cm×3/4」とした）}$$

$Q=0$ とした時の抵抗モーメント M_0 は

$M_0 = 79.3 \times (3/4 \times 55 \times 2) = 6\,542 \text{ kN・cm} \to 65.4 \text{ kN・m}$

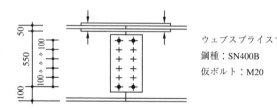

図 4.8.13　梁1タイプ（上フランジ2本，ウェブ2本）

② 梁接合部：上下フランジとウェブに仮ボルトをとった場合——4タイプ

（ⅰ）曲げモーメント M は，フランジボルトの左右へのせん断力で負担する．

（ⅱ）せん断力：Q は，ウェブボルトの上下へのせん断力で負担する．

図 4.8.14 について計算する．

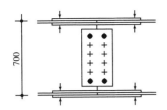

ウェブスプライスプレート：PL.9　　　　フランジスプライスプレート：PL.16

鋼種：SN400B　　　　　　　　　　鋼種：SN400B

仮ボルト：M20　　　　　　　　　　仮ボルト：M22

図 4.8.14　梁4タイプ（上下フランジ各2本，ウェブ2本）

ウェブ仮ボルトの耐力：79.3 kN/本 × 2本 = 158.6 kN

∴接合部のせん断耐力：Q_{max} = 158 kN

フランジ仮ボルトの耐力：103 kN/本 × 2本 = 206 kN

∴接合部の曲げ耐力：M_{max} = 206 × 0.7 = 144 kN・m

③　柱接合部：十字柱フランジに仮ボルトをとった場合——1タイプ

（ⅰ）　接合部での軸力：N (kN)，曲げモーメント：M (kN・m)，せん断力：Q (kN)，柱フランジ間寸法：L (m)，仮ボルト本数（本），各フランジでのボルト本数：$n/4$（本）とすると

曲げ圧縮側フランジボルト1本のせん断力は一般に

$$\frac{N}{n} + \frac{M}{(n/4) \times L} > \sqrt{\left(\frac{N}{n}\right)^2 + \left(\frac{Q}{n/2}\right)^2}$$ と考えられる．

（ⅱ）　圧縮側フランジ接合部の耐力：S_{max} = 仮ボルト1本の耐力 × $n/4$ (kN) となる．

（ⅲ）　圧縮側フランジの圧縮応力：$\frac{N}{4} + \frac{M}{L} \leq S_{max}$ ならば接合部は安全である．

図 4.8.15 について計算する．

仮ボルト M20 の場合 S_{max} = 84.8 × 8/4 = 170 kN

∴$\frac{N}{4} + \frac{M}{L} \leq 170$ kN

仮ボルト M22 の場合 S_{max} = 103 × /84 = 206 kN

∴$\frac{N}{4} + \frac{M}{L} \leq 206$ kN

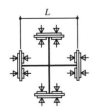

フランジスプライスプレート：PL.12　　　　　　　フランジスプライスプレート：PL.16

鋼種：SN400B　　　　　　　または　　　　鋼種：SN400B

仮ボルト：M20　　　　　　　　　　　　　　仮ボルト：M22

図 4.8.15　柱1タイプ（フランジ各2本，計8本）

d) 事前の指示

定められた仮ボルトの本数と配置については，事前に鉄骨担当技術者が指示を徹底し，作業員に厳守させる．

(11) 臨時的・局部的な荷重に対する補強と養生

具体的検討方法は4.3「工事中における鉄骨骨組の安全」に述べてあるので，ここでは概略の説明にとどめる．

　a) 材料の仮置き

梁上に足場・ステージ，その他の材料を仮置きする場合は，仮ボルトの本数と配置が積載の鉛直荷重に対して十分安全であることを確かめる．不足する場合は仮ボルトの本数を割り増す．この積載荷重を考慮に入れた水平の外力に対する安全は補強ワイヤなどで対処する．

　b) 強風などに対する補強および養生

建方後，本締めまでの期間中に強風などの危険が予想される場合は，あらかじめ配置されたワイヤその他の材料によってすみやかに補強または養生を行う．

(12) その他

　a) 立入り禁止措置

建方作業範囲には直接作業に関係あるもの以外の立入りを禁止するため，ロープ・バリケードなどで区画し，かつその旨を表示しなければならない．また必要に応じて監視人をおく．

　b) 落下物の処理

鉄骨の梁上，通路などに落下のおそれのあるボルト・用具類が放置されないよう，つねに巡回して処置する．

　c) 強風下の作業注意

強風下の建方作業には，クレーン操作，吊荷のかいしゃく，鉄骨上の作業に十分注意する．10分間の平均風速が10 m/s（気象庁表現の風力5～6の程度）を超えるようであれば作業を中止する．

4.8.5　建入れ直しとレベル調整

建入れ直しは建方時の誤差，すなわち柱の倒れ・出入りなどを修正し，建方精度を確保するために行うものであるが，建方がすべて完了してから行ったのでは十分に修正できない場合が多い．したがって，建方の進行とともに，できるだけ小区画に区切って建入れ直しを行うことが望ましい．骨組の精度と接合部の部材集結精度を保つための施工手順を図4.8.16に示し，その詳細な方法を以下に述べる．

(1) 建入れ検査の準備

　a) 建入れ直し用ワイヤの先取付け

建入れ直し用のワイヤの配置をあらかじめ計画して配置図に書き表し，建方の際に所定の柱の頭部に必要長さのϕ12.5以上のワイヤを取り付けてから建て込む．ワイヤは必ず引きと返しのたすき掛けに張れるように準備する〔図4.3.15参照〕．

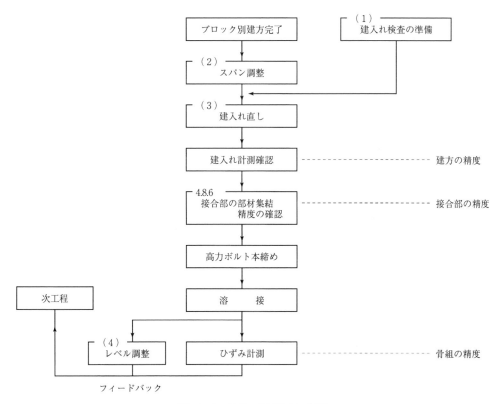

図 4.8.16 骨組の精度確保の順序

このワイヤは，建入れ直し後の突風などの非常時に対する補強ワイヤを兼ねることができる．ワイヤを使用しないで，直接エレクションピースに建入れの治具を取り付けて建入れ修正を行う工法を採用する場合には，治具に割れなどのきずがなく，スムーズに動くことを確認しておく．
b) ターンバックル・ワイヤクリップなど
　ワイヤの端部をワイヤクリップで止めて，レバーブロックやチェーンブロックで緊張を与える．
c) 測定器具
　一般的には，反射鏡つきのセオドライト〔写真 4.9.1, 4.9.2〕を準備するとよい．市街地などで建物外周部に余裕がなくてセオドライトが視準できない場合や，エレベーターシャフトまわりなど内部で厳しい建方精度を求められる柱などは下げ振りを準備する〔図 4.9.1〕．また，特に高層の各節の建入れを地上から通して検査するときは，鉛直器〔写真 4.9.6〕を準備する．
(2) スパン調整
　a) スパン調整の目的
　　一般にワイヤによる建入れ直しは，スパン間を押し広げることができず，緊張による水平分力はスパンを収縮させる方向に働く．各スパンではそれぞれボルト孔のクリアランス分だ

けはスライドできるので，通常スパンが短くなる傾向となることは避けられない．

　この傾向を防ぐために，ワイヤによる建入れ直しの前に各建方節柱頭で各スパンを正規の寸法に直す「スパン調整」作業を行う工事が近年増えてきた．スパン調整を行うことにより，建込んだ柱のねじれを修正することも期待でき，また，調整結果が良ければ建入れ検査箇所数を低減することができる．

b） スパン調整作業

① スパン計測

　建方節柱頭に鋼製巻尺を張り渡し，鉄骨柱心－心間の寸法を計測する．また，目視により大梁のとおり具合（柱のねじれ具合）を確認する．

② スパン寸法の修正

　計測寸法が正規より小さいスパンは，ボルト接合部のクリアランスに矢を打ち込む，またはジャッキ等を用いて押し広げる．柱のねじれを伴う場合は，ねじれを修正する側に矢を打ち込む〔図4.8.17〕．

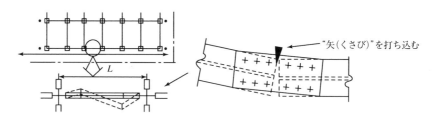

図 4.8.17 スパン寸法の修正

　矢を用いる際は，打込み後に落下する危険性があるので，2個を一対として細いワイヤで結束したものを使用するなどで落下防止の処置をとらなければならない．

c） スパン調整の管理値

　調整後のスパン寸法は正規の値となることが望ましいが，許容差は特に定められていない．少なくとも，工場寸法検査で計測された各部材誤差を累積したスパン誤差以内としたい．

　各部材誤差を累積した管理図の作成例を図4.8.18に示す．

（3） 建入れ直し

a） 建入れ検査

　取り付けられた下げ振りのピアノ線またはセオドライト視準点の位置を，柱の上下について柱のフランジまたはウェブからの寸法で測定して倒れをみる．この場合，柱のフランジまたはウェブ板の板厚が上下で差のあるときは，寸法の読みに注意する．

b） ワイヤの緊張による建入れ直し

　倒れのある場合は，ピアノ線またはセオドライト視準点の位置を測定しながらレバーブロック等を締め，その柱の反対側のワイヤか，または隣接する柱の返しワイヤを若干緊張させて，安定した状態で柱を直立させる．一方だけの引き起こしでは，引きすぎて逆の方向に

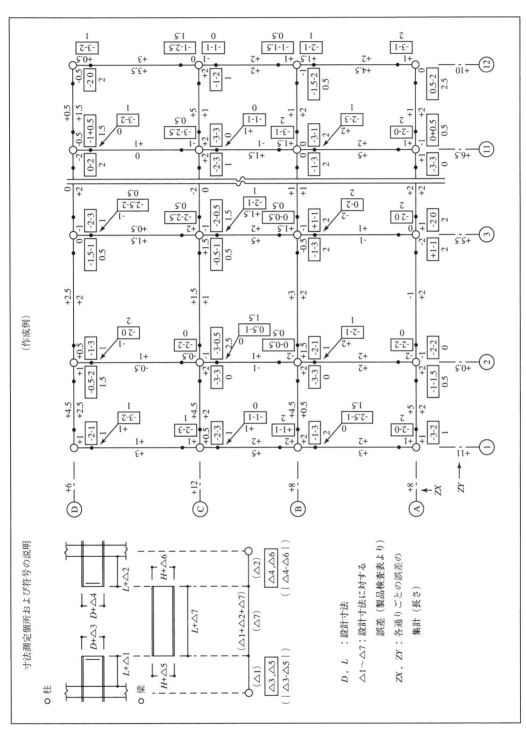

図 4.8.18 鉄骨工事寸法管理図（例）

倒れを生じることもあり，また鉄骨の精度いかんでは，本締めを始めると建入れ直し前の倒れに戻ることがある（孔合せにボール心を多用すると戻りやすい）．

c） 各節・各ブロックごとの建入れ直し

建入れ直しは，各節の建方が終わるごとに行い，その上の節の建方を容易にさせる．また，面積が広くスパンの数が多い場合は，有効なブロックに分けて修正を行うことが望ましい．各節・各ブロックの建入れ直しが終わったらもう一度全般的に測定し直し，バランスよく調整する．

建方時補強のワイヤが先付けされていると，各節ごとの建入れ直しは容易にできる．

d） ワイヤの存置と取外し

ワイヤは，各節・各ブロックの現場接合が終わるまで緊張させたままにしておく．取り外す際は，ワイヤ・ターンバックルなどの機材を上方に吊り上げながらまとめ，クレーンなどで下に下ろす．上のほうを先に取り外して下に投げ落としてはいけない．

e） 建入れ直しの注意点

① 建入れ直しのために加力するときは，部材をいためないように加力部分を養生する．ワイヤと部材の接する部分では，部材の角でワイヤが鋭角に締め付けられると切断する場合があり，非常に危険である．

② 日照による温度の影響を避けるために，早朝一定時間に計測するなどの考慮を払わなければならない．また，長期間にわたって鉄骨工事が続く場合は，気候も変わるので測定器の温度補正を行わなければならない．

③ 部材の剛性が小さい鉄骨では，ワイヤを緊張しても部材が弾性変形をするだけで修正されていない場合があるので注意する．このような場合には，できるだけ小ブロックごとに決めていくのがよい．

④ 無理なひずみの修正は2次応力を発生させ，危険な場合もあるので注意する．

⑤ あらかじめ工場製作段階で建入れ直し用の仮設ピースを取り付けておき，建方時にワイヤおよびターンバックルを取り付け，建込みが終わり次第ただちに緊張する．

⑥ ターンバックル付き筋かいを有する構造物においては，その筋かいを用いて建入れ直しを行ってはならない．

f） 建入れ治具による建入れ直し

エレクションピース部をねじやくさび，油圧ジャッキを用いて上下させることにより，柱の建入れ直しを行う治具がある．これにはワイヤが張れないような場所でも精度良く建入れ直しができるなどの利点がある．なお，建入れ治具の強度が建方時の風荷重に対して安全であることを確認しておく必要がある．

(4) レベル調整

超高層建築では，工事途中の鉛直荷重による各柱間の弾性収縮量の差が無視できない値になることがある．この場合，梁の取付け精度ばかりでなく，柱の建入れ直しも難しくなる．

このことは，一般中低層ビルでも，柱の長さ方向の誤差が生じると建入れ直しが困難になること

を示している．すなわち，下階の柱を工事現場溶接した場合の溶接収縮量や製品単体の誤差が累積されると，工事現場での対応は難しく，その結果，高力ボルトの孔が合わなかったり継手板に密着しにくい部分が生じたりして，健全な接合部が得にくくなる．したがって，これらの誤差に対する配慮は，工作図作成の時点で検討しておくことが必要である．

以上のことを考慮して高さ方向の収縮量を予測して製作・施工していても，超高層建築では予測どおりの収縮量とならない場合もある．工作図作成時点で，計画的にレベル調整階を決めておき，その階の柱レベルを実測後，上節の階高を調整する方法がある．図4.8.19にその要領を示す．

図 4.8.19 レベル調整

(5) 工事現場溶接後の骨組の精度

建入れ直しの後に高力ボルト接合の施工に移るが，接合部での集結精度が悪いままボール心などを打ち込んで本締めをすると，最終の骨組の精度を確保しがたい．本締め前に行う接合部材集結精度確保の方法は4.8.6項に述べる．

また，溶接縮みにより最終の骨組の精度は変化する．溶接収縮とひずみの管理については6章で詳述するが，ここでは骨組の精度を確保するために，主に溶接順序に着目して管理した2つの事例を示す．

a) 事例 − 1

図4.8.20は，HPC工法を用いた中高層鉄骨建築物であり，鉄骨建方は2層1節で行った．2層の梁の建入れ完了後，間仕切り壁・床版の建入れの関係から，下から1層ずつ本接合（ウェブ高力ボルト締付け後フランジを溶接する）を行ったものである．

b) 事例 − 2

図4.8.21は超高層鉄骨建築物であり，長手方向スパンの中央部に溶接による収縮変形を緩和するために調整スパンを設けてある．また，鉄骨建方は3層1節で行い，梁の建入れが3層とも完了後，上層，下層，中層の順に本接合を行った．なお，調整スパンは，溶接中は仮ボルトで接合しておき，溶接完了後にウェブ・フランジともに高力ボルトで本接合した．

c) ま と め

溶接作業工程を通じて柱の建入れを観測し，溶接ひずみの影響を把握しながら作業を進めることが必要である．いままでの実施例によれば，前記のような作業順序で行えば，ひずみの方向が骨組中心に向かう傾向にあるので，骨組の精度はJASS6 付則6 付表5に示す値にほぼ収めることができる．また，スパン数の多い骨組については図4.8.20に示すような分割作業を行って収縮ひずみを分散することを推奨する．

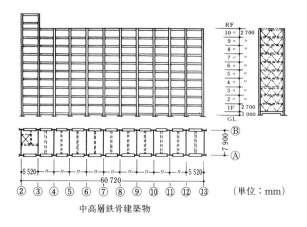

中高層鉄骨建築物

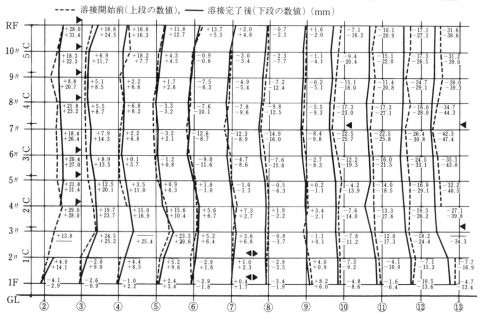

建物の溶接前・後の柱の位置

図 4.8.20 中高層鉄骨建築物の溶接による収縮量の計測事例

　溶接部は一般に収縮するから，拘束状態で溶接すると残留応力が生じる．残留応力の影響を骨組系について考えてみれば，内力として釣合っているから，骨組の応力計算上，特に考慮する必要がない．

4章 建 方 —215—

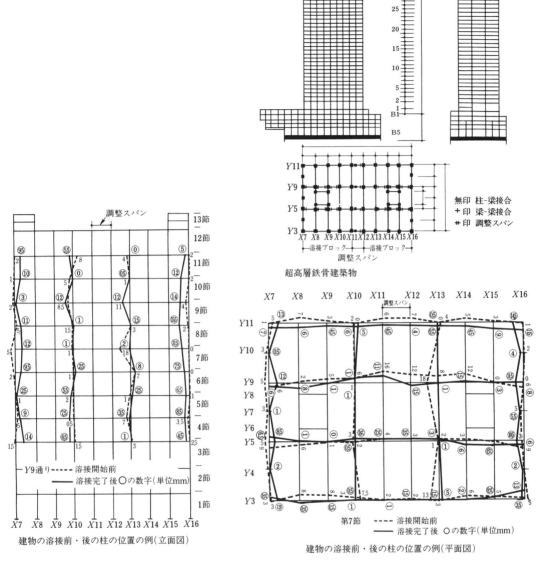

図 4.8.21 超高層鉄骨建築物の溶接による収縮量の計測事例

4.8.6 現場接合部材集結精度の確保

溶接接合部の精度および高力ボルト接合の精度は JASS 6 付則 6 付表 1, 2 に示すとおりである.

接合部の精度の良否はその耐力に関係し，ひいては骨組全体の耐力に影響を与えるので重要な意味をもつ．工事現場では一般に工場で製作された製品相互を接合するわけであるから，接合部の精度が製品精度から決まることはいうまでもない．さらに，建方順序や接合順序が適切でなかったために建方精度が低下し，そのしわ寄せとして接合部の精度に悪影響を与える場合があるため，施工計画を十分に検討する必要がある．

また，建ち上がった鉄骨の接合部耐力が設計品質を確保していることを保証する責任のある鉄骨

担当技術者は，製品精度をつくり込む工程の中で，接合部の精度に悪影響を与える要因を頭に入れて管理・検査すべきである．

以下に接合部精度の不具合と修正事例を示す．

(1) 高力ボルト摩擦接合部材の不具合

5.4「接合部の組立て」を参照．

(2) 溶接部材の不具合

　a) 裏当て金のすき間

　　図 4.8.22(a)は，溶接による接合部で裏当て金と母材にすき間が生じた場合を示す．裏面または裏当て金にグラインダ掛けをし，密着させることを原則とするが，フラックスバッキングなどを用い，溶接後裏面を確認するなどの方法もある．図 4.8.22(b)は，梁せいの精度が悪く，フランジの突合せ継手に食違いが生じた場合である．許容値を超える食違いが生じた場合は，工事監理者と協議して処理する必要がある．

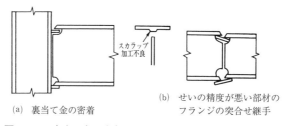

(a) 裏当て金の密着　　(b) せいの精度が悪い部材のフランジの突合せ継手

図 4.8.22 裏当て金のすき間，および突合せ継手の食違いの例

　b) ルート間隔の狭小

　　図 4.8.23 は，工事現場溶接に多くみられるルート間隔不良の例である．この場合は溶接前に開先部分をガウジングまたはグラインダ掛けをし，必要に応じて補修肉盛りなどによって整えなければならない．

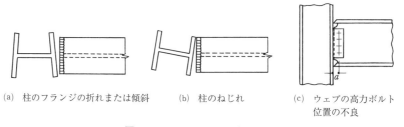

(a) 柱のフランジの折れまたは傾斜　　(b) 柱のねじれ　　(c) ウェブの高力ボルト位置の不良

図 4.8.23 ルート間隔の狭小の例

　c) 柱と水平スチフナ・内ダイアフラムと梁フランジのずれ

　　柱の水平スチフナ・内ダイアフラムと梁フランジ相互のずれについては，許容差が規定されている．しかし，工事現場溶接においては，ずれは図 4.8.24(a)のように梁のウェブ接合用のシャープレートの取付け精度に関係する．すなわち図中の b_1，b_2 の寸法や傾斜角 θ，それ

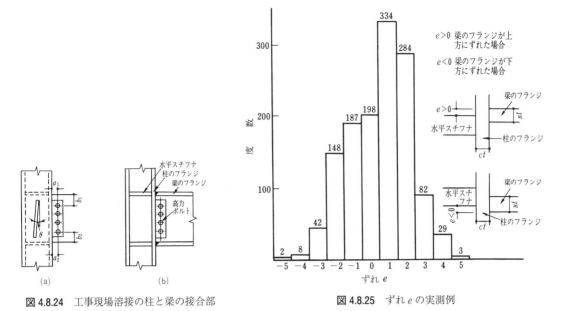

図 4.8.24 工事現場溶接の柱と梁の接合部

図 4.8.25 ずれ e の実測例

に水平スチフナ・ダイアフラム自体の位置精度が原因となってずれが生じることが多い．図4.8.25はある高層ビルの例であるが，柱・梁接合部1 317か所について実測し，梁のフランジと水平スチフナのずれ量を調査した結果をヒストグラムにしたものである．

この例が示すように，ずれが生じることは現実に避けられないから，ずれを生じた場合の対応策を考えておかなければならない．

ずれが耐力に与える影響は，梁フランジに引張力が作用したときに現れる．すなわち，水平スチフナ・ダイアフラムと梁フランジのずれによって2次応力が発生するので，中間に介在する柱のフランジは偏心量が大きいほど早期に降伏する．また，梁フランジに対しては板厚方向の引張力のほかに局部曲げが作用することになるので，柱フランジ側にアンダーカットなどのノッチが存在することはきわめて危険である．ずれの影響は柱のフランジ厚さ（$_ct$）と梁フランジ厚さ（$_Bt$）の相互関係から判定すべきで，ずれの許容値 e_0 を次のように定めて管理した例があるので参考までに紹介する．

図 4.8.25において（単位：mm）

$_Bt \geqq _ct$ の場合

    $_Bt \leqq 20$ のとき $e_0 \leqq {_Bt}/5$

    $_Bt \geqq 20$ のとき $e_0 \leqq 4$

$_Bt < _ct$ の場合

    $_Bt \leqq 20$ の場合 $e_0 \leqq {_Bt}/4$

    $_Bt \geqq 20$ のとき $e_0 \leqq 5$

なお，この許容値はFEM解析，ならびに塑性域の進展状況をみるための平面的な試験体による実験などから判断したものであるが，現在，JASS 6 付則6 付表1に限界許容差とし

d） 角形鋼管柱継手の食違い

図4.8.26(a)は角形鋼管柱心がずれて柱の平面部分の食違い，(b)は柱のねじれによる食違い，(c)は柱角部の食違い，(d)は角形鋼管材切断後のふくれによる食違いの例である．

(a)は，柱心けがき精度不良などによるエレクションピースの取付精度不良，薄い板によるエレクションピースの剛性不足，または建方や建入れ直し時に仮ボルトをゆるめたままのときなどに起きる．

(b)は，埋込柱脚タイプの梁とつながらない柱（0節柱とも呼ぶ）の固定度が悪く基礎コンクリート打設でねじれた場合などに起きる．

(c)は，継手上下の角形鋼管材が製造方法・メーカー・ロットが異なる場合に起こる．

(d)は，継手上下のシャフト長さが大きく違う場合，角形鋼管材切断時のふくらみの違いにより起きる．

溶接前の矯正方法の一例を図4.8.27に示す．溶接時の補強方法は6.2.3項に示す．図4.8.26(c)の柱角部の食違いについてFTA手法（故障の樹解析手法）で追求した一例を図4.8.28に示す．この例のように，不具合発生の背景を追求すると，設計者・工事監理者，施工者，鉄

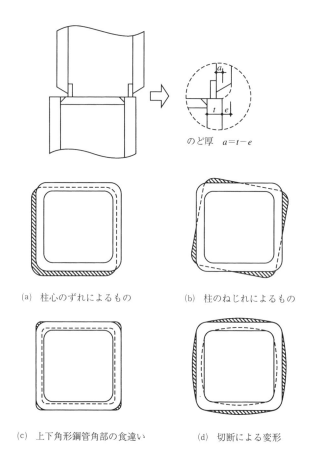

のど厚　$a = t - e$

(a) 柱心のずれによるもの　　(b) 柱のねじれによるもの

(c) 上下角形鋼管角部の食違い　　(d) 切断による変形

図4.8.26　角形鋼管柱接合部の食違い例

4章 建方 —219—

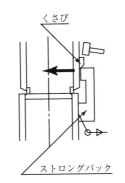

図 4.8.27 食違いの矯正方法例

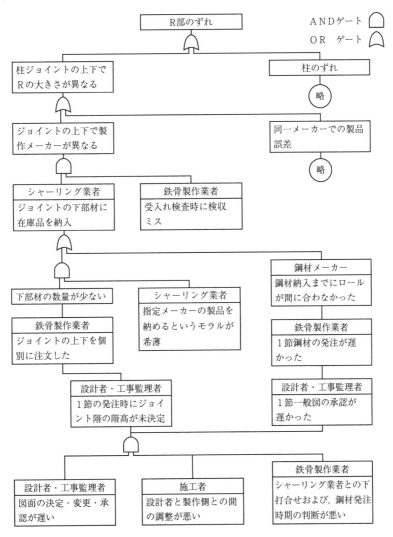

図 4.8.28 角形鋼管柱接合部の角部食違いのFTA事例

骨製作業者，シャーリング業者，およびメーカーにまでわたる鉄骨製作システムの問題点が浮かび上がってくる．

工事遂行におけるリーダーシップとトータル工程管理が大切なことがわかる．

4.9 計測機器

4.9.1 基本寸法計測

（1） 測量事項

鉄骨工事に必要な現場測量のうち，主要なものを次に示す．
　　a） 柱脚基礎の基本寸法
　　b） 鉄骨の建入れ寸法
　　c） 増改築工事における既存建屋取合い部の寸法

（2） 柱脚基礎の基本寸法

鉄骨建方を開始する前に，柱脚基礎の基本寸法を測量して図面寸法と照合・確認しなければならない．もし柱脚基礎の基本寸法精度が悪い場合，そのまま建方を行うと鉄骨の工事現場接合部の取合いが困難となり，その調整のため多くの時間と労力を要することになる．

（3） 鉄骨建入れ寸法

鉄骨建方中に適当に区切りをつけて建入れ寸法を測量し，誤差を修正する必要がある．このようにしないと誤差が次第に累積して，最後には取付けも修正も不可能になることがある．この場合，特に計測値の信頼性を高めるよう計測法を配慮する必要がある．

建入れ寸法の測量項目を列記するとa）〜d）のようになる．
　　a） 建物の基本寸法（梁間・桁行・高さ）
　　b） 下げ振り・セオドライトなどによる柱の倒れ・ねじれ
　　c） 水糸・ピアノ線・セオドライトなどによる柱の出入り
　　d） 立体トラスなどの特殊構造については，建物の所定の各部寸法

（4） 増改築工事における既存建屋取合い部

増改築工事の施工に際しては，旧建屋が建設中に設計変更が行われて現存の設計図面に記されていないケースや，建設後の地盤沈下などにより建屋の基本寸法に多少のくるいが生じているケースがあるので，現場工事着手前に旧建屋取合い部の諸寸法を計測して工作図に記入しておくことが肝要である．

4.9.2 測量および器具

（1） 測量器具

工事現場施工に使用される測量器具を目的別に分類すると下記のとおりである．
　　a） 距離・長さ……鋼製巻尺・光波距離計・金属製直尺
　　b） 角　　　度……セオドライト

c) 高　低　差……レベル・自動レベル・水準器・セオドライト・気泡管
d) 直　線　性……セオドライト・ピアノ線・レーザセオドライト
e) 鉛　直　性……セオドライト・下げ振り・鉛直器・レーザ鉛直器
f) 水　平　性……レベル・気泡管

(2) 鋼製巻尺

　工事現場で使用する鋼製巻尺には，現寸検査時に用いたJIS 1級品の巻尺と照合したものを使用する．しかし，損傷したものは使ってはならない．照合は，2本の鋼製巻尺を張力一定（通常50 N）に保って行う．また実際に測量（特にアンカーボルト）する場合にも，張力を一定に保って同時に温度測定をしながら行うことが肝要である．

　鋼製巻尺は3本一組を用意する．鉄骨製作工場用・工事現場基準用・工事現場検査用を各1本とする．

(3) セオドライト

　セオドライトの水平分度盤の遊標読みは20″〜1′程度，高低分度盤の遊標読みは1′〜5′程度である．角測量と距離測量の精度の関係（角誤差による位置の偏移量）は，表4.9.1のとおりである．

表4.9.1　角誤差による位置の偏移量

角誤差	精度	角誤差により生じる偏移量（mm）		
		50 m	100 m	200 m
1′	1/ 3 440	14.5	29.1	58.2
30″	1/ 6 880	7.3	14.5	29.1
20″	1/10 300	4.9	9.7	19.4
10″	1/20 600	2.4	4.8	9.7
5″	1/41 200	1.2	2.4	4.8

　電子式セオドライトの一例を写真4.9.1に，光学式セオドライトの一例を写真4.9.2に，また鉄骨建入れ精度計測の際，セオドライトに装着するダイアゴナルアイピースの一例を写真4.9.3に示す．

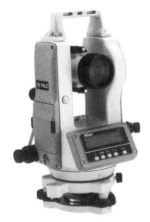
写真4.9.1　セオドライト例（電子式）

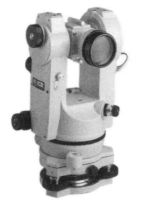
写真4.9.2　セオドライト例（光学式）

写真4.9.3　ダイアゴナルアイピース例

(4) レ ベ ル

レベルの種類には，チルチングレベル，コンペンセータを用いた自動レベルなどがある．それぞれの形状を写真 4.9.4，4.9.5 に示す．

写真 4.9.4　チルチングレベルの例　　　　写真 4.9.5　自動レベルの例

(5) 下 げ 振 り

下げ振りは鉄骨の建入れの測量に用いられる．下げ振りは風や振動の影響を受けやすく，測量が困難なことが多い．したがって，測量にあたっては水糸に直接風が当たらないよう防風パイプで養生し，重すい（錘）は粘性の大きな油などの中に浸して振動を減衰させて計測を行う〔図4.9.1〕．

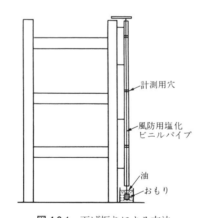

図 4.9.1　下げ振りによる方法

(6) その他の測量機器

従来下げ振りによって行われた鉛直測定を光学的に行う鉛直器がある．自動補正式の一例を写真 4.9.6 に示す．

また，光波を照射し，反射ターゲットからの反射光で三次元測量の行える機器がある．その一例を写真 4.9.7 に示す．

写真 4.9.6 自動鉛直器例

写真 4.9.7 三次元測量器例

（7） 計　　測

　a）　計 測 方 法

　　計測には「鋼製巻尺」のほか，セオドライト・レベル・下げ振り・ピアノ線などが用いられる．鋼製巻尺は 4.9.2(2) の項で述べた照合されたものを用いなければならない．

　　下げ振りは最も簡単に鉛直線を求める方法である〔4.9.2項(5)参照〕．

　　また，鉛直視準器やレーザー光線を応用した鉛直器があり，層数の多いビルの建方に用いると便利である．

　　多層ビルでは建方途中で適当に区切りをつけてゆがみを修正していく．通常は柱の1節ごとに修正を行うが，この場合，計測は四隅の柱などを基準柱としてあらかじめ決めておき，ピアノ線を引き通りなどとして中間の柱の出入りを計測する．

　　レベルの測定は，通常基準柱において下階から鋼製巻尺を用いて追い出した各階のレベル墨を基準にする．柱相互間のレベルは柱脚を設置する精度で決まるので，工事現場施工の中で最も注意すべき点である．

　b）　測 定 誤 差

　　工事現場における寸法計測は，風の少ない曇天時の明け方が最も望ましいとされている．鉄骨に直射日光があたるとその部分が熱膨張するので正しい形状として計測できないからである．このような状態のもとで計測した結果をもって建方精度を論じることはできないが，一般に測定値には必ず誤差が含まれるものである．したがって，その誤差を計測の目的に合うような一定の範囲内にとどめることが必要である．

　　誤差の種類としては，過失・定誤差・偶然誤差・出会い差があげられる．過失は字句のとおりであるが，定誤差とは一定条件のもとで同傾向の値を示す誤差で，補正可能な誤差である．偶然誤差とは誤差を生じる原因が偶然かつ一時的に変わることによって生じるもので，出会い差とは同じ量について2回の測定を行ったときの測定値の差をいう．表4.9.2に定誤差と偶然誤差の例についてその原因と消去法を示す．

　　鋼製巻尺について発生する定誤差と補正量の求め方について，その要旨を述べる．

　　鋼製巻尺にも誤差があるが，つねに基準巻尺を基準として使用すれば問題はない．鋼製巻

表4.9.2 誤差の原因とその消去法（丸安隆和「新制測量（上）」オーム社より）

原因の区分	誤差の種類	誤差の原因	摘　　要	誤差を消去または減少させるための方法
器械の製造または調整不十分のために起こる誤差	定誤差	視準線が気泡管軸と平行でないため	角誤差は視準距離に比例する	器械の調整を完全にするか，前視・後視の視準距離を同じにする
		標尺の目盛が正しくない（全長にわたって）	製造の誤りか湿気や温度の変化による．一般に，この誤差は小さい	標尺を正しい長さと比較し，テープと同じように補正する
観測作業に伴って起こる誤差	偶然誤差	視差による読取り値の誤差		十分注意して合焦する
		つねに標尺を鉛直に立てられないために起こる誤差	読取り値が大きくなりすぎる各視準ごとに生じる誤差は，視準距離に比例する	標尺を前後に動かす気泡を用いて鉛直に立てる
		表尺の読みが正確でないための誤差		記帳する前にそれぞれの読みをもう一度点検する
		移器点の選択が適当でないために起こる誤差		しっかりした点を選ぶか標尺台を用いる
自然現象によって起こる誤差	偶然誤差	日光の直射に原因する誤差	器械の調整を狂わす	こうもりがさなどで直射日光を防ぐ
		地球の曲率による誤差	各視準ごとに生じる誤差は，視準距離の平方に比例する	前視・後視の視準距離を等しくする
		かげろうによる光の屈折	視準距離の平方に比例する	地球の曲率と同じ，また視準距離を短くする．地上から相当離れたところに視準線がくるようにする
	定誤差	三脚または移器点の沈下	測定した標高が高すぎる結果になる	しっかりした場所を選ぶ，前視と後視をすみやかにとるようにする

［備考］それぞれの視準に伴う誤差は定誤差であるが，最後の結果に生じる誤差は，前視の定誤差と後視の定誤差との差になり，全体的に偶然誤差となってくる．

　尺による長さ測定時の誤差の原因は，張力の変化，温度の変化およびたるみによる場合が多い．張力の変化に対する補正量 Δx_1 は（4.9.1）式から計算することができる．

$$\Delta x_1 = \frac{(P-P_0)L}{AE} \text{（mm）} \tag{4.9.1}$$

ここに，P：測定したときの張力（N）
　　　　P_0：検定したときの張力（N）
　　　　L：測定した長さ（mm）
　　　　A：巻尺の断面積（mm^2）
　　　　E：205 000 N/mm^2

　鋼製巻尺が2点で支持されているときはたるみが生じる．たるみによる2点間の傾斜が10°以内のときは，補正量 Δx_2 を（4.9.2）式から計算することができる．

$$\Delta x_2 = \frac{W^2 L}{24 P^2} \text{（mm）} \tag{4.9.2}$$

ここに，W：支持点間の鋼製巻尺の全重量（N）
　　　　L：支持点間の距離（mm）
　　　　P：加えた張力（N）

　図 4.9.2 は，長さ 30 m の鋼製巻尺において(a)は（4.9.1）式に相当する張力 P と Δx_1 の関係を，(b)は（4.9.2）式における P と Δx_2 の関係を示したものである．

　表 4.9.3 は水平距離の測定に際し，測定地が傾斜しているときの 10 m あたりの補正量を示したものである．

　鋼の線膨張係数は約 0.000012/℃ であるから，温度変化に対する補正 Δx_3 は（4.9.3）式で求めることができる．

$$\Delta x_3 = 0.000012\, L\,(T - T_0)\ \text{(mm)} \tag{4.9.3}$$

ここに，L：測定した長さ（mm）
　　　　T：測定したときの温度（℃）
　　　　T_0：標準温度（℃）

　巻尺がほかの物質に接しているときは，その物質の温度の影響を受けるし，直射日光を受けるときは温度が上昇するので注意が必要である．

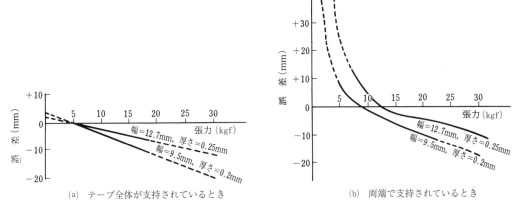

(a) テープ全体が支持されているとき　　(b) 両端で支持されているとき

図 4.9.2 力と誤差の関係の測定例（長さ 30 m）

表 4.9.3 テープの傾斜による補正量*

傾　斜	10 m あたりの補正量（mm）
1/100	− 0.5
2/100	− 2.0
3/100	− 4.5
4/100	− 8.0
5/100	−12.5
6/100	−18.0
7/100	−24.5
8/100	−32.0
9/100	−40.5
10/100	−50.0

4.9.3 その他の計測機器

これまで柱脚部施工や建入れ直しなど比較的大きな寸法を計測する機器について述べてきたが、鉄骨工事の現場施工ではこのほかに、現場接合部精度などミクロな寸法計測や温度・風速など作業環境を計測する器具が用いられる。

(1) 現場接合部精度測定器具

ミクロな寸法計測としては、現場接合部材の集結精度や溶接外観形状の計測があげられる。この計測に用いられる器具は本会編「鉄骨精度測定指針」に詳しく述べられており、計測対象に応じた精度の高い器具がそれぞれ紹介されているので参照されたい。

また、専用のものに比べてやや精度は落ちるが、多項目の測定が一台でできる計測器具としては溶接用ゲージがある。多くのものをチェックしなければならない鉄骨担当技術者にとってはハンディで使いやすいと思われる。その一例を写真 4.9.8 に示す。

(2) 作業環境計測器具

温度は、ベースモルタル施工、高力ボルト本締め、および工事現場溶接の際に、また風速は、鉄骨建方と工事現場溶接時に必要な情報である。施工管理上は、ある固定された場所よりも作業場所での温度や風速を測りたいので、ハンディな風速計と温度計は有効である。その一例を写真 4.9.9 に示す。

写真 4.9.8 溶接用ゲージの一例

写真 4.9.9 風速計兼温度計の一例

4.10 仮設工事と支保工

鉄骨建方と同時進行的に施工される仮設工事には、以下の3つがある。
(1) 足場・通路の組立て
(2) 安全養生設備の設置
(3) 水平鉄骨部材を本接合完了まで支える仮支柱の設置

これらの工事は，建方および後続工事の作業性と安全性を確保するために行われるが，これらの組立てと解体の作業自体の安全性を確保することも大切である．

4.10.1 足場の組立てと解体

足場の計画は 2.6.9 項に示した．鉄骨の建方に付随するこれらの作業は，墜落・飛来・落下の災害を十分防止できる態勢を整えて行う．

(1) パイプ取込み作業

 a) 玉掛け時の注意

吊込む足場材のたば（束）に乱れがないか，また短尺が混入していないかを確かめ，重心の位置を見きわめて 2 点吊りとする．やむを得ず斜め吊りをする場合は端部に防護袋を取り付ける．このために材料に重心位置がペンキで表示されていることが望ましい．

 b) 取込みおよび仮置き

鉄骨の上に取り込むときは，足場材のたばを梁に平行かまたは斜めに架け渡すようにする．このとき，吊荷を載せた梁に異常がないかどうかについても確かめる．

仮置きの場所は，梁中央でなく柱に近い位置とすれば，柱に安全帯を使用して取込み作業ができる．

吊荷は鉄骨に衝撃を与えないように静かに下ろし，荷くずれのないことを確かめてから玉掛けワイヤを外す．

(2) 吊足場の組立てと解体

吊足場の組立ては，前記の取込みとともに親綱を使用するかまたは防網の上で行い，この場合に必要な親綱の配置と取付けは，別に定める方法による．

 a) 親ご掛け〔図 4.10.1〕

まず，親ごを吊るためのチェーンを親ご間隔（1.5～2.0 m）に合わせて梁から吊る．チェーンは，あらかじめ親ごが梁上端から 1.0～1.4 m 下に吊られるように調節しておく．チェーンの長さは一定のものをあらかじめ準備しておくと能率がよい．

次に仮置きされたパイプを荷くずれしないように取り出し，通路または梁上を小運搬してチェーンの輪の中に落とし込む．この作業は二人一組で，安全帯を使用するか，または安全ネットを張った上部で行う．また親ごは外部へ 1.0 m 以上突き出す．

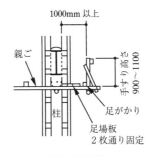

図 4.10.1 吊足場外端詳細

b） 転がしの取付け

　　転がし用パイプも親ごと同様に小運搬し，1.5 m 程度の間隔に親ごの上に配置する．転がしは親ごに3点支持となるように調整し，交点を10番線で緊結する．

　　また外部へ突き出した先端には滑り止め（足がかり）と手すりを取り付ける．

　　以上の作業で，転がしの配置は梁上から行い，緊結は親ごの上に足場板を2枚以上敷いてから行う．

c） 作業床のこしらえ

　　梁の両側に足場板を2枚ずつ敷き，作業床とする．足場板の両端はゴム輪・番線などで緊結する．

d） 解　　　体

　　接合ボルトの締付け後，鉄骨鉄筋コンクリート造では梁の配筋，また必要によってスリーブ入れなどが行われて，用済みとなれば解体する．安全な解体作業のためには直下階の床コンクリート打設後，作業床，転がし，親ごの順に解体する．打設直後のコンクリートに有害な衝撃を与えたり，過大な荷重を加えないよう十分注意する．

e） 解体材の移動・搬出

　　解体を終わった足場材は，ていねいに積み重ねて，なるべく分散して少量ずつ移動・搬出する．上下左右の状況から縦吊りをしなければならない場合があるので玉掛け位置に注意し，防護袋を使用する．

(3) 吊枠足場の取付け・解体〔図 4.10.2〕．

a） 鉄骨部材の仕分け場所で，梁を所定の高さに保つことができる架台に載せ，吊枠足場本体を，あらかじめ梁下に取り付けられたピースにボルトなどで取り付ける．続いて手すり用パイプ・作業床用足場板を必要量積み込み，落下しないよう本体に緊結する．手すりパイプ・足場板はできるだけ地上で取付けおよび敷込みを終わっておくとよいが，建方の能率が落ちる．

b） 取付けおよび積込みを終わった梁を一般の建方と同様に吊上げ，所定の位置に取り付ける．

c） 解体は直下階の床のコンクリート硬化後静かに行う．

(4) 取込みステージおよび通路さん（桟）橋

a） 取込みステージ

　　大引き・根太などの主要部分は，建方作業の中で同時に組み立てる．床・手すり用材料は，その上にまとめて取り込み，荷くずれしないようロープ類で固定しておく．

　　床をこしらえる際，同時に手すり・幅木を取り付ける．

　　解体の時期は，鉄骨鉄筋コンクリート造においては周囲の柱梁の配筋が終わって鉄筋材料の取込みの必要がなくなった時点とする．解体の際は下で他の作業をしてはならない．

b） 通路さん（桟）橋

　　主材に鋼材またはガーダを使用するときは，取込みステージと同様，建方と同時に主材を

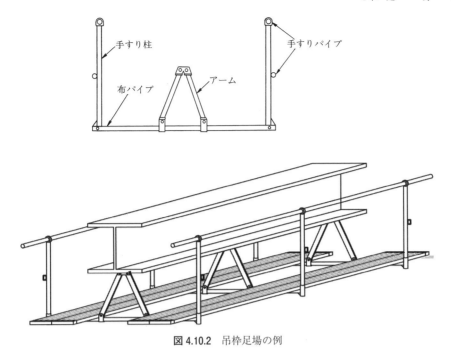

図 4.10.2 吊枠足場の例

組み立て，床・手すり材をその上に取り込む．主材を角パイプ2本重ねとするときは吊足場に準じて組み立てる．通路の床を敷き込むと同時に手すりおよび幅木を取り付ける．解体は吊足場に準じて行う．

4.10.2 安全養生設備の設置と解体

養生計画については，2.6.9項に示した．ここでは，養生設備の構成材料の選択，取付方法，および設置，解体時期について述べる．

（1）親　　綱

親綱には，ビニロンロープ $\phi 16\,\mathrm{mm}$ またはワイヤロープ $\phi 12\,\mathrm{mm}$ がよく使われる．鉄骨柱スパンに見合った長さとし，端部にフックを取り付けるか，またはワイヤクリップ等でリング状にしておく．鉄骨柱にはあらかじめ親綱取付用ピースを先付けし，シャックルなどで親綱を固定する．そのほかに親綱緊張器等も必要となる．

設置時期と手順は，4.8.3項（4）および4.8.4項（6），（7）で述べた．建方と並行しての作業となるので親綱取付けが行いやすい工夫をする．図4.10.3に取付け例を示す．

解体時期は，後続工事の内容により異なる．SRC造では，通常梁スラブ型枠組立てまで用いる．鉄骨造で外部足場を設置しない場合は，デッキプレート敷込み後，開口回りを除き内部は撤去するが，外周は，飛散防止シートの固定，カーテンウォール取付時などに使用し，危険がなくなった段階で撤去する．

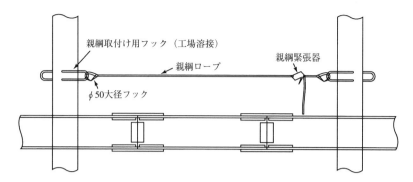

図 4.10.3　親綱取付け例

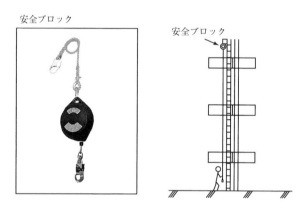

図 4.10.4　安全ブロックの使用法

（2）安全ブロック

柱の建方前に各柱柱頭部の昇降タラップなどと安全ブロックのカラビナを専用のワイヤロープで結ぶ．下部の安全フックには，引寄ロープを取り付ける．

解体は，鉄骨階段など他の昇降設備が整った後とする．図 4.10.4 に使用方法を示す．

（3）水平養生ネット

水平養生ネットには安全ネットと養生網がありその目的や構造も異なる〔2.6.9 項参照〕が，ここでは安全ネットについて，その材料・構造・使用方法・取付け方法を述べる．

安全ネットの材料・構造・使用方法については，付 9「安全ネット指針」に詳述されているので参照されたい．特に取付け高さ・ネットの垂れ寸法や周辺支持間隔などに留意する．

取付け時期については，吊り足場組の前に行うか，後にするかの 2 つの方法がある〔図 4.10.5〕．吊足場掛けは最も危険が伴う作業なので，安全ネット設置を先行したい．

図 4.10.5(a)の場合は，鉄骨梁にネット固定用フックをあらかじめ取り付けておき，ロープや桟木などを利用して，下階からネットを持ち上げ，フックに固定する〔図 4.10.6〕．

解体は吊足場と同時期に行う．

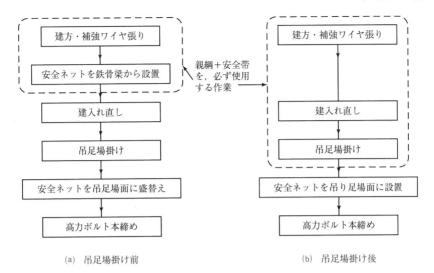

図 4.10.5 安全ネット取付け手順

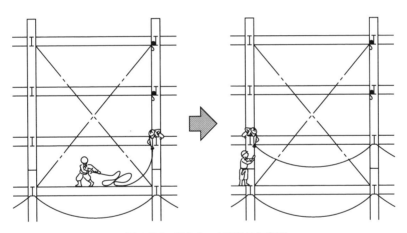

図 4.10.6 安全ネット取付け作業例

（4） 垂直養生ネット

外部足場を設置しない場合の垂直養生ネット取付け手順を示す．

鉄骨建方節柱頭部に張り渡した親綱などにネット上端を緊結し巻きおろす．ネット下部は親綱等に緊結し，ネット相互も適当な間隔で縫い合わせる．

外周柱接合用足場との取合いは，すき間のないよう保持する．また PC 板など取付け階では巻き上げて部分的に撤去するなどの保持も大切である．

4.10.3 仮支柱

（1） 種類と役割

仮支柱は，大きく4つの種類に分かれる．

a) 大屋根トラス用仮支柱

体育館や飛行機格納庫などの大屋根立体トラスの建方に用いる．クレーンの能力分だけ分割して地組みするとともに，必要な位置にあらかじめ仮支柱を設置する．仮支柱上に分割部材を建て込み，分割トラス相互を本接合の後，ジャッキダウンして本設柱と接合する．その後荷重を解除させて仮支柱を解体する．写真4.10.1に一例を示す．

写真4.10.1 仮支柱を用いた大屋根トラスの建方

また，同様のトラス全体を地組みし，リフトアップする工法では，リフトアップ反力用に仮支柱を設ける場合もある．

いずれにしても，仮支柱は，鉛直荷重だけでなく風や地震などの水平荷重にも耐えられる構造としなければならない．

b) 大スパン梁ジョイント用仮支柱

スパンが大きくすべて地組みするとクレーン能力を超える場合，ジョイント部に仮支柱を設置し梁を分割して建込む．分割梁相互と梁・柱を本接合の後，荷重を解除させて仮支柱を解体する．

この場合も，仮支柱は鉛直荷重と水平荷重を考慮しなければならない．図4.10.7(a)に一例を示す．

c) ステージ兼用仮支柱

屋根トラスを地組みすることなく，屋根位置にステージ状仮支柱を組み立て，その上でトラスを組み立てる．トラス下端節点で下支柱に自重を伝達させる．本接合完了後，仮支柱の荷重を解除させるが，ステージは屋根仕上げ工事用に残すことが多い．図4.10.7(b)に一例を示す．

d) たわみ修正用仮支柱

スパンの大きい梁やはね出し梁を建方の後，たわみ変形を戻すために用いる．梁中央部やはね出し先端にサポート状のものを設置し，梁レベルが水平になるまでせり上げる．本接合完了後に撤去する．図4.10.7(c)に一例を示す．

 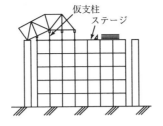 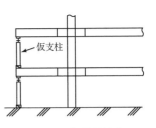

(a) 大スパンジョイント仮受け支柱　　(b) ステージ兼用仮支柱　　(c) たわみ修正用仮支柱

図 4.10.7 仮支柱の使用例

(2) 仮支柱に用いる材料

仮支柱の種類と役割や荷重の大きさに応じて適切な材料を選択する．通常は，次のような材料が用いられる．

　　a) 大屋根トラス用仮支柱……………H形鋼・アングルなどのトラスで構成する支柱
　　b) 大スパン梁ジョイント用仮支柱……パイプトラス枠組み材，四角支柱
　　c) ステージ兼用仮支柱………………　　　　　　同上
　　d) たわみ修正用仮支柱………………型枠用サポート，チェーンブロック

いずれもジャッキを組み込ませたものとする．特に大屋根トラスのジャッキダウン，リフトアップには，トラス全体を均一に上下させるための制御システムを要する．

(3) 組立て

大屋根トラス用仮支柱は，通常ある長さまで横にして地組みし，クレーンで所定位置に設置し，控えワイヤ等の横力を受け持つ部材を緊結する．図 4.10.8 にその一例を示す．

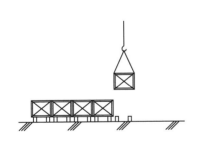 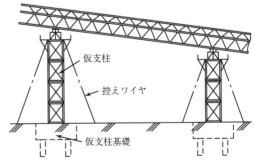

(a) 仮支柱地組　　　　　　　　　　　(b) 仮支柱による大屋根建方

図 4.10.8 大屋根トラス用仮支柱の設置

5章　高力ボルト接合等

5.1　高力ボルト接合部の力学性状

5.1.1　基本事項

　高力ボルト接合は，高強度のボルトを用いて，接合部組立て時にこれを十分締め付けて大きな初期導入張力（初張力または単に導入張力ともいう）を与え，その導入張力による材間圧縮力によって接合部に作用する応力を円滑に伝達する点に力学的な特徴を持つ接合法である．したがって，高力ボルト接合部の設計品質を確保するためには，信頼性のある高強度のボルトの使用，適正な接合面の確保およびバラツキの少ない張力導入が基本となる．これらの点に関する詳細は5.2節以下で述べることとし，ここでは高力ボルト接合部の基本的な力学性状について簡単に述べる．なお，高強度のボルトを用いても所定の初期導入張力を与えない場合には，高力ボルト接合としては扱わない．

　高力ボルト接合には，ボルト軸に直角な方向の作用力を伝達する高力ボルト摩擦接合とボルト軸に平行な方向の作用力を伝達する高力ボルト引張接合（以下，単に摩擦接合または引張接合ということもある）がある．摩擦接合，引張接合とも初期導入張力による材間圧縮力を利用して応力伝達を行う点に変わりはないが，力学的には全く異なった接合法である．高力ボルト摩擦接合は，図5.1.1に示す梁継手に代表されるような接合面内の応力を伝達する接合部に用いられるもので，最も広く利用されている接合法である．高力ボルト引張接合は，図5.1.2に示すような梁端接合部に用いられるスプリットティ接合やエンドプレート接合等の主として梁材の曲げモーメントを受ける形式の接合部や図5.1.3に示すような鋼管部材のフランジ継手などの軸方向力の作用する接合部に用い

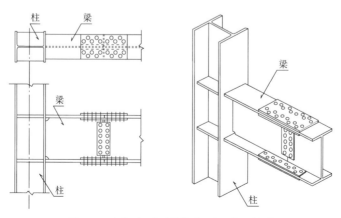

図5.1.1　高力ボルト摩擦接合による梁の継手

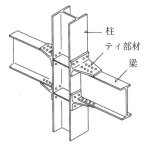
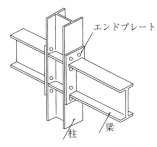

(a) スプリットティ接合　　　　　(b) エンドプレート接合

図 5.1.2 高力ボルト引張接合による梁端接合部

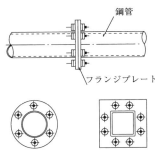
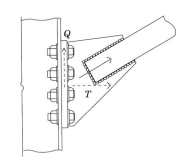

図 5.1.3 鋼管フランジ継手　　　　**図 5.1.4** 筋かい端接合部

られている．図 5.1.4 に示すような筋かい端接合部には，接合面内に作用する応力 Q と接合面に垂直な応力 T とが同時に作用することとなり，引張接合と摩擦接合の両方の性能が必要となる．

5.1.2　高力ボルト摩擦接合

　高力ボルト摩擦接合は，接合面に平行な応力，すなわちボルト軸に直角な応力を伝達するもので，力学的にはせん断形式の接合部の一種である．高力ボルト摩擦接合部の耐荷機構を図 5.1.5 に示す．この接合部では，通常の使用状態においては，そこに作用する応力は，初期導入張力によってボルト孔周辺に生じている大きな材間圧縮力による接合面間の摩擦抵抗によって伝達される．接合部への作用応力がこの摩擦抵抗を超えると，接合部にすべりが生じ，ボルトが孔壁にあたって支圧状態

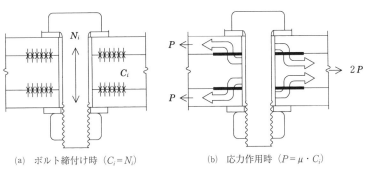

(a) ボルト締付け時 ($C_i = N_i$)　　　(b) 応力作用時 ($P = \mu \cdot C_i$)

図 5.1.5 高力ボルト摩擦接合部の耐荷機構

となり，ボルトには接合面の位置でせん断力が作用することとなるが，この状態でさらに大きな外力に抵抗できる．通常，最終的には接合されている鋼板か高力ボルトが破断して最大耐力に達する．接合部にすべりが生じるまでは，接合部の変形は極めて小さいため（通常0.15〜0.2 mm程度），接合部の剛性は非常に大きい．すべりの生じる荷重をすべり荷重と呼び，これに対応する接合部の耐力をすべり耐力と呼ぶ．通常の使用状態を想定した設計（1次設計）では，接合部への作用応力が接合部のすべり耐力以下になるよう設計することを基本としている．

ボルト1本，1せん断面あたりの摩擦接合部のすべり耐力 R_s は以下のように表される．

$$R_s = \mu \cdot N_i \tag{5.1.1}$$

　　μ：接合面のすべり係数
　　N_i：ボルトの初期導入張力

このすべり耐力は，力学的には摩擦耐力と同じであるが，すべり発生時には作用応力の影響で接合されている鋼板が多少変形することにより，材間圧縮力がボルトの初期導入張力より低下するため，(5.1.1) 式で与えられる値は，物理的には正確な意味での摩擦耐力とは若干異なるので，摩擦耐力とは呼ばずにすべり耐力と呼んでいる．このことと関連して，(5.1.1) 式における μ も摩擦係数と呼ばずにすべり係数と呼んでいる．

一般に，摩擦接合の接合効率を良くしてすべり耐力を向上させるためには，なるべく高強度のボルトを使用して大きな張力を導入すると同時に，できるだけ大きなすべり係数が得られるように接合面に特別な処理を施すことが必要となる．従来の JIS B 1186 では遅れ破壊が危惧された F11T も規格上残っていたが，2013年の改定で削除された．本会編「鋼構造設計規準」では従来より，高力ボルトは F10T を用い，設計用の初期導入張力として，設計ボルト張力 N_0 を採り，すべり係数として 0.45 を採用して，これを設計用のすべり耐力としている．摩擦接合部はせん断形式の接合部であるため，この値をもとに短期許容せん断応力度を定めている．

設計ボルト張力は下式で与えている．

$$N_0 = 0.75\, {_b A_e} \cdot {_b \sigma_{0.2}} \tag{5.1.2}$$

　　${_b A_e}$：高力ボルトのねじ部有効断面積
　　${_b \sigma_{0.2}}$：高力ボルトの0.2％オフセット耐力規格最小値

ここで，${_b A_e} \cdot {_b \sigma_{0.2}}$ は高力ボルトのねじ部の降伏耐力に相当するものである．この設計ボルト張力は，初期導入張力としては実情に比べてかなり低めに設定されているとも考えられるが，この値はあくまで設計用の許容耐力を定めるためのものであるため，ある程度安全側の設定となっている．設計でこの値を採用している以上，施工にあたっては，この値を確実に保証することが必要であり，そのため導入張力のばらつきを考慮して，現場締付けの目標値はこれより高めに定めている．すなわち，施工上の初期導入張力の目標値としては，上記設計ボルト張力の10％増しの値である標準ボルト張力を採ることとしている．高力ボルトの締付け方法には，後述するようにさまざまなものがあるが，いずれも設計ボルト張力を上回る初期導入張力が得られるよう規定されている．

接合部のすべり係数は設計上 0.45 としているが，黒皮面やグラインダ掛けのままの面では 0.3 程度のすべり係数しか得られない．したがって，接合面には，JASS 6 の規定を参照して，適切な摩擦

面処理を行って所定のすべり係数が得られるようにしなければならない．なお，同じような摩擦面処理を施しても，すべり係数はかなり大きなバラツキを示すので，接合面の摩擦面処理にあたっては，この点を考慮して余裕のあるすべり係数が得られるよう配慮する必要がある．

実際の構造物で使われている摩擦接合には，図 5.1.6 に示すように応力を伝達する接合面の数によって 1 面せん断形式の接合部と 2 面せん断形式の接合部があるが，いずれの接合部も接合面の摩擦面処理は，すべての接合面に対して行うことが必要である．

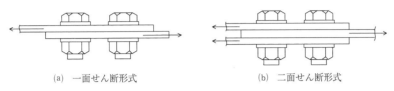

(a) 一面せん断形式　　　(b) 二面せん断形式

図 5.1.6 せん断型接合部

5.1.3 高力ボルト引張接合

高力ボルト引張接合部では，ボルト軸方向の応力の作用によって，初期導入張力により圧縮されていた接合部の鋼板の縮みが元に戻る動きが生じる．作用する応力が大きくなって，この縮み量が 0 になると接合されている鋼板が互いに離れてしまう．この現象を離間という．接合部で離間が生じるまでは，作用応力の大半は鋼板の縮み量を元に戻す働きに費やされ，ボルトに直接作用する分は非常に少ない．その結果，離間以前の接合部の変形は極めて小さく，接合部の剛性は非常に高いものとなる．ちなみに，ボルトに初期導入張力を与えない場合には，接合部では応力の作用した初期の段階から接合されている鋼板が離れた状態にあり，作用応力はすべてボルト軸断面だけで負担しボルトは引張材となり，接合部の変形は大きなものとなるため，接合部の剛性は小さい．このように，引張接合においても，ボルト張力の導入が接合部の性状に与える影響が極めて大きい．高力ボルト引張接合では，離間の生じる荷重を離間荷重，離間荷重に対応する接合部の耐力を離間耐力と呼んでおり，1 次設計においては，作用外力を接合部の離間耐力以下となるように設計することとなっている．

ボルト 1 本あたりの離間耐力は，単純な理論によると初期導入張力と同程度の値となるが，現実の離間現象はかなり複雑であるため，実際には初期導入張力よりやや小さくなっていることが多くの実験により確認されている．したがって，通常は次式に示すように，初期導入張力 N_i の 90 % の値を離間耐力 R_{sep} としている．

$$R_{sep} = 0.9 N_i \tag{5.1.3}$$

本会編「鋼構造設計規準」では，(5.1.3) 式において，N_i として設計ボルト張力 N_0 を採った値をもとに短期許容応力度を定めている．

高力ボルト引張接合でも，上述した応力の伝達機構から明らかなように，接合される材どうしが密着していることが大切である．したがって，部材製作時には，接合面を平滑にすることに注意し，接合部組立の際に，接合面が全面で密着していることを確認してボルトを締め付ける必要がある．

エンドプレート接合部やフランジ継手などで，引張力を受ける面に溶接をする場合は，溶接によって接合面にひずみが生じ，平滑さが損なわれることがあるので，注意が必要である．引張接合では，接合面の表面処理状態は直接離間耐力とは関係はないが，図5.1.2や図5.1.4に見るとおり，実際の接合部では純粋に引張力だけが作用することは少なく，同時にせん断力も作用することが多いので，引張接合部でも通常の摩擦接合と同様の摩擦面処理を施しておくことが必要である．

5.2 高力ボルト

5.2.1 高力ボルトの種類

現在，実用に供されている高力ボルトのセットの種類には次のものがあるが，トルシア形高力ボルトが主流となっている．

（1） トルシア形高力ボルト（JSS Ⅱ 09 日本鋼構造協会規格　構造用トルシア形高力ボルト・六角ナット・平座金のセット）

トルシア形高力ボルトは特殊高力ボルトのうちの一つである．高力六角ボルト以外の形状・寸法を有するもの，あるいはボルト・ナットもしくは座金に独自の張力導入機構を備えた高力ボルトのセットを特殊高力ボルトといい，トルシア形以外にもグリップ形等いくつかある．いずれも高力六角ボルトではないのでJIS B 1186規格品と同等以上の性能があることの国土交通大臣の認定が必要であり，それらの使用に際してはそれぞれに対して定められた施工方法に従うことが大切である．

（2） 高力六角ボルト（JIS B 1186 摩擦接合用高力六角ボルト・六角ナット・平座金のセット）

高力六角ボルトはJIS B 1186に規定された形状・寸法・機械的性質を満足する高力ボルトのことであり，強度系列によりF8T，F10Tに分類されるが，建築分野ではF10T（2種）の等級のものを用いるのを原則としている．

（3） 溶融亜鉛めっき高力ボルト

溶融亜鉛めっき高力ボルトは国土交通大臣の認定が必要な「溶融亜鉛めっき高力ボルト接合」の工法において使用が認められた高力ボルトであり，現在は六角ボルトでF8T（1種）の等級のものが認められている．なお，本工法については「工場製作編」の7章に詳述する．

（4） トルシア形超高力ボルト（国土交通大臣認定　トルシア形超高力ボルト，六角ナット，平座金のセット）

トルシア形超高力ボルトは，国土交通大臣認定を取得したF14T級の超高力ボルトである．高い耐遅れ破壊性能をもつ鋼材に，応力集中を緩和できるボルト形状，ねじ形状を用いて導入張力を高めたもので，締付けの原理は一般のトルシア形高力ボルトに準じる．

これらの高力ボルトの概要をとりまとめると表5.2.1となる．

5.2.2 潤滑処理

ボルト・ナット・座金の表面処理には，防せい（錆）を目的とするものとトルク係数値の安定を目的とするものがありその種類も多いが，現在一般的に，ボルト・座金には1次防せいの観点から

表 5.2.1 高力ボルトの種類と締付け方法

種　類	トルシア形高力ボルト	高力六角ボルト		溶融亜鉛めっき高力ボルト	トルシア形超高力ボルト
規　格	日本鋼構造協会規格 JSS Ⅱ 09	JIS B 1186		—	—
認　定	建築基準法第37条に基づく国土交通大臣の「ボルトセット」の認定	経済産業大臣によるJIS表示認定工場		建築基準法第37条に基づく国土交通大臣の「ボルトセット」の認定	建築基準法第37条に基づく国土交通大臣認定の「ボルトセット」の認定
セットの組合せ	ボルト1, ナット1, 座金1	ボルト1, ナット1, 座金2		ボルト1, ナット1, 座金2	ボルト1, ナット1, 座金1
ボルトの機械的性質による等級	S10T（F10T 強度に同じ）	F8T, F10T		F8T	F14T 級
トルク係数値による種類	0.110〜0.170 程度（トルシア形高力ボルトの種類は定義されていないので）	A （0.110〜0.150） B （0.150〜0.190）		A （0.110〜0.150）	0.1〜0.170 程度
締付け方法	ピンテール破断による締付け（原理はトルクコントロール法）	ナット回転法	トルクコントロール法	ナット回転法	ピンテール破断による締付け（原理はトルクコントロール法）

鉱油を主体とした防せい油が，ナットにはトルク係数値の安定という点から油もしくはワックス系の潤滑処理が施されている．

5.2.3　トルシア形高力ボルト

トルシア形高力ボルトは，ボルトのねじ部先端に設けられた破断溝から外に突出する12角の部分（ピンテール）に締付けトルクの反力をとり，破断溝が捻り破断するまでトルクを加えることによって締付けトルクを確保し，これにより所定の導入張力が得られるように工夫されたボルトである．トルシア形高力ボルトのセットは，日本鋼構造協会規格 JSS Ⅱ 09（構造用トルシア形高力ボルト・六角ナット・平座金のセット）に適合し，国土交通大臣の認定を受けたものを用いる．

JSS Ⅱ 09 に規定されたボルトセットの構成を表 5.2.2 に示す．

表 5.2.2 トルシア形高力ボルトのセットの構成

セットの構成部品	ボルト	ナット	座　金
機械的性質による等級	S10T	F10	F35

トルシア形高力ボルトのセットは，トルシア形高力ボルト1個，高力六角ナット1個，高力平座金1個で構成される．JSS Ⅱ 09 においては寸法・機械的性質に加え，セットとしての性能である締付け軸力（導入張力）が規定されている．

（1）　構成部品の機械的性質

ボルトの機械的性質は，ボルト製品から採取した4号試験片（JIS Z 2241 金属材料引張試験方法）および製品について試験したとき，それぞれ表 5.2.3，表 5.2.4 の規定値に適合しなければならない．

表 5.2.3 試験片の機械的性質

ボルトの機械的性質による等級	耐　力 (N/mm^2)	引張強さ (N/mm^2)	伸　び （％）	絞　り （％）
S10T	900 以上	1 000〜1 200	14 以上	40 以上

表 5.2.4　製品の機械的性質

ボルトの機械的性質による等級	引張荷重（最小）(kN)						硬さ
	ねじの呼び						
	M 16	M 20	M 22	M 24	M 27	M 30	
S10T	157	245	303	353	459	561	27～38 HRC

［備考］　ボルト製品の引張試験を行ったものについては，受渡当事者間の協定によって，硬さ試験を省略することができる．

これらの規格値で耐力という表示になっているのは，熱処理を施した高張力鋼では通常，降伏点の判定が困難な場合が多いため，図 5.2.1 に示すように応力－ひずみ曲線の 0.2％永久伸びの値を降伏点に代わる値としており，これを耐力と表示しているためである．

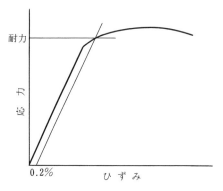

図 5.2.1　応力－ひずみ曲線

ナットの機械的性質は，製品について試験したとき，表 5.2.5 の規定に適合しなければならない．

表 5.2.5　ナットの機械的性質（JIS B 1186）

ナットの機械的性質による等級	硬さ		保証荷重
	最　小	最　大	
F10	20 HRC	35 HRC	表 5.2.4 のボルトの引張荷重（最小）に同じ

座金の機械的性質は，製品について試験したとき，表 5.2.6 の規定に適合しなければならない．

表 5.2.6　座金の機械的性質（JIS B 1186）

座金の機械的性質による等級	硬さ
F35	35～45 HRC

（2）セットの導入張力
　① 常温時のセットの導入張力
　　常温（10℃～30℃）時におけるトルシア形高力ボルトの導入張力は，セットについて試験したとき，表 5.2.7 の規定に適合しなければならない．

表5.2.7 常温におけるトルシア形高力ボルトの導入張力

(単位：kN)

ねじの呼び	1製造ロットのセットの導入張力の平均値	1製造ロットのセットの導入張力の標準偏差
M 16	110〜133	8.5 以下
M 20	172〜207	13 以下
M 22	212〜256	16 以下
M 24	247〜298	19 以下
M 27	322〜388	24 以下
M 30	394〜474	30 以下

② セットの導入張力の温度依存性

常温を除く0℃から60℃の範囲におけるトルシア形高力ボルトの導入張力は，セットについて試験したとき，表5.2.8の規定に適合しなければならない．

表5.2.8 常温を除く0℃から60℃の範囲におけるトルシア形高力ボルトの導入張力

(単位：kN)

ねじの呼び	1製造ロットのセットの導入張力の平均値
M 16	106〜139
M 20	165〜217
M 22	205〜268
M 24	238〜312
M 27	310〜406
M 30	379〜496

トルシア形高力ボルトの締付け原理はトルクコントロール法であり，締付けトルク（＝破断溝の破断トルク）とボルト張力との間には（5.2.1）式が成立する．

$$T_r = k \cdot d_1 \cdot N \tag{5.2.1}$$

ここに，T_r：締付けトルク（N・m）

k：トルク係数値

d_1：ボルトのねじ外径の基本寸法（mm）

N：ボルト張力（kN）

上式において，ボルトのねじ外径の基本寸法d_1は一定である．しかしトルク係数値kは，ナット表面処理その他の相異によりボルトメーカー間で異なっているため，各社それぞれ適切な破断溝の径を設定することで一定の張力を得るようになっている．

また一般にボルトの破断溝の径の精度は非常に高いため，締付けトルクの変動はきわめて少ない．（5.2.1）式において，締付けトルクT_r，ボルトのねじ外径d_1は一定であるから，何らかの要因によりトルク係数値kが変動した場合，ボルト張力Nもその影響を受けて変動することとなる．すなわち，トルク係数値kの値が大きくなった場合にはボルト張力Nは低下し，逆に小さくなるとボルト張力Nは上昇する．

（3） トルシア形高力ボルトの長さ

トルシア形高力ボルトの長さは，JIS B 1186 の付表 1「基準寸法」に準じて，5 mm ピッチで製造されている〔表 5.2.13 参照〕．

5.2.4 高力六角ボルト

高力六角ボルトのセットは，高力六角ボルト 1 個，高力六角ナット 1 個，高力平座金 2 個で構成される．JIS B 1186（摩擦接合用高力六角ボルト・六角ナット・平座金のセット）においては寸法・機械的性質に加え，セットとしての性能であるトルク係数値が規定されている．

（1） 構成部品の機械的性質

ボルトの機械的性質は，ボルト製品から採取した 4 号試験片（JIS Z 2241 金属材料引張試験方法）および製品について試験したとき，それぞれ表 5.2.9，表 5.2.10 の規定値に適合しなければならない．

表 5.2.9 試験片の機械的性質（JIS B 1186）

ボルトの機械的性質による等級	耐力 (N/mm^2)	引張強さ (N/mm^2)	伸び (%)	絞り (%)
F10T	900 以上	1 000〜1 200	14 以上	40 以上

表 5.2.10 製品の機械的性質（JIS B 1186）

ボルトの機械的性質による等級	引張荷重（最小）(kN) ねじの呼び							硬さ
	M 12	M 16	M 20	M 22	M 24	M 27	M 30	
F10T	85	157	245	303	353	459	561	27〜38 HRC

［備考］ ボルト製品の引張試験を行ったものについては，受渡当事者間の協定によって，硬さ試験を省略することができる．

ナットの機械的性質は，製品について試験したとき，表 5.2.5 の規定に適合しなければならない．
座金の機械的性質は，製品について試験したとき，表 5.2.6 の規定に適合しなければならない．

（2） トルク係数値

高力ボルトのセットとしての品質特性は，トルク係数値（k）で表される．JIS B 1186 では，トルク係数値とは，ナットを回転させるトルク（T）とボルト張力（N）とを関係づける値で（5.2.2）式により算定する．

$$k = T/(d_1 \cdot N) \tag{5.2.2}$$

ここに，k：トルク係数値
　　　　T：トルク（ナットを締め付けるモーメント）（N・m）
　　　　d_1：ボルトのねじ外径の基本寸法（mm）
　　　　N：ボルト張力（kN）

表 5.2.11　セットのトルク係数値（JIS B 1186）

区　　分	トルク係数値によるセットの種類	
	A	B
1製造ロットのトルク係数値の平均値	0.110〜0.150	0.150〜0.190
1製造ロットのトルク係数値の標準偏差	0.010 以下	0.013 以下

　トルク係数値のA種，B種の違いは，ナットや座金の表面処理の違いによるものである．A種の高力ボルトのセットでは，一般にナットに表面潤滑処理を施してトルク係数値を低くするとともに安定させようとしている．表面潤滑処理の中には，一定の温度のもとではトルク係数値のばらつきも小さく安定した傾向を示すが，温度条件が変化するとトルク係数値が変動するものもある．これは，トルシア形高力ボルトを含めトルクコントロール法によってボルトの締付けを行う場合の基本条件にかかわることであり，十分留意しておく必要がある．現在ではワックス系を初めとしてトルク係数値の温度依存性の少ない処理が種々開発されており，独自の処理を行っているメーカーも多い．B種の高力ボルトのセットは防せい油塗布のままで，特に表面潤滑処理は施されていないのが普通である．

　トルク係数値はA種のほうがB種より小さい締付けトルクで規定の張力が導入できるため，現在多くの高力ボルトメーカーはボルトの等級・ねじの呼びにより，表 5.2.12 を標準に製造しているのが普通である．すなわち太径のものは小さなトルクで締付け可能なようにしている．

表 5.2.12　ねじの呼びに対するトルク係数値の製造状況の例

ボルトの機械的性質による等級	ねじの呼び	トルク係数値によるセットの種類
F10T	M 12	B
	M 16・M 20	A，B
	M 22・M 24・M 27・M 30	A

（3）ボルトの長さ

ボルトの長さは，JIS B 1186 の表7の基準寸法により 5 mm ピッチで製造されている．

表 5.2.13　標準製品の首下長さ

ねじの呼び	首下長さ（mm）		備　　考
	最　小	最　大	
M 12	30	95	最小，最大長さの間 5 mm きざみで生産
M 16	40	120	
M 20	45	140	
M 22	50	160	
M 24	55	180	
M 27	60	200	
M 30	75	220	

［注］　上記以外の首下長さの製品についても注文により製造される．

5.2.5 トルシア形超高力ボルト

トルシア形超高力ボルトは耐遅れ破壊に優れた素材や応力集中を緩和できるボルト形状，ねじ形状を用いて新しく開発された高力ボルトで，F10T の約 1.4 倍の耐力を有している．トルシア形超高力ボルトのセットは国土交通大臣の認定を受けたものを用いる．ボルトセットの構成を表 5.2.14 に示す．

表 5.2.14 トルシア形超高力ボルトの機械的性質による等級

セットの構成部品	ボルト	ナット	座金
機械的性質による等級	F14T 級[*1]	……[*2]	……[*2]

*1 引張強さ 1 400～1 490 N/mm^2　耐力 1 260 N/mm^2 以上を有するボルト
*2 ナット，座金の規格はメーカーによる

トルシア形超高力ボルトのセットは，トルシア形高力ボルト 1 個，超高力六角ナット 1 個，高力平座金 1 個で構成される．寸法，機械的性質に加えセットとしての性能である導入張力が規定されている．

（1）構成部品の機械的性質

ボルトの機械的性質は，ボルト製品から採取した 4 号試験片（JIS Z 2241 金属材料引張試験方法）および製品について試験したとき，それぞれ表 5.2.15，表 5.2.16 の規定値に適合しなくてはならない．

表 5.2.15 試験片の機械的性質

ボルトの機械的性質による等級	耐力 (N/mm^2)	引張強さ (N/mm^2)	伸び (％)	絞り (％)
F14T 級	1 260	1 400～1 490	14 以上	40 以上

表 5.2.16 製品の機械的性質

ボルトの機械的性質による等級	引張荷重（最小）(kN)				硬さ
	ねじの呼び				
	M 16	M 20	M 22	M 24	
F14T 級	229	359	442	516	39～47

（2）構成部品の機械的性質

① 常温時のセットの導入張力

常温（10℃～30℃）時におけるトルシア形超高力ボルトの導入張力は，セットについて試験したとき，表 5.2.17 の規定に適合しなくてはならない．

表 5.2.17　トルシア形超高力ボルトのセットの構成

(単位：kN)

ねじの呼び	1製造ロットのセットの導入張力の平均値
M 16	161〜193
M 20	252〜302
M 22	311〜373
M 24	363〜435

② 常温時以外のセットの導入張力

常温以外を除く0℃から60℃の範囲におけるトルシア形超高力ボルトの導入張力は，セットについて試験したとき，表5.2.18の規定に適合しなくてはならない．

表 5.2.18　トルシア形超高力ボルトのセットの構成

(単位：kN)

ねじの呼び	1製造ロットのセットの導入張力の平均値
M 16	155〜203
M 20	242〜317
M 22	299〜391
M 24	349〜457

（3）　トルシア形超高力ボルトの長さ

トルシア形超高力ボルトの長さは，JIS B 1186の表7「基準寸法」に準じて，5mmピッチで製造されている〔表5.2.13参照〕．

（4）　使用時の注意点

トルシア形超高力ボルトの使用は屋内に限定する．

5.2.6　高力ボルトの品質

高力六角ボルトはJIS表示認定工場で，また，トルシア形高力ボルトはJISマーク表示認証工場もしくは，それと同等以上の品質管理能力をもつ工場で製造されており，ボルトセットの品質はX-R管理図などの品質管理データと，製造ロットごとの社内検査によって管理されている．

JSS Ⅱ 09の規格に基づいて建築基準法第37条の規定により国土交通大臣の認定を受けているメーカー（平成28年8月現在）を表5.2.19に示す．

また，平成28年8月現在のJISマーク表示認証工場は，表5.2.20のとおりである．JISマーク表示認証工場の製品には，ボルト頭部にJISマークが浮き出し，または刻印で表示されている．表示の一例を図5.2.2に示す．

表 5.2.19 建築基準法第 37 条に基づくトルシア形高力ボルトの認定取得会社（例）

高力ボルト協会より（2016.8 月現在）

製 造 会 社	商 品 名	製 造 工 場	認 定 月 日 国住指 No.	認 定 番 号
日鐵住金ボルテン株式会社	高力 TC ボルト	本社工場	平成 26 年 3 月 28 日 国住指第 4491 号	MBLT-0125
		行橋工場	平成 24 年 1 月 30 日 国住指第 788 号	MBLT-0100
神鋼ボルト株式会社	神鋼トルコンボルト	本社工場	平成 26 年 1 月 31 日 国住指第 3863 号	MBLT-0118
日本ファスナー工業株式会社	JFE トルクボルト	日野工場	平成 28 年 3 月 10 日 国住指第 3729-1 号	MBLT-0165
日亜鋼業株式会社	サントルクボルト	茨城工場	平成 20 年 5 月 15 日 国住指第 4477 号	MBLT-0081
		滋賀ボルト（株）	平成 20 年 5 月 15 日 国住指第 4478 号	MBLT-0082
帝国製鋲株式会社	SS ボルト	築港工場	平成 14 年 5 月 7 日 国住指第 283 号	MBLT-9007
ユニタイト株式会社	UNY トルシアボルト	本社工場	平成 15 年 10 月 31 日 国住指第 2604 号	MBLT-0036
			平成 24 年 3 月 27 日 国住指第 3297-1 号	MBLT-0103
月盛工業株式会社	TM トルシアボルト	本社工場	平成 28 年 4 月 25 日 国住指第 4382 号	MBLT-0166

表 5.2.20 高力六角ボルトのセット JIS マーク表示認証工場

会社・工場名	住　所	認 証 日	認定番号
日鐵住金ボルテン（株）		平成 20 年 5 月 20 日	QA0808003
本社工場	大阪市住之江区緑木 1-4-16		
行橋工場	福岡県行橋市西泉 4-3-2		
神鋼ボルト（株）	千葉県市川市二俣新町 17	平成 23 年 5 月 31 日	QA0311001
日本ファスナー工業（株）		平成 20 年 10 月 29 日	JQ0508172
本社工場	大阪市鶴見区今津北 4-7-18		
日野工場	滋賀県蒲生郡日野町北脇日野第 2 工業団地 1-4		
日亜鋼業（株）		平成 18 年 9 月 27 日	JQ0508005
茨城工場	北茨城市中郷町日棚 1471 番地 27		
滋賀ボルト（株）	滋賀県甲賀市土山町南土山乙 423		
帝国製鋲（株）　築港工場	大阪市港区海岸通り 3-2-21	平成 20 年 2 月 12 日	JQ0507039
ユニタイト（株）　本社工場	神戸市西区高塚台 3-2-1	平成 20 年 9 月 30 日	JQ0508149
滋賀ボルト（株）	滋賀県甲賀市土山町南土山乙 423	平成 20 年 9 月 30 日	JQ0508148
月盛工業（株）	大阪府八尾市竹淵西 5-6	平成 20 年 6 月 24 日	JQ0507038

高力ボルト協会より（2016.8 月現在）

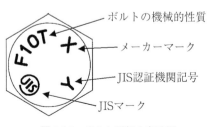

図 5.2.2 ボルト頭部の表示例

5.3 高力ボルトセットの取扱い

5.3.1 工事現場への搬入

　工事現場へ搬入される高力ボルトの荷姿は，木製パレットに段ボール箱が積載された状態が多いが，トラックの荷台に直接段ボール箱が積載された状態もある．パレット積みの場合は，搬入時の荷おろしやその後の運搬にクレーン等の運搬設備を使用してパレット単位で移動し，段ボール箱が破損しないよう注意する．

　トラックの荷台へ直置きの場合は，やむを得ず現場作業者が段ボール箱を手で運ぶことになり，段ボール箱を破損する機会が多くなるので取扱いには十分注意が必要である．特に段ボール箱の投げ落としは厳禁である．

　段ボール箱の投げ落とし行為は，段ボール箱を破損するだけでなく衝撃によりボルトねじ部にきずがつく．また，破損した段ボール箱は，その後の保管状態によっては破損個所から雨水，夜露や塵あいが入ることがある．これらが原因で発生したさびや塵あいあるいは打こんが影響して高力ボルトセットのトルク係数値を変動させるため適正な導入張力が得られなくなることがある．

5.3.2 工事現場での受入れ

　高力ボルトのセットは，通常，段ボール箱にボルト，ナットおよび座金がセットの状態で包装されており，箱の外側には規定事項[注1]が表示されている．

　高力ボルトの受入れに際して，施工者はこれらの規定事項が発注明細と一致しているか，納入数量に過不足はないか，荷姿・外観に異常は認められないか等を確認する．

　高力六角ボルトの場合は，JISマーク表示認証工場の製品，トルシア形高力ボルトの場合は国土交通大臣の認定を取得したボルトメーカーの製品であれば製造工程内品質が安定しているので品質上問題がないと考えてよく，高力ボルトの品質確認は，メーカーが発行する規格品証明書（社内検査成績書）の確認でよい．したがって，荷姿，外観に異常がなく，発注明細の内容と製品が一致すればその製品は受け入れてよい．ボルトの製造メーカーが認定工場でない場合は，その製品を受け入れてはならない．

　受入れの際，荷姿，外観に異常がある場合，例えば段ボール箱が破損している場合は，前節で述べたようにボルトに品質異常が発生していることが予想されるため，開こんして中のボルトを確認する必要がある．ボルトに打こんが付いていたり，さびが発生していたり，あるいは塵あいが付着している場合は，ボルトメーカーと協議して新品と交換するか，導入張力の確認試験を実施して品質上問題がないことを確認する．

　一般に高力ボルトのセットは，保管が適正であれば製造後3年程度の間，品質劣化はしないとさ

[注1] 高力ボルトの規定事項とは，a．規格の名称，b．セットの機械的性質による等級，c．トルク係数値によるセットの種類（高力六角ボルトのみ），d．ねじの呼び×ボルトの長さ，e．数量，f．製造業者名または登録商標，g．セットの製造ロット番号，h．セットの検査年月をいう．

れている.

溶融亜鉛めっき高力ボルトに関しては,「工場製作編」の7章を参照されたい.

5.3.3 工事現場での保管

　高力ボルトは,種類,径,長さ,ロット番号ごとに区分し,同種類のボルトをまとめて保管するとよい.これは,現場作業の効率向上と寸法違いの高力ボルトを部材に取り付けることにより,ボルトの余長や遊びねじ長さが不足し,ボルトの締結性能を低下させたり,作業の終盤でボルトの数が過不足となったりすることへの防止にもつながる.

　保管場所は,高力ボルトの特性上,雨水,夜露やじん(塵)あいなどが付着せず,温度変化の少ない適切な場所が好ましいので,可能であれば専用の保管倉庫(コンテナ等)を設置するのがもっともよい〔写真5.3.1〕.

　小規模な建築現場で専用の保管倉庫を設置できない場合でも,可能な限り現場事務所棟の一部に保管する等,屋内保管に努めるのが原則である.万一これもできない場合は,地面または床面への直置きを避けパレットを敷くか,それ以上高い角材を敷いた上にボルトの入った段ボール箱を置き,その上から防水シートで覆う等の養生が必要である.ただし,この方法は,長期にわたると水濡れのおそれがあるので注意が必要となる〔写真5.3.2〕.

　これら工事現場での保管は,前述のように使用にあたって取り出しが容易なように整理するとともに,包装している箱の強度も考慮して積み上げる段数を4～5段以下にして保管する配慮も必要である.

　保管場所から高力ボルトを持ち出す場合は,使用する当日の必要最小限度の数量にとどめる.工事の都合で,その日のうちに使い切らない場合は,作業現場に放置することなく,整理のうえ,元の保管場所に戻しておくことは,雨水,夜露やじんあいの付着を予防し,高力ボルトセットの品質を維持するために必要な処置である.

写真5.3.1 コンテナを用いた保管倉庫

写真5.3.2 工事現場内での保管状況

5.3.4 高力ボルトの品質確認

　高力ボルトの品質に関しては5.2.6「高力ボルトの品質」で前述されているように，高力六角ボルトはJISマーク表示認証工場で，トルシア形高力ボルトはJISマーク表示認証工場もしくは，それと同等以上の品質管理能力をもつ工場で製造されており，ボルトセットの品質はX-R管理図などの品質管理データと，製造ロットごとの社内検査によって管理されている．したがって，上記の工場から出荷され未開封のまま現場へ搬入され，適切に受け入れ・保管された高力ボルトについては，特別な品質確認は行わなくてよい．しかし，製造工場に疑問のある高力ボルト，社内検査成績書を紛失した高力ボルト，何らかの事情により長期間保管された高力ボルトなどを用いようとする場合は，工事着手前に高力ボルトの品質確認のための試験を行うべきである．

　トルシア形高力ボルトの品質には構成部品の機械的性質とセットの導入張力が規定されており，高力六角ボルトの品質には構成部品の機械的性質とトルク係数値が規定されている．したがって，試験内容としてはトルシア形高力ボルトの場合は導入張力確認試験，高力六角ボルトの場合はトルク係数値試験が適している．機械的性質そのものも確認しようとする場合は機械的性質確認試験を行う．

（1）　トルシア形高力ボルトの導入張力確認試験

　トルシア形高力ボルトを用いる場合の導入張力確認試験のフローチャートを図5.3.1に示す．

　導入張力確認試験にあたっては，ねじの呼びごとに代表的なロットを定め，それらのロットから任意に各5セットのボルトを取り出し，それらを軸力計に取り付けて締付けを行い，導入張力の測定を行う．この場合も締付けの手順は，1次締め，マーキング，本締めとする．代表ロットの選定は，原則として，ボルトメーカーごとのねじの呼びごとに全納入ロットを1施工ロットとして，その全ロットの中から1ロットを抽出する．

　試験時の温度が常温（10℃から30℃）である場合には，測定された5セットの導入張力の平均値が表5.2.7に示す規定値の中にはいっているか否かを検討する．試験時の温度が常温以外で0℃から60℃の間である場合は，導入張力の平均値の検討には表5.2.8に示す規定値を用いる．測定値の平均値が規定値の中に入っていれば，その施工ロットのすべてのボルトは正常であると判断する．

　もし，測定値の平均値がこの規定値の中に入っていない場合には，同一ロットから新たに10セットのボルトを任意に取り出して，改めて導入張力確認試験を行う．この場合のロットの適否の判定は，前に行った測定結果とは無関係に，この新たに試験した10セットのボルト張力に関する測定値のみで行う．この場合も10セットの測定値の平均値を求め，その平均値が上記の規定値を満足するか否かで判断する．もし，この平均値が規定値を満足しない場合には，そのボルトは所定の品質を満たしていないと判断されるので工事で使用してはならない．ボルトメーカーと連絡をとるなどして原因を究明し，適切な対応をする必要がある．

　なお，以上の試験において，ボルトの適否の判定を行うデータは測定値の平均値であり，個々のデータが規定値を多少はずれていても問題はないのでこの点は注意が必要である．

（2）　高力六角ボルトのトルク係数値試験

　この試験では，5セットのボルトについて標準ボルト張力が得られるまでダイヤル式のトルクレンチを用いて軸力計を徐々に締め付け，その間の表5.3.1に示すボルト張力の範囲内の三段階のボル

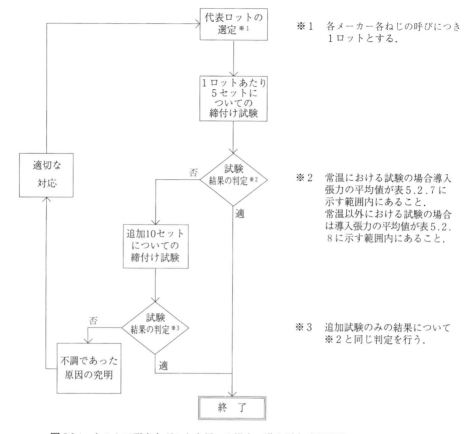

図 5.3.1 トルシア形高力ボルトを用いる場合の導入張力確認試験のフローチャート

表 5.3.1 トルク係数値試験におけるトルク係数値測定のためのボルト張力の範囲

ボルトの等級	ボルトの張力 (kN)						
	M 12	M 16	M 20	M 22	M 24	M 27	M 30
F10T	53.1〜72.1	98.7〜134	154〜209	191〜259	222〜301	289〜392	353〜480

ト張力レベルにおいて，ボルト張力と締付けトルクの関係を求め，その結果からトルク係数値を求めて，社内検査成績書の値と比較し，さらにバラツキを検討する．得られたトルク係数値が社内検査成績書に記載された値と異なっていても，バラツキが少ない場合は，得られたトルク係数値をそのロットのトルク係数値とし，締付け工事で使用すればよい．トルクのバラツキが大きく，ボルトが異常であると判明した場合は，そのボルトは所定の品質を満たしていないと判断されるので，工事で使用してはならない．

(3) 軸力計を用いる際の留意事項

前述のトルシア形高力ボルトの導入張力確認試験や高力六角ボルトのトルク係数値の確認試験に加え，高力六角ボルトをトルクコントロール法で締め付ける場合のキャリブレーション試験などのために用いられるものに，油圧式の軸力計〔写真 5.3.3〕やロードセルを用いて電気的に検出する軸

写真 5.3.3 油圧式軸力計の例

力計がある．この種の軸力計の指示目盛の間隔は粗く誤差範囲も3％と大きいので，高力六角ボルトのトルク係数値の確認試験およびトルシア形高力ボルトの導入張力確認試験で要求している軸力計（測定軸力の1％以下の目量，器差は測定軸力の値の範囲内で各目盛の示す値の2％以下，高力ボルトメーカーなど工場ではこの値が用いられている）としては性能的には不適当である．しかし，工事現場で簡便に用いることができることと，他に適当なものが見当たらないこともあって，今でも用いられている．

また，最近油圧式の同形のもので，本体重量が従来品と比べ約半減されたものが開発されている．軸力計は検定を行い，誤差範囲の精度が±3％以内であるように整備しておかなければならない．この種の軸力計は（特に油圧式），実際の部材とはばね定数が異なるため，導入張力確認試験・トルク係数値の確認試験には用いてよいが，ナット回転角とボルト張力の関係を調べる目的に使用しても適正な値が得られない．

試験に用いる軸力計は，定期的に公的機関，機器メーカー，ボルトメーカー等で検定したものでなければならない．軸力計を締め付けるのに適正なボルトの首下長さは，表5.3.2に示すとおりであり，工事で使用するボルトの首下長さがこの範囲にない場合には，ボルト発注の際に確認作業用のボルトを同時に発注し，これらのボルトを用いることになる．

導入張力確認試験の際に，ボルト・座金の共回り，ボルト回りなどが生じると正確な導入張力が得られないので，このような事態を防止するために，軸力計の座面にブラスト処理した座板を用い

表 5.3.2 締付け試験に適正な首下長さ

(単位：mm)

ボルトの種類	M 16	M 20	M 22	M 24
高力六角ボルト トルシア形高力ボルト	65, 70	75, 80	80, 85	85, 90

るか，チョークを塗るなどの処置をしておくとよい．

導入張力確認試験は工事現場で行うのが原則であるが，鉄骨の製作工場など工事現場以外で行っても構わない．ただし，その際には，締付け工事関係者の立会を必要とする．

高力六角ボルトをナット回転法で締め付ける場合には，張力の軸力計を用いた確認試験は無意味である．その理由は軸力計のボルトを締め付ける部分と実際に締め付ける接合部の鋼板とではばね常数，すなわちボルトを締め付けたときの縮み量が大幅に異なっているので，軸力計を使ってナット回転法による締付けを行っても，設定したナット回転角に対応する正しい導入張力が得られないため，導入張力の確認はできないからである．

(4) 機械的性質試験

長期保管されたなど高力ボルトの機械的性質に影響を及ぼさない要因による品質確認のための機械的性質試験は行わなくてよい．

実工事においてトルシア形高力ボルトをトルシア形締付け専用電動レンチで締付け中に，まれにピンテール破断溝部が破断しないうちにボルトねじ部や軸部がねじ切れする現象が生じる場合がある．

このようなボルトのねじ切れ現象は，主に，部材外面の表面状態がさび止め塗装面，グラインダ掛けのままの面，ブラスト掛けが不足している面，水濡れしている面などの場合やボルト・ナット・座金の組合せが共回りしやすいセットの場合に，ナットが正常に回転しないでボルトの軸回りやナットと座金が共回りするために生じることがあるが，セットを構成するボルト・ナット・座金の機械的性質に異常がある場合にも生じることが考えられるので，このような場合には機械的性質試験を行うのがよい．

高力ボルトの機械的性質を調べる場合には，硬さ試験と引張試験を行う．ボルトは，異常があった製品とそのロットの製品について硬さ試験と引張試験を行い，ナットと座金は異常があった製品とそのロットの製品について硬さ試験を行う．

硬さ試験は，ロックウェル硬さ試験機を用いて行い，試験および測定方法はボルト，ナットおよび座金の製品について JIS B 1186 の規定に準拠して試験する．さらに，ボルトの軸部やねじ部の断面（中心部（$1/2d$ 部）・$1/4d$ 部など）の硬さを測定することにより，ボルトの中心部まで均一な機械的性質になっているかどうかを判定することができる．

引張試験は，引張試験機を用いて行い，試験および測定方法はボルト製品から削り出した引張試験片およびボルト製品について JIS B 1186 の規定に準拠して試験する．

機械的性質の異常は，熱処理が正常に行われていない場合に生じることがある．ボルト，ナットや座金の硬さ，ボルトの引張強さなど機械的性質に異常が認められる場合は，そのセットのロットは所定の品質を満たしていないと判断されるので正常な製品と取り替えるなどの処置をする．

5.4 接合部の組立て

5.4.1 高力ボルトの長さの選定

(1) トルシア形高力ボルト

トルシア形高力ボルト，高力六角ボルトともに適切な首下長さを選定しなければ，長さの過不足による締付け不良や，鉄骨面からの突出量が過大となって施工上の安全性や耐火被覆の取付けに重大な支障となる場合がある．

トルシア形高力ボルトはボルト頭が丸形で頭側に座金を使用しないため，ボルトの首下長さは高力六角ボルトに対し 5 mm 短いものとなる．締付け長さに対する首下長さは，締付け長さに表 5.4.1 の長さを加えたものを標準とし，JSS Ⅱ 09 の表 8 の呼び長さの基準寸法のうちから最も近いものを選定する．なお，長さが 5 mm 単位とならない場合は，2 捨 3 入または 7 捨 8 入とする．

これ以上に長いボルトを用いると，遊びねじ長さ〔ナットの座裏からボルト頭側へ残されたボルトねじ部の長さ：図 5.4.1 参照〕が短くなり，ボルトねじ部から円筒部へかけての応力集中度が高まる結果，ボルトの延性を低下させる傾向となるので避けることとする．ただし，摩擦接合の場合はこの点はほとんど問題とならないので，ナットのねじ部にボルトの不完全ねじ部がかからないこと，および，締付け後のボルトの余長がねじ 1～6 山の範囲にあることを確認した場合には，規定値より 5 mm 長い首下寸法のボルトを選定してもよい．引張接合の場合は規定の首下長さのボルトを選定する．なお，規定以上に短いボルトは，締付け時にボルトねじ山の強度が不足して，ねじ抜けを起こすことがあるので使用してはならない．

表 5.4.1 トルシア形高力ボルトにおける締付け長さに加える長さ

(単位：mm)

ねじの呼び	締付け長さに加える長さ
M 16	25
M 20	30
M 22	35
M 24	40
M 27	45
M 30	50

(2) 高力六角ボルト

部材の接合に用いるボルトの長さは，JIS B 1186 による首下長さで表し，締付け長さ（締め付けられる材の総厚さ）に表 5.4.2 に示す長さを加えたものを標準とする．ボルト長さは，JIS B 1186 の表 7 の呼び長さの基準寸法により 5 mm ピッチで製造されているため，実務上は上記算出寸法に最も近いもの，すなわち 2 捨 3 入または 7 捨 8 入した長さのボルトを選定する．

表 5.4.2 に示した締付け長さに加える長さは，ナット 1 個の高さに座金 2 枚の厚さとボルトのねじ 3 山程度の余長を加えた値を計算して丸めたものであり，結果的には，JIS B 1186 の表 7 に示され

表 5.4.2 高力六角ボルトにおける締付け長さに加える長さの標準

(単位：mm)

ねじの呼び	締付け長さに加える長さ
M 12	25
M 16	30
M 20	35
M 22	40
M 24	45
M 27	50
M 30	55

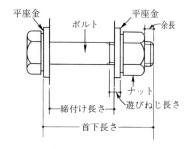

図 5.4.1 首下長さおよび遊びねじ長さ

ているボルトのねじ部長さの基準寸法 s と一致した値となっている．

（3）トルシア形超高力ボルト

トルシア形超高力ボルトの締付け長さに加える長さは表 5.4.3 に示すようにトルシア形高力ボルトより 5 mm 長い．これはナットの高さが異なるためである．

表 5.4.3 トルシア形超高力ボルトにおける締付け長さに加える長さ

(単位：mm)

ねじの呼び	締付け長さに加える長さ
M 16	30
M 20	35
M 22	40
M 24	45

5.4.2 組立て精度

高力ボルト接合を適切に行うためには，摩擦面処理が正しく施されていることに加えて部材接合面が密着していることと，ボルト孔の位置が相互に一致していることが必要である．したがって運搬時等に接合面に生じた曲がりやきずなどは部材組立て前に適切に修正しておく．ボルト孔周辺や部材へりのまくれ・ばりおよびスパッタ，浮きさび等は本来工場出荷時に除去されているものであるが，一部に見落しがあった場合は工事現場で摩擦面を痛めないように注意して適切に処置する．

工事現場では，工場で製作された製品相互を接合するので，接合部の組立て精度は製品精度に大きく左右される．工場で製作された製品の精度は JASS 6 付則 6 によっている．ところが，付則 6 は基本的に単品規定となっているので，接合部に集結する製品相互の相対的な寸法差は単品誤差の累積となる．一方，接合部の精度は，建方順序や接合手順，あるいは建入れ直しの手順などにも左右される．このように，製作誤差と建方誤差が原因となって適切な接合部の組立て精度が得られないことがある．それらは結果的に部材接合面の肌すきと，ボルト孔の食違いなどの形であらわれる．

（1）肌すきに対する対策

接合部に生じる肌すきは，接合部のすべり耐力や剛性に大きな影響を与えるので，肌すきがある場合には適切なフィラーを挿入する．肌すき量が 1 mm 以下のときは，通常の建築鉄骨に用いられ

るスプライスプレートの厚さのものではボルトの締付けによって材が密着するので，フィラーの挿入は不要である．極厚材の場合は締付け時の材の密着が難しくなるので，より慎重に対処することが必要である．また，フィラープレートを母材やスプライスに溶接すると，ショートビードや小脚長となり母材の性能を低下させるため実施してはならない．

フィラーの表面の状態は摩擦接合の場合，両面共部材の接合面と同様の状態であることが必要である．なお，ブラスト処理による黒皮（ミルスケール）の除去は，1.6 mm 程度の厚さの鋼板が適用限度のようである．これより薄い鋼板にブラストがけすると，反り・曲がりを生じて使いものにならなくなる．またフィラーに用いる鋼材の材質は母材の鋼種によらず 400 N/mm² 級材としてもよい．引張接合の場合も接合面が密着することが重要であるので，肌すきを生じた場合にはフィラーを用いる．なお，溝形鋼や I 形鋼のフランジのような互いに平行でない面を締め付けたボルトには曲げ応力が生じ，ねじ部やボルト頭下に応力集中が生じる結果，支障が起こりやすい．高力ボルトは規格の上で，ある程度の偏心応力にも耐えられるように機械的性質が規定されてはいるが，大きい偏心応力が生じることは好ましいことではないので，通常 1/20 の傾斜を超える場合は，勾配付き座金を使用するなどして補うこととしている．列ボルトのような場合は，図 5.4.2 に示すような勾配付き板を使用した上に平座金を用いるとよい．ちなみに溝形鋼のフランジの傾斜は 5°（1/11），I 形鋼のフランジの傾斜は 8°（1/7）である．

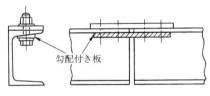

図 5.4.2　勾配付き板

（2）孔の食違いに対する対策

ボルト径に対する孔径の規定は M 24 以下は公称軸径 + 2 mm，M 27 以上は公称軸径 + 3 mm となっている．この程度の逃げ寸法があれば，通常ボルト孔の修正を必要とするような孔の食違いが起こる可能性は低いはずである．しかしながら，諸条件が不利な方向に重なってボルト孔が食違い，ボルトの挿入に支障をきたすことがある．JASS 6 ではその食違いの量が 2 mm 以下であれば，リーマがけによってボルト孔を修正してよいとしている．下の図のような孔の食違い量が 2 mm 以下であればボルトは計算上挿入できるはずであるが，ボルト径と挿入孔径が同一の場合ボルトをたたき込むことにもなる．たたき込んでねじ山を痛めるのを避けるためリーマを用いて良いとしたものである．やむを得ずリーマがけを行う場合はリーマの径は使用ボルト公称軸径 + 1.0 mm 以下のものを用いるべきである．なお，リーマのくい付き部はテーパ状になっており先端に向かって 5〜6 mm 程度やせているので，その使用にあたっては適用範囲を正しく管理しなくてはならない．

なお，ボルト孔の食違いが 2 mm を超える場合は，ボルト孔を修正すると断面欠損が大きくなりすぎるのでスプライスプレートを取り換えるなどの措置を講じる．

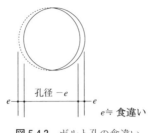

図 5.4.3　ボルト孔の食違い

5.4.3　仮ボルトについての留意事項

工事現場で部材どうしを組み立てるとき，仮ボルトを用いて部材相互を仮締めする．仮ボルトの目的は下記のとおりである．

（1）　部材を組み立てる．
（2）　建入れ直し後の変形を防止し，本締めが正しく施工されるよう肌合わせする．
（3）　本締めが完了するまでに予想される外力に対して抵抗する．

この流れ全体については4章「建方」で述べられているので，ここでは本締めのための肌合わせに限定して説明する．

先に述べたとおり，高力ボルト接合においては部材接合面が密着していることが肝要であるが，高力六角ボルトもトルシア形高力ボルトも，1次締めは部材の密着した状態を起点として締付け作業を行うことを前提としている．特にナット回転法による場合は1次締めが正しく行われていないと，本締めの回転角での管理が無意味になる．トルシア形高力ボルトでナット回転量を検査する場合も同様である．このために，通常の数の仮ボルト（ボルト群に対して1/3程度かつ2本以上）では，部材の密着が得がたいような場合には，仮ボルトをさらに強く締め付けるとか，数を増やすなどして接合面の密着を図るようにする．

ねじ山のつぶれた古い仮ボルトは十分な締付け力が得られないので用いてはならない．また，油まみれの仮ボルトでスプライスプレートを取り付けたまま搬入される大梁などを見かけるが，これはボルト孔まわりのすべり係数を低下させるので，油分のない仮ボルトを使用する必要がある．なお，仮ボルトの目的に本ボルトを兼用するようなことを行えば，建入れ時に高力ボルトにきずがつき，正しい導入張力が得られなくなるので，本ボルトを仮ボルトに兼用してはならない．

5.5　高力ボルトの締付け

高力六角ボルト締付けの一般的な工法としては，ナット回転法とトルクコントロール法がある．ナット回転法は，ねじの原理に基づいてナットを所要量回転させることによりボルトを締め付ける方法であり，トルクコントロール法は，ボルトの締付けを締付けトルクにより制御する方法である．施工にあたりいずれの方法を適用するか，あらかじめ設計図書に特記しておくことが必要である．その他の工法を適用して高力ボルトを締め付けることもできるが，その場合には締付けの仕様をあ

らかじめ定めておく必要がある．

また，トルシア形高力ボルトの締付け機構は，基本的にはトルクコントロール法を応用したものであり，以下に述べる注意事項でトルクコントロール法に関するものはトルシア形高力ボルトの締付けにあたっても適用するべき内容である．

5.5.1 締付け施工一般

（1） 締付けにあたっての注意事項

ここではすべての締付け法に関連する共通的な注意事項を述べる．

高力ボルトの締付けは，ナット下（高力六角ボルトについては頭下も）に座金を敷き，ナットを回転させて行う．工事現場の勝手な判断から，座金の数を増減したり，セットの構成部品の組合せを変えて用いるなどの行為を行ってはならない．

高力ボルトの取付けにあたっては，ナットおよび座金の裏表の向きに注意する．

ナットは図 5.5.1 もしくは図 5.5.2 に示すとおり，ボルトに取付け後に等級の表示記号が外側から見える向きに取り付ける．

 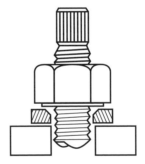

ナットは表示記号のある側が表　　座金は内側面取りのある側が表

図 5.5.1 トルシア形高力ボルトの座金取付方向

 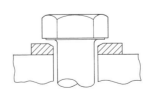

ナットは表示記号のある側が表　　座金は内側面取りのある側が表

図 5.5.2 高力六角ボルト頭部の座金取付方向

座金にはナットのように表示記号が付けられていないので，高力六角ボルトの場合図5.5.2に示すように座金内側の面取部がボルト首下の曲線部（首下R部）と合うように取り付け，ボルト首下R部と座金内径部が干渉しないように注意する．ナット側に使用する座金についても，トルク係数値の安定，共回り防止のために，ナットに接する側が座金内側の面取り部となるように取り付ける．

また，ボルトの締付けにあたっては，一般にナットを回転して行うことを基本として工法が開発されている．高力六角ボルトの場合にやむを得ずボルト頭を回転して締付けを行う場合には，実際の施工状況を考慮して適切な締付け施工条件を決定する必要がある．これはナットと座金間摩擦係数と，ボルト頭と座金間摩擦係数が異なることの影響を考慮したものである．

以上は常識的ではあるが，いずれも基本的な事項として必ず守る必要がある．

表5.5.1 設計ボルト張力と標準ボルト張力

ボルトの等級	ねじの呼び	設計ボルト張力（kN）	標準ボルト張力（kN）
F10T （S10T）	M 12	56.9	62.6
	M 16	106	117
	M 20	165	182
	M 22	205	226
	M 24	238	262
	M 27	310	341
	M 30	379	417

［注］ 1）ボルトの等級のうちS10Tは，トルシア形高力ボルトの等級を示す．
　　　2）トルシア形高力ボルトのM12は，JSS Ⅱ 09の規格の対象外であり製造されていない．

高力ボルトの導入張力は，表5.5.1に示す標準ボルト張力を目標として，接合部のすべてのボルトにできるだけ均等に与える．

ナットを回転させてボルトを締め付ける場合のボルトの降伏荷重および破断荷重は，締付けによりボルトにねじり応力が発生することから，ボルトを単純に引っ張る場合よりそれぞれ低い値を示し，その低下率は通常5～15％程度とされている．

ボルト耐力規格値に対する設計ボルト張力の比率は，5.1.2項で述べたように75％（F10T）に定められている．標準ボルト張力はリラクセーションや施工のバラツキを考慮して設計ボルト張力の10％増の値としているので，耐力の規格値に対しては82.5％に相当し，前述のねじり応力が付加されることを考慮すると，高力ボルトは強度的にかなり厳しい条件で使用されていることになる．

高力ボルトの締付けは，仮ボルトの施工が完了した接合部のボルト孔にボルトを挿入して手締めを行った後に，所定のトルクによる1次締め，マーキングおよび本締めの三段階の締付けを連続した工程で行うことにより完了するのが基本である．これは，接合部の各ボルトに均等な張力を導入するために必要な手順である．この場合，接合部の組立てなどに使用した仮ボルトと高力ボルトの差替えは，5.5.2項（1）に述べる手順により行う．

また，同様の趣旨から板の反りを外に逃がすことを考え，1次締め，本締めともにそれぞれ図5.5.3に示す順序で接合部の中心から外側に向かって締付けを行うことを原則とする．

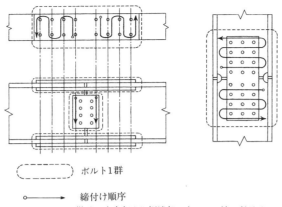

　　　　　　　　ボルト1群

　　→　　締付け順序

ボルト1群ごとに継手の中央部より板端部に向かって締め付ける.

図 5.5.3　ボルトの締付け順序

　しかしながら1次締めにおいては，この方法で行った接合部中心側のボルトは1次締めが一巡した時点で若干緩みを生じることがある．これは板が厚く，馴染みにくい場合に多い．このままマーキング・本締めという手順に進むとトルシア形高力ボルトにおいては一部のボルトの回転角が過大となり均一な一群のボルトにおいて回転角が不均一となる．高力六角ボルト（ナット回転法）でも回転角制御レンチを用いて本締めすると耐力不足につながることがある．このような現象が起きる場合には，緩みの可能性のあるボルトを再度1次締めすることで解決することが多い．

　柱と梁の接合部で図5.5.4(a)にみられるように，引張接合と摩擦接合を併用する場合は，引張接合部（柱フランジ）の高力ボルトを先に締め付けて，次に他の摩擦接合部の高力ボルトの締付けを行う．

　また，図5.5.4(b)のように，柱と梁の接合部でウェブを高力ボルト接合，フランジを溶接接合とするときには，一般にウェブの高力ボルトの締付けをフランジの溶接に先行して行うこととしているが，これは溶接に伴う収縮変形に対して，建方時の骨組の寸法精度の維持を優先させたやむを得ぬ施工手順として行われているものである．しかし，ウェブの拘束が高い場合には，締付け後に行う

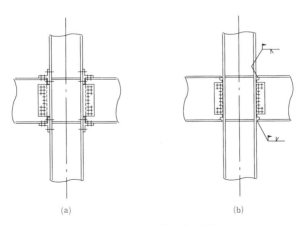

図 5.5.4　柱梁接合部の例

フランジ部の溶接に伴う収縮変形を妨げることとなり，溶接部の拘束割れの発生原因となる可能性がある．また，フランジの溶接熱により，ウェブのボルトの軸力が低下することも指摘されている〔6.4.2項参照〕．したがって，このような接合部の接合順序については，フランジ，ウェブの板厚の関係や設計条件を考慮して検討を行い適切に決定する必要がある．

施工的な解決の手段としては，ウェブのボルトを1次締めの状態でフランジの溶接を行うことが望ましいが，この場合には，フランジ溶接部の収縮が鉄骨の建方精度に与える影響を考慮して，変形の修正方法を別途検討しておく必要がある．

柱と柱の接合部および梁と梁の接合部において，ウェブを高力ボルト接合，フランジを溶接接合とする場合においても同様である．

その他接合部の寸法条件などにより，動力を使用するレンチによる締付けが行えない場合，予定する形式の高力ボルトの締付けが行えない場合などが想定されるときには，締付け機器，使用ボルトの種類の選定を含めて，施工の計画時にその処置を検討しておく必要がある．

(2) 高力ボルトの締付けに関わる機器

高力ボルトの締付けに関わる機器には手動式のトルクレンチ，動力を用いるレンチ（電動レンチ・空動レンチ・油圧レンチ），軸力計（油圧式軸力計・電気式軸力計）などがある．

締付け作業の量・工期・騒音・動力源などの状況を考え合わせて，当該工事に適合した性能を持った機器を選んで用いるとよい．

締付け作業に使用する機器は，使用に先立ってその性能および特性をよく把握しておくとともに，検定あるいは校正し，±4％の誤差範囲の精度が保てるよう必要に応じ調整して，工事の進捗に支障を生じることのないようにする．また，工事中も適宜点検・整備しておくことが必要である．

(a) 手動式トルクレンチ

人力による高力ボルトの締付けや，締め付けられたボルトのトルク検査などに用いる器具に手動式トルクレンチがある．

トルクレンチにはJIS規格（JIS B 4652 手動式トルクツールの要求事項及び試験方法）が制定されており，プレート形・ダイヤル形・プリセット形・単能形のものについて，その形状・寸法・使用トルクの範囲・品質精度（誤差率）などが規定されている．諸形式のトルクレンチのうち，工事現場での締付けや検査の目的に対してはダイヤル形とプリセット形が実用的である．

ダイヤル形トルクレンチは，ボルトの締付けからトルク測定（検査）まで広く用いることができる．これに対してプリセット形トルクレンチは，一定のトルクで多数のボルトの締付け作業を行うような場合に用いると効率がよい．また，あるトルクが確保されていることを調べるといった目的にも適している．プリセット形トルクレンチは，プリセットしたトルクに達したことがクリック音と感触でわかるようになっているが，さらに締付け加力を続けると，プリセットしたトルク以上の締付けが行われてしまうという点に注意する必要がある．

両形式のトルクレンチの規格をJIS B 4652から抜粋して，図5.5.5と図5.5.6に紹介するとともに，プリセットレンチの例も写真5.5.1に示す．

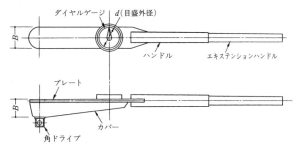

図 5.5.5 ダイヤル形トルクレンチ（JIS B 4652：2008）

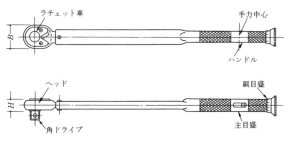

図 5.5.6 プリセット形トルクレンチ（JIS B 4652：2008）

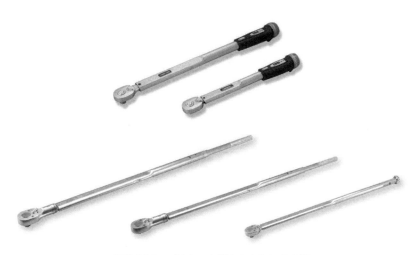

写真 5.5.1 プリセット形トルクレンチの例

（b） 動力を用いる締付け機器

　締付け作業を能率よく進めるために，動力付き締付け機器が用いられている．その動力源としては，電気・空気・油圧などがあるが，最近は，電動式の締付け機器が主として用いられている．電動式の機器は，工事現場に容易に動力源（AC 100 V または 200 V）が得られることや，他の機器に比べ軽量小型であること，また，センサー・マイコンなどを使用することにより高精度な締付けトルク，回転角などの制御もできる点に大きな特徴がある．

　電動式締付け機器には大別してトルシア形高力ボルト用，高力六角ボルト用がある．それ

らの主たる相違点は締付けトルクの反力の取り方にある．

　トルシア形高力ボルト用締付け機器は，インナーソケットでピンテールから反力を取り，アウターソケットでナットを回転させる．トルシア形高力ボルト用1次締め専用レンチ〔写真5.5.2〕では所定のトルクまで締め付け，トルシア形高力ボルト用本締めレンチ〔写真5.5.3〕ではトルシア形高力ボルトの破断溝が破断するまでトルクを加える機構となっている．

　一方，高力六角ボルト用締付け機器は，機器本体に緊結されているスリーブに付けたつめを，これから締め付けようとするボルトに隣接する締付け済みのボルトのナットあるいは部材にあてがってこれを反力としてスリーブ内部のソケットでナットを回転させる．高力六角ボルト用1次締め専用レンチ〔写真5.5.4〕は所定のトルクまで締め付けるが，高力六角ボルト用本締めレンチには回転角を制御する機能を持ったもの〔写真5.5.5〕とトルクを制御する機能を持ったもの〔写真5.5.6〕がある．主に前者はナット回転法に適用され，後者はトルクコントロール法に適用される．

　上記のレンチは必要とされるトルクが大きくなるほど無負荷回転数を減速させているた

 写真 5.5.2　トルシア形高力ボルト用1次締め専用レンチの例

 写真 5.5.3　トルシア形高力ボルト用本締めレンチの例

 写真 5.5.4　高力六角ボルト用1次締め専用レンチの例

 写真 5.5.5　高力六角ボルト回転制御機能付本締めレンチの例

 写真 5.5.6　高力六角ボルトトルク制御機能付本締めレンチの例

め，適用径サイズや超高力ボルトか否かによって複数の機種が用意されている．ちなみに1次締め専用レンチは無負荷回転数が110 rpmと施工能率が良いが，M 27以上もしくは超高力ボルト用は32 rpmと回転数を落としている．同様な理由で本締め用レンチもピンテール破断トルクに応じて5〜26 rpmと様々な機種があるので，適用するボルトに応じた適切な締付け機器を選択すると良い．

5.5.2 1次締めおよびマーキング

（1） 1 次 締 め

　高力ボルト接合部の仮締めが完了したのちに，仮ボルトを残したままで残りのボルト孔に高力ボルトを挿入して，スパナなどで十分に手締めした後，1次締めまで完了する．その後，仮ボルトを外し，高力ボルトに取り替えて同様にスパナなどにより手締めした後，1次締めを行う．この前提として接合部材は仮ボルトにより十分密着されていることを必要とする．仮ボルトは，鉄骨建方の工程で建入れ直しを行って所要の建方精度を得た後，鉄骨部材の位置を保持するために用いるものであるが，高力ボルト接合では，接合面の密着ということが重要な意味を持つことになる．すなわち，以下に述べる方法で高力ボルトを締め付けるとき，安定した導入ボルト張力を得るための前提として仮ボルトによる接合面の密着が必要となる．このため，一般に仮ボルトは各ボルト群の1/3程度かつ2本以上用いるが，この程度の仮ボルトで部材間の密着が得られないような場合には，この仮ボルトをさらに強く締め付けるとか数を増すなどして，まず部材接合面を密着させておくことが必要である．なお，仮ボルトには中ボルトを用い，本締めに用いる高力ボルトを仮ボルトとしてはならない．

　しかしながら，実工事では仮ボルトの締付けが不十分なまま1次締めを開始したり，1次締め開始前にすべての仮ボルトを本ボルトに交換したり，下フランジに仮ボルトをまったく入れないで本ボルトを直接いれる例も見られる．これらはいずれも仮ボルトによる接合面の密着という前提条件を満たしていないので，所定の1次締めトルクを導入しても部材どうしの密着が不十分な部分が残るおそれがある．

　1次締め段階での締付けは，図5.5.7に示したナット回転量または締付けトルクとボルトに導入される張力との関係の初期の領域に相当し，両者の関係が比例関係を示すに至るまでの部分をカバーすることになる．この領域では，接合面の板のなじみなどによって両者の関係は比例関係を示さない．

　1次締めでは，一般には標準ボルト張力の数分の一程度の締付け力が得られればよく，ある程度のトルクを設定して締付け作業を行うことが実用的である．このトルクは，トルシア形高力ボルトおよび高力六角ボルトのナット回転法，トルクコントロール法に共通した1次締めトルクとして，ねじの呼びに応じて表5.5.2の値を標準とする．なおトルシア形超高力ボルトに対する1次締めトルクの標準値を表5.5.3に示す．

　5.5.1項（2）（b）で説明されているように，1次締めにおいては作業効率が良い1次締め専用レンチが広く用いられている．最近の1次締め専用レンチは表5.5.2に示されている標準トルクにプ

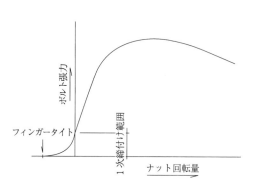

図 5.5.7 ボルト張力とナット回転量の関係

表 5.5.2 1次締めトルク

(単位:N・m)

ねじの呼び	1次締めトルク
M 12	約 50
M 16	約 100
M 20, M 22	約 150
M 24	約 200
M 27	約 300
M 30	約 400

表 5.5.3 トルシア形超高力ボルトの1次締めトルク

(単位:N・m)

ねじの呼び	1次締めトルク
M 16	約 200
M 20, M 22	約 300
M 24	約 400

リセットできることに加え,後述するような場面で標準トルクの割増しができるように設定トルク可変式となっている.

1次締め専用レンチは上記のように締付けトルクをプリセットできるとはいえ,機器の精度のバラツキ,フィンガータイトの差による慣性力の違い,スイッチ切断のタイミングによるトルク不足など1次締めトルクの変動要因があるが,通常これら複合要因全体でのトルク変動幅は±15%程度とされている.

1次締め専用レンチはナットにガタがあると設定より大きなトルクを出すため,上記の変動要因の中ではメガネレンチでの手締めによる確実なフィンガータイトが特に大切である.

ところで締付け長さがボルト径の5倍を超える場合,あるいはそこまでいかなくても締め付ける板が厚くて,1次締め時に母材とスプライスプレート間の密着が不十分で肌すきが残る場合がある.このまま本締めに進むとナット回転角が大きくばらつき,適切な締付け後検査に支障をきたすことになる.このような場合には,表5.5.2あるいは表5.5.3の標準トルクの割増しをすることがある.ただし1次締めの本来の目的は,ナット回転量と導入張力の関係が比例関係に至るまでの部分をカバーする〔図5.5.7参照〕ことであるので,過大な割増しは好ましくない.必要に応じて施工確認試験を行うなど,施工者と監理者が協議を行い,目標トルクを定める必要がある.その際,図5.5.7の比例部分のどの位置を目指すのか本締め時の破断トルクとの比率を考慮しなくてはならない.

なお高力六角ボルトでナット回転法を適用する場合は,1次締め後の回転角が規定されているので,1次締め後に肌すきがあることは避けねばならないが,一方で安易に1次締めトルクを割増ししてはならない.母材板厚が厚い場合,ナット回転法適用はより慎重な対応が求められる.

(2) マーキング

1次締めを終えたボルトには,すべて1次締めの終了を示すなんらかのマークを付ける.このマークは1次締めの作業終了を確認するためのほか,本締め完了の検査に利用する.

図 5.5.8 マーキングの例

a．1次締め　　b．1次締め後
　　　　　　　　　マークの状態　　c．本締め終了後の
　　　　　　　　　　　　　　　　　　マークの状態

写真 5.5.7 マーキング〈締付け前・後〉の例

　この目的で行うマーキングとして，図5.5.8に示すようにボルト・ナット・座金から部材表面にわたるマークを付ける方法が一般的である．マーキング後の本締めによってさらにナットが回転することにより生じるマークのずれによって，締付け作業終了の確認と締付け後の検査を行うことができる．

　このマークは締忘れの有無の確認だけではなく，ナットの回転量，共回りの有無の確認にも利用することができる．共回りとは，本締め時にナットとボルト，ナットと座金などがいっしょになって回る現象をいう．共回りを生じると，高力六角ボルトのトルクコントロール法による締付けおよびトルシア形高力ボルトでは所定のトルクまで締め付けることができないために，ボルトに導入される張力が不十分なものとなる．また，ナット回転法による締付けにおいても，ボルトに対して所要のナット回転量が与えられないために，ボルトに導入される張力が不十分となる．

　このような現象の発生をチェックするためにマークを付しておくことは，ボルトの締付け管理上重要な意味をもっている．

　マーキングの方法には，マークを付ける位置によりナットの角を目標として行う方法と，1次締め完了時の一群のボルトに対して同じ方向に行う方法がある．前者の方法は，ナットの形状を利用してその回転量を目視で確認する場合に便利であり，後者の方法は，工事現場での管理・検査時の一群の見やすさとともに，ナット回転量のばらつきの有無を確認する上で便利である．なお，JASS 6では回転角をより精度高く確認がしやすいということで前者のマーキング方法のみ記載している．いずれの方法を用いる場合でも，ていねいにマーキングすることが大切である．粗雑なマーキングは回転角の管理に役に立たないことが多い．また，降雨により簡単に消えてしまうようなマーカーでは検査時に見えなくなってしまうので注意を要する．

5.5.3　トルシア形高力ボルトの本締め

　トルシア形高力ボルト（トルシア形超高力ボルトを含む）は，トルクコントロール法による締付け原理を応用して開発・製品化された特殊高力ボルトである．したがって，締付けにかかわる基本

的な注意事項，ボルトの導入張力のばらつきを発生させる要因などは，高力六角ボルトをトルクコントロール法を適用して締め付ける場合の要因と重複するものが多い．

しかし，トルクコントロール法による場合は，ボルトのトルク係数値の変動や現場の状況による影響をキャリブレーションの際に調整して，適正な締付けトルクを設定して締付けが行えるのに対して，トルシア形高力ボルトの場合には，締付けトルクがピンテールの破断溝の破断トルクにより一義的に定められて，セットのトルク係数値の変動や現場の状況の変化に対して，締付けトルクを変更して対応することができないことが両者の大きな差である．

一般にトルシア形高力ボルトのピンテール破断溝の破断トルクは，その精度が高く，バラツキが極めて少ない．したがって，(5.2.1) 式の関係からもわかるとおり，トルシア形高力ボルトの締付けにおいては，製品管理，締付け作業の工程でトルク係数値の安定を損なわないように注意することが，安定した張力の導入を図る上で重要となる．

高力ボルトのトルク係数値に影響を与える要因については，製品自体の安定性のほか，その取扱いや環境条件など多くのものがあるが，トルシア形高力ボルトにおいては特にボルトの温度，水分の影響や打こん，無理なボルトの挿入に対して注意をはらう必要がある．

トルシア形高力ボルトの製造にあたっては，セットのトルク係数値を安定させる目的で一般に潤滑処理を行っているが，処理に使用する潤滑剤は温度によりその性能が多少変動するため，極端な高・低温条件（ボルトの温度が 0〜60℃の範囲にない条件）下における締付けを行わないよう，施工環境に対する注意が必要である．また，水分の存在もトルク係数値の変動に与える影響が大きいため，降雨時および多湿時の温度変化による水滴の付着などにも注意が必要である．

トルシア形高力ボルトについて，1次締めを終了した後にさらに降伏域まで締め付けた部材締付け試験結果を，ボルトの導入張力とナット回転量の関係で整理し，図 5.5.9 に示す．

この図から，トルシア形高力ボルトの導入張力とナット回転量の関係が，高力六角ボルトと基本的に同じであることがわかる．

この結果は，本締め完了後のボルトのナット回転量の管理に利用できるほか，部材や締付け機の

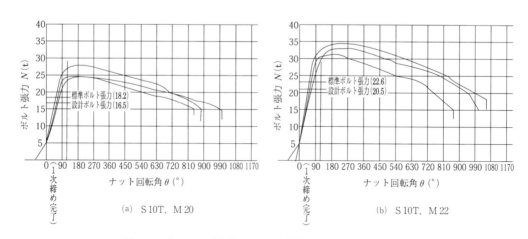

図 5.5.9 トルシア形高力ボルトの部材締付け試験結果（$N-\theta$）

寸法の関係で正規の締付けが行えない場合に，やむを得ず後に述べるトルシア形高力ボルトに対するナット回転法による締付けの適用を認めている根拠となっている．

（1） 締 付 け

トルシア形高力ボルトの締付けは，高力六角ボルトの締付けと同様に1次締め，マーキングおよび本締めの三段階で行う．マーキングは，ナット回転量，共回り・軸回り（後述）の有無を確認するために必要で，締付け後の検査のために欠かせない処置である．

トルシア形高力ボルトのマーキングの例を写真5.5.8に，締付け順序のフローチャートを図5.5.10に示す．

本締めは，トルシア形高力ボルト専用の締付け機〔写真5.5.3参照〕を用いて行い，ピンテールが破断するまで締付けを行う．

(a) 1次締め後，マーキング

(b) 本締め完了

写真 5.5.8 トルシア形高力ボルトのマーキングの例

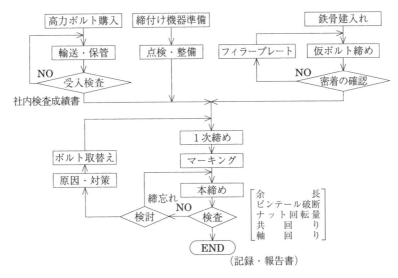

図 5.5.10 トルシア形高力ボルトの締付けフロー

この締付け機は，5.5.1項（2）に述べたとおり，ナットを回転させるアウターソケットとピンテールで反力を取るインナーソケットをもっている．その機構上，アウターソケットが周辺の部材に接触したり，あるいはボルト頭側の座面の摩擦力がナット側の座面の摩擦力より小さくなると，ピンテールをつかむインナーソケットが回転して，ボルトが回転するボルト回り（軸回りともいう）現象が生じる．

この状態でピンテールが破断すると，一見正しい締付けが行われたように見えても，回転する座面がボルトの頭側となり，トルク係数値が変動するため，ボルト張力が所定の80％程度にしかならなかったり，過大な張力が導入されてねじ部からの破断の原因となることがある．

接合部のボルトと部材の位置関係によっては，トルシア形高力ボルトの専用締付け機による締付けが行えない場合がある．この場合は，原則としてボルトを高力六角ボルトに変更して，トルクレンチまたは締付け工法に対応した専用の締付け機を使用して締付けを行う．

ただし，トルクコントロール法またはナット回転法により適切な張力を導入できる場合には，工事監理者の承認を得たうえでトルシア形高力ボルトをそのまま用いてもよい．この場合，締付け終了後にもピンテールが残るために，締付け工事の管理に混乱を生じるおそれがあるので，適用範囲を限定するとか一目で区別できるように異なる色のマーキングをするなどの区別をする必要がある．

高力六角ボルトまたはトルシア形高力ボルトを用いてナット回転法を適用しても締付けが困難な場合には，高力六角ボルトを使用してボルトの頭部を回転させることにより，締付けを行うことができる．この場合の締付け方法は，5.5.4項（1）による．

（2） 降雨時などの処置

高力ボルトは，水分の付着によりそのトルク係数値が変化することがある．トルシア形高力ボルトのピンテールの破断トルクは高い精度で安定しているために，トルク係数値の変動は導入張力の変動をもたらすこととなる．したがって，高力ボルトの施工および管理にあたっては，ボルトを濡らすことのないように十分に注意をはらう必要がある．この点は，とりわけトルクコントロール系の締付け施工法を適用している場合には重要である．

締付け施工中に降雨などに遭遇した場合には，直ちに締付け途中の一群のボルトを締め終わるようにする．やむを得ず締付け途中のボルトを放置する場合には，水濡れ防止のためにシート掛けなど必要な養生を行う．また，1次締めを完了してマーキングが行われている状態で放置されたボルトについては，天候の回復を待って本締めを行う．

材料の保管中に濡れたおそれのある高力ボルトは，原則として使用しないことが望ましいが，使用する場合には日影において十分に乾燥したのちに，5.3.4項に示す導入張力確認試験を行って導入張力を調べて，その性能に支障がないことを確認してから使用する．ただし，さびの発生しているボルトは使用することができない．

また，降雨時においては，電動締付け機のすき間から浸入する雨水が原因で発生する電撃事故や，滑落事故に対する注意も必要である．

（3） 寒冷地における施工

トルシア形高力ボルトは，その規格（JSS Ⅱ 09）において0℃までの性能が定められ，規格に基づき製造されていることから，ボルト自体は0℃までの条件においても使用が可能である．

しかしながら，このような条件では氷雪や低温条件に伴って，以下に述べるような問題の発生が想定されるために，締付けの施工計画においては特に慎重な注意が必要とされる．また，以下に述べる内容は，寒冷条件下で高力六角ボルトを使用する場合にも共通する問題である．

一般に，寒冷地においては締付け施工場所を養生などで完全に覆う以外には，締付け部材やボルトに付着する氷雪の排除が難しいと思われる．仮に加熱などにより氷雪を排除しても接合部すべての部分からの水分の完全な除去が困難であり，残った水分や仮締め時に締付け部材間に浸入した水分が締付け前に再氷結する可能性がある．このような状況でボルトの締付けを行うと，将来導入張力の低下が懸念される．また，加熱・保温して締付けを行う場合には氷雪の融解による水濡れの影響が想定されるなど，安定した性能を得る上で事前に解決するべき問題が多い．

したがって，このような問題の発生が予測される環境下でのボルトの締付けは，極力避けることが望ましい．やむを得ぬ事情によりボルトの締付けを行う場合には，上述の問題を解決するための対策の立案と想定される締付け温度における導入張力確認試験を行って，その性能を確認することが必要である．

また，この場合当然ながら鉄骨部材に付着する氷雪に起因する転倒や滑落事故に対する安全管理についても，慎重な対策が必要である．

5.5.4 高力六角ボルトの本締め

（1） ナット回転法による締付け

ナット回転法による高力ボルトの本締めは，ねじの原理に基づきナットの回転量とボルトに導入される張力の関係を利用して，ナットを所要量回転させて行う．

ナット回転法に使用する高力ボルトのトルク係数値の種類については，トルクコントロール法による場合ほどそのバラツキに対して配慮する必要がなく，A種，B種のいずれを用いても差し支えがない．ただし，ナット回転法によって締付けを行う場合でも，締付けに伴ってボルトに発生するねじり応力を少なくするとともに，締付けに対する抵抗を少なくして施工性を向上させる意味からA種を用いることが望ましい．また，時として生じることがある共回りの現象もA種の方が少ない．

ナット回転法による高力ボルトの締付け管理方法を，フローチャートにして図5.5.11に示す．トルクコントロール法による場合〔図5.5.13〕に比べてかなり簡単であることが分かる．

（a） ナット回転量

1次締めを終了したあと，さらに締付けを行ってボルトが降伏域に達するまでのナット回転量とボルト張力は比例する関係にあり，その関係は（5.5.1）式で示される．

$$N(1/K_b + 1/K_p) = p \cdot \theta / 360 \tag{5.5.1}$$

ここに，K_b：ボルトのばね定数

K_p：被締付け材のばね定数

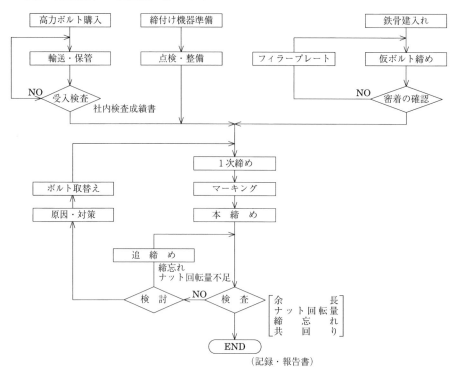

図 5.5.11 ナット回転法による締付けフロー

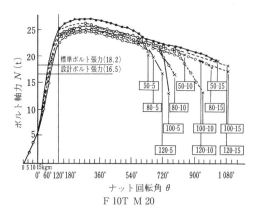

図 5.5.12 部材締付け試験結果 ($N-\theta$)

N：ボルト張力

p：ねじのピッチ

θ：ナット回転量

また，この状況は，図 5.5.12 に示す部材締付け試験結果にみられるとおりである

このような検討結果を基にして JASS 6 では，実用的な見地から部材の密着後に 1 次締めを行うという手順を経た後の本締めにおけるナット回転量として120°という値を提示している．

この締付け方法の適用範囲は，ボルト長さ（締付け長さではない）がねじの呼び径の 5 倍

以下とする．この長さの範囲においても，ボルトの長さによって同じナット回転量に対するボルト導入張力は少しずつ異なったものとなるが，上記の適用範囲内での実用値として120°を採用したものである．

　この120°という値は，ナットの1辺に対する中心角が60°であることから，マークによる締付け後の検査を目視で行う上で確認が容易であり，好都合である．

　また，ボルト長さをボルト径の5倍以下としているが，この範囲の首下長さのボルトで通常の鉄骨部材の接合にはおおよそ間に合うことから，実用上で不便を感じることはないものと考えられる．ボルト径の5倍を超える長さのボルトを用いる場合には，締付けが不十分となる場合が生じるので，試験により1次締めを含めて施工条件を定める必要がある．

（b）　締付け機器

　ナット回転法の本締めでは，ナットを所定の回転量だけ回してやればよいわけで，必ずしも特殊な締付け機器を必要としない．5.5.1項（2）に述べたとおり，ナット回転量を制御できる機構をもつ専用の動力式の締付け機器も実用化されているので，これを用いることにより作業能率の向上を図ることができる．

（c）　ボルト頭の回転による締付け

　締付け部材の寸法上の制約などにより，ナットを締め付けることが困難な場合には，ボルトの頭部を回転させることにより，締付けを行うことができる．

　この場合の締付け方法は，ナット回転法に準じて1次締めを行ったボルトの頭を120°回転させて本締めを行うこととするが，ボルトの締付けによりナットが共回りしないように，スパナなどでナットの回転を完全に拘束しておくことが必要である．

　なお，ボルト頭を回転させて締付けを行う場合には，締付けの回転角を管理する目的とナットに共回りが発生していないことを確認する目的のために，ボルトの頭部側およびナット側のそれぞれにマーキングを行う必要がある．

　ボルト頭の回転による締付けは，上に述べたように施工が煩雑で管理に混乱をきたすおそれがあるために，その適用範囲を限定して厳重な管理の下に行う必要がある．

（2）　トルクコントロール法による締付け

　トルクコントロール法による高力ボルトの締付けは，1次締め後のボルトに対して，ナットを所定のトルクで回転させることによりボルトに必要な張力を導入するものである．これは，締付けトルクとボルト張力の比例関係を利用した締付け方法であり，両者の関係は（5.2.1）式で表される．(5.2.1)式で明らかなように，高力ボルトの締付けを正しく行うためには，トルク係数値のばらつきを少なくすることと，安定して所要のトルクをナットに与えることが必要である．

　このため，高力ボルトの製造・取扱いから締付け機器に至るまで，多くの改良と努力が払われてきている．しかし，トルク係数値がボルトのねじ部のわずかな打こん，ごみの付着，防せい・潤滑油の状態あるいは気温の変動といったことに敏感に影響を受けることからもわかるように，トルクコントロール法による高力ボルトの締付けは，基本的にバラツキが出やすい要因をはらんでいる．これらを解決するためにボルトの締付け管理には慎重な配慮を必要とし，さまざまな工夫が行われ

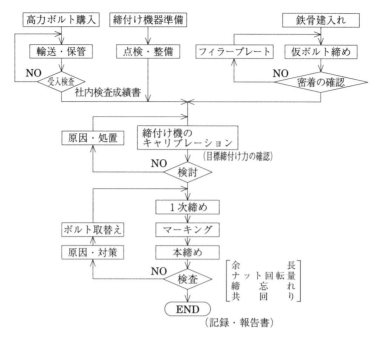

図 5.5.13 トルクコントロール法による締付けフロー

ており，その一例を図5.5.13にフローチャートとして示す．

　この管理方法の考え方は，締め付けたボルトの張力を1本ごとに検出する実用的な方法がない以上，なんらかの推定を基に管理を進めざるを得ないという考え方に基づいている．例えば，鉄筋コンクリート造の建物に打設されたコンクリートの強度は，テストピースの圧縮強度で推定しながら管理が行われている．これと同様の考え方で，毎日の締付け作業に先立って行う締付け機のキャリブレーションの際に得られるボルト張力が適正であることを確認して締付け作業にとりかかる．このようなキャリブレーションは原則として，毎日の始業時に行うこととなっているが，締付け機が安定していることが確認されれば数日おきに行ってもよい．

　この方法の考え方は，
ⅰ）　キャリブレーション時の状態が，実際の締付け作業でも再現される．
ⅱ）　キャリブレーション時に用いる高力ボルトが，実際に用いる高力ボルト全体を代表している．
　などを前提としていることになる．

（a）　目標導入ボルト張力の設定

　　高力ボルトの目標導入ボルト張力は，表5.5.1に示されている標準ボルト張力である．表中の値は，JIS B 1186の耐力規格値をベースにして定められた設計ボルト張力の1.1倍として算定されたものである．

　　しかし，実際の製品の耐力は規格値を上回っているので，締付け力のバラツキにより設計ボルト張力を下回るボルトの発生機会を少なくするために，ボルトの社内検査成績書を参照して目標導入ボルト張力を表5.5.1の値より幾分大きい値に設定することも一部で行われている．

ただし，その結果により接合部の耐力を増やすということでない．
　（b）　締付け機器の検定・較正

　　締付け作業に使用するトルクレンチ，軸力計，締付け機については先に述べたとおりであるが，使用機器は工事の規模に応じて選ぶことが望ましく，数百本程度のボルトの締付けであればトルクレンチで十分であろう．

　　これらの機器は長期間の使用や取扱いの不注意などで故障やくるいを生じることがあるので，締付けに着手する前には必ず点検・整備を行っておくとともに，工事中も適宜点検を行うことが必要である．また，機器の故障により工事の進捗が妨げられることのないように，予備機を備える配慮も必要である．

　（c）　締付け機器の調整

　　設計図書に基づいて工事現場に搬入された高力ボルトのねじの呼びに応じた目標導入ボルト張力が得られるように締付け機を調整する．このために準備する必要があるものは，実際に工事現場で使用する高力ボルト，締付け機と軸力計である．

　　動力による締付け機では，現場での使用条件と同じ状態でこの調整を行う．例えば，電気式であれば電源，電線径，電線長さなどの条件を同一とする．

　　次に，現場で使用する高力ボルトと同じ条件の高力ボルトを軸力計にセットして実際の締付けと同じ1次締め，マーキング，本締めからなる三段階の手順で締め付けて得られた5本以上のボルトの張力の平均値が，導入ボルト張力になるように締付け機を調整する．この際に，後の検査で必要となることがあるので，トルクレンチを使用して締付けトルクの測定を行う．

　　締付け機の調整に使用した高力ボルトは，トルク係数値が変化している可能性があるので，再使用をしてはならない．したがって，実際に鉄骨骨組の締付けに使用するボルトの必要数量のほかに，締付け機の調整用のボルト数量を見込んで準備しておくことが必要である．また，締付け機の調整に使用するボルトは，現場で実際に用いるものと同一ロットの製品であることを原則とするが，軸力計に取り付けられない長さ〔5.3.4項参照〕のボルトしか使わない場合は，あらかじめ調整用の高力ボルトを用意しておくことが必要である．

　（d）　高力ボルトの締付け

　　高力ボルトの締付けは，上記の調整を終了した締付け機を使用して行う．

　　接合部で一群のボルトを締め付ける場合には，すでに締め付けられたボルトの張力は他のボルトの締付けにより多少とも影響を受ける．したがって，すべてのボルトに均等な張力の導入を図るためには，図5.5.3に示すとおりの適正な締付け順序を守ることが必要である．

5.6　締付け施工法の確認

　適正な導入張力を得るためには締付け施工が適切に行われなくてはならない．このため，高力ボルト締付け工程開始時に工事で採用する締付け施工法に関する確認作業を行うことは，品質管理上大変重要である．

この確認作業は，工事用に受け入れた高力ボルトと工事で実際に使用する締付け機を用いて，工事に適用する締付け手順にしたがって，実工事の接合部から代表的な箇所を複数選定し，工事監理者の立会のもと行う．締付け施工法の確認作業とは，5.5節に示す締付け手順によって締付け施工を行い，5.7節に示す合否判定基準によって締付け後の検査を行うことである．この目的の一つは締付け工事に使用する締付け機が正常に作動することを確認しておくことである．また，締付け工事の開始に先立って，実際の接合部について所定の締付け法で一群のボルトの締付けを行って，締付け後のナットの回転量とそのばらつきを把握しておくことは，締付け工事およびその後の検査を適正に行う上で非常に役立つものである．この確認作業の過程で締付け作業をやり直した場合，抜き取った高力ボルトは再使用してはならない．また締付け工程途中であっても，締付け後の検査で不具合が発見された場合は，同様の確認作業を行った上で原因を究明し改善策を講じる．

（1）　トルシア形高力ボルトの場合

　トルシア形高力ボルト（トルシア形超高力ボルトを含む）の場合，締付け後の検査で不合格になることが多いのは1次締め後のナット回転量のばらつきである．すなわち，ナット回転量が一群のボルトの平均回転角±30°の範囲を逸脱することが少なくない．トルシア形高力ボルトの場合，その機構の性質上本締めのトルクは安定しているので，上記の現象の原因は1次締めの手順にあることが多い．5.5.1項（1）や5.5.2項（1）に示したように1次締め時に留意すべきことやチェックポイントは多岐にわたる．それらを箇条書きにすると以下のようになる．

　ⅰ）　1次締め専用レンチは適正に調整されているか
　ⅱ）　ボルト径，ボルト種別に対して適切な目標トルクを設定したか
　ⅲ）　1次締め専用レンチの締付けの前にスパナで手締めを行っているか
　ⅳ）　仮ボルトを締め付けた状態で1次締めを行っているか
　ⅴ）　1次締めの順序は適正か

なお，締め付ける板厚が特に厚い場合は上記に加えて下記のような検討をするのが望ましい．

　ⅰ）　板厚など接合部剛性を考慮して標準トルク割増しの必要性を検討したか
　ⅱ）　締付け手順で初期のボルトに緩みがある場合に2度締めを検討したか

（2）　高力六角ボルトをナット回転法で締め付ける場合

　鉄骨工事で一般に用いられる高力ボルトは，ほとんどトルシア形高力ボルトである．高力六角ボルトは，鉄骨の納まり上トルシア形専用レンチが使えない部位や，狭隘部のため頭締めしかできない場合などに限定的に用いられることがほとんどである．そのため通常はナット回転法を用いることが少ないので，ナット回転法で用いるレンチの扱いの習熟不足や適正ナット回転量の理解不足のために，締付け後の検査で不合格になることが少なくない．またナット回転法は理論上，表5.5.2に示す所定の1次締めトルクを確実に導入することが重要である．

　したがって，高力六角ボルトをナット回転法で締め付ける場合は，回転角制御機能付電動レンチが正しく用いられ，締付け施工法が正しく理解されていることを工事監理者立会のもと確認する意味がある．特にやむを得ずナット回転法で頭締めを行う場合は，ナットの共回りが起こりやすいので，頭締め時にナットを拘束する治具を用意したり，マーキングをナット側と頭側の両方に行うな

どの特別の配慮が必要なので，締付け施工法の確認作業は必須となる．
　（3）　高力六角ボルトをトルクコントロール法で締め付ける場合

　高力六角ボルトをトルクコントロール法で締め付ける場合も，工程開始時に行う締付け施工法の確認手順の基本は，トルシア形高力ボルトや高力ボルトをナット回転法で締め付ける場合と同様である．すなわち，実工事の代表的な接合部を選んで1次締め・マーキング・本締めを行い，本締め後の所定の検査を工事監理者の立会のもとで行えばよい．

　ただし，トルクコントロール法の場合は，締付け施工法の確認作業の前に軸力計〔5.3.4項（3）参照〕を用いた締付け機の調整（キャリブレーション）と標準ボルト張力導入のための基準となる締付けトルクの設定が必要である．

　なお，この締付け機の調整手順は5.5.4項（2）に記述されている毎日始業時に行う締付け機のキャリブレーションと同じである．具体的キャリブレーション手順を以下に示す．

　ボルトの呼び径ごとにトルク係数値がほぼ同一のロットをまとめて1施工ロットとし，その中から選んだ代表ロットのボルトに関する社内検査成績書に示されたトルク係数値kに基づいて締付けトルクT_rを定める（$T_r = k \cdot d_1 \cdot N$，$d_1$：ねじの呼び径，$N$：標準ボルト張力$= 1.1 N_0$，$N_0$：設計ボルト張力）．そして，その締付けトルクが得られるよう締付け機を調整する．調整された締付け機を用いて，代表ロットから選んだ5セットのボルトについて軸力計を締め付けて導入張力を測定する．締付けの際は，実際の締付けと同様，1次締め，マーキング，本締めの順で正しく行う．締付け後は導入張力の測定と同時に，マーキングによって共回り，座金回り等のないことを確認する．万一，共回りや座金回りが生じている場合には，そのデータは除外して追加の試験を行う．導入張力の測定値の平均値が標準ボルト張力の±10％以内にある場合は，締付け機は適正に調整されていると考えてよい．導入張力の平均値が標準ボルト張力の±10％の範囲外にある時は，標準ボルト張力を測定値の平均値で除した比率を上記の締付けトルクに乗じて，トルクが得られるように締付け機の設定値を変更して調整する．このような締付け機の調整作業をキャリブレーションと呼んでいる．

　このようにして締付け機の調整が終了したら，改めて上記代表ロットから5セットのボルトを取り出して，軸力計を締めて導入張力確認試験を行う．試験の方法は，上記キャリブレーションの場合と同様である．試験の際，共回りや座金回りが2セット以上生じた場合には，試験を中止してその原因を調べ，適切な処置を施してから，新たに5セットのボルトについてやり直す．

　正常に締め付けられたボルトの導入張力の測定値に大きなバラツキがなく，その平均値が表5.6.1に示す値以内にある場合には，そのボルトのロットで代表された施工ロットのボルトはすべて正常であり，締付け機も正常で締付け工事にあたって問題はないものと判断する．導入張力のバラツキの大小は，個々の測定値が平均値の±15％程度以内にあるか否かで判断する．

　なお，導入張力の確認試験の際に，ボルト締付け後，トルクレンチを用いて追い締めを行って締付けトルクを測定しておくことも必要である．これは，ボルト締付け工事後の検査の時に締付けトルクの検査が必要となることがあり，この測定値がその際の基準値となるからである．

　上記5セットのボルトの導入張力に大きなバラツキがみられたり，その平均値が表5.6.1に示す範囲にない場合には，平均値がこの範囲に納まるよう締付け機を再調整して，同一ロットから改めて

表 5.6.1 常温における高力六角ボルトの導入張力確認試験時の導入張力の平均値の範囲

(単位：kN)

ねじの呼び	試験ロットに関する導入張力の平均値の範囲
M 12	58.5～71.2
M 16	110～133
M 20	172～207
M 22	212～256
M 24	247～298
M 27	322～388
M 30	394～474

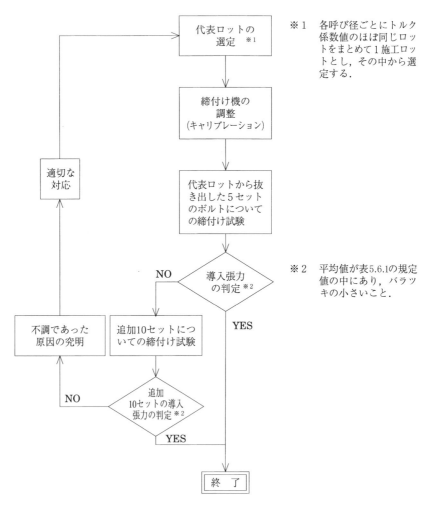

図 5.6.1 高力六角ボルトをトルクコントロール法で締め付ける場合の導入張力確認試験のフローチャート

10セットのボルトを取り出して導入張力の確認試験を行う．この締付け機の再調整の際には，社内検査成績書に示されたトルク係数値は無視して構わない．再試験の結果は，新たに試験を行った10セットのボルトの導入張力の測定値のみについて検討し，そのバラツキが小さく，平均値が表5.6.1の値を満足していれば，ボルト，締付け機を含め締付け施工法には問題がないものと判断する．

通常，この段階で正常な結果が得られるはずであるが，再試験を行っても上記の条件を満足しない場合には，試験を中止して，高力ボルトの締付け作業までの間にその原因を検討し，対応策を施してから改めて締付け施工法の確認作業を行う必要がある．そのような異常の原因として考えられるのは，軸力計の不調，締付け手順が正しくないため締付け時に共回りが生じたり，座金が回ってしまったりしていること，またはボルトが古いものであるなどの理由でねじ部にさびがでていたり，傷がついていたりしていることなどである．

5.7 締付け後の検査

本締めを終了した高力ボルトの検査を行う目的は，すべてのボルトに所要の張力が導入されていることを確認することにある．

締付けの項で述べたとおり，ボルトの導入張力を直接測定する実用的な方法がないため，検査は間接的な方法をとらざるを得ない．締付け作業の進行を追いかけながら検査を行って，締付け施工結果の良否を判断してあとの作業に反映させていくことが望ましい．

また，これらの検査を確実かつ迅速に行えるように，施工手順に示されたマーキングや記録の整理を適確に行っておくことが必要である．

5.7.1 トルシア形高力ボルト

トルシア形高力ボルト（トルシア形超高力ボルトを含む）の検査は，1次締めの後に行ったマークの目視による確認により行う．この場合に注意するべき事項は，使用ボルトの適正長さ，ピンテールの破断の確認，マークのずれにより確認されるナット回転量および共回り・軸回りの有無である．

使用ボルトの適正長さの確認は，ボルトの余長（ナット面から突き出た長さ）がねじ1山～6山のものを適合とする．

ピンテールの破断の確認は締忘れの有無を確認するもので，ピンテールの残存するボルトはマーキングが行われていることを確認して本締めを行い，その後にナット回転量の確認を行う．

トルシア形高力ボルトにおいても，高力六角ボルトをトルクコントロール法により締め付ける場合と同様に，締付けによりナットがボルト軸に対してある量だけ回転するが，その回転量はボルトの呼び径，締付け長さなどにより異なる．しかし，適正な締付けが行われている場合には，同一群のボルトについては同程度の回転量を示すべき性質のものである．

ナット回転量の確認は一般にマーキングに基づいて目視によるものとするので，頭上の梁など距離がある場合でも回転角度が目測できるように丁寧で鮮明なマーキングをすることがとても重要で

ある.目測により平均回転角と最小,最大回転角をおおよそ把握し,ナット回転量が群の平均回転量に対して±30°の範囲内にあるボルトを適合とする.

回転量が許容範囲をはずれるボルトについては,不適合と判定して5.7.4項により処置する.

なお,トルシア形高力ボルトの場合には締付け後に追締めトルクを判定して,締付け力の適否を判断しようとすることは無意味である.それは,このボルトのピンテール破断トルクが締付けトルクと等しくなる機構のボルトであるため破断トルクは安定しており,すべての追締めトルクもこれが再現されるだけのことである.さらにボルトのセットのトルク係数値が把握されていない状況では,追締めトルクからボルトの導入張力を推定できないためである.

5.7.2 高力六角ボルト

(1) ナット回転法による締付けを行った場合

ナット回転法によって締付けを行ったボルトの検査は,1次締めの後に行ったマークの目視による確認により行う.この場合に注意すべき事項は,使用したボルトの適正長さ,ナット回転量および共回りの有無である.

ボルトの適正長さについては,トルシア形高力ボルトの場合と同様の判定基準により,その適否を判定して処置する.すなわち,ボルトの余長(ナット面から突き出た長さ)がねじ1山～6山のものを適合とする.

締付け結果の適否の判定は,1次締め後の本締めによるボルト軸に対するナット回転量が120°±30°(M12については,ナット回転量60°,許容差−0°～+30°)の範囲内にあるものを適合とする.ナット回転量が判定値に対して過大なボルトは,不適合として5.7.4項により処置する.締忘れまたはナット回転量が不足しているボルトは,5.7.3項により判定して所要の回転量まで追締めを行う.

なお,ボルトの長さがねじの呼び径の5倍を超える場合のナット回転量は,特記による.

また,共回りの生じているボルトは,不適合と判定する.

なお,追締めトルク値を測定して締付けの適否を判断しようとすることは,対象としているボルトセットのトルク係数値を把握していない状況にあるから無意味である.

ナット回転量過小　ナット回転量過大　ナットとボルトの共回り

写真 5.7.1 ナット回転量の確認

ナット回転量の確認例を写真 5.7.1 に示す.
(2) トルクコントロール法による締付けを行った場合

検査は，1次締めの後に付したマークの目視による確認により行う．この場合に注意すべき事項は，使用したボルトの適正長さ，マークのずれにより確認されるナット回転量および共回りの有無である．

使用するボルトの長さは 5.4.1 項に規定するところに基づき選定することとしているが，ナット面から突出するボルトの余長に過不足が認められる場合には不適合と判定する．余長が過大なボルトは，ボルトの遊びねじ長さの不足，またはナットのボルト不完全ねじ部への接触が考えられ，余長の不足するボルトは，ねじ部への過大な応力の作用が考えられ，いずれも正常なボルトとしての機能を発揮するうえで支障を生じることが想定されるために，不適合と判定して 5.7.4 項により処置する．

この場合のボルトの余長は，ナット面から突出するねじ部の長さにより管理を行うこととし，1山〜6山の範囲にあるものを適合とする．ただし，フランジ継手など引張継手に使用する高力ボルトは，継手の力学性能を考慮して 5.4.1 項に規定するところに基づき算定される長さを原則とする．

ボルトの余長の適否の例を，写真 5.7.2 に示す．

写真 5.7.2 ボルトの余長の適否

一般に，標準ボルト張力が導入されているボルト群では，1次締めの終了した時点を起点として，本締めによりほぼ等しいナット回転量を生じる．したがって，このナット回転量を検査することにより，締付け作業が正しく行われたか否かを確認することができる．

ナット回転量が著しくばらついているボルト群が発見された場合には，その所属する群全体のボルトについて，手動式トルクツール（JIS B 4652）を用いてナットの追締めを行い，ナットが回転を始める瞬間のトルクを測定する．追締めによるトルクの測定結果が，締付け施工時のキャリブレーションの際に得られた平均トルクの±10％程度の値以内におさまっているボルトは，締付け作業が正しく行われていると判断してよい．

測定の結果，締めすぎていると判断されたボルトには，なんらかの異常が生じているものと考えて不適合とする．締忘れ，締付け不足のボルトが発見されたボルト群については，一群のボルト全

体についてトルクの検査を行うとともに，5.7.3項により判定して所要のトルクまで追締めを行う．

なお，ナット回転量にばらつきを生じる原因としては，打こんなどボルトに生じたきず・ねじ部へ付着したごみなどの影響，1次締め時の締付けのバラツキなどが考えられる．

また，ボルトとナットまたはナットと座金が一緒に回っている，いわゆる共回りが認められるボルトは，正しい締付けが行われていないと判断されることからこれを不適合とする．

5.7.3 締忘れ，締付け不足のボルトの処置

検査の結果により締忘れが判明して，そのままの状態から締付けが許されるボルトは，それぞれ適用する締付け方法により締付けを行う．

この場合，そのままの状態で締付けが許されるボルトとは次のものをいう．

ⅰ) ピンテールが残存するトルシア形高力ボルトで，1次締めおよびマーキングが正しく行われていることが確認された締忘れのボルト

ⅱ) 高力六角ボルトで，1次締めおよびマーキングが正しく行われていることが確認された締忘れのボルト

検査の結果により締付け不足が判明して，追締めが可能なボルトは追締めを行う．

この場合，追締めが可能なボルトとは次のものをいう．

ⅰ) ナット回転法を使用して締付けを行ったボルトのうち，ナット回転量が判定値を下回るボルト

ⅱ) トルクコントロール法を適用して締付けを行った高力六角ボルトのうち，追締めトルクが判定値を下回るボルト

5.7.4 不適合と判定されたボルトの処置

検査の結果により不適合と判定されたボルトは，新しいボルトと取り替えてそれぞれの方法による締付けを行う．

この場合，不適合と判定されたボルトとは，次のものをいう．

ⅰ) マーキングのされていないボルト

ⅱ) トルシア形高力ボルトで，ナット回転量が群の平均値から計算される許容範囲を超えて，過大または過小と判定されたボルト

ⅲ) 余長が，過大または過小のボルト

ⅳ) 共回りが発生したボルトおよび軸回りが発生したトルシア形高力ボルト

ⅴ) 5.7.3項によりそのままの状態で締付けを許されるボルトを除く，締忘れのボルト

ⅵ) ナット回転法を適用して締付けを行ったボルトのうち，ナット回転量が過大と判定されたボルト

ⅶ) トルクコントロール法を適用して締付けを行った高力六角ボルトのうち，締付けトルクが過大と判定されたボルト

ⅷ) その他，トルクコントロール法による場合の締付け記録などがなく，検査が行えないボルト

5.7.5 ボルトの再使用の禁止

導入張力の確認試験，キャリブレーションなどの試験の際に使用した高力ボルト，検査の結果不適合と判定され取り除いた高力ボルトなど，一度使用されたボルトは，トルク係数値などその性能が変化しているおそれがあるので再使用してはならない．

5.8 ボルト接合

5.8.1 ボルト接合の概要

ボルト接合は，主としてせん断力を伝達する接合部に用いられる．

ボルト接合は，高力ボルト接合の場合と異なり，ボルト軸のせん断応力とボルト軸とボルト孔壁との間の支圧応力で部材力を伝達するため，ボルト孔とボルト軸部間のすき間のずれによる構造物の変形を避けることができない．このため建築基準法施行令では，一般に規模制限（軒高が9 m以下，または，梁間が13 m以下，あるいは延べ面積が3 000 m^{2}以下の鋼構造建築物の構造耐力上主要な部分）を設けてその使用を限定した上，ボルトがゆるまないようにコンクリートに埋め込む場合，ナットの部分を溶接する場合，ナットを二重に使用する場合，その他これらと同等以上の効力を有する戻り止めをする場合にボルト接合の使用を許している．ただし，これらのボルト接合に関する規定は保有水平耐力等の計算を行った場合は適用を除外されている．本会編「鋼構造設計規準」においては，ⅰ）振動・衝撃または繰返し応力を受ける接合部，およびⅱ）軒高が9 mを超え，または，梁間が13 mを超える鋼構造建築物の構造耐力上主要な部分へのボルトの使用を制限している．

また，ボルトの孔径はボルトの公称軸径＋0.5 mmとされている．このボルト孔径の制限は，鉄骨の工作・建方にとって精度的に厳しい要求である．ボルト接合の設計・施工にあたっては，このような点を十分に認識しておく必要がある．ただし，母屋・胴縁などの非主要構造部材においては，この限りではない．

5.8.2 ボルト

ボルト・ナットおよび座金は，仕様書に特記されている場合を除いて一般に，それぞれについて制定されている下記のJIS規格に基づいた製品を用いる．

JIS B 1180　六角ボルト（2014）

JIS B 1181　六角ナット（2014）

JIS B 1256　平　座　金（2008）

JIS B 1251　ばね座金（2001）

JIS B 1180, 1181は，1985年の改正でISO規格（1979）に準拠して改正された．両規格とも，部品等級とそれに対する強度区分が明確にされた点に特徴がある．また，両規格ともに，附属書として1974年のJIS規格がそのまま残されていたが，2001年（追補1）で，強度区分（4 T～7 T）が廃止された．JIS B 1180-2014には附属書JA（規定）があり，ここにISO 4014～4018, ISO 8676およびISO 8765によらない六角ボルトについて材料による区分，仕上げの程度，ねじの等級および機

械的性質の強度区分を組み合わせたものとしてボルト等級が示されている．JIS B 1181-2014には附属書JA（規定）があり，ここにISO 4014～4018, ISO 8676およびISO 8765によらない六角ナットに関する規定が示されている．

表5.8.1にJIS B 1180による呼び径六角ボルト（鋼）の部品等級に対する強度区分の組合せを示す．また，表5.8.2にJIS B 1180（附属書JA）による鋼のねじ等級と強度区分を抜粋して示す．表5.8.3に代表的な強度区分について，JIS B 1051（炭素鋼及び合金鋼製締結用部品の機械的性質第1部：ボルト，ねじ及び植込みボルト）によるボルトの強度区分と機械的性質を示す．強度区分の最初の数字は呼び引張強さを表しており，2番目の数字は降伏比を表している．

表5.8.4にJIS B 1181による鋼ナットの形式と等級を，表5.8.5にJIS B 1181附属書による鋼ナットの等級を示す．

表5.8.1 鋼ボルトの等級（JIS B 1180-2014）

ボルトの種類	等級		対応国際規格
	部品等級	強度区分	
呼び径六角ボルト	A	5.6, 8.8	ISO 4014
	B	10.9	ISO 8765
	C	4.6, 4.8	ISO 4016

表5.8.2 鋼ボルトの等級（JIS B 1180-2014 附属書JA）

種類	等級		
	仕上げ程度	ねじの等級	機械的性質の強度区分
六角ボルト	上・中・並	4h・6g・8g	4.6, 4.8, 5.6, 5.8, 6.8, 8.8, 10.9

表5.8.3 ボルトの強度区分および機械的性質

機械的または物理的性質		強度区分				
		4.6	4.8	5.6	5.8	6.8
呼び引張強さ N/mm^2		400		500		600
最小引張強さ N/mm^2		400	420	500	520	600
ビッカース硬さ HV	最小	120	130	155	160	190
	最大	220				250
下降伏点（最小） N/mm^2	最小	240	340	300	420	480

表5.8.4 鋼ナットの等級（JIS B 1181-2014）

ナットの種類	形式		等級		対応国際規格
	スタイルによる区分	面取りの有無による区分	部品等級	強度区分	
六角ナット	スタイル1	—	A	6, 8, 10	ISO 4032
			B		ISO 8673
	スタイル2	—	A	9, 12	ISO 4033
			B		ISO 8674
	—	—	C	4, 5	ISO 4043
					ISO 4634

表 5.8.5　鋼ナットの等級（JIS B 1181-2014 附属書）

種類	等級		
	仕上げ程度	ねじの等級	機械的質の強度区分
六角ナット (M 39 以下)	上・中・並	5 H・6 H・7 H	4 T, 5 T, 6 T, 8 T, 10 T

　建築関係では通常，JIS B 1180 および JIS B 1181 附属書に示されているボルトのねじ精度 6 g，ナットのねじ精度 6 H，仕上げ程度中以上のものが用いられている．ボルトの機械的性質は 4.8 のものが一般に用いられている．

　ボルト・ナットおよび座金が JIS B 1186 の高力ボルトのようにセットとしては規定されていないので，整合のよい組合せで使用する必要がある．表 5.8.6 は，JIS B 1052-2014 を準用したナット（附属書）とボルトの推奨組合せである．ナットは，表中の強度区分より高いものを用いてもよい．

　座金は，JIS B 1256 による鋼製丸形平座金のうちの並丸または JIS B 1251 によるばね座金が通常用いられている．

　ボルトの長さは，JIS B 1180（六角ボルト）表 3 の呼び長さで示し，締付け長さに応じて締め付けた後，ナットの外側に 3 山以上ねじ部が出るように決める．すなわち，図 5.8.1 の記号に従えば $l = L + 2t + H + 3p$ となる．式中の記号 H（ナットの高さ），$t =$（座金の厚さ），p（ねじのピッチ）をJIS 規格から抜粋して示すと表 5.8.7 のとおりである．

　以上をまとめると，締付け長さに加えるべき長さは表 5.8.8 に示すとおりとなる．高力ボルトの場合と異なり，表中の数字に"以上"の表現がとられているのは，ねじ部長さ寸法が高力ボルトの場合よりいくぶん長く規定されていることによるものである．

表 5.8.6　ボルトとナットの組合せ

ボルトの強度区分	4.6〜5.8	6.8
ナットの強度区分	5 T	6 T

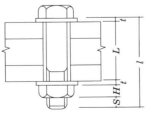

l：首下長さ
t：座金の厚さ
L：締付け長さ
H：ナットの高さ
S：ねじの余長 （$3p$ 以上）
p：ねじのピッチ

図 5.8.1　ボルトの長さ

表5.8.7 ナット・座金などの寸法

(単位:mm)

ねじの呼び		M 12	M 16	M 20	M 22	M 24
ナットの高さ[1]	H	10	13	16	18	19
	H_1	7	10	12	13	14
座金の厚さ[2](t)		2.3	3.2	3.2	3.2	4.5
ねじのピッチ[3](p)		1.75	2.0	2.5	2.5	3.0
締付け長さに加える長さ[4]	A_1	19.85	25.4	29.9	31.9	37.0
	A_2	26.85	35.4	41.9	44.9	51.0

[注] (1) JIS B 1181-2014(六角ナット)附属書より抜粋
(2) JIS B 1256-2008(平座金)付表より抜粋
(3) JIS B 1180-2014(六角ボルト)附属書(並目)によるメートル並目ねじ
(4) A_1は一重ナット,A_2は二重ナットの場合の計算値である.ただし,二重ナットはナットの高さを$H+H_1$として計算した.

表5.8.8 締付け長さに加える長さ

(単位:mm)

ねじの呼び		M 12	M 16	M 20	M 22	M 24
加える長さ	一重ナットの場合	20 以上	26 以上	30 以上	35 以上	37 以上
	二重ナットの場合	27 以上	36 以上	42 以上	48 以上	51 以上

5.8.3 接合部の組立て

5.8.1項で述べたとおり,本会編「鋼構造設計規準」でボルトの孔径をねじの呼び径より0.5 mmを超えて大きくしてはならないとされていることを除けば,最小縁端距離,ボルトのピッチ,接合部の組立てなどについては,高力ボルトの場合と共通であるので該当項目を参照されたい.

5.8.4 ボルトの締付け

ボルトは,ハンドレンチ,インパクトレンチなどを用いてゆるまないように締め付ける.一般に用いられるねじの呼びはM 12,M 16,M 20,M 22,M 24であり,スパナ,ハンドレンチなどの簡単な工具を用いて人力で締め付けることができる.しかし,締付け数量が多い場合やM 20以上のボルトに対しては,インパクトレンチや電動レンチなどを用いることが実用的である.いずれにしても,締忘れ・締過ぎ・締付け不足のないように注意する.

ボルトの締過ぎ・締付け不足を判断するためには,適正な締付けトルクを設定することが望ましい.フィンガータイト(手締め)からの一定の回転角を目安にするか,トルクレンチで測定した締付けトルクを目安にするなどの方法で目標値を設定することが考えられる.

5.8.5 戻り止め

建築基準法施行令の定めにより,コンクリートに埋め込んで使用する場合を除いて,ボルトのゆるみを防止するために必ずナットの戻り止め処置をしなければならない.

その方法としては,次のようなものがあげられている.

ⅰ) ばね座金の使用
ⅱ) 二重ナットの使用
ⅲ) ゆるみ防止用特殊ナットの使用
ⅳ) ナットの溶接

　ばね座金を使用する場合には，ばね座金が平らになり，ナット，座金，被接合材が密着するまでしっかりと締め付ける．二重ナットを使用する場合には，下ナットをまず締め付けた後，このナットをスパナで押さえたまま上ナットを別のスパナで締め付けるようにしないと，戻り止めの効果は得られないので注意する．ゆるみ防止用特殊ナットには各種のものが工夫されているが，規格も定められておらず，なかには戻り止め効果の疑わしいものもみられるので，その特性を見きわめた上で採用するようにしたい．

5.8.6　締付け後の検査

　ボルトの締付け完了後，全数について検査し，以下のようなボルトを不適合とする．
ⅰ) 所定の品質でないもの
ⅱ) 所定の寸法でないもの
ⅲ) 締忘れまたはゆるみのあるもの
ⅳ) 所定の戻り止めのないもの
ⅴ) 締め過ぎたもの
ⅵ) 余長が足りないもの

　締付け後の検査は，締付けを終了したボルトを順次追いかけながら行って施工結果の適否を判断し，あとの作業に反映させていくことが望ましい．

　不適合となったボルトは，所定のものに取り替えて締め直しする．締忘れまたはゆるみがあるものは，再締付けする．所定の戻り止めが用いられていない場合もしくは余長が足りない場合には適切なものに取り替える．

5.8.7　亜鉛めっきボルト

　鉄塔・架台や耐候性を必要とする鉄骨構造物で部材に溶融亜鉛めっきを施す場合に，その接合用にボルト・ナット・座金に溶融亜鉛めっきを施して用いられることがある．強度区分が4.6程度のボルトの溶融亜鉛めっきによる機械的性質への熱的な影響は，ほとんどないものと考えてよい．一般に，めっきの付着量は350 g/m^2程度としている．適正なはめ合いを確保するために，めっき前にナットをオーバータップするが，高力ボルト用のナットに比べて低強度であるため，引張力に対しねじ抜けが生じやすいので注意する．

6章　工事現場溶接

6.1　溶接法の特徴と変遷

　鉄骨工事の現場では，種々の溶接法が使用されてきた．表6.1.1に主な溶接法の特徴を示す．
　初期のころは，被覆アーク溶接（手溶接）が適用された〔図6.1.1参照〕．
　超高層ビルが出現した昭和40年前後から鉄骨の板厚が厚くなり（ボルト接合では限界がある），能率向上の必要性から昭和43年ごろから，耐風性の良いセルフシールドアーク半自動溶接（ノンガスシールドアーク半自動溶接）が開発され，現場溶接に多く使用された．しかしながら溶接金属中にアルミ偏析が発生し，かつシャルピー衝撃値が低く，溶接部の性能が問題視された．このころから現場溶接部の検査に染色浸透検査に代って超音波探傷検査が適用され始めた．セルフシールドアーク半自動溶接は初層のスラグはく離性が悪く，かつブローホール等が発生しやすいといった施工上の問題もあり，新しい溶接方法が期待されていた．
　昭和45年ごろから炭酸ガスシールドアーク半自動溶接〔図6.1.2参照〕が工場溶接に多く採用され，極めて作業性も良く，優秀な成績を収めていた．これはガスシールドのため風に弱く（2 m/s程度が限界），現場での適用が困難であったが，耐風トーチ（4 m/s程度が限界）の開発，および現場での足場の改良と防風対策が実施され，昭和50年ごろから現場にも適用されて，現在の主要な溶接法となっている．一方セルフシールドアーク半自動溶接は鋼杭の現場溶接に使用されることはあるが，建築鉄骨への使用例は少ない．
　その他，ビル以外の特殊な鉄骨工事ではサブマージアーク溶接，エレクトロスラグ溶接等も実施された例がある．
　なお，柱の継手溶接法として狭開先自動溶接（ナローギャップ溶接）が昭和48年ごろから開発され現場に適用されるようになった．これは溶接量の極小化および収縮量の低下等のメリットがあるが，能率の低さや溶接技能者の習熟期間の長さからコスト高となり，現在はあまり使用されることがない．
　また，近年はロボット等の使用による自動溶接も開発され現場に適用されつつある．

表 6.1.1 鉄骨工事現場で用いられる主な溶接法と特徴

溶接法		姿勢	適用鋼種	特徴	技量資格（例）
被覆アーク溶接		全姿勢	全鋼種	1. 全鋼種に対する全姿勢溶接が可能 2. 高所での移動が容易で段取りに時間を要さない 3. 作業能率が半自動溶接の半分以下 4. 溶接棒の吸湿性が大きく乾燥して使用することが必須 5. 風に強い	JIS Z 3801 A(N)-2F, 2V または， 3F, 3V, 3H
CO_2アーク半自動溶接	ソリッドワイヤ	主として下向横向	400〜590 (N/mm^2)	1. シールドガスとしてCO_2を使用するので，風に対して弱いので防風対策が必要 2. 専用の直流溶接電源が必要 3. 作業能率は良好 4. CO_2のボンベおよび気化装置の設備と配管（ホース）が必要 5. 溶込みが被覆アーク溶接に比べて深い	JIS Z 3841 SA-3F, 3H, 3V （シールドガス）
	フラックス入りワイヤ	主として下向横向立向			
セルフシールドアーク半自動溶接		主として下向横向	400〜490 (N/mm^2)	1. 被覆アーク溶接と同様に風に対して強い 2. 専用の溶接電源と送給装置が必要 3. 作業能率は手溶接とCO_2半自動溶接の中間 4. 溶接ヒュームが多い	JIS Z 3841 SA-3F, 3H （セルフシールド）

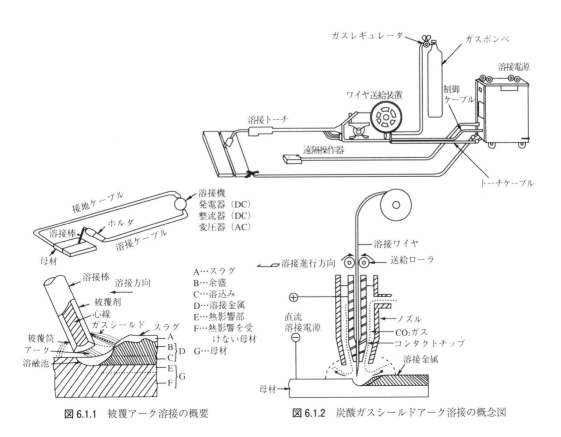

図 6.1.1 被覆アーク溶接の概要　　　図 6.1.2 炭酸ガスシールドアーク溶接の概念図

6.2 現場溶接施工と検査

6.2.1 溶接設備

現場溶接では溶接用電源工事をはじめ,足場,防風設備の仮設工事や,溶接装置,ガス供給設備の揚重作業など多岐にわたる工事計画への配慮が必要である.

(1) 溶接電源

溶接装置の電源容量は,使用率を考慮して一般に下式が算定の目安として用いられる.

$$Q = N \cdot \beta P_a \quad \text{〔図 6.2.1 参照〕}$$

ただし,上式はおのおのの溶接機の通電がランダムに行われる仮定のもとで成り立つもので,すべての溶接機が同時に溶接を行う(実作業ではあまりない)ようなときは成り立たない.また,実際の工事に際しては,すべての溶接機が同一であることはまれで,容量・使用率もさまざまである.

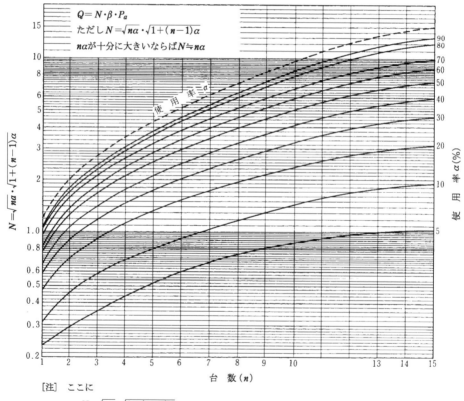

[注] ここに
$N = \sqrt{n\alpha} \cdot \sqrt{1+(n-1)\alpha}$
　$n\alpha$ が十分に大きいならば $N \fallingdotseq n\alpha$
P_a = 溶接機の容量 $\fallingdotseq$ 開路電圧(E_{10}) × 溶接電流(I_{10}) (kVA)
β = 低減数(一般に $\beta P_a (\beta \leq 1)$ という容量で使用されるとは限らない)
α = 使用率 = 通電時間の合計/通電時間と休止時間の合計
n = 溶接機の台数
Q = 必要な電源容量

図 6.2.1　電源容量の算定曲線

したがって，このような場合，平均的な容量・使用状況にある溶接機群を算定の基準にして上式でおおよその目安をつけ，工事現場では電源から溶接場所までの距離が一般に長いため，電力ロスを考慮して電源容量はやや大きめとする．

（算定例）

300 A のアーク溶接機で開路電圧 80 V とすると

$P_a \fallingdotseq 300 \times 80 = 24$ kVA で通常 25 kVA

この溶接機で 200 A くらいで常時使用するとなれば $\beta = 200/300$，ゆえに $\beta P_a = 16$ kVA，また，使用率 40 % とすれば，溶接機 1 台の場合には，図 6.2.1 の $\alpha = 40$ % の曲線について $n=1$ の点をみると $N=0.63$ となり，求める電源容量は

$Q = 16$ kVA $\times 0.63 = 10$ kVA

溶接機 5 台ならば，$n=5$ の点をみれば，$N=2.25$，したがって

$Q = 16$ kVA $\times 2.25 = 36$ kVA

が必要となる．

溶接電源から溶接棒ホルダまたはワイヤ送給装置までの 2 次ケーブル断面積については，表 6.2.1 に示された数値を参照して必要量を決定する．工事現場では電源から溶接場所までの距離が一般に長く，電力ロス，電圧降下を考慮してやや大きめとする．高層鉄骨などにおいては溶接電源から分電盤までの 1 次ケーブル長が短くなるよう，各節の建方完了後，溶接電源の設置場所付近に分電盤を設置しなおすことが望ましい．

表 6.2.1 2 次ケーブルの断面積

(mm²)

電流(A) \ 長さ(m)	20	30	40	50	60	70	80	90	100
100	30	38	38	38	38	38	38	50	50
150	30	38	38	38	50	50	60	80	80
200	38	38	38	50	60	80	80	100	100
250	38	38	50	60	80	80	100	125	125
300	38	50	60	80	100	100	125	125	
350	35	60	80	100	100	125			
400	50	60	80	100	125				
450	50	80	100	125					
500	60	80	100	125					
550	60	80	100	125					
600	80	100	150						

（2） 溶接足場設備および防風設備

鉄骨フレームが組み立てられた直後に実施することが多い建築鉄骨の現場溶接は高所作業となるため，溶接品質の確保と作業の安全性を考慮して，作業空間が十分取れる堅牢な足場を設置しなけ

ればならない．溶接継手部までの足場の高さは1m前後で，下向き姿勢となる継手ではやや低め，横向き姿勢ではやや高めとし，溶接技能者が開先内を容易に確認しながら施工できるよう配慮すべきである．また，足場の広さは溶接技能者の行動場所のほかに，溶接ワイヤ送給装置，諸工具を置くスペースも必要である．

ビル鉄骨の溶接継手部を想定した各種のユニット足場が仮設機材メーカーで製造されており，これらの例を図6.2.2に示す．(a)は柱梁接合部梁下フランジ溶接用，(b)は外周柱継手部用，(c)は梁継手部用の足場の例である．デッキプレートが敷設されていない場合には溶接技能者が容易かつ安全に移動できるよう同図(d)に示す吊足場を梁に沿って設ける必要がある．

現場溶接においては，防風対策はとくに配慮しなければならない事項である．アーク熱によって溶かされた溶融金属には大気中の酸素や窒素が混入しやすく，凝固するまで適切な方法で外気から遮断する必要がある．このとき遮断材料として作用するものが，被覆アーク溶接，セルフシールドアーク溶接の場合は溶融スラグであり，ガスシールドアーク溶接の場合シールドガスである．しかし，風の影響によりシールドガスなどに乱れが生じると，溶融金属の保護が不完全になりブロー

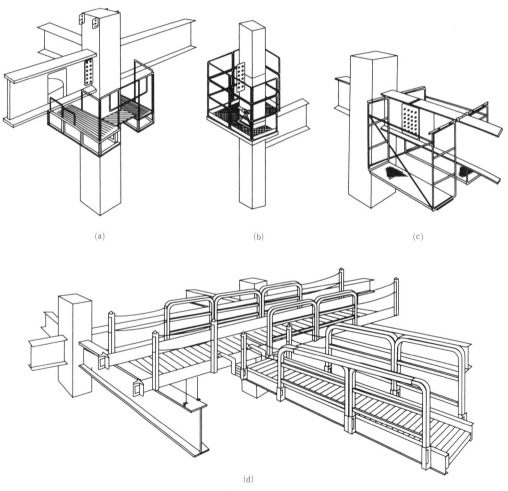

図6.2.2 ビル鉄骨向けユニット足場の例

ホールなどの欠陥が生じてしまう．また，溶接金属中への窒素の混入は，溶接金属の破壊靱性を低下させる．

それぞれの溶接方法における作業可能な風速を表 6.2.2 に示す．被覆アーク溶接，セルフシールドアーク溶接は耐風性能が比較的高く，風速 10 m/sec 程度までは作業が可能である．しかし，ガスシールドアーク半自動溶接は風に対して敏感であり，一般にシールドガスに CO_2 を用いた場合，風速 2 m/sec 程度が限度であるが，大流量のシールドガスを流すことができる耐風仕様の溶接機を用いた場合は，4 m/sec 程度まで可能となる．一方，シールドガスに $Ar+CO_2$ 混合ガスを用いると，CO_2 ガス以上に風による影響を受けやすい．以上のことを考慮し，防風設備を計画しなければならない．

防風設備は一般に養生シートが用いられる．ガス溶断，ガウジングによる火花から着火しない不燃性のものを使用し，図 6.2.2 に示したユニット足場や建物外周に沿って取り付ける．また，補助的な防風対策として溶接部近傍のみを囲う防風治具を併用する場合もある．この防風治具の例を図 6.2.3 に示す．

表 6.2.2　作業可能風速

溶　接　方　法		作業可能風速（m/s）
被覆アーク溶接，セルフシールドアーク溶接		≦10
CO_2 ガスシールドアーク半自動溶接	ガス流量：20〜30 l/分	≦2
	ガス流量：60〜100 l/分（耐風仕様）	≦4

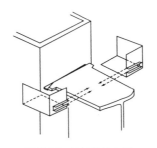

図 6.2.3　防風治具の例

（3）　ガス供給設備

ガスシールドアーク半自動溶接を用いる場合，ガス供給設備が必要となる．CO_2 ガス中の水分はブローホールや割れの原因となるので，JIS Z 3253（溶接および熱切断用シールドガス）で規定されている水分含有量が 150（vol ppm）以下の C1 規格品（炭酸ガス），あるいは水分含有量が 60（vol ppm）以下の M2 規格品（アルゴン，炭酸ガスの混合ガス）を使用しなければならない．

シールドガスは，溶接機台数が少ない場合，ボンベから直接溶接電源に供給するのが簡便であるが，台数が多いとボンベの交換が頻繁となる．このため複数のボンベをカードルに載せ作業階に揚重し，ボンベと溶接電源の間を太径のガスホース 1 本にまとめて配管したり，高層鉄骨の場合には，ガスタンクを地上階に設置し，ガス管により必要階に立ち上げ，頭部ガスヘッダーから各溶接電源

にシールドガスを供給する場合もある．

　CO_2 ガスはボンベ内では液体であり連続使用すると，ガス取出し口で凍結によりノズル詰まりを起こし，シールドガスが供給されなくなる場合がある．このような場合を想定してガス取出し口には気化用ヒータを取り付けておくことが望ましい．

（4）溶接装置，溶接材料などの揚重，管理

　溶接装置，溶接材料，予熱装置などは，作業場所の近くに設置することが望ましい．溶接電源から溶接棒ホルダまたはワイヤ送給装置までの2次ケーブルが長くなると，抵抗による損失やインダクタンスによる電圧降下が大きくなり，十分な電流が流れず，健全な溶接ができなくなるおそれがある．また，ケーブル，ガスホースが破損する危険性も増す．したがって高層鉄骨などにおいてはこれらを収納する架台を製作し，作業階付近に揚重することが必要となる．溶接機の揚重架台の例を写真 6.2.1 に示す．この架台には，溶接電源のほかにガウジング，開先などの清掃を行うためのエアーコンプレッサ，被覆アーク溶接用電源も搭載しておくとよい．さらに，被覆アーク溶接を用いる場合は，溶接棒の乾燥装置も必要である．

　溶接棒，溶接ワイヤなどの溶接材料は，吸湿を防ぐため，包装が破損しないよう取扱いに注意し，揚重後は直ちに作業階付近に設置したコンテナ内に収納する．

　溶接材料コンテナ，ガスバーナ予熱装置の揚重架台の例を写真 6.2.2 および 6.2.3 に示す．

写真 6.2.1 溶接機揚重架台の例

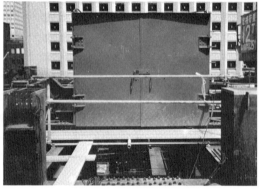
写真 6.2.2 溶接材料コンテナの例

写真 6.2.3 予熱装置の揚重架台の例

6.2.2 施工前検査

（1） 天　　候

　雨天，降雪時には水分・湿気のため溶接欠陥が発生しやすく，また作業者の安全を確保する観点からも溶接作業は中止すべきである．また，相対湿度が90％を超える場合，急激に気温，湿度が上昇した場合なども鉄骨に結露が生じやすく，溶接欠陥の発生を招くので作業を中止するか，結露対策を講じなければならない．

　風が強い場合も，ブローホールなどの溶接欠陥が発生しやすいので，作業場所付近の風速を測定し，前節で述べた制限風速を超える場合は作業を中止するか，または防風対策を講じなければならない．

　気温が−5℃を下回る場合は，溶接を行ってはならない．ただし，溶接部より100 mmの範囲の母材部分を，40℃以上かつ結露を十分防止し得る温度まで予熱して溶接する場合はこのかぎりではない．予熱方法については次項を参照し，鋼種，板厚によってはさらに高温の予熱が必要な場合があるので注意しなければならない．

（2） 予　　熱

　溶接部は，①鋼材の炭素当量が多い，②板厚が厚いか母材の温度が低く冷却速度が速い，③溶接金属中の水素量が多い，④継手の拘束度が大きいほど低温割れが生じやすくなる．低温割れの防止策としては，割れ感受性の低い鋼材の選定，溶着金属の拡散性水素量の低い溶接棒の選定，継手の拘束力を減少させ得る設計・施工条件の選定があげられるが，極厚鋼，高張力鋼の溶接においては，必ずしも以上の方法によって防止できるとは限らない．このような場合，非常に効果的で実用的な対策が予熱である．溶接部を適切な条件で予熱すれば，溶接部の冷却速度が遅くなり，溶接部の硬化を防止するとともに拡散性水素の溶接部からの散逸が容易となり，割れの発生を防止できる．

　継手部の板厚，鋼種，溶接方法，使用する溶接材料による予熱温度の標準を表6.2.3に示す．

　現場溶接における予熱は，風により冷却速度が速くなるため，表に示した温度よりも10〜20℃程

表 6.2.3　予熱温度の条件

鋼　種	溶　接　法	板　厚 (mm)					
		$t<25$	$25≦t<32$	$32≦t<40$	$40≦t≦50$	$50<t≦75$	$75<t≦100$
SN 400 SM 400 SS 400	低水素系以外の被覆アーク溶接	予熱なし	50℃	50℃	50℃	—	—
	低水素系被覆アーク溶接	予熱なし	予熱なし	予熱なし	50℃	50℃[1]	80℃[1]
	CO_2ガスシールドアーク溶接[3]	予熱なし	予熱なし	予熱なし	予熱なし	予熱なし[1]	50℃[1]
SN 490 SM 490 SM 490 Y SM 520	低水素系被覆アーク溶接	予熱なし	予熱なし	50℃[2]	50℃[2]	80℃[2]	100℃[2]
	CO_2ガスシールドアーク溶接[3]	予熱なし	予熱なし	予熱なし	予熱なし	50℃[2]	80℃[2]
SM 570	低水素系被覆アーク溶接	50℃	50℃	80℃	80℃	100℃	120℃
	CO_2ガスシールドアーク溶接[3]	予熱なし	50℃	50℃	50℃	80℃	100℃

［注］　1）鋼種 SN 400，SM 400 の場合に適用し，鋼種 SS 400 は別途検討が必要である．
　　　2）熱加工制御を行った鋼材では，より低い予熱温度の適用が考えられる．
　　　3）フラックス入りワイヤによる CO_2 ガスシールド溶接の予熱温度標準は低水素系被覆アーク溶接に準じる．

度高めに加熱するほうが良い．また，冬期の場合は，夏期に比べて冷却速度が速くなるのでさらに予熱温度を高めとするか，予熱の範囲を広げる必要がある．

　裏当て金またはエンドタブを本溶接直前に組立て溶接する場合には，本溶接までの作業時間を考慮して，標準予熱条件よりも30～40℃程度高めに加熱し，本溶接時に所定の温度を確保するようにする．組立て溶接は入熱量が小さく冷却速度が速いので，本溶接よりもさらに割れが生じやすくなる場合もある．より高温に加熱することは，この危険を回避する効果も有している．

　予熱の方法は，電気ヒータまたはガスバーナによる方法があり，手軽なガスバーナが一般に用いられている．両方法によって加熱した場合の温度分布の比較を図6.2.4に示す．電気ヒータによる場合(a)は，局部的にガスバーナで加熱した(b)に比べて継手全域が均等に加熱され，かつ急激に温度上昇，低下しないため温度管理が容易となる長所もある．このため，ガスバーナで予熱を行う場合は，(c)に示すようにバーナを溶接線方向に沿って移動させ温度分布が均一となるように心掛ける必要がある．

　予熱を行う範囲は，溶接線を中心に前後左右および板厚方向の100 mmの範囲を均一に加熱しなければならない．ガスバーナで加熱する場合は，燃焼ガス中に水蒸気が多量に含まれており，鋼材が十分加熱されていない間は，結露が生じるおそれがある．とくに閉鎖断面の柱継手に結露水が浸入すると除去することが困難となり，溶接欠陥の原因となりやすい．このような場合には，加熱開始時は開先から離れた位置を先に加熱して，鋼材の熱伝導によって開先部を温め，徐々に中心部に

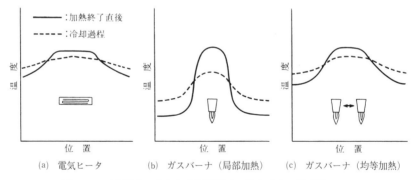

図 6.2.4　予熱温度の分布と冷却過程時の温度分布の模式図

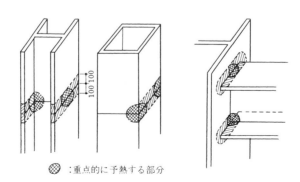

図 6.2.5　予熱の範囲と重点的に予熱する部分

移行するよう配慮しなければならない．加熱順序を図 6.2.5 に示す．また，同図のダブルハッチで示した部分は，鉄骨の熱容量が大きく温度上昇がほかの部分に比べて遅くなるので，重点的に十分加熱する必要がある．

予熱温度のチェックは，温度チョークまたは表面温度計を用いて行う．測定位置は，被溶接物の板厚 t が 50 mm 以下の場合では，溶接開先の縁から $4×t$ の位置で，かつ，50 mm を超えない位置で測定する．また，板厚が 50 mm を超える場合では，開先から 70 mm 離れた位置，あるいは，工事監理者から指示された位置で測定する．

（3）開先精度

溶接継手の寸法精度標準を表 6.2.4 に示す．各項目の管理許容差は製作，施工上の目標値として捉え，補修が必要と考えられる限界値を限界許容値として表す．突合せ継手の食違いが限界許容差を超える場合は，仮ボルトをゆるめて修正しなければならない．

ルート間隔，ルート面，開先角度に問題がある場合は，グラインダやガウジングによって広げたり，バタリングして狭くするなどの処置が必要である．なお，食違いや仕口のずれが限界許容値を超えた場合は，6.3.8 項に示す方法などにより修正すべきである．

（4）エンドタブおよび裏当て金

一般に，溶接の始端には溶込不良やブローホールなど，終端にはクレータ処理を怠るとクレータ割れなどの欠陥が生じやすいので，これらの欠陥を本溶接継手内に残存させないために，原則として適切な形状の鋼製エンドタブを取り付けて溶接しなければならない．

柱継手および梁継手のように大地震時において，塑性化が生じないと考えられる溶接部では，クレータ割れのないことを確認して，溶接終了後，鋼製エンドタブをそのまま残してよい．

大地震時に塑性ヒンジを形成し，大きい塑性変形能力が要求される梁端の現場混用接合部では，鋼製エンドタブを切断せず残した場合に，図 6.2.6 に示す梁フランジとエンドタブにより形成されるスリットの底のひずみ集中点を起点として溶接部が破断する実験例が報告されている．実験における破断例を写真 6.2.4 に示す．鋼製エンドタブを用いた場合の溶接部の破断には，梁材と溶接材の組合せ，溶接条件および柱の断面形状などが複雑に影響を与える[1]．梁端のスカラップの場合と同様に，どのような溶接部ディテールを採用するのかは，建築鉄骨の耐震安全性にとって非常に重要な問題であり，設計者が判断すべき事柄である．したがって，前回の改定では，柱梁接合部における鋼製エンドタブの切断の要否および切断要領については，特記事項とした．なお，切断することが望ましい場合として，以下の3つの条件のすべてに該当する接合部が挙げられる．

① 大地震に塑性ヒンジを形成し，大きい塑性変形能力が要求される梁端の接合部
② 梁材 490 N/mm^2 級鋼とワイヤ YGW11 の組合せで溶接施工される接合部
③ 柱材に幅厚比 25 以上の角形鋼管が用いられている接合部

なお，以下の条件のいずれかに該当する接合部では，鋼製エンドタブを切断する必要はない．

① 終局状態において塑性ヒンジを形成しない梁端接合部
② 梁材が 400 N/mm^2 級鋼の接合部
③ 柱材に H 形断面柱が用いられている接合部

表 6.2.4 溶接継手の寸法精度標準

項目		管理許容差	限界許容差
突合せ継手の食違い e	$t=\min(t_1, t_2)$	$t\leq 15$ mm 　$e\leq 1$ mm $t>15$ mm 　$e\leq \dfrac{t}{15}$ かつ $e\leq 2$ mm	$t\leq 15$ mm 　$e\leq 1.5$ mm $t>15$ mm 　$e\leq \dfrac{t}{10}$ かつ $e\leq 3$ mm
ルート間隔 （裏当て金あり） Δa		被覆アーク溶接 　$\Delta a\geq -2$ mm（$\theta\geq 35°$） ガスシールドアーク溶接, セルフシールドアーク溶接 　$\Delta a\geq -2$ mm（$\theta\geq 35°$） 　$\Delta a\geq -1$ mm（$\theta<35°$）	被覆アーク溶接 　$\Delta a\geq -3$ mm（$\theta\geq 35°$） ガスシールドアーク溶接, セルフシールドアーク溶接 　$\Delta a\geq -3$ mm（$\theta\geq 35°$） 　$\Delta a\geq -2$ mm（$\theta<35°$）
ルート面 Δa		被覆アーク溶接, ガスシールドアーク溶接, セルフシールドアーク溶接 裏当て金なし 　$\Delta a\leq 2$ mm 裏当て金あり 　$\Delta a\leq 1$ mm	被覆アーク溶接, ガスシールドアーク溶接, セルフシールドアーク溶接 裏当て金なし 　$\Delta a\leq 3$ mm 裏当て金あり 　$\Delta a\leq 2$ mm
開先角度 $\Delta \theta$		$\Delta\theta_1\geq -5°$ $\Delta\theta_2\geq -2.5°$（$\theta\geq 35°$） $\Delta\theta_2\geq -1°$（$\theta<35°$）	$\Delta\theta_1\geq -10°$ $\Delta\theta_2\geq -5°$（$\theta\geq 35°$） $\Delta\theta_2\geq -2°$（$\theta<35°$）
仕口のずれ e	$t=\min(t_1, t_2)$	$t\geq t_3$ 　$e\leq \dfrac{2t}{15}$ かつ $e\leq 3$ mm $t<t_3$ 　$e\leq \dfrac{t}{6}$ かつ $e\leq 4$ mm	$t\geq t_3$ 　$e\leq \dfrac{t}{5}$ かつ $e\leq 4$ mm $t<t_3$ 　$e\leq \dfrac{t}{4}$ かつ $e\leq 5$ mm

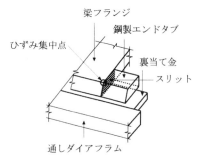

図 6.2.6 鋼製エンドタブを切断せず残した場合のひずみ集中点

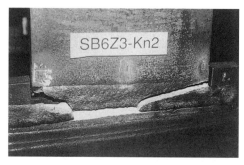

写真 6.2.4 鋼製エンドタブと梁フランジにより形成されるスリット底を起点とする溶接部破断の例

6章 工事現場溶接 —297—

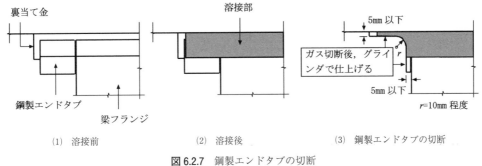

(1) 溶接前　　　(2) 溶接後　　　(3) 鋼製エンドタブの切断

図 6.2.7　鋼製エンドタブの切断

　鋼製エンドタブの切断は，図6.2.7に示すように，ガス切断により荒切りした後，グラインダで仕上げる．

　なお，鋼製エンドタブを切断せず残す場合では，表面層を多パスにすることにより，スリット底の延性亀裂発生時期を遅らせることができるという報告[2]があるので，使用鋼種および使用ワイヤによらず，梁フランジ厚が16 mm以上の場合では表面層を多パスで仕上げることが望ましい．

　クレーンガーダなどのように高サイクル疲労荷重が作用する箇所では，鋼製エンドタブを母材表面まで平滑に仕上げなければならないが，工事現場の作業としては，非常に困難な作業であり，現場溶接を実施しない設計をすることが望ましい．

　鋼製エンドタブに替わり，最近ではフラックスやセラミックなどを焼結した固形エンドタブを用いる例が増加している．固形エンドタブを用いる場合，溶接技能者は該当する溶接方法，板厚および溶接姿勢に応じたJIS Z 3841の溶接技量検定試験に合格した有資格者で，固形エンドタブ工法のための溶接技能者技量付加試験等により工事監理者に承認されたものとする．なお，技量試験の例が「工場製作編」の付10に記載されているので，参考とされたい．

　現場溶接では裏当て金を用いる工法が多用されるが，健全なルート部の溶込みが得られるように適正なルート間隔をとり，裏当て金は原則として母材に密着させなければならない．現場溶接部の開先寸法は骨組の製作・建方精度から直接影響を受け，バラツキが大きくなりやすい．このため，裏当て金は工場で先付けとはせず，工事現場で開先形状に合わせて取り付けなければならない．ただし，箱形，鋼管など閉鎖断面の柱継手においては，工事現場で取り付けられないので，工場で図6.2.8のように取り付けておかなければならない．

　エンドタブおよび裏当て金の組立て溶接は，本溶接と同等の技量を有する者が実施しなければならない．また，母材とのすき間に水分，ごみなどが浸入しないよう本溶接直前に実施することが望ましい．組立て溶接位置はなるべく下向きで溶接でき，本溶接部に重ならない部分に行うほうがよい．ショートビードを避け，溶接長は40 mm以上確保することが望ましく，予熱が必要となる母材に対して組立て溶接を行う場合はとくに注意を要する．なお，低温割れ対策の観点から，組立て溶接には，炭酸ガスシールドアーク溶接を用いることが望ましい．被覆アーク溶接による場合はアークスタートを捨て金上で行い，母材へのアークストライクを避ける．裏当て金は溶融金属が凝固するまでの支持材であり，応力の伝達が生じない取付け方が望ましい．一般に柱梁接合部の梁フラン

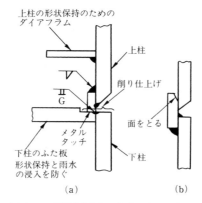

図 6.2.8 閉鎖断面柱の裏当て金の取付け

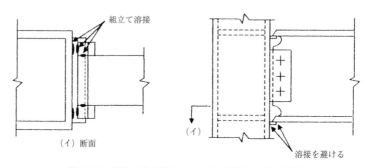

図 6.2.9 裏当て金が梁フランジの外側に取付く場合

ジ外面側には高応力が生じる.とくに下フランジの裏当て金を下側から溶接すると梁端接合部の脆性破壊を招くおそれがあるため,図 6.2.9 の右図に示す位置での組立て溶接は絶対に行ってはならない.

鋼製エンドタブおよび裏当て金は,原則として母材の鋼種と同等のものを使用する.例えば,母材が SN 400 B,C 材の場合は裏当て金は SN 400 B 材のものを,母材が SN 490 B,C 材の場合は裏当て金は SN 490 B 材のものを使用する.裏当て金には,溶接時に溶落ちが生じない板厚のものを使用する必要があり,一般には板厚 9 mm のものが用いられている.

(5) 開先内の清掃

溶接直前には,水分・スラグ・ごみ・さび・油・塗料,はがれやすいスケール,その他溶接に悪影響を及ぼすものを適切な方法で除去しなければならない.溶接面に水分が付着しているとアークの発生および持続が悪いばかりでなく,割れ,ブローホールなど溶接欠陥の発生原因となる.また水分は電撃の危険もあり,溶接面は十分に乾燥してから作業に取りかかるべきである.なお,ワイヤブラシ掛けでもとれないミルスケールの薄層(黒皮)は原則として除去しなくてもよい.

参 考 文 献

1) 日本建築学会材料施工委員会鉄骨工事運営委員会:鉄骨工事(JASS 6)運営委員会・調査研究成果報告会資料集 3.スカラップ WG,日本建築学会,2000.11
2) 井口智晴・田渕基嗣・田中 剛:断面形状の異なる柱に鋼製エンドタブを用いて溶接接合された梁の塑性変形能力,日本鋼構造協会鋼構造論文集,第 12 巻,第 48 号,pp39〜54,2005.12

6.2.3 施工中の検査

溶接は，溶接方法および溶接姿勢に応じて溶接電流，アーク電圧，溶接速度，シールドガス流量などの適切な条件を選定して行わなければならない．

（1） ガスシールドアーク溶接の注意点

一般に溶接材料に用いられるソリッドワイヤは，防せい（錆）と通電を考慮して，ワイヤ表面に微量の銅めっきが施工されており，乾燥の必要はない．ただし，こん包を解いたのち，通常の保管状態ならば数日間は発せいすることはないが，表面にほこりが付着していると吸湿し，さびやすくなるので注意を要する．発せいしたワイヤは，溶接時に送給不良が生じたり，通電が阻害され溶接条件が不安定となり溶接欠陥が発生しやすくなるので，使用してはならない．

適正溶接条件は製造元のカタログに記載されているので，ワイヤ径，溶接姿勢に応じて適用する．ガスシールドアーク用溶接電源にはアーク電圧確認用の電圧計が装着されているが，2次ケーブルでの電圧降下が大きい場合があるので注意を要する．また，シールドガス流量については，20～30 l/分程度が標準条件とされているが，風の影響を大きく受ける現場溶接ではより多量のシールドガスを使用し，耐風性能を高めることがある．この場合，ワイヤ送給装置などを改造する必要があるが，60～100 l/分程度に流量を増加させ，風速4 m/s程度まではブローホールの発生を防止することができる．

溶接電源にはアーク発生前後にシールドガスを数秒間流す機能，クレータ処理を行う機能を備えたものもあるので，これを活用する．溶接中にはスパッタが発生し，多量にノズルに付着するとシールドガスの流れを阻害するので，ノズルの清掃はこまめに行うようにするべきである．

（2） 被覆アーク溶接の注意点

被覆アーク溶接に用いる溶接棒は吸湿しやすく，不用意に溶接するとブローホール，割れなどの溶接欠陥が発生する．被覆アーク溶接棒は，一般に紙箱にこん包され，さらにポリエチレンフィルムなどで吸湿しないように包装されているが，製造されてから流通段階で時間がかかり，その間に吸湿している場合もあるので，開封直後でも乾燥装置などで乾燥してから使用すべきである．とくに低水素系溶接棒は湿気の影響を受けやすいので必ず乾燥してから使用する．

溶接棒の乾燥条件は，製造元の仕様に基づいて行うのがよいが，おおよその目安を表6.2.5に示す．乾燥装置から持ち出す溶接棒はせいぜい半日作業分程度とし，必要以上に持ち出さないようにする．このとき，ポータブル乾燥器に入れて溶接作業の手元まで持ってゆくことが望ましい．

被覆アーク溶接は使用する溶接棒の被覆剤の系統，棒径，溶接姿勢によって適正溶接電流が異なるので注意する（溶接棒のケースに記載されている）．被覆材の燃焼ガス，溶融スラグが十分形成されていないアークスタート時には，溶接欠陥が生じるおそれがある．また，アーク長さはできるだ

表 6.2.5 被覆アーク溶接棒の乾燥条件

溶接棒の種類	乾燥温度	乾燥時間
イルミナイト系・ライムチタニア系	70℃～100℃	30分～60分
低水素系	300℃～400℃	30分～60分

け短く保つことを心掛ける．溶接ビード終端のクレータ部では断続的にアークを発生させ，クレータ処理を行う．パスごとにスラグをワイヤブラシ，ジェットたがねなどでていねいに取り除く．

（3） セルフシールドアーク溶接の注意点

セルフシールドアーク溶接に用いられる溶接ワイヤは，フラックスを薄帯で包み込んで密閉した構造となっており，乾燥の必要はないが，保管，取扱いには十分注意し，表面にさびが発生していないことを確認してから使用する．万一さびが発生している場合はブローホールなど欠陥を発生する可能性が高いので廃却し，使用してはならない．低水素系のフラックス入りワイヤは保管上特別の留意が必要で，制限された温度，湿度および放置時間を超えたときは，メーカーの指示する条件で再乾燥して使用しなければならない．

垂下特性の交流電源によるセルフシールドアーク溶接法は，概してワイヤが太径で欠陥が発生しやすく，溶接金属の靱性値，曲げ性能などのバラツキも大きいので，最近は定電圧特性の直流電源が使用されている．セルフシールドアーク溶接のフラックス入りワイヤは，ガスシールドアーク溶接のソリッドワイヤに比べて，溶込み深さがやや浅くなる傾向があるが，ワイヤ溶融速度は同等であり，銘柄（フラックスの系統，種類）によっては大電流が使用できるので，溶着速度のより大きいものもある．直流セルフシールドアーク溶接の極性は，ワイヤ側をマイナスとして使用される場合が多いが，使用する溶接ワイヤによって極性が異なり，ワイヤ側をプラスで使用される場合があるので注意を要する．

セルフシールドアーク溶接において，ワイヤ突出し長さは極めて重要な意味をもっている．おのおののワイヤには突出し長さが定められており，それらを正しく保持することが溶接施工のポイントである．セルフシールドアーク溶接の経験がない溶接技能者が，ガスシールドアーク溶接の感覚で施工すると，シールド効果を得るために突出し長さを短くしがちである．このように突出し長さを変化させた場合，溶接電流や実際のアーク電圧も変化してアークが不安定になり，溶接欠陥の発生，ビード形状の不良，スパッタの増大などを招く．

したがって，セルフシールドアーク溶接の溶接条件は，ワイヤ送り速度（溶接電流），アーク電圧，溶接速度のほかに，使用する溶接ワイヤに適合した突出し長さを適正に守ることが重要であり，溶接法に習熟した溶接技能者が施工することが望ましい．

セルフシールドアーク溶接はガスシールドアーク溶接に比べると，スラグおよび溶接ヒュームの発生量が多いので，各層ごとにスラグをていねいに取り除き，換気をよくすることが必要である．

（4） 梁フランジ下向溶接の注意点

レ形開先での溶接欠陥多発位置を図 6.2.10 に示す．一般に開先の斜面側よりも垂直面への入熱量が小さくなる傾向があり，初層溶接では開先幅が狭いので溶融金属が上がるとアーク熱が伝わりにくくなり，溶込不良が発生しやすい．したがって垂直面を重点的に溶かし込むことを心がける．また，図 6.2.11 に示すようにルート間隔が狭いほど欠陥発生率が増加する傾向があるので，ルート間隔の適正な確保が品質管理上重要である．さらに，図 6.2.12 に示す柱梁接合部の下フランジ中央部も，ビード継ぎ位置となるため欠陥が多発する傾向がある．梁下フランジ溶接の積層方法を図6.2.13に示す．

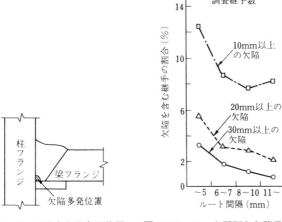
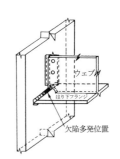

図 6.2.10 開先内欠陥多発位置　図 6.2.11 ルート間隔と欠陥発生率　図 6.2.12 柱・梁接合部における欠陥多発位置

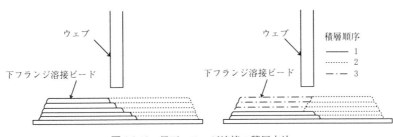

図 6.2.13 梁下フランジ溶接の積層方法

　エンドタブを用いる場合は，始端および終端のクレータがエンドタブ内に完全に納まるよう，各層の溶接長を十分に取り，クレータ処理をていねいに行わなければならない．

　溶接中に割れ，ブローホールなどの欠陥が生じた場合は，その部分を完全に除去してから溶接を再開し，同様の欠陥が多発する場合は発生原因を究明し，防止策を確立しなければならない．

　完了した溶接部はブラシ，ジェットたがねなど適切な工具を用いて，スラグおよびスパッタを取り除く．スラグを除去したクレータ部は余盛りが不足していることがあるので注意を要する．

（5）柱接合部横向溶接の注意点

　横向溶接は一般に凸形ビードとなりやすく，前層の溶接ビードの間が狭くなり，溶込不良が生じやすいので，なるべく溶接ビードを滑らかに仕上げ，スラグをていねいに取り除くよう注意する．溶接欠陥は開先壁に沿って溶込不良が発生しやすいので，溶接棒，ワイヤの狙い位置を確実に保つよう心がける．

　箱形断面柱の積層方法の例を図 6.2.14 に示す．箱形断面柱を炭酸ガスシールドアーク溶接で行うと初層溶接にブローホールが発生する場合がある．溶接ビード幅が広く十分に撹拌されうる溶融金属の内部では，アーク熱により CO_2 ガスはいったん CO ガスに分解し，溶融金属中の酸素と反応して再び CO_2 となり放出されるが，初層ビードなどでは溶融金属が十分に撹拌されず，凝固速度が速

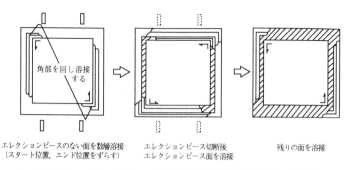

(a) 2方向にエレクションピースが取り付けられた場合（溶接組立箱形断面柱）

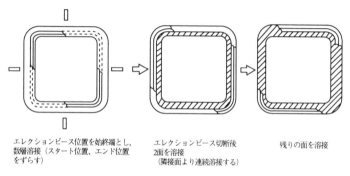

(b) 4方向にエレクションピースが取り付けられた場合（角形鋼管柱）

図 6.2.14　箱形断面柱の積層方法の例

いので，CO_2 ガスは凝固金属中に捕捉されてしまうことによるものと考えられている．また，柱接合部は裏当て金を工場で取り付けており，建方から溶接までの時間が長く，水分，異物などが浸入していることもある．

加えて，開先面から裏当て金まで塗付されている防せい剤の影響で溶接中に発生するガス源が過多となり，特にルート部に発生するブローホールが顕著になるとの報告もある[1]．これらに対し実施工では根本的な解決に至っていないのが現状である．閉鎖断面柱の現場溶接継手を例にとれば，柱頭のトッププレートと裏当て金の間にすき間を設けた場合，溶接中に発生するガス抜け効果が期待でき，結果としてブローホール欠陥発生の防止につながるとした方法も提案されている[2]．なお，実際の現場において生じるわずかなすき間が同様の効果を与えることが経験的に知られている．

（6）入熱・パス間温度の管理

溶接金属の機械的性質は，溶接入熱・パス間温度などの溶接施工条件に大きく影響される．現場溶接においても工場溶接と同レベルの溶接施工管理が必要であることはいうまでもない．しかしながら，工事現場では，建方精度によっては，工場溶接の場合に比べて溶接開先の精度を確保しにくく，また梁下フランジの溶接では，ウェブによって分断された短い溶接線になるなど，入熱・パス間温度を管理する上で厳しい状況下にある．また，工場溶接のように組織的に入熱・パス間温度の管理を行うことが困難な面もある．したがって，施工者らは，溶接施工前に，溶接施工管理計画について十分に打合わせる必要がある．入熱・パス間温度の管理については，「工場製作編」の 5.4.5

項に記載されているので参照されたい．

参 考 文 献
1) 湯田　誠・安田克彦・依田峰夫・定池幹夫・青木博文：ブローホール欠陥防止を中心とした歯付き裏当て材使用の効果，鉄構技術（STRUTEC），pp.47～53，1996.12
2) (社)日本鋼構造協会：鉄骨現場溶接の基本と監・管理，JSSC テクニカルレポート No. 40, pp.128, 1998

6.2.4　施工後の検査
(1) 外観検査

溶接後の仕上がり寸法は，設計寸法を下回ってはならない．設計寸法を多少超過することは差し支えないが，過度の盛過ぎまたは表面形状が不規則であってはならない．溶接部表面の仕上がり寸法，ビード形状の不整，表面欠陥に対する合否判定基準を表 6.2.6 に示す．

(2) 内部欠陥の検査

完全溶込み溶接部の内部欠陥検査は，超音波探傷検査により実施する．試験方法，判定基準は本会編「鋼構造溶接部の超音波探傷検査規準・同解説」による．検査技術者は，原則として（一社）日本非破壊検査協会（JSNDI）が認定した資格（レベル3，レベル2およびレベル1）を有する者が実施する．また，建築鉄骨溶接部は種々の継手形状・開先形状・溶接方法・板厚などがあり，構造物に対する知識と豊富な経験も必要となる．したがって，（一社）日本鋼構造協会により認定を受けた「鉄骨超音波検査技術者」の資格を有する者によって実施することが望ましい．

受入検査方法には全数検査と抜取検査があり，2007年版 JASS 6 では，特記がない場合は抜取検査とし，その抜取検査の手順が外観検査を含めて規定されていた．今回改定された JASS 6 の 10.5「工事現場での検査」では，工事現場溶接部については特記が無い場合全数検査とすることが規定された．これは，一般的な工事では，個々の溶接部の検査が合格した場所ごとにデッキプレート敷込みなどの次工程に進むため，適切な検査ロットを構成することが難しいことや，検査ロットが合格になるまで次工程に進めない抜取検査が現場溶接部の検査に必ずしも適さないことが大きな理由である．また，検査会社に委託して行う現場溶接部の検査は受入検査に位置づけられるが，工場溶接部の検査のように社内検査後の受入検査ではないことも理由の一つである．

特記等により現場溶接部の検査に抜取検査を適用する場合は，このような状況を考慮し，溶接技能者ごと，継手種類ごとなどにより合理的な検査ロットが構成でき，検査ロットが不合格になった場合の処置が適切に行われる管理体制でなければならない．

表 6.2.6 溶接部表面検査の合否判定基準

項目		管理許容差	限界許容差
完全溶込み溶接突合せ継手の余盛高さ Δh		$B<15$ mm ($h=0$ mm) 　$0\leq\Delta h\leq 3$ mm 15 mm$\leq B<25$ mm ($h=0$ mm) 　$0\leq\Delta h\leq 4$ mm 25 mm$\leq B$ ($h=0$ mm) 　$0\leq\Delta h\leq\dfrac{4B}{25}$ mm	$B<15$ mm ($h=0$ mm) 　$0\leq\Delta h\leq 5$ mm 15 mm$\leq B<25$ mm ($h=0$ mm) 　$0\leq\Delta h\leq 6$ mm 25 mm$\leq B$ ($h=0$ mm) 　$0\leq\Delta h\leq\dfrac{6B}{25}$ mm
完全溶込み溶接T継手(裏当て金あり)の余盛高さ Δh		$t\leq 40$ mm $\left(h=\dfrac{t}{4}\text{ mm}\right)$ 　$0\leq\Delta h\leq 7$ mm $t>40$ mm ($h=10$ mm) 　$0\leq\Delta h\leq\dfrac{t}{4}-3$ mm	$t\leq 40$ mm $\left(h=\dfrac{t}{4}\text{ mm}\right)$ 　$0\leq\Delta h\leq 10$ mm $t>40$ mm ($h=10$ mm) 　$0\leq\Delta h\leq\dfrac{t}{4}$ mm
アンダーカット e		完全溶込み溶接 　$e\leq 0.3$ mm 前面隅肉溶接 　$e\leq 0.3$ mm 側面隅肉溶接 　$e\leq 0.5$ mm ただし,上記の数値を超え 0.7 mm 以下の場合,溶接長さ 300 mm あたり総長さが 30 mm 以下かつ 1 箇所の長さが 3 mm 以下.	完全溶込み溶接 　$e\leq 0.5$ mm 前面隅肉溶接 　$e\leq 0.5$ mm 側面隅肉溶接 　$e\leq 0.8$ mm ただし,上記の数値を超え 1 mm 以下の場合,溶接長さ 300 mm あたり総長さが 30 mm 以下かつ 1 箇所の長さが 5 mm 以下.
ビード表面の不整 e		ビード表面の凹凸の高低差 e_1(ビード長さ方向),e_2(ビード幅方向)は溶接長さ,またはビード幅 25 mm の範囲で 2.5 mm 以下. ビード幅の不整 e_3 は溶接長さ 150 mm の範囲で 5 mm 以下.	ビード表面の凹凸の高低差 e_1(ビード長さ方向),e_2(ビード幅方向)は溶接長さ,またはビード幅 25 mm の範囲で 4 mm 以下. ビード幅の不整 e_3 は溶接長さ 150 mm の範囲で 7 mm 以下.
ピット		溶接長さ 300 mm あたり 1 個以下.ただし,ピットの大きさが 1 mm 以下のものは 3 個を 1 個として計算する.	溶接長さ 300 mm あたり 2 個以下.ただし,ピットの大きさが 1 mm 以下のものは 3 個を 1 個として計算する.

割れ	〈溶接金属割れ〉 クレータ割れ 横割れ　縦割れ	—	あってはならない．
オーバーラップ		—	著しいものは認めない．

6.2.5　検査後の処理

溶接部の表面欠陥および非破壊検査により発見された内部欠陥が不適合となった場合は，原則として欠陥の種類に応じた適切な方法で補修しなければならない．ただし，内部欠陥については，発生箇所によっては溶接部または母材板厚の大部分をはつり取ることになり，基準どおりに補修することが必ずしも溶接継手部の性能を改善するとはかぎらない場合もある．一方，ガウジング後のガスシールドアーク溶接による補修溶接については，その方法が適切な場合は，強度・靱性にほとんど劣化が見られないという報告もある[1]．補修溶接部の品質に疑問が生じ，かつ補修対象部の作用応力が比較的小さいような場合については，鉄骨の品質確保を最優先に考え，補修の適否について工事監理者の承認を得るべきである．

参考文献
1) 喜多村英司・横田和伸・藤田哲也・甲田輝久・石原莞爾・護　雅典：補修溶接再加熱部の性能評価試験（その4），日本建築学会大会学術講演梗概集，構造Ⅲ，pp.833〜834，2003.9

6.2.6　現場混用接合部

梁フランジの完全溶込み溶接を工事現場で行う一般的な工法として，図6.2.15に示す現場混用接合形式がある．この工法は，柱に溶接接合されたシヤープレートと梁ウェブを工事現場で高力ボルト摩擦接合し，梁フランジを完全溶込み溶接する方法である．梁端部の納まりがよいことや，ブラ

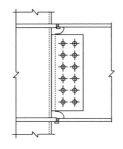

図6.2.15　現場混用接合形式

ケットがないため保管が容易で輸送コストが低減できる点，およびボルト本数やスプライスプレートに用いる鋼材使用量が低減できる点などのコスト的なメリットを有する．しかし，兵庫県南部地震（1995年）において，現場混用接合形式における梁端破断の発生率が工場溶接形式の場合の3倍弱に及ぶことからも梁端の塑性変形能力を確保することが困難であることが指摘されている．

梁端の塑性変形能力を確保するためには，鉄骨製作工場および工事現場の両者において十分な施工要領の検討が必要である．現場混用接合部の特徴および鉄骨製作工場における開先加工およびスカラップ加工を含めた施工要領は，「工場製作編」の4.8.6項に記載されているので，ここでは，工事現場の施工に関連することを示す．

図6.2.16に現場混用接合部の施工要領の例を示す．

① 裏当て金の取付けと組立て溶接：現場において梁ウェブの高力ボルト接合を行った後，裏当て金をダイアフラムおよび梁フランジに組立て溶接する．現場溶接の特に下フランジ側では，応力状態の厳しくなるフランジ外面に組立て溶接を行うと組立て溶接の止端から梁フランジが破壊する可能性がある．また，上向き姿勢で適切な組立て溶接を行うことは困難である．した

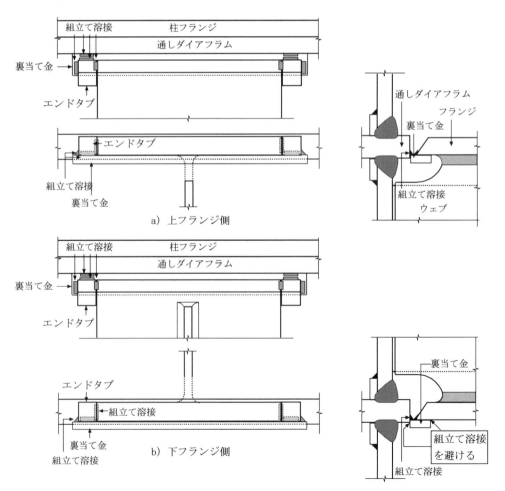

図 6.2.16　現場接合形式の施工要領（裏当て金の取付けと組立て溶接）

がって，現場溶接における組立て溶接は，図6.2.16に示すように，エンドタブの部分で行うことが望ましい．ただし，工事監理者の承認を得て，組立て溶接を開先内に行なうことができる．この場合の組立て溶接の位置は，梁フランジ幅の1/4とし，かつ，本溶接時に組立て溶接を確実に再溶融させる．組立て溶接に用いる溶接は，本溶接時と同じ溶材を用いて行う．

② 完全溶込み溶接：梁フランジの本溶接を行う．下フランジの溶接では，梁ウェブが邪魔板となるため，スカラップの箇所で溶接が中断され，溶接ビードに繋ぎ目ができる．この繋ぎ目に溶接欠陥が入らないような積層方法および溶接手順を採用する必要がある．また，溶込不良などの溶接欠陥の発生しやすい溶接初層が，応力状態の厳しくなるフランジ最外縁に当たるため，初層の溶接には十分に注意する必要がある．

6.3 工事現場溶接部の補修

補修の実施にあたっては，鉄骨工事担当技術者，補修中の接合部の構造性能，他工程との絡みなどを考慮し，作業方法，手順，時期等について適切に指示するとともに，溶接欠陥の発生状況，傾向を把握し，再発防止に努めなければならない．補修後の溶接部は再検査を行い，適合していることを確認しなければならない．

補修溶接を行う場合，本溶接で予熱が必要な母材に対しては，同様な予熱の実施，管理が必要であり，原則として本溶接と同じ溶接条件で実施する．

6.3.1 欠陥部の削除作業

欠陥の削除には一般にエアアークガウジングが用いられる．ガウジングに先立ち，非破壊検査などにより発見された欠陥の位置を削除されない部分にマーキングする．削除形状は図6.3.1に示すように，欠陥の位置を底とする舟底形，ガウジング溝の開口角度は溶接棒，溶接トーチの狙い位置が適正に保てるよう十分な大きさとし，ガウジング溝の底は滑らかに仕上げ，本溶接時と同様なルー

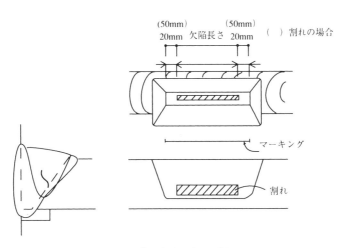

図6.3.1 内部欠陥の削除形状の例

トギャップ，開先角度が形成されることが望ましい．削除長さは超音波探傷検査の測定誤差を考慮して，割れ以外の欠陥と考えられる場合は対象部の両端 20 mm を含めた長さ，割れの場合には，50 mm 以上，深さは溶接欠陥が完全に除去されるまでとする．ガウジング作業中に非破壊検査で指摘された長さ，深さを超えて欠陥が現れた場合は，この欠陥が完全に除去されるまで削除範囲を広げる．欠陥の深さが深い場合は，ガウジング，再溶接時の溶抜けを防止するため，型板などを用意して溝の寸法を確認するほうが良い．ガウジング溝の側面は，凹凸があると溶込不良が生じやすいので図 6.3.2 に示すように滑らかに仕上げる．

　ガウジング中に，割れなどの溶接欠陥は残留応力の影響などで欠陥が拡大することがある．このため，ガウジング溝の形成順序は図 6.3.3 に示すように両端部を先行させながら掘り進む．

　エアアークガウジングには炭素棒が用いられるが，炭素棒のかすがガウジング溝の側面に付着すると，溶接金属が硬化し，割れが生じるおそれがあるので，補修溶接前にグラインダ，ジェットたがねなど適切な工具で除去しなければならない．

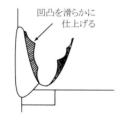

図 6.3.2　ガウジング溝の形状

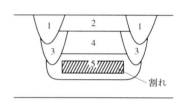

図 6.3.3　ガウジング溝の形成手順

6.3.2　アンダーカット，余盛不足，肉盛不足

　これらの溶接欠陥は，ビード止端部で応力集中の要因になりやすく，構造上の弱点となるおそれがある．補修の際は，ビード形状が滑らかになるように，被覆アーク溶接で行う場合は 3.2～4.0 mm 径の溶接棒で，ガスシールドアーク溶接で行う場合は溶接電流を低めにして盛り上げる必要がある．深さが 2 mm を超える欠陥は溶込み不足が生じるおそれがあるため，対象部をグラインダ，ガウジングなどで広げてから溶接を行うほうが良い．対象部の溶接長が短い場合はショートアークとならないようやや長めに溶接する．補修方法の例を図 6.3.4 に示す．

6.3.3　過大な余盛，オーバーラップ

　これらの溶接欠陥も，ビード止端部での応力集中を招くおそれがあるため，図 6.3.5 に示すようにグラインダなどで適正な高さに削除する．また，余盛の状況によっては，図示のようにビードの両側に補修溶接をして形状を整える方法もある．

6.3.4　ビード不整

　グラインダなどで整形するか，補修溶接により整形する．この場合，過大な余盛にならないように注意する．

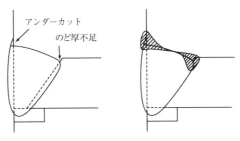

図 6.3.4 アンダーカット，のど厚不足時の補修例

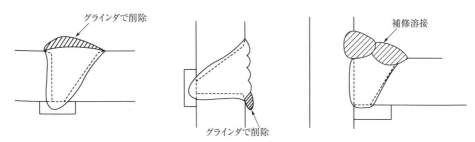

図 6.3.5 過大な余盛，オーバーラップの補修例

6.3.5 融合不良，スラグ巻込み

これらの内部欠陥は，溶接棒，溶接トーチの狙い位置が不適切，溶接入熱が低すぎて溶込みが不十分，前層の溶接ビードが凸型でスラグの除去が不十分，などの原因により生じやすい．ガウジング後にこれら欠陥の種類を確認し，再発防止のため適切な指導を行う．欠陥の除去は 6.3.1 項で述べた方法に従い，欠陥の位置を確認しながら慎重に実施しなければならない．補修方法の例を図 6.3.6 に示す．

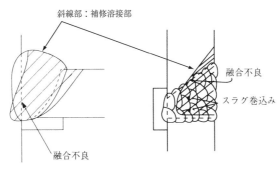

図 6.3.6 融合不良，スラグ巻込みの補修例

6.3.6 ブローホール，ピット

これらの欠陥は，ガスシールドアーク溶接の場合はシールドガス不足，ワイヤ突出し長さ，アーク電圧過大，被覆アーク溶接の場合は被覆剤の吸湿，アーク長過大などのほか，開先面の水分，さ

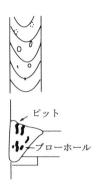

図 6.3.7　ブローホール，ピットの発生例

び，汚れが発生原因と考えられる．欠陥が多発する場合は耐風対策，シールドガス流量，溶接材料・開先面の管理状況などを再検討する必要がある．これらの欠陥は，比較的小さく不連続，散発的に存在しているため，ガウジングを行う場合は，見落としのないよう除去しなければならない．発生状況の例を図6.3.7に示す．

6.3.7　割　　れ

　割れは，溶接金属が凝固する前に発生する高温割れと，凝固終了後に発生する低温割れに分けられる．高温割れは溶接電流が過大で，開先幅が狭く溶接ビードの形状が細長くなりすぎた場合，ビード中央に溶接線に沿って生じる梨形ビード割れや，溶接終了時にアークを不適切に切ることにより生じるクレータ割れなどがある〔図6.3.8参照〕．また，低温割れは，溶接金属中の水素量が多い，母材の割れ感受性が高い，熱影響部の冷却速度や拘束応力が大きい場合に生じ，とくに応力が大きくなるルート部，ビード止端部，熱影響部を起点として発生することが多い．

　割れに対する補修は，欠陥の位置，大きさを慎重に確認しながら完全に除去しなければならない．割れ先端では残留応力が集中しており，ガウジング中に欠陥が拡大することがあるので，6.3.1項で述べたように，両端部を先行させながら掘り進むようにしなければならない．

　再発を防止するためには，割れの発生位置からその種類を推定し適切な対策を講じることが必要である．高温割れの場合は適正な溶接条件，開先寸法で溶接を行うことを厳守させる．低温割れの場合は予熱を実施すること，すでに実施していればその実施状況をチェックし正しい方法を徹底させることなどのほかに，開先部の水分の除去を確実に行うこと，被覆アーク溶接を用いているときは低水素系溶接棒を使用し十分乾燥してから溶接を行うこと，などに注意すべきである．

6.3.8　突合せ継手の食違いおよび仕口のずれ

　突合せ継手の食違いや仕口フランジとダイアフラム等のずれは，本来建方段階で修正すべきであるが溶接後に発見されることも多く，溶接部の不良の一つとして扱われている．

　許容差を超える食違いやずれが発見された場合は，溶接部を切断して正規の状態に部材をセットし，適切な開先を設けて再溶接するのが基本である．しかし，実際には溶接後にこのような補修を

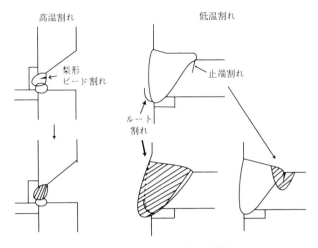

図 6.3.8 割れの発生例と補修例

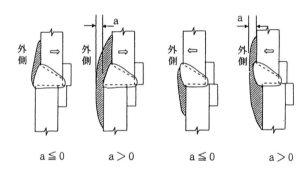

図 6.3.9 食違いのある柱継手の肉盛溶接補強要領

行うことは困難であり，肉盛溶接等により補強せざるをえない場合が生じる．設計者による応力検討を行い安全性の確認がなされた場合を除き，従来は，比較的軽微な食違いであれば食い違った低い側に勾配 1/2.5 以下の肉盛溶接を行うのが慣例であった．

　このような突合せ継手の食違いおよび仕口のずれについては，本会がこれまで定めていた限界許容差を基本とし，通しダイアフラムと梁フランジとの食違いについての許容差を定めた建設省告示第 1464 号が平成 12 年（2000 年）に公布された．これを契機として，補強方法に対する検討が行われ，その成果が「突合せ継手の食い違い仕口のずれの検査・補強マニュアル」[1] として発表されている．本来は応力的な検討を行って補強方法を決定すべきであり，マニュアルではそれらを考慮した形で補強方法が提案されているので，参考にするとよい．なお，その場合でも工事監理者の承認を得ることが必要であり，安易にそのような補強に頼るべきでない．

　ここでは，柱現場継手の食違いに対する補強要領を図 6.3.9 に示す．図中の a の値は，食違いの量やブレースの有無などによって提案された式により計算される肉盛溶接の高さであり，計算値が正の場合と負の場合で，図のように肉盛溶接の範囲を変えている．

　肉盛溶接など溶接施工にあたっては，ビード形状がなめらかになるように注意し，内部欠陥のな

い溶接を行うと同時に，予熱やパス間温度にも留意して溶接部の強度と靱性を確保する．

参考文献
1) 鉄骨製作管理技術者登録機構：突合せ継手の食い違い仕口のずれの検査・補強マニュアル

6.4 ひずみと縮みの管理

6.4.1 残留応力と溶接変形

溶接を行うと鉄骨に変形と残留応力が生じることは避けられない．鉄骨継手の拘束力を小さくするほど変形は大きく残留応力は小さくなるが，どんなに拘束力を減少させても残留応力は発生し，局所的に見れば，溶接部近傍は通常降伏応力に相当する残留応力が生じている．溶接部や母材の延性が高ければ，降伏直前の応力が作用すると引張残留応力が生じていた部分が延性的に伸び，外力が消失すれば残留応力は消滅してしまう．よって，通常の建築鉄骨の現場溶接では，残留応力の影響をとくに考慮する必要はないと考えられる．

したがって，建築鉄骨においては溶接変形について重点的に管理する必要がある．溶接変形のうち，主に継手の横収縮については，収縮量を見込んだ部材寸法の設定，骨組の変形が偏らないような溶接順序の管理などの対策により，骨組の精度を良好に保つことに配慮すべきである．以下その具体的方法について述べる．

6.4.2 現場混用接合部の施工順序

現場混用接合部では，高力ボルトを先に締め付けることを原則とする．

高力ボルトを締め付けた後，梁フランジの完全溶込み溶接を行うと，溶接部に近いボルトが加熱され，ボルト張力が低下するという研究例がある[1)～3)]．建設工事中の現場で計測された結果[3)]では，最外縁ボルトの表面温度は70～130℃に達し，ボルト張力の低下率はおおむね0～20％の範囲であったことが報告されている．梁フランジの溶接を高力ボルトの本締めに先行させると，このようなボルト張力の低下は生じないが，一方で，溶接変形によってガセットプレートとウェブの孔がずれ，高力ボルトが通りにくくなることや，ガセットプレートとウェブのなじみが悪くなり，十分な摩擦力が得にくくなるなどの弊害が生じる．

したがって，本指針では，ウェブ接合部の密着性の保持を優先させて，高力ボルトを先に締め付けることを原則とした．なお，このような事情をふまえて，現場混用接合部の梁ウェブ摩擦接合部のすべり耐力には，余裕をもたせた設計を行うことが望ましい．

ただし，特に梁せいや梁フランジ厚が大きい場合に，高力ボルトを先に締付け，ついで溶接を行うと，溶接部に割れなどの欠陥を生じることがある．このような場合は，高力ボルトを1次締めした段階で溶接を行い，ついで本締めを行うなどの方法を検討する．

参 考 文 献

1) 中込忠男・藤田哲也・田中一男・鳴沢明雄：現場溶接型柱梁溶接接合部の力学的性能, 鋼構造年次論文報告集, 第1巻, pp.101～108, 1993.7
2) 横山重和・田渕基嗣・田中 剛・難波 尚・木原茂郎：現場混用接合における溶接入熱が高力ボルト接合部に与える影響, 鋼構造年次論文報告集, 第8巻, pp.417～424, 2000.11
3) 難波 尚・田渕基嗣・田中 剛・西田祐三：溶接入熱に伴う現場混用接合部の張力変動, 鋼構造年次論文報告集, 第13巻, pp.207～214, 2005.11

6.4.3 骨組内の溶接順序と変形量

柱梁接合部の溶接収縮により柱には倒れが生じるが、溶接を開始した側の骨組のほうが剛性が高くなっているため、柱の倒れは溶接を開始した側に発生する．したがって、図 6.4.1 に示すように、建物の中心から外に向かって溶接を逐次進めてゆくか、外側から中心に向かうなど、接合作業を骨組平面の中心軸に対して対称に進めれば、溶接ひずみの偏在を防止することができる．

現場溶接による鉄骨の変形量測定結果が数例報告されており、これらの概要を表 6.4.1 に示す．いずれの建物も梁フランジは溶接、ウェブは高力ボルト接合であり、梁フランジの局部収縮量は 1～2 mm 程度である．一方、骨組の変形量はそれぞれの建物によって差が生じる．各節柱頭間の変位量は、階高が高く柱の剛性が相対的に小さい、かつ、1節の層数が多く接合箇所が多い場合ほど大きい値を示す傾向がうかがわれる．したがって、1節2層で階高が 2700 mm の場合、1スパンあた

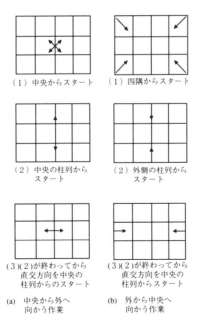

図 6.4.1 平面的にみた溶接順序

表 6.4.1 工事現場溶接による鉄骨の変形量

構　造	HPC 造	S 造	S 造
規　模	10 階, 11 スパン	29 階, 3+(3)[1)]+3 スパン	28 階, 6 スパン
階高, スパン (mm)	2 700, 5 520	3 740, 6 200	3 600, 6 000
鉄骨建方	1 節 2 層	1 節 3 層	1 節 3 層
施工順序（鉛直方向）	柱 − 柱溶接 ⇩ 下階梁溶接 ⇩ 上階梁溶接	柱 − 柱溶接 ⇩ 上階梁溶接 ⇩ 下階梁溶接 ⇩ 中階梁溶接	柱 − 柱溶接 ⇩ 上階梁溶接 ⇩ 中階梁溶接 ⇩ 下階梁溶接
梁フランジ板厚 (mm)	14〜25	16〜32	22〜25
梁フランジ平均局部収縮量 (mm)	14 t : 1.1 22 t : 1.3	被覆アーク : 2.1 CO_2 アーク : 1.3	被覆アーク : 1.8 CO_2 アーク : 1.3
1 スパンあたり平均収縮量 (mm)	1.6	4.1[2)]	3.0

［注］ 1)（ ）は調整スパンを含む．
　　　 2) 調整スパンを含まない 3 スパンについて算出．

り 1.5 mm 程度，1 節 3 層で階高が 3 600 mm の場合，1 スパンあたり 3 mm 程度を柱梁溶接時の収縮量として見込めばよいと考えられる．

柱 − 柱接合部溶接時の局部収縮量は，レ形開先箱形断面柱において，被覆アーク溶接を用い $550^2 \times 25$〜40（断面寸法×板厚）の場合，板厚によらずほぼ 3.0 mm，CO_2 アーク溶接を用い $970^2 \times 100$ の場合，2.5 mm 程度生じると報告されている．

6.4.4 溶接変形に配慮した製作・施工管理

柱梁接合部の溶接収縮により水平方向に生じる柱の倒れを低減するには，溶接を開始する側から終了する側に向かって上記の収縮量分をあらかじめ倒して建入れすることで解決できるが，外周柱などでは困難になるので，梁両端のウェブボルト孔の距離を収縮量だけ長く製作すれば，建入れ直し作業が容易になる．また，スパン数の多い建物では，柱の逃げを十分にとることが困難になるので，建物の中央部などに調整スパンを設け，溶接完了後に高力ボルト接合を行えば，柱の倒れ変形を低減することができる．

1 節複数層の骨組では，下層階から溶接を実施すると，上層階で柱の倒れ変形が累積するおそれがあるので，最上階を先行して溶接するほうがよい．

鉛直方向の精度管理については，超高層鉄骨では，溶接収縮量のほかに上層の重量による弾性変形も無視できなくなるので，これらのことをあらかじめ見込んでおくことと，建方誤差の累積を現場測量データから把握し，数節後の部材製作寸法にフィードバックする必要がある．

6.5 他工事に付随する溶接

6.5.1 仕上げ工事，設備工事等に付随する溶接に関する注意

　内外装工事や設備工事に伴い，各工事の取付け部材等を鉄骨本体に取り付けるための溶接が行われる．これらの溶接をショートビード溶接で行うことはその部位の破壊靱性を損なうため，望ましくない．また，躯体工事に関連する型枠工事などでも，細径のセパスタッドなどが鉄骨本体に溶接されることがある．特に，大梁端のように大地震時に塑性化する可能性のある範囲や冷間成形角形鋼管の角部等に行うことは望ましくない．やむを得ず，これらの範囲に溶接を行う場合は，材質や施工後の影響等に注意して工事監理者の承認を受けるか，あらかじめ本体鉄骨に下地材を取り付けておく必要がある．

6.5.2 溶接技能者

　現場における軽微な溶接といえども，溶接技能者は原則として，JASS 6 の 5.4「溶接技能者および溶接オペレータ」に規定する溶接技能者のうち，少なくとも基本となる級（下向溶接）の有資格者とする．

7章　デッキプレート・頭付きスタッド

7.1　設計条件の把握

7.1.1　鉄骨造における床スラブの役割

　一般に構造躯体は地震力や風圧力に主として抵抗する柱・梁・ブレース等の骨組と鉛直荷重を直接支えている床スラブ（もしくは屋根）で構成されている．これらは相互に助け合っており，構造骨組も床スラブと一体化されていない場合には意図した性能を発揮することができない．すなわち，大きな面内剛性を有するコンクリートスラブをシャーコネクタにより梁に緊結して初めて剛床仮定が成立する．コンクリートスラブがない屋根などの場合は水平ブレースを用いる．その結果，床面上の地震時慣性力や外壁面の風圧力がバランス良く骨組へ伝達される．またシャーコネクタを用いることで梁上端フランジの横移動が拘束され，合成梁効果により梁の剛性と曲げ耐力が増加する．
　ここで構造骨組と床スラブを緊結するシャーコネクタの役割を果たすのが頭付きスタッドである．デッキ合成スラブの場合は，この役割を果たす別構法として合成スラブ用デッキプレートを焼抜き栓溶接もしくは打込み鋲によって梁に緊結すれば，同様の効果が得られる．ただし合成梁とする場合には必ず頭付きスタッドを用いなくてはならない．以上まとめて，鉄骨造における床スラブの役割を表7.1.1に示す．

表7.1.1　鉄骨造における床スラブの役割

鉄骨造の構造体の構成要素			設計上の性能		
水平力に抵抗する骨組部材	床面内剛性を与える部材	骨組と床を緊結するシャーコネクタ	水平力の骨組への伝達	梁上端フランジの横補剛	合成梁
柱・梁・ブレース	鉄筋コンクリートスラブ，デッキ複合スラブ	頭付きスタッド	○	○	※
	デッキ合成スラブ	デッキプレート＋焼抜き栓溶接，折込み鋲	○	○	×
		頭付きスタッド	○	○	※
	デッキ構造スラブでの水平ブレース	な　し	○	×	×

［注］　※所定の設計が行われている場合のみ

7.1.2 デッキプレートの役割

デッキプレートを利用した床スラブ構法は以下の4つに分類される.

① デッキ合成スラブ：デッキプレートとコンクリートが一体となって荷重を負担する構造
② デッキ複合スラブ：デッキプレートの溝に鉄筋を配した鉄筋コンクリートとデッキプレートが荷重を分担する構造
③ デッキ構造スラブ：デッキプレートが鉛直荷重を，水平ブレースが水平荷重を負担する構造
④ デッキ型枠スラブ：デッキプレートは型枠機能のみで使用される構造

「デッキ合成スラブ」および「デッキ複合スラブ」の設計体系では，コンクリートが硬化した完成時の床積載荷重に対する検討とコンクリート打設時の型枠としてのデッキプレートに対する検討も行うことになっている．完成時の設計は，鉛直荷重に対して支持条件のいかんにかかわらず単純支持条件（ただし，はね出し構造は別途）で設計する．併せて，使用上の支障が起らないことを確かめる規定として，梁上のコンクリートのひび割れ拡大防止とたわみおよび振動障害防止がある．

デッキプレートは支保工を省略できる工法として使用することが多いが，スパンが大きい，コンクリートが厚いなどいろいろな理由で施工時に支保工を用いることがあり，この場合,「デッキ合成スラブ」では，完成時のデッキ合成スラブの許容積載荷重が小さくなる設計方法になっている．この理由は，梁上のひび割れ拡大防止に対する設計で許容積載荷重が決まることが多く，梁上に作用する負曲げモーメントの対象荷重は，通常は積載荷重とするが，支保工を用いる場合はスラブ自重も含めるために許容積載荷重が小さくなる．このため型枠としてのデッキプレートを検討することは重要で，施工性を含め，なるべく支保工を用いない構法を採用することが大切である．

「デッキ複合スラブ」は，支保工や仮設梁は使用しない前提での設計方法になっている．「デッキ構造スラブ」は，デッキプレートを純鉄骨構造として取り扱う設計体系なので，実情にあった支持条件で設計することになる．

①～④までそれぞれの使用目的によって利用できるデッキプレートの種類，梁との接合目的・接合方法および耐火被覆の必要性が異なるので，施工する際には設計条件を把握しておく必要がある．これを整理すると表7.1.2のようになる．

表 7.1.2 デッキプレートの役割

床スラブ構法	通常用いられるデッキプレートの種類	構造的役割	シャーコネクタ	梁との接合 方法	梁との接合 目的	耐火被覆（耐火構造の場合）
デッキ合成スラブ	合成スラブ用デッキプレート	構造材	デッキプレート	焼抜き栓溶接 打込み鋲等	梁とデッキの緊結	不要※1
			頭付きスタッド	アークスポット溶接 隅肉溶接	ずれ止めと落下防止	
デッキ複合スラブ	プレーンデッキプレート	構造材	頭付きスタッド	アークスポット溶接 隅肉溶接	ずれ止めと落下防止	不要※2
デッキ構造スラブ	プレーンデッキプレート	構造材	なし	焼抜き栓溶接 打込み鋲, 隅肉溶接, アークスポット溶接	梁とデッキの緊結	必要
デッキ型枠スラブ	床型枠用鋼製デッキプレートまたはプレーンデッキプレート	仮設	頭付きスタッド	アークスポット溶接 隅肉溶接	ずれ止めと落下防止	不要

［注］ ※1 耐火構造認定の仕様に定められたスパン・荷重・コンクリート厚等条件を満たした場合に限る．
※2 デッキプレートの溝に配筋する一方向性スラブは耐火構造の指定を受けたものを用いるか，もしくは山上コンクリート厚を 100 mm 以上（1 時間耐火では 70 mm 以上），鉄筋の被りを 30 mm 以上とする場合に限る．

7.1.3 頭付きスタッドの役割り

頭付きスタッドをシャーコネクタとして用いると，下記に示す①，②の効果が得られ，所定の設計条件を満たせば③の効果も合わせて得られる．

① 地震力・風圧力を骨組へ伝達する．
② 大梁・小梁の梁上端フランジを拘束して梁の横座屈を防止する．
③ コンクリートスラブと大梁・小梁を一体化して合成梁を構成する．

頭付きスタッドのピッチ・径・配置等は，本会編「各種合成構造設計指針・同解説 第1編 合成梁構造設計指針」に基づいて決定されている．デッキプレート貫通溶接は，施工管理上不具合が生じやすいので，7.3.7「デッキプレート貫通溶接における留意点」に従って施工することが大事である．

7.2 デッキプレート

7.2.1 デッキプレートの種類

我が国において製造されているデッキプレートは，
① 合成スラブ用デッキプレート
② プレーンデッキプレート（旧 JIS デッキ：V 型または U 型デッキなど）
③ 床型枠用鋼製デッキプレート（フラットデッキ）
の3種類がある．

現在，①合成スラブ用デッキプレートと②プレーンデッキプレートは，JIS G 3352（デッキプレー

ト）規格に適合する製品が，一方，③床型枠用鋼製デッキプレート（フラットデッキ）は，（一社）公共建築協会の性能評価仕様に基づいた製品が供給され利用されている．

現在デッキプレートには，適合する製品規格および適用できる床スラブ構法とその設計の拠り所となる規準[1]・指針[2]があり，使用されるデッキプレートの種類とその構法が適切であることを確認することは重要である．表7.2.1にデッキプレートの種類ごとの床スラブ構法の選定が示してある．床スラブ構法によって適用できるデッキプレート形状があることに注意する必要がある．

表7.2.1 デッキプレートを利用した床スラブ構法の選定

デッキプレートの種類	デッキ合成スラブ	デッキ複合スラブ	デッキ構造スラブ	デッキ型枠スラブ
① 合成スラブ用デッキプレート	○	○	○	△
② プレーンデッキプレート	×	○	○	○
③ 床型枠用鋼製デッキプレート	×	×	△	○

［注］ ○：適，△：可，×：不可

①合成スラブ用デッキプレート　　②プレーンデッキプレート　　③床型枠用鋼製デッキプレート

表7.2.2 デッキプレートJISの種類の記号と機械的性質

種類の記号	YP (N/mm^2)	TS (N/mm^2)	EL (%)	YR (%)	備　考
SDP 1T SDP 1TG	≧205	≧270	≧18	—	普通鋼 ただし，「G」付きはめっきを施したもの
SDP 2 SDP 2G	≧235	≧400	≧17	—	
SDP 3	≧315	≧450	≧15	—	耐候性鋼
SDP 4	≧235[(1)]	≧520	≧40	≦60	ステンレス鋼
SDP 5					
SDP 6	≧325[(1)]	≧690	≧35	≦60	

［注］ SDP 2G：「SDP」は，「Steel Deck Plate」インデックス，「G」は表面処理鋼板（めっき）
(1)．SDP 4, 5, 6の場合は0.1％耐力とする．

デッキプレートJISでは，表7.2.2に示す種類の記号があり，その形状は，図7.2.1に示すとおり定義されている．

デッキプレート方向の呼び方はいくつかあるが，一般に①〜③のような組合せで用いられている．

---
1) （一社）日本鉄鋼連盟編：デッキプレート床構造設計・施工規準
2) （一社）公共建築協会ほか編：床型枠用鋼製デッキプレート（フラットデッキ）設計施工指針・同解説

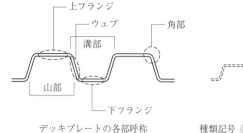
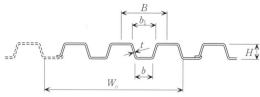

デッキプレートの各部呼称　　種類記号（めっきの付着量表示記号）－
高さ(H)×単位幅(B)×みぞ上寸法(b_1)×みぞ下寸法(b)×表示板厚(t)

図 7.2.1　デッキプレート形状の表示

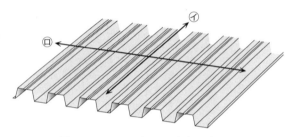

図 7.2.2　デッキプレート方向の呼び方

① 溝方向と溝に直交する方向
② 強辺方向と弱辺方向
③ 長手方向と幅方向

最初に記した方向が④の方向で，後に記した方向が⑤の方向を示している〔図 7.2.2〕．

(1) 合成スラブ用デッキプレート

デッキ合成スラブ構造〔図 7.2.3 参照〕は，告示（平成 14 年国土交通省告示第 326 号）により一般構法として規準化された．合成スラブ用デッキプレートは，コンクリート打設時には床型枠として機能し，コンクリート硬化後は，コンクリートがデッキプレートと一体になって曲げに抵抗するデッキ合成スラブに使用される．現在，供給されている代表的な合成スラブ用デッキプレート製品一覧が表 7.2.3 に示してある．

合成スラブ用デッキプレートは，主要な構造材であり，JIS に適合したものを用いることを前提とし，板厚は 1.0 mm 以上を対象としているが，現在市場には，板厚 1.2 mm と 1.6 mm の製品が供給されており，これら製品は，告示第 326 号に適合するデッキプレートとして指定性能評価機関の技術審査を受けている．

さらに「耐火被覆のいらないデッキ合成スラブ」として耐火構造認定を取得している．この耐火構造認定は，2000 年（平成 12 年）の建築基準法改正以前は，旧通則指定として合成スラブ工業会が団体指定を受けていたものを各社ごとに個別認定として仕様を変更することなく切り替えたものである．この耐火構造認定では，断面仕様，スパン，支持条件，積載荷重等に基づき適用範囲があるので確認することが大切である．

(2) プレーンデッキプレート

旧JISに断面形状が記載されていたデッキプレートで，デッキ複合スラブ〔図7.2.4参照〕およびデッキ構造スラブ〔図7.2.5参照〕あるいは型枠用として使用される．このデッキプレートは，平板状の板要素を折り曲げた折板構造で，合成スラブ用デッキプレートのようにエンボス（突起）や複雑な折曲げリブのない断面形状で，その代表的例が表7.2.4に示してある．

デッキ複合スラブに用いるデッキプレートは，JIS G 3352に適合するもので，板厚は0.8 mm以上としている．このデッキ複合スラブで，溝に引張鉄筋を配筋して一方向性スラブとして2時間耐火構造認定「コンクリート・デッキプレート床」を受けたものが表7.2.5に示してある．主筋である溝筋は，かぶり厚さを含め個々の認定仕様ごとに規定されているのでよく確認する必要がある．

デッキ構造スラブでは，JISに適合するデッキプレートで板厚は1.0 mm以上を対象にしている．屋根下地用にデッキプレート単体で，屋根30分耐火構造認定を取得したものを表7.2.6に示してある．

(3) 床型枠用鋼製デッキプレート

上面がフラットになっており，床型枠用として合板型枠の代わりに使用する〔図7.2.6参照〕．リブのスパン方向両端部が閉塞加工（エンドクローズ）してあるのが特徴である．鉄骨造だけでなく，鉄骨鉄筋コンクリート造や鉄筋コンクリート造の梁型枠に取り付けて使用することも多い．原則として，梁間に落とし込んで単純梁として使用するが，中間にサポートをして使用することもある．

表7.2.7に，（一社）公共建築協会「建築材料・設備機材等品質性能評価事業」の評価を取得したフラットデッキの一覧を示す．この評価を取得した製品は，製品ごとに形状が異なっているが，断面性能は統一してあり，使用者の便宜が計られている．すなわち，（一社）公共建築協会ほか「床型

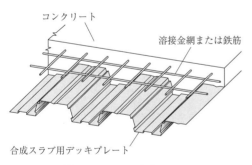

図7.2.3 デッキ合成スラブ

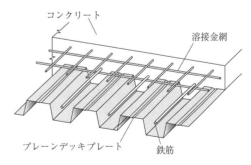

図7.2.4 デッキ複合スラブ

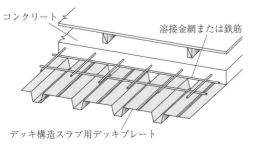

図7.2.5 デッキ構造スラブ

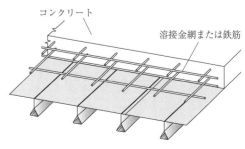

図7.2.6 デッキ型枠スラブ（フラットデッキ）

表 7.2.3　合成スラブ用デッキプレート断面一覧

商品名	形状寸法（単位：mm）	分類	評定番号
QLデッキ QL 99-50		溝広タイプ 50	BCJ評定-ST 0075-04
QL 99-75		溝広タイプ 75	
スーパーEデッキ EZ 50		溝広タイプ 50	BCJ評定-ST 0076-04
EZ 75		溝広タイプ 75	
EVデッキ EV 50		溝狭タイプ 50	
明治Aデッキ MA 50		溝広タイプ 50	BCJ評定-ST 0080-04
MA 75		溝広タイプ 75	
アイ・テックSデッキ S 50 S 75		溝広タイプ 50 溝広タイプ 75	BCJ評定-ST 0086-03

表7.2.4　プレーンデッキプレート

製品呼び名	山高さ (mm)	働き幅 (mm)	形状・寸法	主たる用途
SDP △△(□□)[1]) $25 \times 90 \times 50 \times 40 \times t$	25	650		捨型枠，構造
$50 \times 614 \times 58.6 \times 38.6 \times t$	50	614		捨型枠，構造
$50 \times 614 \times 110 \times 90 \times t$	50	614		捨型枠，構造
$75 \times 600 \times 88 \times 58 \times t$	75	600		捨型枠，構造
$75 \times 600 \times 88 \times 58 \times t$	75	600		捨型枠，構造
$75 \times 690 \times 118 \times 88 \times t$	75	690		構造
$75 \times 690 \times 118 \times 88 \times t$	75	690		構造
$100 \times 500 \times 155 \times 95 \times t$	100	500		構造

［注］　1）SDP △△（□□）の△△は種類の記号，（□□）はめっきの付着量表示記号

表7.2.5 一方向性スラブ（コンクリート・デッキプレート床）の2時間耐火構造認定

認定番号	品目名	商品名	主構成材料			認定取得会社	認定年月日
			コンクリート種類と厚さ	鉄筋	デッキプレート JIS-1979（高さ）		
FP 120 FL-9015	軽量コンクリート・デッキプレート床	日鐵住金デッキプレートUKA	軽量80 mm	D 13以上	BLD（75）	日鐵住金建材	2002.2.4
FP 120 FL-9016	コンクリート・デッキプレート床	RDP型デッキプレート RNDP型デッキプレート	普通85 mm	φ13(D 13)以上	BLD（75），ALN（75）	JFE建材	2002.2.4
FP 120 FL-9017	コンクリート・デッキプレート床	U 75デッキプレート	普通85 mm	D 13以上	BLD（75），ALN（75）	植木フォーミング	2002.5.22
FP 120 FL-9018	軽量コンクリート・デッキプレート床	U 75デッキプレート	軽量80 mm	D 13以上	BLD（75），ALN（75）	植木フォーミング	2002.5.22
FP 120 FL-9083	軽量コンクリート・デッキプレート床	DP-75U-2（BLD）	軽量80 mm	φ13(D 13)以上	BLD（75）	JFE建材	2002.5.22
FP 120 FL-9084	コンクリート・デッキプレート床	BLD型デッキプレート	普通80 mm	φ13(D 13)以上	BLD（75），ALN（75）	JFE建材	2002.5.22
FP 120 FL-9087	軽量コンクリート・デッキプレート床	RDP型デッキプレート，ALN型デッキプレート	軽量80 mm	φ13(D 13)以上	BLD（75），ALN（75）	JFE建材	2002.5.22
FP 120 FL-9088	軽量コンクリート・デッキプレート床	BLD型デッキプレート	軽量80 mm	φ13(D 13)以上	BLD（75），ALN（75）	JFE建材	2002.5.22
FP 120 FL-0012	デッキプレート・鉄筋コンクリート造床	日鐵住金デッキプレートUKA	普通80 mm	D 13以上	BLD（75），ALN（75）	日鐵住金建材	2003.9.19

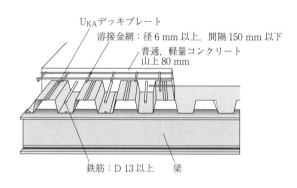

表 7.2.6 デッキプレート屋根耐火構造認定仕様一覧

認定番号	品目名	商品名	主要構成材料および仕様		認定取得会社	認定年月日
			デッキプレート（板厚，mm）	スパン		
FP 030 RF-0036 FP 030 RF-0103	デッキプレート屋根	日鐵住金ルーフデッキ	EZ 75（1.2, 1.6）	最大 3.2 m 連続 5.0 m	日鐵建材工業	2003.5.8 2004.11.16
FP 030 RF-0040	デッキプレート屋根	明治MAデッキ屋根	MA 75（1.2, 1.6） V 50（1.2, 1.6）	最大 3.4 m 連続 4.4 m	明治鋼業	2003.7.23
FP 030 RF-0053	デッキプレート屋根	日鐵住金ルーフデッキ	EZ 50（1.2, 1.6）	最大 3.2 m	日鐵建材工業	2003.10.15
FP 030 RF-0064	デッキプレート屋根	QLルーフ	QL-99-50-12Y/16Y QL-99-75-12Y/16Y	最大 4.3 m	JFE建材	2004.2.12
FP 030 RF-0114	デッキプレート屋根	ハイタフルーフ	ハイタフデッキ耐火ルーフ（1.0, 1.2）	最大 4.3 m	三晃金属工業	2005.5.12

［注］ デッキプレートのみで屋根30分耐火構造となるもの．

表 7.2.7 フラットデッキプレート（(一社) 公共建築協会の品質性能評価を受けたもの）
（2016年3月末現在）

分類	名称 メーカー名	形状・寸法	接合方法
閉塞型	アイデッキフロア 75 東邦シートフレーム	23／621／75／207／30	差込方式
中空型	ハイデッキ JFE建材	15／630／75／210／38	差込方式
中空型	JF 75 JFE建材	20／630／75／210／44	差込方式
中空型	JF 75 W JFE建材	15／630／75／210／36	差込方式
中空型	SFデッキ 日鐵住金建材	15／630／75／210／40	差込方式
中空型	雪印Fデッキ 北海鋼機	20／630／75／210／44	差込方式
中空型	フラットデッキ アイ・テック	20／630／75／210／40	差込方式

枠用鋼製デッキプレート（フラットデッキ）設計施工指針・同解説」に従い使用することが，工事の安全上適正であり，フラットデッキの板厚は 0.8～1.6 mm，スパンは 1.0～4.9 m とし，対象となるコンクリートスラブ厚さは 300 mm 以下とその適用範囲を定めている．

（4） 鉄筋付きデッキプレート

床用の鉄筋である鉄筋トラスが捨型枠デッキプレートに溶接されており，型枠工事と鉄筋工事が同時に行える．品質確保された床スラブを短工期で施工可能である．

ただし，鉄筋トラスは工場にて自動溶接されるため，メーカーによる精度確保や溶接品質の管理が重要となる．また，一般的には中間サポートを必要としないが，現場でトラス筋を切断するとコンクリート打設時に型枠が崩壊するおそれがあるため，注意が必要である．

7.2.2 施工の手順

デッキプレートの施工は表 7.2.8 に示す手順で行う．

デッキプレートと梁との接合およびスラブと梁との接合は床構法により異なるので，7.2.6「デッキプレートおよび床スラブと梁の接合」を参考にし，それぞれの構法に応じて正しく施工する．

表 7.2.8　デッキプレート施工の手順

割付図作成	正しい割付け計画と材料明細の作成
↓	
承諾	鉄骨工事担当者への確認の徹底
↓	
材料手配	材料明細と納期の確認
↓	
搬入・保管	ていねいな荷扱いと雨露に対する養生
↓	
揚重・仮置き	工程に合わせた揚重と梁上への安全な仮置き
↓	
敷込み・位置決め	デッキの梁へのかかり代の確保と幅方向の正しい割付け施工
↓	
デッキと梁との接合	デッキのずれ止めと落下防止
↓	
スラブと梁との接合	面内せん断力の伝達
↓	
小口ふさぎ・コンクリート止め	デッキの谷部をふさがないよう注意

7.2.3 割付図作成・承認・材料手配

デッキプレートの施工を正しく行うために、まず材料手配に先立ち、標準納まり図を参考に割付図を作成し、鉄骨工事担当者の承諾を得る.

割付図には、正しい材料手配に必要な情報だけでなく、デッキプレートの梁へのかかり代や、幅方向の割付け方、段差部の処理等正しい施工に必要な情報を盛り込む. 割付図からデッキプレートの長さと枚数を正確に確認すれば、材料の過不足を防ぐだけでなく、工事現場での切断の手間やスクラップの発生を減らすことができる.

また、デッキプレートは、最大長さ10 m程度まで10 mm単位で製造され、許容差は通常±5 mmであるのでデッキプレートの長手方向の納まりに応じた寸法で注文することができる. デッキプレートを長手方向に突き合わせで割り付ける場合は、全体で伸びすぎる場合があるので注意する.

なお、デッキプレートの長さが10 mを超えると重くて施工性が悪くなるほか、トレーラー輸送が必要になり、現場搬入上支障になることがあるので注意する. なお、輸送できる最大長さは12 mである.

7.2.4 搬入・保管・揚重・仮置き

デッキプレートは薄板のため、運搬時や保管時に衝撃や集中荷重によって変形を起こしやすく、現場で修正することは困難である. そのため扱いには十分注意する.

デッキプレートは通常連続支持で使用され、長尺ものが扱われることが多い. 長尺ものの揚げ降ろしは必ず2点吊りとし、ワイヤによるデッキプレートの変形が生じないよう注意する.

また、保管が長期になる場合には、平坦な乾燥した場所を選び、枕木を敷いてシートを掛けるなど雨露に対し適当な養生をする.

鉄骨梁の上に仮置きする場合、過度の重量が掛からないように分散配置を心がけ、2つ以上の梁に架け、片荷にならないように注意し、風等による落下、荷崩れ等が生じないようロープ等で仮止めする.

7.2.5 敷込み・位置決め

（1）敷込みの準備

敷込みに先立って梁の上面の清掃を行い、水分、油分を除去する. また柱回り、梁接合部のデッキ受け材が鉄骨図面どおりに取り付けられているか確認する. デッキ受け材は板厚6 mm以上が必要である. また、敷込みに先立ちデッキプレートに曲がり、ねじれ、変形等ある場合はあらかじめ矯正し、梁とのなじみを良くしておく.

（2）敷込みと位置決め

梁上に割付図に従って墨出しを行い、デッキプレートを正しい位置に不陸のないように敷込む. 柱回りや梁接合部は図7.2.7に示すようにデッキ受け材に乗せかけ必要な箇所を切り欠く. 位置決めはアークスポット溶接または隅肉溶接で行う. また、位置決めに打込み鋲を使用する場合は、設計者・工事監理者と事前に協議し、承認を得る必要がある.

敷込みにあたって注意すべき事項を以下に記す．

a） デッキプレートの梁へのかかり代は長手方向で50mm以上とする．幅方向のかかり代は30mm以上を確保する．なお，（一社）日本鉄鋼連盟「デッキプレート床構造設計・施工規準」では，かかり代寸法は重要な規定項目であるため，鉄骨躯体の納まり寸法誤差などを考慮し，施工管理値としてかかり代の許容差をマイナス10mmとしている．ただし，デッキプレートと梁を焼抜き栓溶接や打込み鋲で接合する場合は幅方向のかかり代を50mm以上確保する〔図7.2.8〕．

b） デッキプレートの現場切断はハンドソー，スキルソー等による機械切断またはプラズマ切断による．柱回りや梁接合部等部分的切欠きをやむを得ずガス切断で行う場合は，ひずみや曲がり等外見上の問題に注意するとともに，特に高力ボルトに熱を加えないように注意する．

c） デッキプレートの幅方向の寸法調整はデッキプレート相互の接合部で行ってはならない．また，デッキプレートの山部が大梁をまたぐような敷込みを行ってはならない〔図7.2.9参照〕．幅調整板を使って正しく割り付ける〔図7.2.10参照〕．

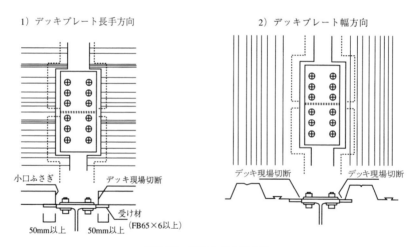

図7.2.7　梁接合部の納まり

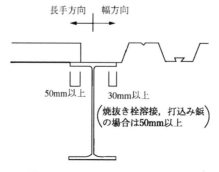

図7.2.8　デッキプレートの梁へのかかり代

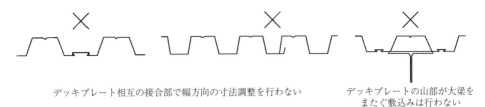

図 7.2.9 デッキプレート幅方向の寸法調整(悪い例)

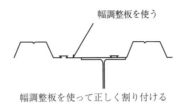

図 7.2.10 デッキプレート幅方向の寸法調整(良い例)

d) デッキプレート相互の接合部は嵌合または重ねになっている.コンクリート打設時に接合部より漏れのないようにしっかりと施工する.変形その他で十分な施工ができない場合は溶接またはタッピンねじ等で止める.

(3) 敷込みと鉄骨建方

デッキプレートを効率よく施工するためには,鉄骨の建方に合わせてデッキプレートを搬入し,揚重しておく必要がある.上階の鉄骨小梁を取り付けると下階のデッキプレートの揚重が非常に難しくなるので注意する.

鉄骨建入れ修正中の階でデッキプレートを大梁に完全に接合するとデッキプレートの面内剛性で作業が難しくなるので,デッキプレートの一方向のみ溶接し,他端は風に飛ばされない範囲で可動となるように位置決めをする場合がある.この場合も建入れ終了後にはデッキプレートの各谷部をしっかりと溶接する.

また,超高層ビルでは揚重回数の低減と作業効率の向上を目的に,地上でデッキプレートと小梁をパネル状に組み立ててから揚重する工法もある.この場合,パネルを取り付けたときデッキプレートの通りが揃うように施工することが大事である.

パネル化にあたりデッキプレートを長手方向で分割する場合は,必ず梁の位置で行う.

また,パネル化によりデッキプレートが単純支持になる部分ができる場合は,コンクリート打設時にたわみが過大になったり,デッキ合成スラブでは耐火構造認定の条件を満たさなくなるなど不都合の生じることがあるので,設計条件をよく確認する.

7.2.6 デッキプレートおよび床スラブと梁の接合

デッキプレートを用いた床スラブでは,3つの接合形態があり,各床スラブ(デッキ合成スラブ,デッキ複合スラブおよびデッキ構造スラブ)ごとにその目的に合わせて接合の種類を選定する必要がある.その組合せを示したものが,表 7.2.9 である.

① デッキプレートと鉄骨梁との結合
② デッキプレート相互の接合
③ 床スラブと鉄骨梁との接合

②項の接合形態は，床スラブの品質確保の点で大事であり，薄板の接合に適したものでなければならない．

①と③の接合形態の区分けは難しいが，①デッキプレートと鉄骨梁との接合は，仮設構造として要求される機能で，作業時のずれ防止や風による飛散防止等が目的となるもので，③床スラブと鉄骨梁との接合は，コンクリート硬化後に働く床スラブの面内せん断力の伝達を意図するものである．

デッキ複合スラブでは，デッキプレートとコンクリートの一体性が担保されていないため，通常頭付きスタッド接合となる．デッキ構造スラブでは，デッキプレートの面内せん断耐力に期待できないため，床ブレースを設けるなどの措置が必要となり，表7.2.9に接合方法は記述されていない．

頭付きスタッドを用いる場合，頭付きスタッド接合でデッキプレートを留めてはいけない．頭付きスタッドの施工は7.3節による．いずれの場合もデッキプレートを鉄骨梁に接合するときは，デッキプレートを梁に密着させ，すき間が2mm以下になるように馴染ませて行うことが大事である．

頭付きスタッドで面内せん断力を梁に伝える場合，デッキプレートを鉄骨梁に密着させ，強風や突風によって飛散しないように，また，コンクリート打設時に移動，変形しないようにアークスポット溶接もしくは隅肉溶接等で速やかにデッキプレートを梁に接合する．

デッキ合成スラブの場合には，頭付きスタッドを使わなくても面内せん断力を伝えられる工法として，焼抜き栓溶接や打込み鋲等も使われる．この場合，焼抜き栓溶接や打込み鋲等は，見かけは①の接合工法のようであるが，①と③の機能を兼ねた省力化工法である．デッキ合成スラブと梁との接合工法の違いによる応力の伝達路を示したものが図7.2.11である．これらの接合の許容せん断応力度あるいはせん断耐力は，表7.2.10および表7.2.11のとおりである．

なお，フラットデッキは，型枠機能として使用されるので敷込み終了後，風による飛散防止やコンクリート打設時のずれ防止等に対する安全性確保のため，速やかにデッキプレートと梁とはアークスポット溶接または隅肉溶接等で接合を行う．

表7.2.9 デッキプレートを用いた床の接合の種類

	デッキ合成スラブ	デッキ複合スラブ	デッキ構造スラブ
① デッキプレートと鉄骨梁との接合	焼抜き栓溶接，打込み鋲溶接(隅肉溶接，プラグ溶接，アークスポット溶接など)，ボルトまたは高力ボルト	焼抜き栓溶接，打込み鋲または溶接（隅肉溶接，プラグ溶接，アークスポット溶接など）	焼抜き栓溶接，打込み鋲溶接（隅肉溶接，プラグ溶接，アークスポット溶接など)，ボルトまたは高力ボルト
② デッキプレート相互の接合	溶接（アークスポット溶接，隅肉溶接)，タッピンねじ，嵌合またはかしめ	溶接（アークスポット溶接，隅肉溶接)，タッピンねじ，嵌合，かしめまたは重ね	溶接（アークスポット溶接，隅肉溶接)，タッピンねじ，嵌合，かしめまたは重ね
③ 床スラブと鉄骨梁との接合	頭付きスタッド，焼抜き栓溶接，打込み鋲，溶接（隅肉溶接，プラグ溶接)，ボルトまたは高力ボルト	頭付きスタッド	別途，床ブレースが必要

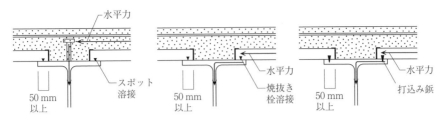

図 7.2.11 デッキ合成スラブと梁との接合工法

表 7.2.10 焼抜き栓溶接 1 個あたりの許容せん断力
(単位：N)

デッキプレートの板厚	長期	短期
1.2 (mm)	4 900	長期に対する値の 1.5 倍
1.6 (mm)	7 350	

[注] ただし，適用可能なデッキプレートの種類は，SDP 1T, SDP 1TG, SDP 2 および SDP 2G とし，かつめっきの付着量が付着記号 Z 27 以下のものとする．

表 7.2.11 打込み鋲 1 個あたりの許容せん断力
(単位：N)

デッキプレートの板厚	長期	短期
1.2 (mm)	短期許容せん断力を 1.5 で除したもの	4 000
1.6 (mm)		5 300

[注] ただし，適用可能なデッキプレートの種類は，SDP 1T, SDP 1TG, SDP 2 および SDP 2G とする．

(1) アークスポット溶接

アークスポット溶接は，デッキプレートの上面から溶接棒のアークにより加熱して梁に点状に融着させる溶接工法である．アークスポット溶接は，溶接条件によって一個あたりの許容耐力に大きな差が生じるので，あらかじめ実験によって耐力を確認する必要がある．

標準的溶接仕様は以下のとおりである．

 a) 溶接技能者

  溶接技能者は，薄板溶接に対して十分な技量が必要であり，原則として JIS Z 3801（手溶接技術検定における試験方法およびその判定基準）の有資格者とする．

 b) 溶接仕様

① 溶接棒：E 4316（低水素系），E 4319（イルミナイト系），E 4303（ライムチタニア系）

② 溶接棒径：径 3.2 mm

③ 溶接電流：100〜140 A

 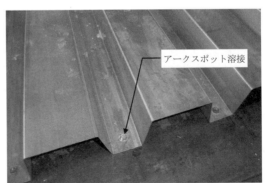

写真 7.2.1 アークスポット溶接施工例

一般に溶接電流は低めに，アークタイムは長めにすれば，アンダーカットや溶込み不足が避けられる．

なお，アークスポット溶接は，入熱量が小さく，母材に悪影響を及ぼすおそれがあるため，大梁端部のような塑性変形が生じる部位では避けるのが望ましい．また，高強度鋼材に使用する場合には注意を要する．

（2）隅肉溶接

デッキプレートは薄鋼板であることを念頭において，溶接機，溶接棒および溶接技能者を選定する必要がある．溶接機は，デッキプレートの接合に適した容量，機能，構造などを具備していなければならない．溶接機には，交流アーク溶接機と直流アーク溶接機があるが，交流アーク溶接機が一般的であり，その種類を表7.2.12に示す．

デッキプレートの板厚は，0.8 mm から1.6 mm までを対象としており，使用する溶接棒径は，板厚と同程度のものが好ましいが，多少太めの溶接棒で溶接速度を大とするのもよい．

通常よく使用される板厚1.2 mm～1.6 mmでの標準的溶接仕様は以下のとおりである．

 a）溶接技能者

  溶接技能者は，薄板溶接に対して十分な技量が必要であり，JIS Z 3801（手溶接技術検定における試験方法及び判定基準）あるいは JIS Z 3841（半自動溶接技術検定における試験方法及び判定基準）のうち少なくとも基本となる級（下向溶接）の有資格者とする．

 b）溶接仕様

  ① 溶接棒：E 4319（イルミナイト系），E 4303（ライムチタニア系），E 4311（高セルロース系），E 4316（低水素系）

  ② 溶接棒径：径 2.0～2.3 mm

  ③ 溶接電流：70～90 A

できるだけ溶込みが大となるようにすることが大切であるが，板厚の薄いデッキプレートでは，焼切れが発生するおそれがあるので溶接電流の設定が重要となり，試し溶接を行うなどして溶接条件を設定する必要がある．

表7.2.12 交流アーク溶接機の種類

種類[*1]	定格出力電流 (A)	定格使用率 (%)	定格負荷電圧			最高無負荷電圧 (V)	出力電流		参考
			抵抗降下 (V)	リアクタンス降下 (V)			最大値 (A)	最小値 (A)	使用できる溶接棒 (mm)[*2]
				50 Hz	60 Hz				
AW 200	200	40	30	0		85 以下	200～220	35 以下	2.0～4.0
AW 300	300		35				300～330	60 以下	2.6～6.0

［注］1）種類に用いた記号および数値は，次の意味を表す．
   AW：交流アーク溶接機，AWの次の数値：定格出力電流
  2）使用できる溶接棒の径は，参考のために示すものであって，規格の一部ではない．

なお，デッキプレートと梁とを構造上重要な接合として隅肉溶接を用いるときは平成14年国土交通省告示第326号（デッキプレート版）では，以下のとおり規定している．

1) 溶接部の長さを5cm以上としたもの
2) 鋼板に設けた各溝の下フランジを溝の方向に垂直な方向の全長にわたり溶接したもの
3) 鋼板に設けた各溝の下フランジを溝の方向に垂直な方向の両端から均等に溶接して，その合計した長さが5cm以上としたもので，断続的に溶接する場合は，間隔を60cm以下とする．

(3) 焼抜き栓溶接

焼抜き栓溶接はアークスポット溶接に類似しているが，大電流による溶接アークによってデッキプレートに孔をあけて大きな栓溶接をするところに特徴がある．作業条件によっては，溶接部に欠陥を生じ，溶接品質に影響するので注意する．

デッキプレートと梁との接合として平成14年国土交通省告示第326号（デッキプレート版）では，焼抜き栓溶接を以下のように規定している．

ⅰ) 鋼板の厚さを1.6mm以下にすること
ⅱ) 溶接部に割れ，内部欠陥等の構造耐力上支障のある欠陥のないこと
ⅲ) 鋼板と鉄骨とのすき間を2mm以下とすること
ⅳ) 溶接部の直径を18mm以上とすること
ⅴ) 溶接部の縁端距離を20mm以上とすること
ⅵ) 焼き切れ及び余盛不足のないこと
ⅶ) 溶接部間相互の中心距離を60cm以下とすること

上記告示では，溶接棒，溶接電流等の溶接仕様は規定されていないが，「溶接部に割れ，内部欠陥等の構造耐力上支障のある欠陥のないこと」や「焼き切れ及び余盛不足のないこと」とあり，この規定で溶接部の品質を担保している．以下に示す焼抜き栓溶接仕様は，旧法第38条で大臣の認定を取得していた仕様で，この規定を満足すると考えてよい．

焼抜き栓溶接は，面内せん断力を床スラブから梁へ伝える構造上重要な溶接なので，以下の諸条件を遵守して施工する．

a) 溶接技能者

　溶接技能者は，薄板溶接に対して十分な技量が必要であり，JIS Z 3801（手溶接技術検定における試験方法及び判定基準）あるいはJIS Z 3841（半自動溶接技術検定における試験方法及び判定基準）のうち少なくとも基本となる級（下向溶接）の有資格者とする．

b) 材料および設備

① 溶接棒　：JIS Z 3211のE4316あるいはE4916の低水素系被覆アーク溶接棒，棒径4mm
② 溶接機　：交流アーク溶接機AW 250A以上，エンジン溶接機230A以上
③ 付属設備：ケーブル類38mm^{2}以上
④ 電源容量：溶接機1台につき24kVA
⑤ その他　：革手袋，保護面

c） 溶接条件
① デッキプレート：板厚 1.2, 1.6 mm，亜鉛めっき（Z 12, Z 27）または一般さび止め塗装
② フランジ　　　　：板厚 6 mm 以上の黒皮または一般さび止め塗装
③ 溶接電流　　　　：190〜230 A（標準 210 A）
④ 溶接時間　　　　：8 〜10 秒

d） 溶接作業

溶接施工に先立ち，試し溶接を行い，溶接寸法（余盛径）および外観を確認する．溶接作業要領を図 7.2.12 に示す．

e） デッキプレートと梁との接合箇所

焼抜き栓溶接，隅肉溶接，打込み鋲等は，デッキプレート板厚ごとに一箇所あたりの許容せん耐力が規定されており，計算によって施工個数を決める．デッキプレートと梁との接合箇所を図 7.2.13 に示す．

f） 管理のポイント

① 施工前の確認事項
・溶接面のよごれ，水分等の除去の状態
・梁とデッキプレートとの密着度（2 mm 以下）
・溶接棒の種類，径，乾燥状態
・溶接電流

② 施工後の検査項目
・図 7.2.14 に示す標準見本を参考に溶接の良否を検査する
・溶接箇所，ピッチは正しく施工されているか
・余盛径は 18 mm 以上の範囲に入っているか
・余盛不足，デッキ焼切れ等はないか

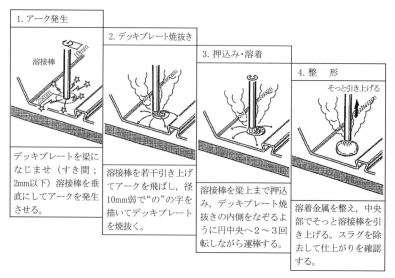

図 7.2.12　焼抜き栓溶接作業要領

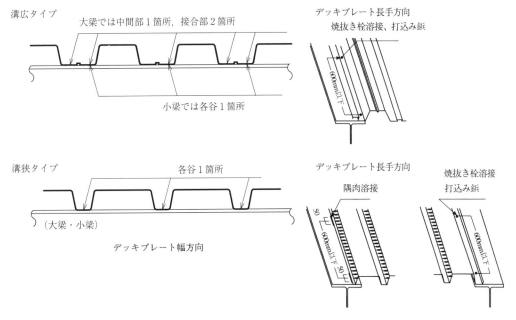

図7.2.13 デッキプレートと梁との接合箇所

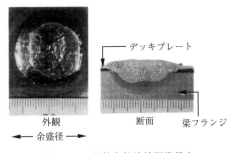

図7.2.14 焼抜き栓溶接標準見本

　g）補　　修

　　溶接不良箇所は，スラグを除去した後，不良溶接の溶接金属のほぼ中央でアークを発生させ，溶接金属を溶融し補修する．

（4）自動焼抜き栓溶接

　焼抜き栓溶接の施工品質の安定と作業の効率化を目的として開発された溶接工法で，適正な溶接条件（電流，電圧，アークタイム）を設定すれば安定した品質の溶接が得られる．

　自動焼抜き栓溶接機は，CO_2半自動溶接機を現場用に改良した機器であり，合成スラブ工業会がメーカーと共同で開発した溶接機等が使われている．

（5）打込み鋲

　鋲打銃を用いてデッキプレートと梁を接合するもので，合成スラブ用デッキプレートの接合用として面内せん断力を伝える目的で使用する場合は，指定建築材料として国土交通大臣の認定を取得

した製品を使う必要がある．打込み鋲工法は，過去に旧法第38条の「特殊な構造方法」として大臣の認定を取得し，許容せん断力を定めていた実績があり，その施工方法は以下のとおりである．また，施工方法は，建築基準法第38条の「特殊の構造方法として，大臣の認定を取得した施工方法としなければならない．ただし，旧法第38条の「特殊な構造方法」として大臣の認定を取得しているものについては，この限りではない．

この工法は，電源を必要としない，気温，雨天等の気象条件に左右されにくい，溶融亜鉛めっき仕様等の表面処理を施された梁材との接合であっても有効に強度を発揮する，施工品質が管理しやすいなどの特徴があるが，鋲の打込み作業時に騒音が発生するので注意する．打込み鋲工法の施工方法は以下のとおりである．

a) 施工技術者

　　鋲メーカーの作業者資格認定講習において，施工技術を習得し認定された作業者が施工する．

b) 打込み鋲および工具

　① 打込み鋲　　：合金鋼 JIS G 3502 ピアノ線材相当（DIN17222CK67/C67，EN10132-4C67S）

　② 打込み工具　：メーカーの指定する鋲打銃と空包を使用する．

c) 適用範囲

　① デッキプレート：板厚 1.2，1.6 mm

　　　表面処理は亜鉛めっき（Z 12，Z 27）または一般さび止め塗装

　　　平成14年国土交通省告示第326号第1(1) JIS G 3352に適合したもの．

　② フランジ　　　：板厚 6 mm〜32 mm，黒皮，塗装，亜鉛めっき

　③ ピッチ・ゲージ・へりあき・端あき：図7.2.15のとおりとする．

d) 安全衛生管理

・鋲打銃および空包の取扱いに関しては，銃砲刀剣類所持等取締法，火薬類取締法の定めに従う．

・整理整頓に留意し，不要材は早期に搬出し，作業者や部外者が入っても危険がないよう安全点検する．

・安全帽，安全帯，安全眼鏡，その他の必要な安全保護具を確実に着用する．

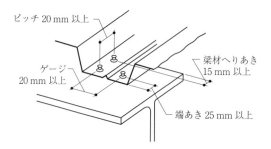

図 7.2.15　ピッチ・ゲージ・へりあき・端あき

e） 施工作業
- 所定の打込み位置に合わせて墨出しを行い，正確な打鋲点を決める．梁のウェブ位置への打込みは避ける．
- フランジの板厚，材質に応じ，適切な打込み力確保のため空包の選択と威力調整を行う．
- 鋲打銃に打込み鋲と専用空包を装てんし，工具を垂直に押し当てて打ち込む．

f） デッキプレートと梁との接合箇所
- 施工箇所は，設計図書による．ただし，接合する位置は，焼抜き栓溶接と同じである〔図7.2.13参照〕．

g） 管理のポイント
① 施工前の確認事項
- 建設用鋲打銃の使用所持許可証と空包使用許可証の所持．
- 施工者の「施工技術認定証」の所持．
- 安全上の諸手続き．
- 梁とデッキプレートの密着度（2 mm 以下）．
- 正確な打鋲点の位置．
- 正しい空包の選定．
- 鋲打銃が正常に作動するかの点検．
- ピストン等の消耗品の点検．

② 施工中の確認事項
- 鋲打銃の減力選定に関してはメーカー推奨の選定表を参考．
- 空包の減力は梁フランジ厚により調整．
- 掃除，消耗品の交換の際には，必ず鋲打銃本体から空包を取り除く．

③ 施工後の検査項目
- 打鋲箇所，ピッチは正しく施工されているか．
- 打忘れはないか．
- デッキプレートに対する端あき（25 mm 以上）と梁材のへりあき（15 mm 以上）は十分か．
- 「鋲立ち上がり長さ」を確認する．〔図 7.2.16〕（各メーカーの確認基準を参考とすること．）

h） 補修
- 検査で不適合になった場合は補修に先立って発生原因の究明を行い対策を検討する．
- 補修はデッキプレートの端あき，梁材のへりあきに注意し，不適合となった鋲の隣へ10 mm 以内の位置に打ち直す〔図 7.2.17〕．
- 不適合となった鋲がじゃまになる場合は，グラインダ等で頭部とワッシャを取り除く．

i） 打鋲による部材への影響
鉄骨部材に直接打鋲することによる母材への影響[1]〜[3]については，設計者・工事監理者と事前の協議・打合せを行い，施工計画等に合意の上で施工を行うこと．

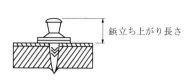
図 7.2.16 鋲立ち上がり長さ

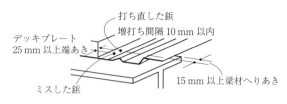
図 7.2.17 打ち直し納まり例

また，k）項において参考となる文献を挙げる．

j）その他

鋲打銃を用いてデッキプレートと梁を接合する以外の用途として使用する際には，設計者・工事監理者と事前の協議・打合せを行い，施工計画等に合意の上で施工を行うこと．以下に使用されると考えられる箇所（部位）の一例を挙げる．

また，鋲打銃の種類には，火薬・ガス・電動式等を動力とするものがあることにより，発射威力および対応する鋲が異なる．施工前に必ず施工箇所および打鋲確認を行い適切な鋲打銃を選定し，使用するメーカーの仕様も合わせて確認を行うこと．表 7.2.13 に施工箇所（部位）別における鋲打銃選定の一例を示す．

・デッキプレートの留付け（屋根部）
・内装工事における間仕切り用仮設ピース等の留付け
・各種設備器具の留付け

表 7.2.13　施工箇所（部位）における鋲打銃の種類

施工箇所	鋲打銃の動力		
	火薬式	非火薬式	
		ガス式	電動式
デッキプレート（床）	○	×	×
屋根材	○	×	×
ランナー，仮設ピース	○	×	×
設備機材	○	○	○

○：施工可能　×：施工不可

1） 奥田貴子・田川泰久・原田幸博・李　晩在：鋲の撃込まれた鋼材の弾塑性挙動に関する数値解析的研究—その1 引張特性の評価，日本建築学会大会学術講演梗概集（中国），1999 年 9 月
2） 李　晩在・田川泰久・原田幸博，奥田貴子：鋲の撃込まれた鋼材の弾塑性挙動に関する数値解析的研究—その2 欠損横断面の降伏挙動および鋲近傍局部歪の評価，日本建築学会大会学術講演梗概集（中国），1999 年 9 月
3） 田川泰久・原田幸博・李　晩在・奥田貴子・三浦勇気：断面積変化部に撃込み鋲を有する鋼板の引張特性に関する研究，鋼構造年次論文報告集第 8 巻，2000 年 11 月

7.2.7 小口ふさぎ・コンクリート止め

コンクリート打設に先立ち，図 7.2.18 に示すように，デッキプレートの突合せ継手部等，コンクリートが漏れるおそれのあるすき間をすべて，金物やテープでシールする．

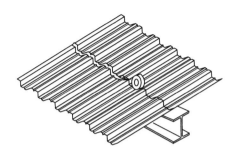

図 7.2.18 デッキプレートの突き合わせ部のすき間をテープでシールする

（1） 小口ふさぎ

デッキプレート端部の山部からのコンクリートもれ止め材として小口ふさぎを使う．

デッキプレート溝部のコンクリートは，山部の平板部上のコンクリートに作用する面内せん断力を梁へ伝えるために重要なものである．したがって，連続した小口ふさぎで縁を切り取ることは避けなければならない〔図 7.2.19〕．

なお，図 7.2.20 に示すように，デッキプレートの端部を工場でプレスにより閉塞加工したデッキプレート（エンドクローズ製品）を使えば小口ふさぎを使用しなくてもよい．

（2） コンクリート止め

建物の外周部および開口部回りのスラブ端部にはコンクリート止めを設ける．コンクリート打設時に変形等のおそれのある場合は，図 7.2.21 に示すように，山形鋼，丸鋼等を使って補強する．

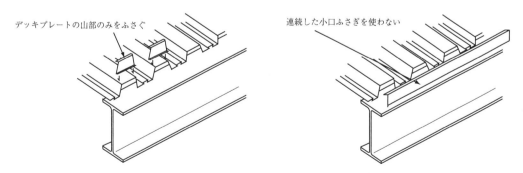

図 7.2.19 デッキプレート端部の小口ふさぎ

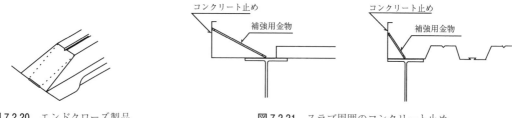

図 7.2.20　エンドクローズ製品　　　図 7.2.21　スラブ周囲のコンクリート止め

7.3　頭付きスタッド

　スタッドを溶接するには，アークスタッド溶接の直接溶接を原則とする．やむを得ずデッキプレートを貫通して溶接する場合は，7.3.7「デッキプレート貫通溶接における留意点」に従って施工する必要がある．

7.3.1　規格および基準

（1）　頭付きスタッドの規格

　わが国では頭付きスタッドは JIS B 1198（頭付きスタッド）として規格化され製品化されている．詳細については，「工場製作編」3.2.6「頭付きスタッド」を参照されたい．

（2）　スタッド溶接の設計施工基準

　スタッド溶接施工には設計上の配慮すべき頭付きスタッドの配置および寸法の標準的な決まりがあり，これらの知識が必要である．スタッド溶接の標準施工図を図 7.3.1 に示す．

　本項で述べる設計施工基準は，呼び名 13～22 のスタッドに適用されるものである．

　　a）　頭付きスタッドの寸法

　　　①　使用できる頭付きスタッドは JIS B 1198 に規定されている軸径 d が 13, 16, 19, 22 mm の 4 種類

　　　②　長さ L は $4d$ 以上，かつ，デッキプレートの全せい H_d に 30 mm を加えたもの以上

　　　③　軸径は溶接されるフランジ板厚の 2.5 倍以下

　　　　ただし，頭付きスタッドが鉄骨梁のウェブの直上に溶接される場合には特に制限はない．

　　　　しかし，頭付きスタッドの溶接施工上，その軸径はフランジ板厚の 3 倍以下とすることが望ましい．

　　b）　頭付きスタッドの配置

　　　①　ピッチは $7.5d$ 以上，かつ，600 mm 以下

　　　②　ゲージは $5d$ 以上

　　　③　鉄骨梁フランジ縁と頭付きスタッドの軸心との距離（へりあき）は 40 mm 以上

　　　④　かぶりはあらゆる方向に 30 mm 以上

鉄骨梁に対してデッキプレートの長手方向（溝方向）が直交し，しかも連続しており，頭付きスタッ

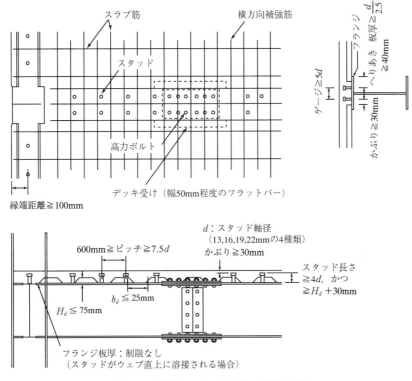

図 7.3.1 頭付きスタッド溶接の標準施工図

ドがデッキプレートを貫通して溶接される場合には，上記の基準に加えて 7.3.7「デッキプレート貫通溶接における留意点」を考慮する必要がある．

なお，上記の頭付きスタッドの配置によれば，頭付きスタッドが溶接される鉄骨梁上フランジの必要最小幅は，表 7.3.1 のようになる．

表 7.3.1 フランジ幅の必要最小値（単位：mm）

スタッド		1列配置 (mm)	2列配置 (mm)
呼び名	軸径（mm）		
STUD 13φ	13	80	145
STUD 16φ	16	80	160
STUD 19φ	19	80	175
STUD 22φ	22	80	190

ただし，デッキプレートを使用する場合には，長手方向のかかり代として 50 mm を見込んでおく必要がある．頭付きスタッドの選定にあたっては，そのせん断耐力と上記のスタッド溶接施工基準を考慮すれば良い．

頭付きスタッドのピッチは 600 mm 以下と規定されているが，梁の高力ボルト継手位置ではこの規定を満足させることは難しい．この継手位置では高力ボルトによるせん断力の伝達も期待できる

から，頭付きスタッドをスプライスプレート上に溶接してはいけない．このような場合，頭付きスタッドの所要本数を継手以外の部分に配置して良い．

7.3.2 スタッド溶接鋼材と板厚

頭付きスタッドの溶接部の金属組成は，鋼材（母材）の材質と板厚により影響される．これはスタッド溶接が瞬間溶接であり，溶接部の性状が母材の材質により変化するほか，板厚の違いにより急冷効果を受けることによる．靱性指標の一つである硬さ（溶接部）は，母材の炭素当量が大きいほど，またスタッド軸径と母材板厚の差が大きいほど大きな値となっており，スタッドと母材の組合せによってはビッカース硬さ（HV_{max}）が350を上回ることもある．しかし，溶接が局部的な溶接であり，HV_{max}が測定される部分は微少部分であること，また極端な曲げ変形が生じない部分で使用されることを前提とし，いままでの実績のある材質・板厚について表7.3.2を原則とすることを定めた．表7.3.2の鋼材の材質は，下式で示す炭素当量（C_{eq}）の値が0.35～0.55％程度であり，HV_{max}値の測定値は，150～450になると思われる．

HV_{max}値を400程度までに抑えるためには炭素当量を0.45％以下に，また350以下とするには0.40％以下の材質の鋼材（母材）を用いることが必要となるようである．図7.3.2に炭素当量とHAZの最高硬さの関係を示す．

$$C_{eq} = C + \frac{1}{6}Mn + \frac{1}{24}Si + \frac{1}{40}Ni + \frac{1}{5}Cr + \frac{1}{4}M_0 + \frac{1}{14}V$$

表7.3.2 母材の材質およびスタッド軸径と板厚（単位：mm）

材　　　質	スタッド軸径	板　　厚
SS 400, STK 400	φ13	6～22
STKR 400	φ16	6～32
SM 400, SM 490	φ19	8～50
SM 520 SMA 400, SMA 490	φ22	10～50

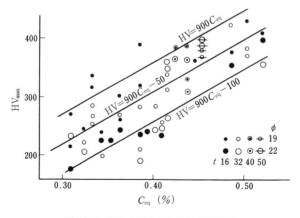

図7.3.2 炭素当量とHAZの最高硬さ

母材がSN材の場合については，表7.3.2に準じて考えればよい．

なお，最小板厚は，母材の溶落ちおよび極端なひずみを生じさせないために定めたものである．スタッド溶接された鋼材（母材）は，溶接欠陥がないかぎり強度面で影響を受けないが，伸び率は低下する傾向にある．また鋼材（母材）の曲げ延性（スタッド溶接側を外側にして曲げた場合）は，大きく低下するデータもあり，母材の選択およびスタッドの溶接位置などに十分な注意を払わなければならない．

SN490材などの鋼材で板厚の大きい場合は，施工試験を行い，良好な溶接ができるかを確認しなければならない．施工試験では実際に行われる条件を再現して溶接を行い，試験片を採取して，引張試験，曲げ試験，マクロ試験を行う．

ただし，他の工事でほぼ同一条件の施工試験を行っていた場合，そのデータを参考として施工試験を省略しても良い．

7.3.3 施工条件の把握

（1）気温，天候，溶接面の清掃

　a） 気　　　温

　　　気温が0℃以下の場合は，溶接を行ってはならない．ただし，溶接部より100 mmの範囲の母材部分を36℃以上にガスバーナ等で加熱して溶接する場合はこの限りではない．36℃は手で触って温かく感じる程度の温度である．

　b） 天　　　候

　　　雨天の場合は，溶接を行ってはならない．また，溶接部分に水分がある場合も同様である．デッキプレート貫通溶接では，デッキプレートと梁の間に雨水がないことを確認してから溶接しなければならない．特に溶接する前日に雨が降った場合，雨水が残っていることがあるため注意を要する．

　c） 溶接面の清掃

　　　溶接面に水分，著しいさび，塗料等が付着している場合には，ウエスやワイヤブラシ等で除去しなければならない．

（2）溶接電源容量

スタッド溶接は，大電流を繰り返し使用する溶接方法であるため，電源容量の不足は溶接不良の原因となる．したがって，良好な溶接結果を得るためには，電源はスタッド溶接専用であることが原則である．

また，十分な必要電流を供給するには，ケーブルが適正な太さ，長さでなければならないので，これについてもチェックする必要がある．スタッド軸径と電源容量の関係，スタッド軸径と二次側ケーブル長さ，および装置の構成と配線については「工場製作編」5.14.3「溶接機器」を参照されたい．

（3）作　業　工　程

スタッド溶接作業は2人でチームをつくり，スタッド溶接技能者と補助作業者により行われる．

1日で約1000本程度の溶接は可能であるが機器の養生・作業途中の機器のチェック・機器の移動・仕事開始前の試し打ちによるチェック・作業員の休憩で作業の中断が生じる．また他作業との取り合い，天候状態もふまえ適切な工程づくりが必要である．

（4）　安全衛生

スタッド溶接は短時間に大電流を流し，高熱を発生させ，金属を溶融し溶着させる作業であり，感電災害や火傷，目の炎症，および火災等には十分注意を払わなければならない．そのためにも作業者自身が常に体調を整え，不安全な行動および不安全な状態の作業にならないように心掛けなければならない．

　　a）　感電災害

スタッド溶接機の一次側電源は一般的に3相交流の200/220 V（または400/440 V）である．また，二次側の無負荷出力電圧は直流の100 V前後である．100 V程度の電圧でも大きな電撃を受けることがあり，特に一次側は強い電撃を受けるので危険である．

電撃防止や漏電防止のためにも溶接機の端子等の導電部は完全に絶縁被覆を施し，溶接機のアース接地（C種接地工事）を必ず取る．また，直接皮膚が鋼材や溶接機器に触れないように衣服や手袋，保安帽等は正しく着用する．特に，夏季などの暑いときは発汗しやすく，汗により身体の電気抵抗が著しく減少するので，瞬間的な接触でも大きな電撃を受けやすくなるので十分注意しなければならない．

なお，第三者への感電防止のためにも作業を中断したり，終了した時は速やかに一次側電源を切ることも励行するのが良い．

　　b）　目および皮膚の災害

アークは高熱とともに強い光を発生する．この強い光は視神経を刺激し，目を疲労させ，場合によっては結膜や角膜に炎症をおこし激痛を発生させることがある．

スタッド溶接施工の時に使用するフェルールはこの強い光線の大部分を遮断する．しかし長い間の目の保護のためにもサングラス程度の保護メガネを使用することが望ましい．

また，溶接したときに高温のスパッタが飛散することがあり，手足や時により首すじ等の露出部が火傷する場合がある．感電防止も含め手袋や編上靴等を着用し，できるだけ露出部のないようにする．

　　c）　ガス・ヒュームによる災害

アーク発生の時にはガスと極めて小さい粒子であるヒュームが発生する．特に亜鉛めっきのデッキプレート貫通溶接のときや塗装された梁などに多く発生する．

これらを多量に吸い込むとガス中毒症になったり，肺の中に蓄積されるとじん肺になる可能性もあるため防じんマスクを着用し，室内や換気の悪い作業場では特に吸排気に努める．

　　d）　火災

スタッド溶接作業のときは高温のスパッタが飛散する．周囲に可燃性物質（油，布きれ，発砲スチロール，塗料，木片など）や爆発性物質（LPガス，シンナーなど）がある場合には，撤去する必要がある．

また，キャブタイヤケーブル等が万一にも露出した場合のスパークによる引火も考慮し，これらの可燃性物質の近くにキャブタイヤケーブル等を通すことも避けなければならない．

なお，万一に備え消火器の準備も必要である．

e) その他の災害と注意事項

① 服装をきちんと整え，保護具をきちんと身につけること
② 周囲の状況を把握し危険な動作や無理な姿勢での作業はしないこと
③ 足場の悪いところでは作業はしないこと，やむを得ないときには安全帯を使用すること
④ 雨天や風雪のときまたは水濡れしているときは作業をしないこと
⑤ 高所作業のときなど急に立ち上がらないこと（貧血を起し，ふらつくことがある）
⑥ 高所作業のときなどに，工具や材料を落とさないように注意すること
⑦ 作業場を走ったり飛び下りたりしないこと
⑧ 作業終了後は器具・工具等を片付け，必ず清掃を行い現場の責任者の確認を得ること

(5) 装置の安全

a) 電源と溶接機の接続について

スタッド溶接作業において，溶接機器がつねに正しく保守され，各機器が定められた接続方法で確実に連結されていないと，安全作業や出来栄えの良い仕事ができないばかりではなく，機器の破損をまねく場合がある．つねに保守点検事項を守り，作業中も時々チェックするように心掛ける．

一次側ケーブルや二次側ケーブルは，付属のものまたは同等以上の容量のケーブルを使用し，接続は確実に締め付ける．また，乱暴な取扱いや劣化によって被覆が破れたり，きずついたりすると漏電し，感電したり，スパークにより火災が発生する危険性もあるので，機器も含めて日ごろからていねいに取扱い，定期的に点検し，危険と思われるときはあらかじめテーピングまたは交換等をしておかなければならない．

b) 溶接機の二次側無負荷電圧について

溶接ガンにスタッドをチャッキングする時点では，制御装置は内部の遮断器で完全に遮断されており安全だが，ガンの動作確認や調整のための空打ち等のときは無負荷電圧はそのままスタッド材に印加されるので，十分注意しなければならない．

c) 定格電流，定格使用率についての注意

電流と使用率とは相関関係があり，定格値以上での長時間使用は装置内部の温度が上昇し，部品が焼けたり，絶縁不良の原因になる．

ケーブルについても劣化が激しくなり，機器の破損ばかりではなく感電事故にもつながる．

また，一次側電圧の変動についても±10％以内とし，それ以上の変動電圧で長時間使用すると，機器の劣化が早まる．特にエンジン発電機を使用するときは電圧計のほか，回転数（または周波数）を確認し，定格値以外の使用はさける．

d) 作業前の点検について

① 電源装置

電源装置はほとんどの機種が送風機を内蔵し冷却している．内部にごみやほこりを吸い込み蓄積されやすいので，時々圧縮空気等で吹き飛ばしてやる必要がある．同時に部品の緩みや脱落などがないかを点検する．

② 溶接ガン

ガンはマグネットコイルの吸引力とスプリングの反発力を利用しシャフトを動作させているが，溶接施工の時のスパッタでシャフトの動作が緩慢になったりスムーズな動作ができなくなる場合がある．

つねに動きに注目するとともに作業が終了したとき，および作業開始前にはシャフトはもちろんのこと，各部を必ず清掃点検し保管または使用するものとする．

③ ケーブル

作業を始める前にはケーブルの被覆が破損していないか，作業中に破損するおそれがないか点検し，危険と思われるケーブルは絶縁処理するかまたは新しい物と交換する．また，ケーブルの接続についても完全に締め付けられているかどうか確認する．

7.3.4 スタッド溶接の施工

建築分野におけるスタッド（頭付きスタッド）は，シャーコネクタ・コンクリートアンカーとして使われており，信頼性の高い溶接が望まれ，溶接技能者は後記する有資格者に限られる．

(1) アークスタッド溶接

溶接方法には，アークスタッド溶接法・パーカッション溶接法，サブマージアーク溶接法等があるが，建築分野では，スタッド軸径・母材板厚・作業性等から，アークスタッド溶接（以下，スタッド溶接という）法が使われている．スタッド溶接法の原理・特徴については，「工場製作編」5.14「スタッド溶接法」を参照されたい．

(2) スタッド溶接材料

a) スタッド

スタッド溶接用軟鋼材料は，JIS B 1198（頭付きスタッド）の規格に準じた化学成分および機械的性質を満足するものでなければならない．

また，スタッド材の溶接には脱酸ならびにアーク安定機能を有する即効性のフラックスが施されており，この端末部をスタッドベースと呼んでいる．スタッドベースの代表的なものを図7.3.3に示す．

凹所を設けフラックスを圧入

図 7.3.3 スタッドベースの代表的な種類

b) フェルール

フェルールはスタッドベースの外周を囲い，外気を遮断し，その内部で安定なアークを発生させ，健全な溶接を得るための補助的な役目をになっている．したがって，フェルールは溶接作業に支障をきたさない形状・寸法を有し，かつスタッド材に適合し，アークが発生しやすく，アークをシールドすることができるものでなければならない．

図 7.3.4 にフェルールの代表的な形状を示すが，フェルールは耐熱磁器製で，溶接部に所要のカラーを形成するための"ふところ"とアーク発生時のガスおよび不要なスパッタを外周に排除するための排気溝が設けられている．

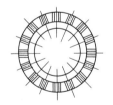

図 7.3.4 フェルールの代表的な形状

(3) スタッド溶接機

スタッド溶接の設備は，溶接機・制御装置およびガンの3要素からなる．

制御装置は，溶接機に内蔵される型式と別置き型式の2種類がある．

溶接機は，3相整流方式の直流アーク溶接機が使用されている．また，大電流短時間の溶接法なので，十分な溶接品質を確保するために，溶接電源は断続負荷に耐えるよう設計製作されている．

また，溶接機の使用率は，次式のように定め，%で表す．

$$使用率 = \frac{アークを発生している時間}{全作業時間} \times 100$$

したがって，定格二次電流で溶接する場合に，上式で求めた実作業時間の使用率が，溶接電源に表示されている定格使用率を超えないように注意する必要がある．

電源容量の不足は溶接技能者の技量で補うことは不可能であり，溶接品質の安定化の点からみて専用の電源とすることが望ましい．専用電源が確保できない場合は電気容量が十分に得られるように配慮すべきである．

(4) 溶接姿勢

スタッド溶接における溶接姿勢は下向きを基本としている．

しかし，実際の建築現場においては，ときとして横向溶接，あるいは上向溶接を必要とする場合がある．ここでは，横向溶接および上向溶接時の注意点等について述べることとする．

　a) 横向溶接

　　横向溶接では，溶接中溶融金属が下降（片寄り）し，短絡あるいは不均一な溶融が起こり，押込み不良，カラーの不整，アンダーカット等の溶接不良が発生しやすい．この傾向はスタッド軸径が太くなるほど溶融金属が増えるため顕著に現れる．

　　横向溶接用のフェルールあるいは治具を使用し，溶接条件を調整することで，カラーの不整およびアンダーカットをある程度抑えることはできるが，スタッド軸径に限度がある．

　b) 上向溶接

　　上向溶接では，横向溶接のように溶融金属の片寄りは起こらないが，溶融金属がスタッド側に下降するため，押し込み不良，アンダーカット等の溶接不良が発生しやすい．

　　なお，フェルールは下向溶接用を使用する．

　　作業にあたっては，スパッタの落下による火傷等の火災防止対策をする必要がある．

以上のことから，溶接の確実性，均一性の点から，スタッド軸径によって溶接姿勢を表7.3.3のように限定することが望ましい．

なお，表7.3.3に示す値を超える軸径を要求される場合は，鉄骨工事担当者と十分な打合せを行い，作業環境，機器，溶接条件等をより厳しく管理し，溶接の確認を行った上で十分注意して施工しなければならない．

表7.3.3　溶接姿勢とスタッド軸径の関係

溶接姿勢	スタッド軸径（mm）
下向溶接	25 mmφ以下
横向溶接	16 mmφ以下
上向溶接	16 mmφ以下

(5) スタッド溶接技能者

スタッド溶接に従事する溶接技能者は，(一社)スタッド協会の「スタッド溶接技術検定試験実施規定」に基づく技術検定試験に合格した有資格者とする．

7.3.5 スタッド溶接の検査と判定

（1） 施工開始前の検査

この検査は，施工に入る前に適切な溶接条件（溶接電流・溶接時間等）を確認するために行うものであり，施工開始前，溶接装置を移動・取り替えた場合，作業がある期間中断した場合などに行うものとする．

検査は，実際の工事に使用する鋼材（母材）と同等のものを用い，まず標準溶接条件で2本溶接（試し打ち）し，以下の確認および検査を行う．

 a） 外観の確認

  まず，溶接されたスタッドのカラーおよび溶接部の状態が，表7.3.4の外観検査の判定基準を満足していることを確認する〔図7.3.5(a)参照〕．

 b） 寸法の確認

  溶接されたスタッドの仕上がり高さおよび傾きを測定し，表7.3.5の判定基準を満足しているかを確認する〔図7.3.5(b),(c)参照〕．

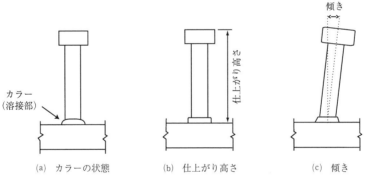

(a) カラーの状態　　(b) 仕上がり高さ　　(c) 傾き

図7.3.5　外観および寸法検査

 c） 打撃曲げ検査

  溶接されたスタッドが常温まで冷却したのち，図7.3.6に示すような方法でハンマによる打撃曲げ試験を行い，溶接部に欠陥が発生していないことを確認して，本溶接に入るものとする．なお，曲げ角度は30°とする．

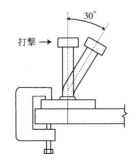

図7.3.6　打撃曲げ試験の方法

この検査を行った際，いずれかのスタッド溶接部に欠陥が生じた場合は，溶接条件を修正して再び2本溶接し，前記検査を行う．この検査はよい結果が得られるまで行い，その適正な溶接条件で施工するものとする．

(2) 施工中の検査

この検査は，材料・機器・溶接条件などが施工中正しく守られているかをチェックするためのものである．

   a) 承認された材料（スタッド・フェルール）が使われているか
   b) 前項の検査によって得られた適正な溶接条件が守られているか
   c) 溶接面の清掃が行われているか

(3) 施工後の検査

スタッド溶接が終了したら，品質を確認するために下記の検査を行う．

   a) 外観検査

スタッド溶接部のすべてを対象として，以下の点について目視で検査する．

   ① スタッドの軸全周がカラーで包囲されているか
   ② スタッド軸部および母材部にアンダーカットが生じていないか

判定基準を表7.3.4に示す．①で不適合と判定されたスタッドは，カラーの欠けている箇所に引張力がかかるように15°打撃曲げ検査を行う．

表7.3.4 外観検査の判定基準

検査項目	判定基準
カラー	カラーは軸全周にわたって包囲し，高さ1 mm，幅0.5 mm以上あること．
アンダーカット	鋭い切欠き状，および深さ0.5 mm以上のアンダーカットは，あってはならない．

   b) 寸法検査

スタッド溶接後の仕上がり高さおよび傾きの検査は，100本または主要部材1本または1台に溶接した本数のいずれか少ない方を1ロットとし，1ロットにつき1本行う．検査する1本をサンプリングする場合，1ロットの中から全体より長いかあるいは短そうなもの，または傾きの大きそうなものを1本選択する．

   ① 仕上がり高さが設計寸法の±2 mm以内に納まっているか．
   ② 傾きが5°以下であるか．

判定基準を表7.3.5に示す．

表7.3.5 寸法検査の判定基準

検査項目	判定基準
仕上がり高さ	設計寸法の±2 mm以内であること．
傾き	5°以下であること．

c） 15°打撃曲げ検査

　　15°打撃曲げ検査は，100本または主要部材1本または1台に溶接した本数のいずれか少ない方を1ロットとし，1ロットにつき1本行う．

　　その結果，スタッド溶接部に割れその他の欠陥が認められない場合には，そのロットを合格とする．なお，合格したスタッドは曲げたままで良い．

　　スタッド溶接部に欠陥が認められた場合は，同一ロットからさらに2本のスタッドを検査し，2本とも適合と判定された場合は，そのロットを合格とする．

　　ただし，2本のスタッドのうち1本以上に欠陥が認められた場合は，そのロット全数について検査を行う．

7.3.6　スタッド溶接の補修

（1）　外観検査および寸法検査で不適合と判定された場合の補修

外観検査でスタッド軸部にアンダーカットが生じたため不適合となったものおよび寸法検査で不適合と判定されたものは，50～100 mmの隣接部に打ち増しを行う．

ただし，隣接部に打ち増しができない場合および母材にアンダーカットが生じている場合は，打ち直しを行う．

（2）　打撃曲げ検査で不適合と判定された場合の補修

欠陥が母材に及んでいる場合や折損したスタッドは，打ち直しを行う．

（3）　打ち直し方法

スタッドを打ち直しする場合は，5～10 mm残してガス切断または機械的な切断で切り落とし，その後母材表面が平滑になるようにグラインダで仕上げる．その際，欠陥が母材内部まで達している場合は，適切な予熱を行って低水素系被覆アーク溶接またはガスシールドアーク溶接により補修溶接し，母材表面をグラインダで平滑に仕上げる．

スタッドを除去した後，隣接部に打ち直しを行う．

7.3.7　デッキプレート貫通溶接における留意点

スタッド溶接は，母材に直接溶接するのを原則とする．しかし，工事現場施工においては，小梁などにやむを得ずデッキプレートを介して溶接する場合があるが，このデッキプレート貫通溶接（以下，デッキ貫通溶接という）は，適切な準備工作と所定条件が伴わないと健全な溶接が期待できない．

特にデッキプレート敷込みを行う作業場は，スタッド溶接に影響を与える要因がさまざまな組み合せとなっているのが実情であり，適切な設計および施工条件が設定されることが望まれる．

（1）　スタッド溶接を行うまでの注意

デッキ貫通溶接を行う場合の設計段階からデッキプレートの敷込みまでの注意事項を以下に記す．

a) デッキ貫通溶接をする場合は，設計段階で，大梁と小梁のフランジ上面が同一面になるようにする．

b) 小梁架設時，大梁と小梁の上面に段差が生じないように行う．

c) 梁フランジ面にスタッドを打つ場合は原則として塗装はしない．

d) デッキプレートの敷込みは，梁フランジ面を十分清掃して行う．

(2) デッキ貫通溶接の場合のデッキプレートの制約〔図 7.3.7 参照〕

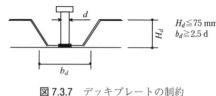

図 7.3.7 デッキプレートの制約

a) みぞの全せい H_d は 75 mm 以下

b) みぞの平均幅 b_d は 2.5 d 以上．ただし，みぞの上部幅が下部幅より狭いときは上部幅が 2.5 d 以上．なお，d はスタッドの軸径である．

(3) デッキ貫通溶接に影響を与える諸因子および限界値

デッキ貫通溶接を行う場合，溶接性に影響を与える因子として以下の項目がある．

a) デッキプレートの厚さ

b) デッキプレートの亜鉛めっき量

c) 塗装の種類と塗膜厚

d) デッキプレートと，梁フランジとのクリアランス

e) スタッドの軸径

a)～d)の各項目は，個々において微小ないし微量ならば，比較的良好な溶接が得られると考えるが，実際の作業場は，これらの各因子が単独でなく各種の組合せ状態となって溶接性に影響を及ぼしている．

したがって，デッキ貫通溶接は試験溶接（試し打ち）を行い，良好な結果を得てから採用されるべきであるが，ここに諸因子に制約を与え，デッキ貫通溶接を行える限界を示す判別式（TDW 値）を下記にあげるので施工上の目安とする．

16φ 頭付きスタッドの場合 　　$TDW = \dfrac{Z_n}{380} + \dfrac{P}{100} + \dfrac{C}{2} + \dfrac{D}{1.6}$ 　　(1)

19φ 頭付きスタッドの場合 　　$TDW = \dfrac{Z_n}{380} + \dfrac{P}{100} + \dfrac{C}{2} + \dfrac{D}{2.3}$ 　　(2)

Z_n：亜鉛めっき量（g/m^2）　デッキプレートの亜鉛めっき量は一般的には 120 g/m^2 (Z 12)～275 g/m^2 (Z 27) である．なお，カタログに示すめっき量はデッキプレート表裏両面合計である．

P：塗装厚さ（μm）　デッキプレートと，梁フランジ間に介在する塗装厚
C：クリアランス（mm）　デッキプレートと，梁フランジ面のすき間
D：デッキプレート厚さ（mm）　通常使用されるデッキプレート厚さ（0.8 mm～2.3 mm）

施工計画時には，因子を決定および推定し，貫通溶接が可能かどうかを検討しなければならない．判別式のTDW値が1.0以下（溶接性グレードA）の場合はデッキ貫通溶接は可能であり，1.0～2.0（溶接性グレードB）は施工注意，2.0以上（溶接性グレードC）は溶接困難または不可能と考えられる．

したがって，TDW値をできるだけ1.0以下となるように設計し施工計画を行う必要がある．

各要因の数値を判別式にあてはめて算出したTDW値に対する溶接性グレードを表7.3.6に示す．

表7.3.6　TDW値に対する溶接性グレード

溶接性グレード	TDW値	施　工
A	1.0以下	可　能
B	1.0～2.0	注　意
C	2.0以上	困　難

溶接性グレード（TDW値）に対する対策および検査は表7.3.7のように行う．

表7.3.7　溶接性グレードに対する対策・検査

溶接性グレード	対　策　・　検　査
A	溶接面のごみ，水分などを除去して施工すればよい． 打撃曲げ検査数は規定の100本に1本とする．
B	1．TDW値が1以下となるようにハンマで叩いてクリアランスを少なくして施工する． 2．打撃曲げ検査数を規定数より増して品質を確認する．
C	1．グレードBと同様な対策，検査を行う． 2．ハンマで叩いて矯正しても，クリアランスを少なくすることが困難な場合は，ガス溶断などでデッキプレートを切り抜き直接溶接とする．

（4）　施工準備および施工上の注意

溶接性に影響を及ぼす各因子を極力少なくするように施工し，スタッド溶接施工開始前には試験用鋼板で同材デッキプレートを使用し，溶接条件（溶接電流，アーク時間，突出し代など）の適正値を定めて試験溶接（試し打ち）を行い，溶接部に異常のないことを確認して施工しなければならない．

注意事項を以下にあげる．

a）　デッキプレートの厚さは，19φ頭付きスタッドでは2.3 mmを上限値としたが，他の因子の存在を考慮すると良好な溶接結果が得られないのが実情であり，1.6 mm以下のデッキプレートを使用するか，やむを得ず2.3 mm以上を採用する場合は，あらかじめデッキプレー

トに適切な径の孔をあけ，直接溶接とし，デッキ貫通溶接は避けなければならない．

b) 亜鉛めっきは溶接中に酸化亜鉛を形成し，これらが溶融金属中に堆積し，また多孔質な金属を作り完全な金属結合を妨げる．また亜鉛の沸点は低く（918℃），フェルール内部のガス圧を高めスパッタの飛散が多くなるため，溶融金属の不足，カラーの不ぞろい，およびアンダーカットなどが生じやすい．

このためデッキプレートは亜鉛めっき量の少ないものを採用することが望ましい．したがって，溶接性を考慮して亜鉛めっき量は，$120\,\mathrm{g/m^2}$（Z 12）以下を推奨する．

c) デッキ貫通溶接では，デッキプレートと梁フランジとのクリアランスが大きい場合は溶接性が悪くなり，溶接不良も多くなる．

TDW 値を少なくする最も有効な手段としては，クリアランスを少なくすることである．

したがって，クリアランスが大きい場合には溶接前にハンマで叩くか，またはデッキプレートの谷ごとにスポット溶接をしてプレートの浮きをなくし，クリアランスを少なくする配慮が必要である．

d) 2枚重ね部分には，デッキ貫通溶接を行ってはならない．

e) デッキ貫通溶接性 TDW 値が溶接可能範囲を満足していても，水分，ごみ，さびなどが悪影響を及ぼし，溶接性グレードを下げることがあるので，デッキプレート敷込み時には梁フランジ面を清掃してから敷き込むこと．

デッキプレートと梁フランジ面の間に残留する水分は完全になくなってから貫通溶接を行わなくてはならない．

f) フェルールはデッキ貫通溶接用を使用すること．

g) スタッドはさびないように，フェルールは吸湿しないように保管管理しなければならない．

7.3.8 デッキプレート貫通溶接における検査と補修

（1）検　　査

検査は，7.3.5項のとおりであるが，直接溶接の場合と異なる点を下記する．

a) 施工前の検査においては，試験用鋼板で同材デッキプレートを使用して，試験溶接（試し打ち）を行う．

b) 施工中は，溶接の状態をつねに確認する．

c) 施工後の検査では，15°打撃曲げ検査の本数を増やす等の処置を行う．

（2）補　　修

補修は，7.3.6項によることを前提とするが，不適合スタッドの除去，あるいは打ち直し不可能な場合は，補修溶接等の適切な処置を行う．

8章 鉄骨塗装

8.1 工事現場における塗装

　鉄骨に塗装をする場合は，一般に鉄骨製作工場では下塗りを行い，工事現場では溶接接合部や高力ボルト接合部に対して素地調整した後，下塗りを行う．また，鉄骨を工事現場へ運搬する途中で発生する塗膜の損傷部分などに対して下地調整または素地調整した後，下塗りを行う．その後，中塗り，上塗りをする場合は，本会編 JASS 18（塗装工事）に従い，塗装をする．溶接や高力ボルトの接合部は構造上も重要な部分であるが，工場塗装部分よりも発せい（錆）しやすいため，十分な管理が必要である．

8.2 素地調整と下地調整

　鉄骨に工場で塗装されていない部分について素地調整を実施する．詳細については，「工事製作編」6.3「素地調整」を参照する．運搬途中で生じた塗膜の損傷部などに対して下地調整または素地調整をする．

8.2.1 接合部の素地調整
（1）溶接接合部
　溶接部の処理は，「工場製作編」6.3.4「溶接部の処理」を参照する．超音波探傷検査に使用したグリセリンは，水洗いした後よくふき取っておく．
　現場において有機ジンクリッチプライマーなどを塗り付ける場合は，素地調整にブラスト面形成動力工具を用いることも有効である．写真 8.2.1 にブラスト面形成動力工具の例を，また写真 8.2.2

写真 8.2.1　ブラスト面形成動力工具の例

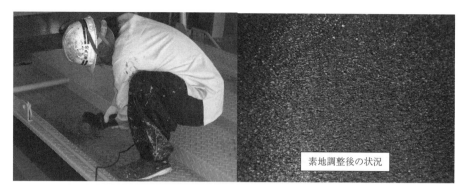

写真 8.2.2 ブラスト面形成動力工具をさび面に使用した例

に使用例を示す.

（2） 高力ボルト接合部

一般的に高力ボルト接合されるスプライスプレートやガセットプレートなどは工場で塗装せずに赤さびの状態となっている．また，ボルト頭・ナット・ねじ先端部などに発せいしたものは，形状が複雑なために素地調整の施工が難しい．これらの部分は，ディスクサンダーに取り付けたカップ形ワイヤホイルやワイヤブラシなどを用いて，ていねいにさび落としをする．

防せい処理高力ボルトを使用している場合は，下地調整として汚れ・付着物を除去する．

8.2.2 塗膜損傷部の下地処理

工場で塗装された鉄骨を工事現場へ運搬する途中で塗膜の損傷が発生した場合などは，損傷の程度により下地調整または素地調整を実施後，下塗りを行う．発せい部については素地調整種別2種により，ていねいにさび落としを行った後，素地の露出面に下塗りを行う．

8.3 塗　　装

8.3.1 塗料の確認

工事現場における塗装は工場での塗装に比べて，塗料の搬入や保管管理などが十分でない場合もある．所定の塗料であることの確認や，塗装後の塗膜に支障があった場合の原因究明をしやすくするため，塗料の缶に貼り付けられたラベルと納品書に基づき，品名，規格，色調，数量，ロット番号を記録しておく．また，塗料を使用場所以外で開缶すると，所定の塗料製造業者で製造されたままの品質であることが確認できなくなるので，未開缶のまま使用場所へ搬入する．JISマークの表示がないものやラベルに記載してある文字が不明なものは，他に信頼する資料のない限り不適合と同じ扱いをしなければならない．塗料製造後1年以上を経過したものは正常なものに比べて，粘度の上昇，再分配困難な顔料の沈降，顔料の再凝集や乾燥遅延などの異常が発生していると考えられるので使用しない．塗料の製造年月日がラベルに表示されていない場合は，塗料製造業者にロット番号をもとに問い合わせる．

8.3.2 塗料の保管

塗料の保管は,「工場製作編」6.4.2「塗料の保管」を参照する.

8.3.3 現場での中塗りおよび上塗り用塗料

塗装によるさび止め効果は,鋼材面に直接塗装する下塗りとしてのさび止めペイントだけでは長期の防せいの効果を期待することはできない.この上に塗装される中塗りおよび上塗り用塗料を組み合わせて,初めて十分な機能を発揮するものである.JASS 18の仕様により,塗料の種類と組合せを確認する.

例えば,屋内の一般環境におかれる鉄骨では,下塗り用塗料として鉛・クロムフリーさび止めペイント1種を塗り付けた上に,合成樹脂調合ペイント1種を2回塗装する.また,長期間の防せい効果を与える目的で鉄骨に塗装を施す場合は,下塗りの補修として変性エポキシ樹脂プライマーを2回塗りし,この上に中塗りおよび上塗りを行う.中塗りおよび上塗りに使用する塗料は,JASS 18では,表8.3.1に示す3つが規定されている〔「工場製作編」6.2「塗装計画」を参照〕

表8.3.1 中塗り用および上塗り用塗料

名　　　　称	規　　　　格
2液形ポリウレタンエナメル塗り (2-UE)	JIS K 5658 建築用耐候性上塗り塗料　2級または3級
アクリルシリコン樹脂エナメル塗り (2-ASE)	JIS K 5658 建築用耐候性上塗り塗料　1級または2級
常温乾燥形ふっ素樹脂エナメル塗り (2-FUE)	JIS K 5658 建築用耐候性上塗り塗料　1級

＊キセノンアーク灯式耐候性試験により1級:2 500時間, 2級:1 200時間, 3級:600時間

JASS 18には塗り重ね塗装間隔に制限があり,工程間隔時間が規定されているので時間を超えた場合は下塗り塗膜の目荒しをすることが必要である.

8.3.4 塗装作業

(1) 塗料の撹拌・希釈

塗料の正しい撹拌,希釈,ろ過は,塗装品質を維持するための第一歩である.現場で塗装される場合も,工場で塗装される場合も塗料の撹拌,希釈,ろ過について注意すべき点は同じなので,詳細は「工場製作編」6.5.2(1)「塗料の撹拌・希釈」を参照する.

(2) 塗料の標準塗付け量

さび止め塗料に要求される防せい効果を発現させるには乾燥塗膜における標準膜厚の確保が重要であり,標準塗付け量は標準膜厚を確保するのに必要な塗付け量である.工事現場塗装は複雑な形状の部材に対しても,すみずみまで塗料を塗り付けることができるはけ塗りが一般的に用いられる.吹付け塗りする場合は塗料を霧化させて吹き付けるので,はけ塗りに比べると飛散が多く,塗装時の風速,吹付け角度,吹付け距離,被塗物の形状等によってロスを考慮しなければならない.

各塗料の標準塗付け量は,「工場製作編」6.5「塗装作業」に詳細が述べられている.

(3) 塗装方法

　素地調整が終了したら，その日のうちに塗装を完了させることが重要である．もし，その日のうちに塗装が完了できない場合は，塗り残した鋼材面を再度素地調整してから塗装する．塗装回数は工場塗装と同様に下塗り用塗料を2回塗りとする．工事現場塗装は複雑な形状の部材が多く，高い足場での作業が対象となるので，使用が容易で部材のすみずみまで塗付け可能なはけ塗りが一般的に用いられる．しかし，不用意な塗装をすると塗膜が不均一に仕上がったり，塗残しが出たりするので注意しなければならない．

　ボルト頭，ナット，ねじ先端部などは，はけをよく回すようにして十分に塗り付ける．また，切断面についても入念に塗装する．溶接部や高力ボルト接合部など防せい上弱点となる部分は，下塗り用塗料を増し塗りする．

　溶接部の塗装に際しては，8.2.1項を参照する．

　亜鉛めっき面の場合は，亜鉛めっき面用の変性エポキシ樹脂プライマーを塗装する．溶融亜鉛めっき部材の工事現場溶接箇所は溶接時に亜鉛蒸気の発生を避けるため，不めっきとしている．溶接した後にブラスト面成形動力工具などを使用して鋼材面に入念な素地調整種別2種を施し，有機ジンクリッチプライマーを塗装し，その上に変性エポキシ樹脂プライマーを塗装する．

(4) 塗装作業の禁止条件

　塗装作業の禁止条件については，「工場製作編」6.5.2（4）「塗装作業の禁止条件」を参照する．

8.3.5　足　　　場

　一般に施工部分の高さが4m以上の場合は枠組みまたは単管足場とし，施工面に手の届く位置に設置する．施工部分の高さが4m以下の場合には，ローリングタワーまたは脚立足場とする．また，必要に応じて高所作業車を使用してもよい．

　ローリングタワーには高さ90cm以上の手すりを設け，作業中は車止めを必ずかけて作業員が乗った状態で移動してはならない．

　脚立足場は高さ2m未満とし，安全基準に合致する足場が構築できるように十分な足場板を設置する．また，シャフト内または外周部分の施工用には張出し足場を使用する．

8.4　管理および検査

　塗装の品質は，目的に合った塗料を使用して適切な素地調整と塗装方法を適用することによって確保されるものであり，作業工程に応じて適切な管理をすることが必要である．現場施工の場合では，管理体制が工場製作の場合に比べると不十分になりがちである．素地調整におけるさび，黒皮，異物の除去をして，塗装における塗残し，膜厚の不足，塗膜のすけ，はけ目，だれ，むら等が認められないよう，また塗装禁止条件は特に厳守するよう留意することが必要である．管理および検査については，鉄骨製作工場と同じであり，「工場製作編」6.7「管理および検査」を参照する．

8.5 環境・安全

　塗装作業は，粉じんや中毒の危険性がある有機溶剤を含む環境で行われる．現場塗装の場合でも養生シートで周辺を囲ったり，仮設作業場で行われるケースも多く，このような作業場では屋内と同様に空気中の有機溶剤濃度に注意をすることが大切で，作業者の健康を守るためには必ず保護具を着用する．詳しくは「工場製作編」6.8「環境・安全」を参照する．

9章　耐火被覆

9.1　耐火構造の規定と性能

9.1.1　耐火構造の目的

建築基準法における建築物の防火対策の目的は国民の生命と財産の保護にあり，以下のように要約される．

① 火災区画・建物の他の区画および近隣建物内の人命および財産の保護
② 火災拡大（建物内の延焼と市街地火災）の防止
③ 消火・救助活動の保証
④ 通常の火災による建物の倒壊防止

この目的を実現するために個々の建築物に施す防火対策は数多くあるが，建築構造部材の耐火性はそのうちでも重要な対策の一つである．

建築構造部材の耐火性能は，通常の火災が終了するまでの間，その火災による建築物の倒壊および延焼を防止するために必要な性能として規定され，具体的には以下の要件を満たす必要がある．

① 柱，梁，耐力壁，床等の耐力部材において，火災中および火災終了後に初期の満足すべき耐力を失わないこと（非損傷性）
② 床，壁等の区画部材において，火災中および火災終了後に他の区画に延焼させないこと（遮熱性）
③ 外壁，屋根，防火設備等の区画部材において火災終了まで他の区画に火炎を生じないこと（遮炎性）

9.1.2　耐火構造の規定

火災に対する構造安全性を確保するため，建築物は建築基準法に基づく防耐火性能を満足しなければならない．建築基準法第2条では，防耐火関連として，表9.1.1に示すような用語の定義をしている．

耐火構造については，ISOで定められている試験方法 ISO 834（建築構造部材の耐火試験）に準じた標準加熱曲線に基づいた耐火試験を実施して，部位別に要求される耐火時間を満足しなければならず，鉄骨造建築物の構造鉄骨には，要求される耐火時間を満足するために，耐火被覆を施している．

耐火構造は，施行令や告示において規定された材料や構造方法を組み合せていれば適法とする方法（ルートA），規定された算定方法による耐火性能検証法（ルートB），国土交通省大臣が認定す

表9.1.1 建築基準法による防耐火関連用語の定義

用　語	定　　義
耐火性能	通常の火災が終了するまでの間当該火災による建築物の倒壊及び延焼を防止するために当該建築物の部分に必要とされる性能
耐火構造	壁，柱，床その他の建築物の部分の構造のうち，耐火性能に関して政令で定める技術的基準に適合する鉄筋コンクリート造，れんが造その他の構造で，国土交通大臣が定めた構造方法を用いるもの又は国土交通大臣の認定を受けたもの
準耐火性能	通常の火災による延焼を抑制するために当該建築物の部分に必要とされる性能
準耐火構造	壁，柱，床その他の建築物の部分の構造のうち，準耐火性能に関して政令で定める技術的基準に適合するもので，国土交通大臣が定めた構造方法を用いるもの又は国土交通大臣の認定を受けたもの
防火性能	建築物の周囲において発生する通常の火災による延焼を抑制するために当該外壁又は軒裏に必要とされる性能
防火構造	建築物の外壁又は軒裏の構造のうち，防火性能に関して政令で定める技術的基準に適合する鉄網モルタル塗，しっくい塗その他の構造で，国土交通大臣が定めた構造方法を用いるもの又は国土交通大臣の認定を受けたもの
不燃性能	通常の火災時における火熱により燃焼しないことその他の政令で定める性能
不燃材料	建築材料のうち，不燃性能に関して政令で定める技術的基準に適合するもので，国土交通大臣が定めたもの又は国土交通大臣の認定を受けたもの
耐火建築物	主要構造部を耐火構造とした建築物で，外壁の開口部で延焼のおそれのある部分に政令で定める構造の防火戸その他の防火設備を有するもの
準耐火建築物	耐火建築物以外の建築物で，イ又はロのいずれかに該当し，外壁の開口部で延焼のおそれのある部分に政令で定める構造の防火戸その他の防火設備を有するもの 　イ．主要構造部を準耐火構造としたもの 　ロ．イ．に掲げる建築物以外の建築物であって，イ．に掲げるものと同等の準耐火性能を有するものとして主要構造部の防火の措置その他の事項について政令で定める技術的基準に適合するもの

る方法（ルートC）が規定されている．

　構造の種類および建築物の部分に応じて具体的に満たすべき性能の要件については，以下のように定められている．

　非損傷性：通常の火災による火熱が加えられた場合に，構造耐力上支障のある変形，溶融，破壊，その他の損傷を生じないこと

　遮熱性：通常の火災による火熱が加えられた場合に，加熱面以外の面の温度が可燃物燃焼温度（平均温度160℃，最高温度200℃）以上に上昇しないこと

　遮炎性：通常の火災による火熱が加えられた場合に，屋外に火炎を出す原因となる亀裂，その他の損傷を生じないものであること

（1）ルートA

　耐火構造については建築基準法施行令第107条に規定されており，建築物の各部分がそれぞれ表9.1.2に示す要件を同表に掲げる時間満足することが要求されている．

　具体的には，平成12年建設省告示第1399号で，建築基準法（昭和25年法律第201号）第2条第七号の規定に基づいて，耐火構造の構造方法を定めている．

　壁の構造方法として以下のように定めている．かぶり厚さまたは厚さは，それぞれモルタル，プラスターその他これらに類する仕上材料の厚さを含むものとしている．

　①　建築基準法施行令（昭和25年政令第338号．以下「令」という．）第107条第一号及び第二

表 9.1.2　耐火構造の耐火性能（令第 107 条）

建築物の部分			非損傷性			遮熱性	遮炎性
			最上階から4階以内	最上階から5～14階以内	最上階から15階以上		
壁	間仕切壁	耐力壁	1時間	2時間	2時間	1時間	―
		非耐力壁	―	―	―	1時間	―
	外壁	耐力壁	1時間	2時間	2時間	1時間	1時間
		非耐力壁	―	―	―	1時間（延焼のおそれのない部分：30分間）	1時間（延焼のおそれのない部分：30分間）
柱			1時間	2時間	3時間	―	―
床			1時間	2時間	2時間	1時間	―
梁			1時間	2時間	3時間	―	―
屋根			30分間			30分間	
階段			30分間			―	

号に掲げる技術的基準（第一号では，通常の火災による火熱が2時間加えられた場合のものに限る）に適合する耐力壁である間仕切壁の構造方法では，次のイからチまでのいずれかに該当する構造

　イ．鉄筋コンクリート造，鉄骨鉄筋コンクリート造又は鉄骨コンクリート造（鉄骨に対するコンクリートのかぶり厚さが3cm未満のものを除く．）で厚さが10cm以上のもの

　ロ．軸組を鉄骨造とし，その両面を塗厚さが4cm以上の鉄網モルタルで覆ったもの（塗下地が不燃材料で造られていないものを除く．）

　ハ．軸組を鉄骨造とし，その両面を厚さが5cm以上のコンクリートブロック，れんが又は石で覆ったもの

　ニ．鉄材によって補強されたコンクリートブロック造，れんが造又は石造で，肉厚及び仕上材料の厚さの合計が8cm以上であり，かつ，鉄材に対するコンクリートブロック，れんが又は石のかぶり厚さが5cm以上のもの

　ホ．軸組を鉄骨造とし，その両面を塗厚さが3.5cm以上の鉄網パーライトモルタルで覆ったもの（塗下地が不燃材料で造られていないものを除く．）

　ヘ．木片セメント板の両面に厚さ1cm以上モルタルを塗ったものでその厚さの合計が8cm以上のもの

　ト．高温高圧蒸気養生された軽量気泡コンクリート製パネルで厚さが7.5cm以上のもの

　チ．中空鉄筋コンクリート製パネルで中空部分にパーライト又は気泡コンクリートを充填（てん）したもので，厚さが12cm以上であり，かつ，肉厚が5cm以上のもの

② 令第107条第一号及び第二号に掲げる技術的基準（第一号では，通常の火災による火熱が1時間加えられた場合のものに限る．）に適合する耐力壁である間仕切壁の構造方法では，上記に示される構造とするか，または以下のイからホまでのいずれかに該当する構造

　イ．鉄筋コンクリート造，鉄骨鉄筋コンクリート造又は鉄骨コンクリート造で厚さが7cm以

上のもの
ロ．軸組を鉄骨造とし，その両面を塗厚さが3cm以上の鉄網モルタルで覆ったもの（塗り下地が不燃材料で造られていないものを除く．）
ハ．軸組を鉄骨造とし，その両面を厚さが4cm以上のコンクリートブロック，れんが又は石で覆ったもの
ニ．鉄材によって補強されたコンクリートブロック造，れんが造又は石造で，肉厚が5cm以上であり，かつ，鉄材に対するコンクリートブロック，れんが又は石のかぶり厚さが4cm以上のもの
ホ．コンクリートブロック造，無筋コンクリート造，れんが造又は石造で肉厚及び仕上材料の厚さの合計が7cm以上のもの

以下，上述の内容に準じて，非耐力壁である間仕切壁，耐力壁である外壁，柱，床，梁および階段について，コンクリート，モルタル，コンクリートブロック，れんが，石，ALC，プラスター等による厚さを規定した耐火構造の構造方法が規定されている．これらの構造方法を例示仕様と呼称している．

（2）ルートB

法令によって定められた方法で建築物の耐火性能を検証し，より合理的な耐火設計を可能とする方法である．

ルートBには耐火性能検証法と防火区画検証法があるが，このうち鉄骨の耐火被覆に係わるのは耐火性能検証法である．耐火性能検証法は，耐火建築物の主要構造部の耐火性を直接的に確認する方法として位置づけられたものであり，令第108条の3第2項および耐火性能検証法に関する告示（平12建告第1433号）に基づいて検証するものである．さらに，耐火性能検証法は屋内火災に対する検証と屋外火災に対する検証に分かれており，屋内火災に対する検証手順の流れを図9.1.1に示す．

この方法によると，半乾式吹付けロックウールと繊維混入けい酸カルシウム板については被覆厚さの低減が可能となり，また場合によっては無被覆も可能となる．

（3）ルートC

ルートAおよびBが適用できない新しい構造や材料に対して適用できる方法である．ルートAおよびBが建築主事等が仕様に適合するか否かを判断するのに対し，ルートCでは指定性能評価機関が法令の求める要求性能を満たしているか否かを審査し，その結果に基づいて国土交通大臣が認定する．

具体的に鉄骨の耐火被覆においては，必要耐火時間を精算してルートBの対象とならない耐火被覆材（吹付けロックウール，繊維混入けい酸カルシウム板以外）の耐火被覆厚さを低減する事例，認定条件に不適合な鋼材の種類を使用する事例，免震装置を無耐火被覆とする事例，CFTや木材（燃え代設計以外）などの認定されていない耐火被覆仕様とする事例などがある．

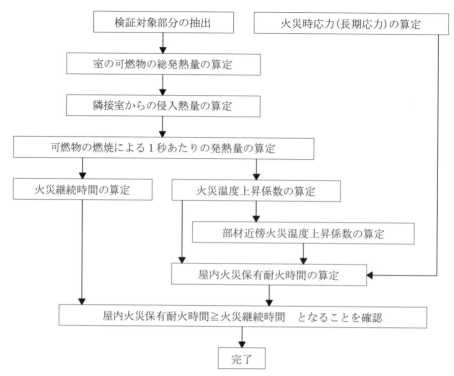

図 9.1.1 屋内火災に対する検証手順の流れ

9.1.3 耐火試験方法

　耐火構造などの具体的な仕様や構造方法は告示で示されているが，告示に示されている仕様は例示仕様であり，告示にない材料や構造方法については，その性能を検証して，国土交通大臣による認定を取得することにより使用が認められる．試験方法は要件が省令により示されており，それに合致する具体的な試験方法は，指定性能評価機関で「防耐火性能試験・評価業務方法書」として規定している．試験方法は原則的にISOで定められている試験方法ISO 834（建築構造部材の耐火試験）を採用している．

9.2　耐火被覆材料と工法

9.2.1　耐火被覆材料の特徴

　平成10年の建築基準法改正以前の建築基準法では，鉄骨に対する耐火被覆材料は不燃性であることが要求されていたことから，例示仕様は不燃材料で構成されていた．また，これ以外の耐火被覆材料による構造方法を適用するには，前述したISO 834に準じた標準加熱曲線に基づいた耐火試験を実施して，部位別に要求される耐火時間を満足して，建設大臣の認定を受けなければならなかった．したがって，耐火被覆材料は，不燃性である無機質系材料で構成され，鉱物繊維，無機質成形板，無機質繊維フェルトなどが，建設大臣の認定を取得していた．しかし，平成10年の建築基準法改正により，主要構造部の構成材料に可燃物を用いることが可能となったため，耐火塗料や木質系

の材料等も一般の耐火構造認定を取得することが可能となった.

鉱物繊維を用いた代表的な耐火被覆材にはセメントとロックウールを主成分とし，これに水を加えて混練し，鉄骨の柱・梁・デッキプレートなどの面に吹き付けて被覆層を作る吹付けロックウールがある．この吹付けロックウールには乾式（半乾式を含む）と湿式の2つの吹付け方法があったが，現在湿式吹付けロックウールは市販されておらず，そのほとんどが，半乾式吹付けロックウールである．

無機質成形板は繊維混入けい酸カルシウム板（以下，けい酸カルシウム板という）に代表される．けい酸カルシウム板は，けい酸質粉末，石灰，セメント，繊維を練り混ぜ，高温高圧蒸気養生して成形製造されるもので，タイプ2（仕上げ兼用・内外壁の耐火構造用）とタイプ3（柱・梁などの耐火被覆用）がある．タイプ3のけい酸カルシウム板は見えがかり部分に用いる1号品（密度0.35以上 0.70 g/cm^3 未満）と見え隠れ部分に用いる2号品（密度0.15以上 0.35 g/cm^3 未満）がある．

無機繊維フェルトは，ロックウールやセラミックファイバーのフェルトなどを巻き付けて耐火被覆を形成するもので，さらに吸熱パックや無機粘着シートなどを積層したものなどもある．

耐火被覆としてのモルタルプラスターには，高温加熱時の膨張や収縮などによるひび割れや脱落の発生防止，また断熱性を大きくするため，一般的な砂の代わりにひる石やパーライトなどの軽量骨材を混入し耐火性能を向上させている．

このほか耐火被覆材としては，軽量で断熱性に優れた軽量コンクリートや気泡コンクリート，ALC板が多く用いられている．

9.2.2 主要な耐火被覆工法の概要

主要な耐火被覆工法の特徴を以下に，各工法の特性比較を表9.2.1に示す．

（1） 打 設 工 法

鉄骨の周囲に組み立てられた型枠の中にコンクリートを打設して，耐火被覆を施す工法である．

（2） 左 官 工 法

下地に鉄網を使用し，各種モルタルを塗る工法である．

どのような形状の下地にも施工継目のない耐火被覆を施すことはできるが，施工のスピードは吹付け工法に劣る．特に施工厚さが厚い場合には何回にも塗り分けて施工する必要がある．モルタルの種類によっては，ひび割れやはく離に注意を要する．

（3） 組 積 工 法

コンクリートブロック，れんが，石などを積み上げて耐火被覆とする工法である．

（4） 吹 付 け 工 法

耐火被覆材料を鉄骨に直接吹き付ける工法である．

現在，ロックウール系の耐火被覆材料が耐火被覆工法として広く採用されている．吹付けロックウールの配合はロックウール60%，セメント40%（質量比）であり，これらの原料をあらかじめ工場で混合した製品を使用する乾式工法と，現場にロックウールとセメントを搬入して吹付け施工時に規定の配合比で吹き付ける半乾式工法がある．ロックウール工業会の旧通則指定で，現在は同

表 9.2.1 主要な耐火被覆工法に対する定性的な特性の概略比較（参考）

項目		打設工法 コンクリート	左官工法 鉄網モルタル	組積工法 コンクリートブロック	吹付け工法 ロックウール	巻付け工法 ロックウール	成形板張り工法	耐火塗料工法
施工性	作業条件	○	○	○	△	○	○	△
	下地処理	○	○	○	△	○	○	×
	保管養生	△	△	△	△	△	△	×
	揚重性	○	○	○	○	○	△	△
	施工設備	○	○	○	△	○	○	△
	作業効率　大面積	○	△	×	◎	○	○	○
	細部処理	△	○	×	○	○	△	○
	施工後養生	△	△	△	△	△	△	△
性質	防せい効果	◎	△	△	○	○	○	◎
	変形追従性	△	△	△	○	◎	○	◎
	耐衝撃性	◎	○	○	×	×	×	△
	耐水性	○	△	○	△	△	△	◎
	耐振動性	○	○	○	△	△	△	◎
	発じん性	○	○	○	×	○	○	◎
	表面硬さ	◎	◎	◎	△	×	○	○
意匠性	表面平滑性	○	○	○	×	△	◎	◎
	吸込み性	○	△	△	×	×	×	◎
	表面仕上性	○	○	○	×	×	○	◎
経済性		—	—	—	◎	○	△	×

[凡例] ◎：優れている　　○：やや優れている　　△：やや劣る　　×：劣る

工業会会員会社の個別認定として広く知られている．

　軽量セメントモルタルは，普通ポルトランドセメントとパーライトを主成分として，吸熱作用のある材料（水酸化アルミニウム，水など）および断熱性能を付与する材料（スチレン，アルミニウム箔等）を加えた耐火被覆材であり，日本建築仕上材工業会の旧通則指定である．

　水酸化アルミニウム混入湿式吹付けモルタルは，金属水酸化物等の混入により耐火性の向上が図られ，被覆厚さが低減された．また，仕上がりの良さなどから見え掛り部分や先行耐火被覆として使われることが多い．

（5）　巻付け工法

耐火性能が優れたロックウールフェルトのブランケットを主体とした材料である．材料は，鉄骨にスポット溶接で取り付ける固定ピンを用いて鉄骨に直接取り付ける．また，形状に合わせた切断，加工が容易で，かつ施工時の粉じん発生が少ない耐火被覆工法である．

（6）　成形板張り工法

繊維混入けい酸カルシウム板やせっこう板などの成形板を鉄骨寸法に合わせて切断加工し，取付け金物および耐熱性接着剤などを併用して張り付ける工法である．

　耐火被覆材表面の化粧仕上げは可能であるが，一般に施工の速さは吹付け工法に劣り，施工費用も高い．

9章 耐火被覆

（7） 耐火塗料工法

耐火塗料は，耐火性と一般塗料同様の意匠性・施工性・耐久性を兼ね備えた高機能型の耐火被覆材であり，通常1～2mm前後の塗膜厚が火災時には数十倍に発泡して断熱層を形成し，鉄骨構造材を火災から保護するもので，一般的には1時間耐火である．従来の耐火塗料は，旧建築基準法第38条の特別認定に基づき限られた用途でしか使用できなかったが，建築基準法改正により他の耐火被覆材と同様に一般の耐火構造認定を取得することが可能となっている．

（8） 合成工法（外壁との合成）

建物外周部分に位置する柱や梁は，外側をプレキャストコンクリート板やALC板等の外壁，内側を吹付け工法あるいは成形板張り工法などによって耐火被覆を施すことが多い．

このように異種の材料工法を複合させた耐火被覆を合成工法という．

耐火構造として個々に認定を受けているものの組合せであっても，新たに合成耐火構造として認定を受けることが必要である．

9.3 耐火被覆と塗装の適合性

鉄骨造建築物を施工するにあたって，その鉄骨には法規制に準じて耐火被覆を施さなければならない．その際に，鉄骨表面に対して腐食防止を目的とした塗装を施すか否かが問題とされることがある．

耐火被覆を施した鉄骨の腐食については，湿度条件を変化させた各種耐火被覆材内部における鋼材の腐食実験および実際の鉄骨造建築物に対する実態調査に基づく研究成果[1)2)]から，以下のようなことが把握されている．

① 相対湿度が70％未満の条件では，耐火被覆材の内部にある鋼材は初期の保有水分によって軽微な腐食が生じるのみであり，腐食の継続的な進行は認められない．

② 相対湿度が70％を超える条件では，耐火被覆材の内部にある鋼材に継続的な腐食が進行する．

③ 実際の鉄骨造建築物における鋼材には，表面的な軽微な腐食の発生が認められるが，これらの腐食は建築物が竣工後に空調が使用されて，相対湿度が70％未満に保持される雰囲気では進行しない．鋼材表面に見られる腐食は，施工中に屋外にさらされている間に発生したものと推定される．

したがって，鉄骨造建築物の鋼材は施工中に表面的で軽微な腐食の発生は認められるが，建築物の竣工後に相対湿度が70％未満に保持される条件となる場合は，鋼材の腐食は停止すると判断される．

以上のような鉄骨の腐食傾向を考慮して，鉄骨工事として以下の検討する必要がある．

（1） 塗装しない鉄骨に耐火被覆を施す場合

前述した既往の研究成果に基づけば，人間が居住あるいは使用をする建築物であれば，竣工後は空調運転をして供用されるため，相対湿度が70％以上になるとは考えにくく鉄骨の断面欠損を生

じるような腐食は進行しない．このような場合，鉄骨に塗装を施さなくてもよいということになるが，建築物や耐火被覆材の内部環境における鋼材の腐食傾向は，それぞれの建築物や鉄骨が立地する環境条件によって大きく異なり，明らかにすることは容易ではない．例えば，外壁パネルに漏水が生じ鉄骨表面に水分が存在する条件になれば，鋼材腐食が進行する可能性がある．また，工場や倉庫などではその使用条件によって高湿度や腐食促進の環境条件になること，あるいは屋外の湿気や腐食促進因子を含む空気が流入し鉄骨表面に触れることが予想されるので，鋼材腐食の進行を考慮しなければならない．

室内という理由で安易に塗装を省略して，さびが発生することのないようにしなければならない．

（２）　塗装した鉄骨に耐火被覆を施す場合

鉄骨に直接接着する耐火被覆工法では，耐火被覆材に含まれる成分と塗膜中の成分による反応によって，両者の付着性が阻害されて耐火被覆材のはく離やはく落（図 9.3.1 に示す接着破壊）を生じることが懸念される．例えば，吹付けロックウールではセメントをバインダーとしており，無機繊維混入けい酸カルシウム板では水ガラスを接着剤として取り付けているため，これらのセメントや接着剤のアルカリ成分が油性系さび止め塗膜中の油脂分と反応して，耐火被覆材のはく離を招くことがある．このような問題は，湿式吹付けロックウール（現在は市販されていない）で発生し，接着破壊を生じやすいさび止めペイントの種類が明らかにされてきた[3]．

一方，現在多くの現場で使用されている半乾式吹付けロックウールでは，セメントをバインダーとしているものの，図 9.3.1 に示す耐火被覆材自体が破壊してしまう凝集破壊が支配的に生じるため，塗膜との接着面での破断である接着破壊は問題とならない[3]．また，火災時に硬化塗膜が熱を受け，早期に熱劣化が発生し被覆材がはく離する可能性も考えられるが，耐火性能試験に合格している耐火被覆工法であるので，耐火被覆としての性能は確保されている．よって，塗装の種類とは関係なく，広幅の梁フランジ下端などに生じやすい凝集破壊について，はく落防止を検討する必要がある〔9.4.1「下地処理」参照〕．

無機繊維混入けい酸カルシウム板では，塗膜との接着性に問題が生じる可能性がある場合，鉄骨に取付けられた軽量鋼材に固定する方法などを検討する．

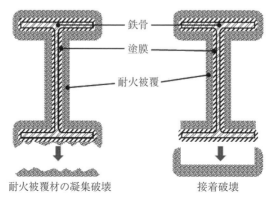

図 9.3.1　耐火被覆材の剥落

巻付け工法の耐火被覆や成形板の耐火被覆は鉄骨に直接接着する工法ではなく，鉄骨に対して機械的な接合によって取り付けられているものであるため，接着界面の問題は生じない．

耐火塗料は塗料の中でも防せい効果に優れる下塗りを用いており，その下塗りと中塗りである耐火塗料との層間および中塗りと上塗りとの層間付着性は，塗装仕様として十分に確保されているものであり，検討する対象とはならない．

以上のことから，現在よく使用されている耐火被覆材においては，塗料の種類との接着界面の問題はないので，建築物が置かれる環境条件，特に湿度条件を考慮して塗装の有無と仕様を決定することが肝要である．

---

1) 近藤照夫：既存鉄骨造建築物における鉄骨の腐食実態調査と竣工前後の建築物における鋼材の腐食実験（既存建築物の内部における鋼材腐食傾向に関する調査研究　その1），日本建築学会構造系論文集，No. 465, pp.1～10, 1994.11
2) 近藤照夫：被覆材の種類や湿度条件を変化させた場合の鋼材腐食実験（既存建築物の内部における鋼材腐食傾向に関する調査研究　その2），日本建築学会構造系論文集，No. 468, pp.1～7, 1995.2
3) 近藤照夫・小国勝男・藤井正伸・牟田紀一郎・橋本篤秀：さび止め塗装を施した鉄骨に対する吹付岩綿の付着性，日本建築学会大会学術講演梗概集，pp.103～104, 1990.9

9.4　施　　工

9.4.1　下地処理

下地処理にあたっての留意事項を以下に示す．

（1）耐火被覆を施す鉄骨面に塗装を施すか否かについては，施工中における種々の条件や建築物の竣工後における環境条件等の観点から，事前に以下の検討をすることが必要である．

　1）施工中では，鉄骨表面に生じる浮きさびが下層階の外装仕上げを汚染したり，近隣にさびを飛散させたりして問題となることがあるため，このような問題に対する配慮が必要である．実施工においては外周部の鉄骨のみを塗装している実績が多い．

　2）竣工後では，9.3「耐火被覆と塗装の適合性」で述べられているように，建築物が竣工し空調運転がなされて相対湿度が70％未満に保持されていれば，鋼材の腐食は進行しにくいと予想される．ただし，水回りや外周部あるいは高湿度となることが予想される建築物や部位等には，さび止め措置の必要性を検討することが肝要である．

（2）下地処理における施工上の留意事項は，以下である．

　1）塗装を施していない場合には，耐火被覆材の接着性を確保するために，鉄骨面に対する素地調整2種（電動工具や手工具の併用によるさび落し）を適用して，鉄骨表面に生じた浮きさびを十分に除去したのちに，耐火被覆を施工する．また，鉄骨部材の下端などでははく落防止の措置を講じる必要があるかを検討する．

　2）塗装を施している場合には，塗膜に付着したほこり等を取り除く．また，はく落防止の措置を講じる等，事前に十分な検討をする必要がある．

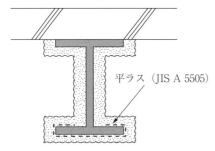

図 9.4.1　はく落防止の例

（3）　吹付けロックウールのはく落防止ついては，落下防止ピンを使用する方法や図 9.4.1 のような平ラス（JIS A 5505）などで総持ちにする方法などがあるので，事前に検討する．

（4）　丸鋼，軽量形鋼などを工事現場で鉄骨部材に溶接するときは，溶接される鋼材の種類・溶接方法・溶接箇所・溶接技能者などに関して計画し，事前に工事監理者の承認を受ける．

9.4.2　吹付けロックウールの施工

（1）　材料および施工機械

1）　材　　料

① 　主構成材料

　a）　吹付けロックウール

　　半乾式工法（現場配合方式）は，以下の材料を使用する．

　　ロックウールは国土交通大臣認定不燃材料 NM-8600（ロックウール保温材）の認定品であって，JIS A 9504（人造鉱物繊維保温材）に適合するロックウールを使用する．

　　セメントは JIS R 5210（ポルトランドセメント）または JIS R 5211（高炉セメント）に適合するものあるいは白色セメントを使用する．

　　なお，ロックウールとセメントの配合割合は質量比でロックウール 60±5 %，セメント 40±5 % の範囲とする．

　　乾式工法（工場配合方式）は，半乾式工法に用いる材料を同じ配合割合で事前に工場で混合したもので，そのままこん包された製品を使用する．

　　吹付けロックウールの被覆厚さおよび絶乾かさ密度は，表 9.4.1 に示す基準値以上とする．

　b）　水

　　原則として上水道水を使用する．

　c）　鉄骨柱・梁の単独構造および合成耐火構造の認定番号と厚さ

　　表 9.4.1 にそれぞれの場合の耐火性能を示す．

表 9.4.1 吹付けロックウールの耐火性能

部　位	耐火時間	認定番号	厚さ（mm）(法基準値)	絶乾かさ密度 (g/cm^3)
梁	1時間	FP 060 BM-9408	25 mm	0.28
	2時間	FP 120 BM-9411	45 mm	
	3時間	FP 180 BM-9414	60 mm	
柱	1時間	FP 060 CN-9460	25 mm	0.28
	2時間	FP 120 CN-9463	45 mm	
	3時間	FP 180 CN-9466	65 mm	
ALC 合成被覆梁	1時間	FP 060 BM-9406	25 mm	0.28
	2時間	FP 120 BM-9409	45 mm	
	3時間	FP 180 BM-9412	60 mm	
ALC 合成被覆柱	1時間	FP 060 CN-9458	25 mm	0.28
	2時間	FP 120 CN-9461	45 mm	
	3時間	FP 180 CN-9464	65 mm	
PC 合成被覆梁	1時間	FP 060 BM-9407	25 mm	0.28
	2時間	FP 120 BM-9410	45 mm	
	3時間	FP 180 BM-9413	60 mm	
PC 合成被覆柱	1時間	FP 060 CN-9459	25 mm	0.28
	2時間	FP 120 CN-9462	45 mm	
	3時間	FP 180 CN-9465	65 mm	

② 副構成材料

　下地材として力骨は JIS G 3112（鉄筋コンクリート用棒鋼）に適合するもので，直径 9 mm 以上，取付け間隔は最大 450 mm とする．

　また，ラスは JIS A 5505（メタルラス）に適合する平ラス 3 号または同等品を使用する．

2） 施　工　機　械

① 乾式工法の機械構成

　乾式工法の吹付け機械は解繊機，プレートファン，水ポンプ，水槽などから構成される．

　吹付け機械から施工階の吹付ノズルまでの間は，材料の圧送ホースおよび水ホースで結ばれ，圧送ホースはプラスチック製で内径 50 mm 程度のものとし，水ホースには耐圧ホースを使用する．

　乾式工法の吹付け機械に使用する圧送ホースの長さは垂直，水平部分を合わせて 40 m 以内とするため，各階ごとへの吹付け機械および材料の揚重を検討する必要がある．

　標準的な機械 1 台あたりの施工能力は材料使用量が 0.4〜0.8 t/日で，これは 1 時間耐火の場合 50〜90 m^2/日程度となる．

② 半乾式工法の機械構成

　半乾式工法の吹付け機械は，図 9.4.2 に示すように解繊機，圧送ブロワー，スラリーポンプ，スラリー槽などから構成される．

　吹付け機械から施工階の吹付けノズルまでの間はロックウールの圧送ホースおよびセメン

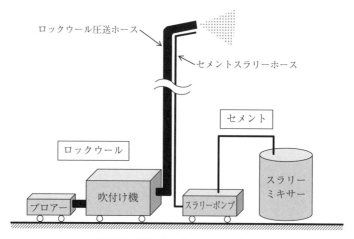

図 9.4.2 半乾式工法のシステム概要

トスラリーのホースで結ばれ，ロックウールの圧送ホースは鋼製もしくはプラスチック製で内径 50～100 mm のものを使用し，セメントスラリーのホースには耐圧ホースを使用する．

機械の型式，能力および現場の状況によっても異なるが，汎用機で 100 m 程度の高さまで圧送可能である．ただし，小型機では 50 m 程度，大型機では 200 m 程度の高さまで圧送できる場合もある．

標準的な機械 1 台あたりの施工能力はロックウール使用量が 0.8～1.2 t/日で，これは 1 時間耐火の場合で 120～220 m^2/日，2 時間耐火で 80～120 m^2/日，3 時間耐火で 60～100 m^2/日となる．

（2） 施工および施工管理

吹付けロックウール被覆耐火構造は，認定取得会社および認定取得会社が認めた者が施工する．吹付け作業は，施工管理担当者証を所持するものが指揮して行う．

1） 施 工 要 領

① 現場受入・保管

a） 材料の確認・取扱い

施工に先立ち，現場に搬入された材料の確認を行う．

乾式工法に用いる工場配合材料は，国土交通大臣認定「吹付けロックウール被覆耐火構造」の認定品であることをこん包の表示等により確認する．

半乾式工法に用いるロックウールは，国土交通大臣認定不燃材料 NM-8600（ロックウール保温材）の認定品で，JIS A 9504（人造鉱物繊維保温材）に適合するロックウールであること，セメントは JIS R 5210（ポルトランドセメント）または JIS R 5211（高炉セメント）に適合するものあるいは白色セメントであることをこん包の表示等により確認する．

また，現場に搬入された材料が当該現場に必要な数量であることを確認する．材料が分割搬入される場合にはそのつど確認する．

セメント系の材料は原則として製造日から1か月以内に使用するものとし，材料のこん包に破損が認められた場合には変質の有無を確認する．

材料は袋詰めと圧縮こん包品とがあり，場内運搬は人力またはフォークリフト等で行う．

なお，工場配合材料やロックウールの取扱いにあたっては，こん包材料に記載している「ロックウール製品の取扱い上の注意」に留意する．

b) 材料の現場保管

材料の保管は雨露がかからないよう，また湿気を吸収しないように留意し，かつ散逸のおそれがないようにする．

半乾式工法の場合には，ストックヤードを施工階ごとに設置する必要はなく全施工を通じて1箇所に固定することが多い．通常，材料の搬入が効率的な1階に設置する．

材料の保管スペースは半乾式工法の場合には吹付け機械1台あたり4t程度を1単位とし，その面積は20〜30 m^2 を必要とする．

c) 吹付け機械の設置

吹付け機械は通常ストックヤード付近に設置し，施工階までは垂直配管で材料を圧送する．

吹付け機械の設置スペースは半乾式工法の場合で一式あたり10〜15 m^2 必要であり，通常は垂直配管を通すコアシャフトに近接して設置する．

乾式工法の場合には材料の圧送ホースの長さが40 m以下と定められているため，通常は各階移動が必要である．

吹付け機械の動力源として使用する電力は原則として3相200Vとし，吹付け機械他の容量によって決定する．

② 足　場

一般に施工高さが4m以上は枠組みまたは単管足場とし，施工面に手の届く位置に設置する．

施工高さが4m以下の場合には，高所作業車やローリングタワーを使用する．ローリングタワーには高さ90 cm以上の手すりを設け，作業中は車止めを必ずかけ，作業員が乗った状態で移動してはならない．

脚立足場は高さ2m未満とし，安全基準に合致する足場となるように十分な足場板を設置する．シャフト内または外周部分の施工には張出し足場を使用することもある．

なお，いずれの場合も関連する法規を遵守する．

③ 下地処理

施工面の浮きさびおよび油などの付着に支障をきたすおそれがあるものは，吹付け作業に先立ち十分に除去する．

ラス下地が必要な場合には力骨を最大間隔450 mmで固定した後，ラスを張り，結束線で緊結する．ラスおよび結束線は亜鉛めっき鋼製品を用いる．

④ 吹付け作業準備
　a) 吹付け機械の点検
　　吹付け作業の開始に先立ち，予備運転をして各部の機能を点検する．
　b) 水量，スラリーおよび材料吐出量の調整
　　ⅰ) 乾式工法
　　　噴霧する水量は材料に対して，質量比で0.75～1.0となるように調整する．
　　ⅱ) 半乾式工法
　　　イ．セメントスラリーの調合
　　　　スラリー撹拌槽にセメント5 kgに対し水10 l の割合（セメント1袋25 kg入りを用いる場合は，セメント1袋に対し水50 l）で投入し，撹拌機で混合する．
　　　　スラリーは常時混合状態で使用し，事前に予備槽で混合したものを補充する．
　　　　なお，調合したスラリーは2時間以内に使用する．
　　　ロ．ロックウール吐出量の調整
　　　　現場の施工条件に合わせて適切な吐出量となるように吹付け機械を調整し，その確認は始業時1回/日とし，吐出量の変更をした場合にはそのつど確認する．
　　　ハ．セメントスラリー吐出量の調整
　　　　吐出量の確認作業は始業時1回／日とし，吐出量の変更を行った場合にはそのつど確認する．
　　　　セメントスラリーの吐出量は，ロックウール60±5：セメント40±5の調合となるように調整する．

⑤ 吹付け作業
　a) 乾式工法
　　吹付け機械のホッパーに投入した材料を空気との混合状態で圧送ホース中を輸送して，吹付け現場のノズル先端から鉄骨面に吹き付ける．このとき，材料をノズル先端の周囲から噴霧化された水で包み込み，湿潤させながら均一に吹き付ける．
　　吹付け時のノズル吐出口と施工面との距離は30～50 cmが適切であり，斜め下方向から吹き付ける．吹付け後はこてならしをして，表面の毛羽立ちを押さえ厚さの均一化を図る．
　b) 半乾式工法
　　吹付け機械のホッパーに投入したロックウールを解繊機を経て空気との混合状態で圧送パイプ中を輸送して，吹付け現場のノズル先端から鉄骨面に吹き付ける．一方，スラリー槽に投入されたセメントは水と混合撹拌され，スラリーポンプでホース中を圧送されてノズル先端で噴霧化されてロックウールと混合しながら均一に吹き付けられる〔写真9.4.1参照〕．
　　吹付け時のノズル吐出口と施工面との距離は50 cm程度が適切であり，施工面に対して直角からやや斜め方向の角度で吹き付ける．吹付け後はこてならしをして，表面の毛羽立ちを押さえ厚さの均一化を図る〔写真9.4.2参照〕．

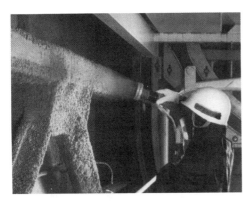 

写真 9.4.1　吹付けロックウールの吹付け作業　　　写真 9.4.2　吹付けロックウールのこてならし作業

⑥　養　　生
 a）　粉じんの飛散防止

  施工時に材料等が周囲に飛散するのを防止し，また風雨を避けるためにシート等で必要に応じて作業区画ごとに周囲を養生する．

  必要に応じて，窓ガラスやサッシあるいは仕上げ材等に養生を施し床面をシートで覆う．

 b）　施工後の養生

  施工を完了した部分は衝撃や雨水による脱落，寒冷時の凍結等を防止するために外囲いを厳重にし，必要に応じてジェットヒータ等により採暖する．

  吹付け施工後，硬化するまでに必要な時間は気象条件や現場の状況によって異なるが，1週間程度である．

⑦　安 全 衛 生
 a）　安全保護具の着用

  吹付け機械への材料の投入作業および吹付け作業等の粉じんが発生する場所での作業者は，防じんマスク等適切な保護具を必ず着用する．

 b）　安 全 作 業

  作業中に吹付け材料や使用中の工具等が，上階または足場から落下しないように注意する．

 c）　片付け清掃

  吹付け作業時に床面に落下した廃材は作業終了後に掃き集め，ポリ袋等に入れて各階の指定された場所に集積して廃棄する．

2）　品質の確保

①　厚さの確保

 所定の吹付け厚さを確保するため，写真 9.4.3 に示すロックウール工業会指定の厚さ測定器またはこれに準じる器具で厚さを確保しながら作業する〔写真 9.4.4 参照〕．

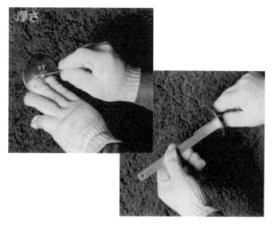

写真 9.4.3　吹付けロックウール用厚さ測定器

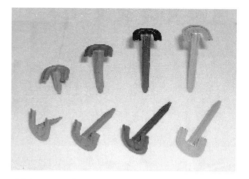

写真 9.4.4　吹付けロックウール用厚さ確認ピン
（ロックウール工業会推奨品）

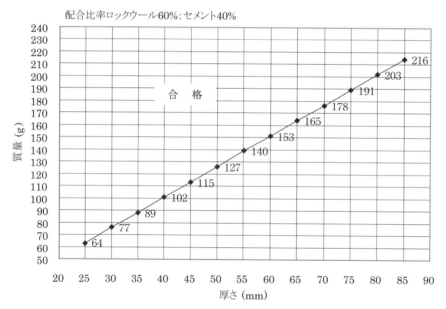

図 9.4.3　吹付け 4 時間内かさ密度早見表

　吹付け施工後，厚さ確認ピンを柱 1 面に各 1 本，柱 1 本あたりウェブ両面に各 1 本，下フランジ下面に 1 本，下フランジ端面（コバ）両面に各 1 本植え込む．

② かさ密度の確保

　作業区分ごとにそれぞれの材料の必要量を計算して対象箇所に吹き付ける．

　吹き付け後 4 時間以内にロックウール工業会指定のかさ密度測定用切取り器で試料を採取し，図 9.4.3 に示す「吹付け 4 時間内かさ密度早見表」に従って，かさ密度が確保されていることを確認しながら施工する．

　基準値に満たない場合は，かき落として再施工する．

(3) 施工後の検査と補正
 1) 検　　査
　　厚さとかさ密度を測定する．
① 厚さの測定はロックウール工業会指定の測定器により，耐火性能別，部位別に各5か所を測定する．
　　さらに，厚さ確認ピンが前述の規定位置，規定本数植え込まれていることを確認する．厚さ確認ピンは，1時間用を青，2時間用を緑，3時間用梁を赤，3時間用柱をベージュとする．
② かさ密度の測定は，次の方法により行う．
　　切取りは主要な柱，梁から施工面積を代表するように均等に行うこととし，梁はウェブから2箇所，フランジ下から1箇所とし，柱は2箇所とする．
　　あらかじめ厚さを測定した後，写真9.4.5に示すロックウール工業会指定のかさ密度測定用切取り器で試料を採取し，110℃の乾燥器中で恒量になるまで乾燥した後，質量を測定して絶乾かさ密度を算出する．
 2) 補　　正
　　厚さ不足の場合は吹増し施工をして所定の厚さを確保する．
　　かさ密度が基準値を満たさない場合は，施工面積300 m^2 を1単位として各単位ごとにかさ密度の再検査を実施し，絶乾かさ密度が基準値以下の部分についてはかき落として再施工する．

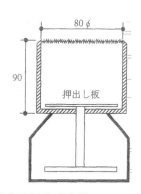

写真9.4.5　吹付けロックウール用かさ密度測定用切取り器

(4) 施工完了後の措置
施工完了後，工事監理者の検査を受ける．

9.4.3 けい酸カルシウム板の施工

(1) 材料および施工機械

1) 材　　料

① 主構成材料

　a) けい酸カルシウム板

　　けい酸カルシウム板には，せんい強化セメント板協会加盟各社の連名による認定材料（旧建築基準法における通則認定品に相当）と個別認定を受けた薄型のけい酸カルシウム板がある．現在，薄型のけい酸カルシウム板のシェアが大半を占める傾向にある．

　　これらのけい酸カルシウム板の多くは JIS A 5430 繊維強化セメント板の規格の中のけい酸カルシウム板タイプ3〔表9.4.2〕に適合するもので，個々の耐火構造等の大臣認定で，けい酸カルシウム板の組成・物性等が定められている．

　　製造方法は，けい酸質原料と石灰質原料に水を加え，撹拌機付オートクレーブで水熱反応させて合成したけい酸カルシウム水和物スラリーに，補強繊維などを加え，プレス機で成形を行った後，乾燥し平面板・曲面板として製造される．工業用に実用化されているけい酸カルシウム水和物のうちで耐熱性の高いゾノトライトを主成分としている．

　　けい酸カルシウム板タイプ3には，0.2 TK（2号品）と 0.5 TK（1号品）がある．0.2 TK（2号品）は見え隠れに使用することが多く，0.5 TK（1号品）は見え掛かりに使用し，直接塗装やクロス張り等の仕上げができる．

　　けい酸カルシウム板の物性は表9.4.2のとおりである．

表 9.4.2　JIS A 5430 けい酸カルシウム板タイプ 3 の物性

種　　類	略号	かさ密度 (g/cm^3)	曲げ強さ (N/mm^2)
0.2 けい酸カルシウム板	0.2 TK	0.15 以上 0.35 未満	0.39 以上
0.5 けい酸カルシウム板	0.5 TK	0.35 以上 0.70 未満	1.5 以上

　b) 鉄骨柱・梁の単独構造の認定番号および被覆厚さ

　　せんい強化セメント板協会加盟各社による連名認定番号および被覆厚さは表9.4.3のとおりである．個別に取得されている耐火構造認定の中で被覆厚さが1時間耐火で15 mm，2時間耐火で25 mmの被覆厚さで認定取得されているものもある．耐火被覆厚さは薄く認定取得されているが，使用する場所によっては，強度不足となる場合があるので，注意が必要である．

　c) 合成耐火構造の認定番号および厚さ

　　せんい強化セメント板協会加盟各社による ALC 壁パネル（75 mm 以上）との合成耐火構造の連名による認定番号および被覆厚さは表9.4.4のとおりである．個別に取得された合成耐火構造認定の場合，ALC 壁パネルの厚さが異なる場合があるので個々の認定仕様を確

表 9.4.3　けい酸カルシウム板の耐火性能

		部位	柱			梁		
		耐火時間	1時間	2時間	3時間	1時間	2時間	3時間
連名による認定品	1号品	認定番号	FP 060 CN -9445	FP 120 CN -9452	FP 180 CN -9455	FP 060 BM -9393	FP 120 BM -9400	FP 180 BM -9403
		厚さ（mm）	20	35	55	20	35	50
	2号品	認定番号	FP 060 CN -9446	FP 120 CN -9453	FP 180 CN -9456	FP 060 BM -9394	FP 120 BM -9401	FP 180 BM -9404
		厚さ（mm）	25	45	60	25	40	55

表 9.4.4　けい酸カルシウム板と ALC 壁パネルによる合成耐火の耐火性能

		部位	柱		梁	
		耐火時間	1時間	2時間	1時間	2時間
連名による認定品	1号品	認定番号	FP 060 CN -9414	FP 120 CN -9415	FP 060 BM -9362	FP 120 BM -9363
		ALC 壁パネル厚さ（mm）	75	75	75	75
		厚さ（mm）	20	35	20	35
	2号品	認定番号	FP 060 CN -9416	FP 120 CN -9417	FP 060 BM -9364	FP 120 BM -9365
		ALC 壁パネル厚さ（mm）	75	75	75	75
		厚さ（mm）	25	45	25	40

認する必要がある．また，個別に取得された合成耐火構造認定には，ALC 壁パネルの他に，PC 板，スパンクリート，押出成形セメント板およびロックウール保温板充填両面鋼板パネルとの合成耐火構造認定を取得したものもある．

② 副構成材料

鉄骨柱や梁にけい酸カルシウム板を取り付けるための副構成材料には，主に以下のものを使用する．副構成材料の詳細仕様は個々の大臣認定による．

a) 耐火接着剤

けい酸ソーダを主成分とする無機系ペースト状接着剤で，鋼材とけい酸カルシウム板等の接着に使用する．

b) 留付け金物類

各種の釘・ねじなどを使用してけい酸カルシウム板を固定する．認定仕様により必要に応じて軽量鋼材などの下地鋼材を使用する．使用する釘・タッピンねじなどの仕様および留付け間隔はそれぞれの認定仕様に従い，けい酸カルシウム板の脱落の防止など特別な対策が必要な場合は留付け間隔を小さくする．

2) 施工に利用する工具・器具

けい酸カルシウム板の施工は概ね木材の取扱いと同様の工具・器具を用いる．裁断には手びきののこぎりや集じん機付きの電動のこぎりを用いる．釘打ちには各種のハンマや釘打ち機を用い，タッピンねじの取付けには電動ドリルなどを用いる．

(2) 施工および施工管理

1) 施 工 要 領

標準的な施工工程を以下に示す.

① 現場受入・保管

a) 材料の確認

けい酸カルシウム板は主にパレット積載やダンボールケース梱包などの荷姿で出荷・納品される.トラック等で搬入し,荷卸しはフォークリフト等で行う.搬入されたけい酸カルシウム板は,商品種やサイズ・数量などが指定とおりであるか否かを確認する.物性は検査成績書で確認する.確認した後,リフト等の揚重機を使用して必要な材料を施工階まで揚重し,施工階での移動はハンドリフトやフォークリフトなどを用いる.関連資材についても同様に指定どおりであるか否かを確認し,所定の場所に運搬する.

b) 材料の現場保管

各材料は屋内で雨水のかからないところに,荷崩れしないように保管してその周りに安全通路を確保し,他の作業に支障のないようにする.

保管スペースは,25 mm 厚のけい酸カルシウム板 100 m^2 施工分として 6〜8 m^2 を必要とする.

② 足　　　場

9.4.2「吹付けロックウールの施工」に準じる.

③ 材料の切断・加工

材料の切断は,あらかじめ施工図により加工工場で行うか,施工者らと加工場所を選定して現場内で行う.また,けい酸カルシウム板製造メーカーの工場で必要サイズに切断加工したプレカット品を納品することもできる.

材料の現場内における切断加工は,丸のこぎりまたは手びきのこぎりなどを用いる.

④ 下地処置

施工に支障をきたすおそれのある浮きさびおよび油などは,施工に先立ち十分に除去する.

⑤ 取付け

けい酸カルシウム板の取付けは,適用する認定仕様に従い取付けを実施する.

a) けい酸カルシウム板の取付けは,梁では図 9.4.4.①のように,柱では図 9.4.4.②および③のように施工する.同質のリブ材を鉄骨に耐火接着剤を用いて接着し,けい酸カルシウム板を箱状に組み上げて釘などで留め付けて施工する.

b) 梁せいが大きい,または鉄骨に施された塗料により被覆板の脱落のおそれがある場合,振動や風圧などの外力を受ける場合は,リブ材の代わりに軽量鋼材など鉄骨に取付け,けい酸カルシウム板をタッピンねじで下地鋼材に固定する補強工法を採用する場合もある.

c) 梁貫通孔への取付事例を図 9.4.4.④に示す.

9章 耐火被覆 —381—

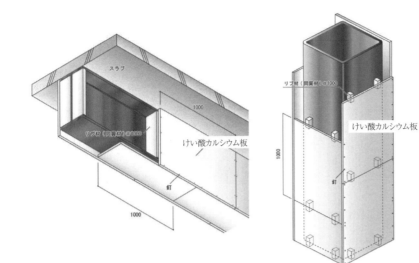

① 梁への取付け状況　② 角形鋼管柱への取付け状況　③ 円形鋼管柱への取付け状況

④ 梁貫通孔への取付け状況

図 9.4.4 部材への取付け図

d) けい酸カルシウム板が見え掛かりとなる場合は，釘頭などは被覆材表面から少し打ち込んでパテなどを用いて平滑に仕上げ，被覆材の目地部も同様に仕上げる．

施工時の状況を写真 9.4.6 に，施工後の例を写真 9.4.7 に示す．

写真 9.4.6 施工時の状況

施工例①

施工例②

写真 9.4.7 施工後の状況

⑥ 養　　生

施工後は，雨水および衝撃等がかからないように養生する．

⑦ 安全衛生

　a） 作業上の注意

作業員は保護具を完全着用し，足場を使用する際は十分に点検して安全基準を満足するものとする．またローリングタワーの使用時は手すりを完備する．

使用工具・器具については始業前点検を実施し，取扱注意事項を守って使用する．

　b） 片付け，清掃

材料の保管は，安全通路を確保するとともに指定場所に整理しておき，使用材と不要材の区別をして，不要材は指定場所に集積して，作業終了時には片付け清掃を実施する．

　c） 安全保護具の着用

材料を切断する作業者は，防じんマスク等適切な保護具を必ず着用する．

(3) 施工後の検査

　1） 施工基準

けい酸カルシウム板の相互の目違いは，施工箇所が見え掛かり部位の場合はパテで補修可能な 1.5 mm 以内とし，出隅の直角度は ±3° 以内とする．見え隠れ部位の場合は 3 mm 以内とする．

また，釘やタッピンねじの固定間隔は各認定仕様に従う．

　2） 検査方法

検査には鋼製巻尺や差し金などを用いる．

　3） 補　　正

基準値以上の目違いが生じた場合は板を張り替える．丸釘やタッピンねじの間隔が基準値以上の場合はその中間に 1 本増打ちをする．

(4) 施工完了後の措置

施工完了後，工事監理者の検査を受ける．

9.4.4 巻付け耐火被覆の施工

巻付け耐火被覆の作業手順と管理基準の例を表 9.4.5 に示す．

表 9.4.5 施工管理基準の例

検査の種類	作業手順	管理項目	管理基準	手段	頻度	是正措置
事前確認	事前打ち合わせ	施工箇所，施工厚み	色分け図と照合	図面	施工前	—
		足場の数，高さ	必要量を確保，適切な作業床高さ			施工会社と対策打合せ
		材料ヤード，揚重方法	必要面積を確保，安全である			施工会社と対策打合せ
材料	材料搬入（受入検査）揚重	ノロ，著しいさび，水，油付着	無し	目視	施工前（フロア毎）	施工会社に改善要求
		品種ごとの数量	伝票と一致	伝票	材料搬入ごと	発注会社担当へ連絡
		外観異常	無し	目視		発注会社担当へ連絡
		厚さ確認	梱包表示寸法と合致	スケール		発注会社担当へ連絡
施工	溶接機設置，試し打ち	溶接具合	折り曲げて取れない	触手	全数	電圧の確認
	材料切断	長さ確認	所定の長さ	スケール	鋼材寸法ごと	再加工
	材料取付け（溶接）	ピンの本数，ピッチ	所定の本数	目視	全数	再溶接
		溶接具合	指で左右に加力してぐらつかない	触手		再溶接
	自主検査	目地，取合い隙間	無し	目視		耐熱ロックウール充填
		表面材の破れ	無し	目視		表面材貼り補修
検査	立会検査	ピンの本数，ピッチ	基準に適合	目視	フロア毎	再溶接
		ピンの浮き	無し			再溶接
		目地，取合い隙間	無し			耐熱ロックウール充填または耐火被覆材貼直し
	完了	破れ，破損	無し			表面材貼付け，耐火被覆材貼直し

（1） 材料および施工機械

1） 材　　料

① 主構成材料

　巻付け耐火被覆は主に耐熱性の高い無機繊維をブランケット状に成形したもので，耐熱ロックウールを主原料としたものや吸熱パックなどを複合したもの等がある．いずれもメーカーごとの個別認定であるので，それぞれの認定に適合したものを使用する．

　例としては，耐熱ロックウールでかさ密度が 80 kg/m^3，厚さ 20 mm などがある．

② 副構成材料

　巻付け耐火被覆を鉄骨に取り付けるには，ワッシャが取り付けられた先端が鋭利なピンを

専用溶接機によって溶接する方法が主流である．例としては，直径2 mmのピンに直径30 mmのワッシャが取り付けられているものがある．

2) 施工機械

巻付け耐火被覆を取り付けるための施工は，材料の切断にはカッターやはさみ等，取付けにはピン溶接機などを用いる．ピン溶接機はスタッド溶接機と同じ原理の機械で，電源は通常100 Vである．

(2) 施工および施工管理

1) 施工要領

① 現場受入・保管

a) 材料の確認・取扱い

材料はトラック等で搬入し，荷卸しは人力，フォークリフト等で行う．搬入された材料は，それぞれの認定に適合しているか否かおよび厚さや数量については指定どおりであることをこん包の表示などで確認する．物性は検査成績書で確認する．

確認した後，リフト等の揚重機を使用して必要な材料を施工階まで揚重し，施工階での水平移動はハンドリフトまたはフォークリフトなどを用いる．

b) 材料の現場保管

材料は屋内で雨水がかからないところに保管してその周りに安全通路を確保し，他の作業に支障がないようにする．

保管スペースは材料によっても違いがあるが，1時間耐火の場合で100 m^2 施工分として5～7 m^2 を必要とする．

② 足場

9.4.2「吹付けロックウールの施工」に準じる．

③ 材料の切断・加工

材料の切断はあらかじめ施工図により加工工場で行うか，施工者らと加工場所を選定して現場内で行う．材料の現場内における切断加工は，カッターやはさみなどを用いる．

④ 下地処理

施工に支障をきたすおそれのある浮きさびおよび油などは，施工に先立ち十分に除去する．

⑤ 取付け作業

a) 施工機械の点検

取付け作業の開始に先立ち，予備運転をして各部の機能を点検する．

b) 取付け

図9.4.5に施工した状態の断面図の例を示す．鉄骨にピンを溶接することになるが，ピン径が細いこと，溶接時間が極端に短いこと等から鉄骨への影響は小さく，鉄骨の物性に影響を与えないことが報告されている[1]．ただし，ピンの溶接は冷間成形角形鋼管柱の角部を避けて施工するなど，ピンの溶接箇所については事前に工事監理者の承認を得る．取付

けに際しては，材料のたるみが生じていないか，ピンの溶接に不具合はないか，各目地部の突合せにすき間が生じていないか等に注意して施工する．詳細は各メーカーの施工要領書による．写真 9.4.8, 9.4.9 に施工中，施工後の状況を示す．

⑥ 安全衛生

a) 作業上の注意

作業員は保護具を完全着用し，足場を使用する際は十分点検して安全基準を満足するものとする．また，ローリングタワーの使用時は手すりを完備する．

b) 片付け，清掃

材料の保管は安全通路を確保するとともに，指定場所に整理して置き，使用材と不要材の区分をして不要材は指定場所に集積して，作業終了時には片付け清掃を実施する．

⑦ 養生

施工後は，雨水および衝撃等がかからないように養生する．

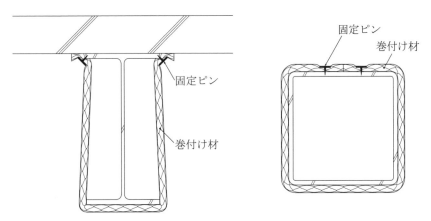

図 9.4.5 施工した状態の断面図（例）

写真 9.4.8 施工中の状況（例）

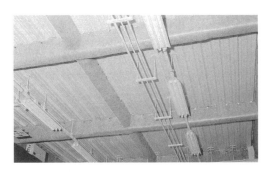

写真 9.4.9 施工後の状況（例）

(3) 施工後の検査
1) 検査項目および検査方法

目視によって外観にたるみ，よじれ，欠損が無いこと，目地にすき間が無いことを確認する．鋼製巻尺や差し金などを用いて，固定ピンは間隔が規定以下であることを確認する．詳細は各メーカーの検査要領書による．

1フロアの施工終了後に検査を行う場合の自主検査報告書の例を図9.4.6に示す．

巻付け耐火被覆工事　自主検査報告書（協力会社→発注会社）							
物件名								
検査日	年　　月　　日						
検査員								
検査フロア	階	耐火時間	1時間・2時間・3時間				

	検査項目	検査方法	判定基準	検査結果	是正処理	是正日
1	ピンの本数，ピッチの確認	目視	基準に適合していること	合・否		／
2	ピンの浮き	目視	無いこと	合・否		／
3	目地，取合い部のすき間	目視	無いこと	合・否		／
4	破れ，破損	目視	無いこと	合・否		／

提出年月日　　年　　月　　日

協力会社名　　　　　　

発注会社	協力会社

図9.4.6　自主検査報告書の例

2) 補　　正

外観にたるみ，よじれ，大きな欠損がある場合，目地に大きなすき間がある場合には，張り替えるか張り直す．小さな欠損，目地にわずかなすき間が場合には，被覆材と同じ材料を充填する．固定ピンの間隔が基準値以上の場合は，その中間に1本増打ちをする．

（4） 施工完了後の措置

施工完了後，工事監理者の検査を受ける．

参考文献

1) 大貫寿文・近藤照夫：巻付け系耐火被覆材固定用ピンが鉄骨の物性に与える影響，2005年度日本建築学会関東支部第76回研究報告集，pp.73～76, 2006.2

9.4.5 軽量セメントモルタル系耐火被覆の施工

（1） 材料および施工機械

1） 材料

① 主構成材料

a） 軽量セメントモルタル

軽量セメントモルタル系耐火被覆には，日本建築仕上材工業会の連名による認定材料（旧建築基準法における通則認定品に相当）と個別認定を受けた認定品がある．前者は，普通ポルトランドセメント25±10％，無機質混和材（パーライト・混和材等）70±10％，有機質混和材（有機質骨材・混和剤等）5％以下をあらかじめ工場で混合したもので，後者は，水酸化アルミニウムを主成分としたもので，こん包された製品をそのまま使用する．

軽量セメントモルタル系耐火被覆材の被覆厚さと認定番号は，表9.4.6のとおりである．

b） 水

原則として上水道水を使用する．

表9.4.6 軽量セメントモルタル系耐火被覆材の耐火性能

	部位		耐火時間	認定番号	厚さ(mm)	絶乾かさ密度 (g/cm^3)
連名による認定品	柱	直吹き	1時間	FP 060 CN-9422	20	
			2時間	FP 120 CN-9426	40	
			3時間	FP 180 CN-9430	60	
		中空	1時間	FP 060 CN-9423	20	
			2時間	FP 120 CN-9427	40	
			3時間	FP 180 CN-9431	60	$0.9±0.4$
	梁	直吹き	1時間	FP 060 CN-9370	20	
			2時間	FP 120 CN-9374	40	
			3時間	FP 180 CN-9378	60	
		中空	1時間	FP 060 CN-9471	20	
			2時間	FP 120 CN-9475	40	
			3時間	FP 180 CN-9479	60	

② 副構成材料

下地材としては，アングルスタッドは幅24 mm×高さ5 mm×長さ2 730 mm×鋼板厚0.8

mm 以上，力骨は JIS G 3112（鉄筋コンクリート用棒鋼）に適合するもので直径 9 mm 以上，取付け間隔は最大 450 mm とする．ラスはメタルラスで，質量 700 g/m² 以上のものとする．

2） 施 工 機 械

モルタル搬送吹付け機械は混練機，圧送ポンプ，コンプレッサなどから構成され，標準的な機械 1 台あたりの混練能力は 5.0〜5.6 t/日で，これは 2 時間耐火で 160〜180 m²/日となる．吹付け機械から施工場所の吹付けノズルまでの間は，材料の圧送ホースおよび圧縮空気用ホースで結ばれる．圧送ホースは金属で補強された耐圧チューブで内径 35 mm 程度のものが使用され，圧縮空気用ホースには耐圧ホースを用いる．その他必要量の混練り水を溜めるタンクが必要である〔写真 9.4.10 参照〕．

写真 9.4.10 軽量セメントモルタル用吹付け機械

（2） 施工および施工管理

1） 施 工 要 領

① 現場受入・保管

a） 材料の確認・取扱い

材料はトラック等で搬入し，荷卸しは人力やフォークリフト等で行う．搬入された材料は，国土交通大臣の認定品であることをこん包の表示等により確認する．また，数量については指定どおりであるか否かを確認する．

材料は原則として製造日から 3 か月以内に使用するもとのし，材料のこん包に破損が認められた場合には変質の有無を確認する．

確認した後，リフト等の揚重機を使用して必要な材料を施工階まで揚重し，施工階での水平移動はハンドリフトまたはフォークリフトなどを用いる．

b） 材料の現場保管

材料は，直接水に濡れるような場所や多湿な場所に絶対に保管しないようにする．

材料の保管スペースは，20 mm 厚の 100 m² 施工分として 2.0〜2.5 m² を必要とする．

c） 吹付け機械の設置

材料の圧送ホースの長さは 30 m 以下とするため，吹付け機械は通常各階移動が必要であり，吹付け機械の設置スペースは 6〜10 m² 必要である．吹付け機械の動力源として使

用する電力は原則として3相200Vとし，吹付け機械他の容量によって決定する．

② 足　場

9.4.2「吹付けロックウールの施工」に準じる．

③ 下地処理

施工面の浮きさびおよび油などの付着に支障をきたすおそれがあるものは，吹付け作業に先立ち十分に除去する．

ラス下地が必要な場合には，アングルスタッドまたは力骨を最大間隔450mmで固定した後，ラスを張り結束線で緊結する〔図9.4.7参照〕．ラスの継ぎ目の重ね幅は最小30mmとする．

④ 作業準備

　a）吹付け機械の点検

　　吹付け作業の開始に先立ち，予備運転をして各部の機能を点検する．

　b）スラリーおよび材料吐出量の調整

　　材料の所定量を混練機に投入し，指定された水量を加えてモルタルミキサーで3.0～3.5分間の混練をする．軽量セメントモルタルは既調合モルタルのため，砂等他の材料は絶対に混合しない．練り上がりの状態はJIS A 1171（ポリマーセメントモルタルの試験方法）に規定する小型スランプコーンで測定し，材料製造業者が規定する範囲内にあることを確認する．フロー値が許容範囲外の場合には，指定の材料または水を加えて規定の範囲内に調整する．

⑤ 施工作業

　a）吹付け作業

　　吹付け作業階まで圧送された材料を圧縮空気（0.5 Mpa 以上）で吹付け，ノズル先端から施工面に均一に吹き付ける〔写真9.4.11参照〕．

　　吹付け時のノズル吐出口と施工面との距離は20～50 cm 程度とし，吹付け角度は施工面

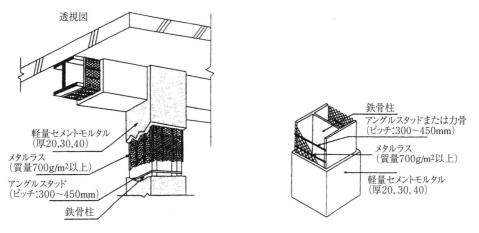

図9.4.7　施工した状態の断面図（例）

写真 9.4.11 軽量セメントモルタルの吹付け作業

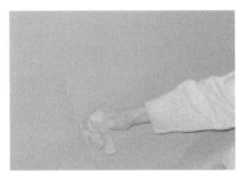

写真 9.4.12 軽量セメントモルタルのこて押さえ作業

に対して直角からやや斜め方向とする．

　吹付けは落下防止を考慮して必ず2〜3回吹きとし，一般には下吹きの翌々日に上吹きをして，下吹きの吹付け厚さは最大で10〜20mm以内とする．

b) こて塗り作業

　施工面積が少ない場合や吹付け作業が困難な場合，表面仕上げを行う場合は，こて塗りを行う〔写真9.4.12参照〕．ただし，標準加水量を調整し，吹付け作業より硬めにする．

⑥ 養　　生

a) 材料の飛散防止

　施工時に材料などが周囲に飛散するのを防止し，また風雨を避けるためにシート掛けなどをして，必要に応じて作業区画ごとに周囲を養生する．

　必要に応じて，窓ガラスやサッシあるいは仕上げ材等に養生を施し，床面をシートで覆う．

b) 施工後の養生

　施工を完了した部分は，衝撃や雨水による脱落などを防止するために養生する．寒冷時には凍結に注意し，凍結が予想される場合は施工を避ける．

　吹付け施工後，硬化するまでに必要な時間は気象条件や現場の状況によって異なるが，2週間程度である．

⑦ 安全衛生
　a） 安全保護具の着用
　　　吹付け機械への材料の投入作業等の粉じんが発生する場所での作業者は，防じんマスク等適切な保護具を必ず着用する．
　b） 安全作業
　　　作業中に吹付け材料や使用中の工具等が，上階または足場から落下しないように注意する．
　c） 片付け，清掃
　　　吹付け作業時に床面に落下した廃材は作業終了後に掃き集め，ポリ袋等に入れて各階の指定された場所に集積して廃棄する．
　　　吹付けおよびこて塗り作業が終了した後は，混練りおよび搬送吹付け機械を清掃する．装置および工具の水洗排水はいったん沈殿槽で受けた後，排水管に流す．

2） 品質の確保
① 厚さの確保
　　厚さの確保は，施工者が（特非）湿式仕上技術センター指定の厚さ測定器で施工面積 $5m^2$ ごとに1箇所以上の厚さを確認しながら作業する〔写真9.4.13参照〕．
　　（特非）湿式仕上技術センター指定の厚さ確認ピンは，柱梁とも1面に付き1本を植え込む．
② 仕上がり状態
　　仕上がり状態は目視により確認する〔写真9.4.14参照〕．

（3） 施工後の検査
1） 検査方法
　　厚さ確認ピンを施工面積 $5m^2$ ごとに1箇所以上植え込み〔写真9.4.15参照〕，施工完了シールを張る．
2） 補正
　　厚さ不足の場合は吹増し施工をして，所定の厚さを確保する．

（4） 施工完了後の措置
施工完了後，工事監理者の検査を受ける．

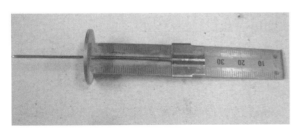

写真 9.4.13 軽量セメントモルタルの厚さ測定器

写真 9.4.14 軽量セメントモルタルの施工後の状況

写真 9.4.15 軽量セメントモルタルの厚さ確認ピン

9.4.6 耐火塗料の施工

　構造用鉄骨の耐火被覆を目的として施工される耐火塗料は，乾燥膜厚が1～5mmで従来の耐火被覆に比べて薄く，意匠性を要求される部位に適用され，1時間および2時間耐火部分に使用される．火災により塗膜が約250℃に上昇すると塗膜が発泡し，乾燥膜厚の数十倍に容積が膨張して断熱層を形成する．塗装仕様は，素地調整，下塗り，耐火塗料塗り，中塗り（屋外の場合），上塗りから構成される．

(1) 材料および施工機械

　1) 材　　　料

　① 下塗り用塗料

　　　下塗りは鉄骨部材に対する防せいを目的とした塗料であり，素地および耐火塗料との付着性が確認された塗料に限定され，屋内，屋外など適用環境に応じてその種類および仕様を選定する．

　　　屋内に適用する場合には，付着性と防せいの観点から変性エポキシ樹脂プライマーを使用する．屋外に適用する場合には鉄骨部材に対する防せいを重視するため，ジンクリッチプライマーと変性エポキシ樹脂プライマーの組合せとする．JIS K 5551 構造物用さび止めペイントには，変性エポキシ樹脂プライマーが含まれている．下塗り用塗料を表9.4.6に示す．表9.4.6に示されていない塗料を適用する場合は，耐火塗料製造業者が素地に対する付着性と防せい効果を確認した上で，工事監理者の承認を受けなければならない．

　　　耐火塗料は亜鉛めっき部材にも適用可能であり，亜鉛めっき面用の変性エポキシ樹脂プライマーを使用する．

表 9.4.6 下塗り用塗料

名　　称	規　　格	用　　途
構造物用さび止めペイント	JIS K 5551	屋内，屋外
ジンクリッチプライマー[*1]	JIS K 5552	屋外
鉛・クロムフリーさび止めペイント（2種）[*2]	JIS K 5674　2種	屋内

[注]　*1：ジンクリッチプライマーを塗装した場合には，変性エポキシ樹脂プライマーを
　　　　　塗装した後に，耐火塗料を塗装する．
　　*2：水系耐火塗料の仕様に限定する．

② 耐火塗料

耐火塗料の主成分を表 9.4.7 に示す．耐火塗料は国土交通大臣認定を取得したもので，認定条件に合致したものを使用する．

表 9.4.7 耐火塗料の主成分

成　分	主な原材料
発泡剤	ポリりん酸アンモニウム，りん酸アンモニウム，りん酸メラミン，メラミン，尿素
炭化剤	多価アルコール，デキストリン，糖類
樹　脂	アクリル系樹脂，酢酸ビニル系樹脂
顔　料	白色顔料，酸化チタン，体質顔料，着色顔料
溶　媒	有機溶剤，水

③ 中塗り用塗料

耐火塗料製造業者の指定により，主として屋外環境の場合に適用されることが多く，耐火塗料と上塗り用塗料との付着性向上や塗膜の耐久性向上を目的として耐火塗膜面に塗り付けられ，JIS K 5659 鋼構造物用耐候性塗料の中塗り塗料を塗膜厚 20～30 μm となるよう塗り付ける．上塗り用塗料を塗装するまでの耐火塗膜に対する付着性を確保する目的として，変性エポキシ樹脂プライマーを用いる場合がある．

中塗り用塗料は耐火塗料や上塗り用塗料との層間付着性が確認されたもので，その種類および塗り回数などの塗装仕様を含めて，耐火塗料製造業者が指定し，工事監理者の承認を受ける．中塗り用塗料を表 9.4.8 に示す．

表 9.4.8 に示されていない中塗り用塗料を適用する場合は，耐火塗料製造業者が耐火塗料や上塗り用塗料との付着性を確認した上で，工事監理者の承認を受けなければならない．

表 9.4.8 中塗り用塗料

名　称	規　格
鋼構造物用耐候性塗料	JIS K 5659　中塗り塗料

④ 上塗り用塗料

上塗り用塗料は，塗膜の耐火性能や耐候性の確保および意匠性の向上を目的として，耐火塗膜面もしくは中塗り塗膜面に塗り付けられるものである．水分を透過しにくく，かつ耐久性に優れることから，屋外にはポリウレタン塗料，アクリルシリコン樹脂塗料，常温乾燥形ふっ素樹脂塗料を用いる．屋内では竣工後に水と接触する可能性がないため，一般に意匠性を重視して選定される．

以上のような観点から，上塗り用塗料の種類および塗り回数などの塗装仕様は，耐火塗料製造業者が指定し，工事監理者の承認を受ける．

屋内において水系耐火塗料を適用する場合は，つや有合成樹脂エマルションペイントを上

塗りに適用する．上塗り用塗料を表 9.4.9 に示す．

　表 9.4.9 に示されていない上塗り用塗料を適用する場合は，耐火塗料製造業者が耐火塗料や中塗り用塗料との付着性および耐候性や意匠性を確認した上で，工事監理者の承認を受けなければならない．

表 9.4.9　上塗り用塗料

材　　料	規　格	用　途
建築用耐候性上塗り塗料	JIS K 5658	屋内，屋外
鋼構造物用耐候性塗料	JIS K 5659	屋内，屋外
つや有合成樹脂エマルションペイント	JIS K 5660	屋内

2)　施　工　機　械

　耐火塗料の施工には，耐火性能を確保するための均一な膜厚と意匠性のための仕上り外観が要求され，一般的には圧送機，圧送ホース，エアレスガンから構成されるエアレス塗装機を用いる．圧送機からエアレスガンまでは内径 16 mm 程度の耐圧ホースで結ばれ，エアレスガンの吹付ノズルには塗料の詰まりが容易に除去できるようなチップを使用する〔写真 9.4.16, 9.4.17 参照〕．

　標準的には 1 日 1〜3 回の施工とし，機械 1 台あたりの施工能力は材料使用量として 60〜105 kg/日，施工面積として 40〜70 m^2/日となる．

　エアレス塗装ができない部分や狭い部分は，はけまたはローラーを用いて塗装する．

写真 9.4.16　耐火塗料の塗装機

写真 9.4.17　耐火塗料の吹き付け作業

(2)　施工および施工管理

　1)　素地調整と下塗り

　　鉄骨の素地調整および下塗りは鉄骨製作工場で行い，現場での鉄骨建方が終了した後に，耐火塗料をエアレス塗装機，はけまたはローラーを用いて，認定膜厚になるまで塗り付ける．

　　耐火塗料が乾燥した後，上塗りをする．

耐火塗料塗りと上塗りを工場で施工する場合もあるが，現場施工に比べて硬化塗膜の損傷および溶接箇所や高力ボルト接合部に対する工事現場における補修が増加する．

亜鉛めっき部材では，建方後，目荒しを行い，亜鉛めっき面用の変性エポキシ樹脂プライマーを下塗りとする．

① 素地調整および下塗り

鉄骨の素地調整および下塗りは，「工場製作編」6章「塗装」に準じる．

屋内仕様の場合，素地調整は原則として，種別2種とし，構造物用さび止めペイントまたは鉛・クロムフリーさび止めペイント（2種）を塗り付ける．一方，屋外仕様の場合は，種別1種Bとし，ジンクリッチプライマーを塗り付け，その上に構造物用さび止めペイントを塗り付ける．

亜鉛めっき部材の場合は白さび防止処理等の塗装を施さない．

② 運搬・搬入

下塗りした鉄骨の運搬や搬入は，「工場製作編」9.2「輸送計画および発送」に準じる．

③ 現場搬入された鉄骨の下塗り用塗料の確認

現場搬入された鉄骨に，認定取得の内容で指定された素地調整と下塗り用塗料が施されていることを鉄骨製作工場の出荷証明書等で確認する．

指定以外の素地調整と下塗り用塗料が施されている場合には，施工をやり直す．

④ 工事現場接合部および下塗り塗膜損傷部の処理

工事現場接合部は，8.2.1「接合部の素地調整」による．下塗り用塗料が塗装された鉄骨は，現場で鉄骨建方が完了した後，下塗り塗膜の損傷部の補修および現場接合部の下地調整および下塗りを施す．

変性エポキシ樹脂プライマーは工程間隔時間に制限があり，規定の上限を超えた場合は層間はく離を防止するためにP80～100の研磨紙を用いて下塗り塗膜の目荒しをし，変性エポキシ樹脂プライマーを再塗装する必要がある．

2) 塗装作業

① 塗料の現場受入・保管

塗料の現場受入は8.3.1項に，塗料の保管は「工場製作編」6.4.2「塗料の保管」に準じる．

② 足　　場

9.4.2「ロックウールの吹付け施工」に準じる．

③ 施工機械の点検

耐火塗料の塗装に先立ち，エアレス塗装機を適用する場合には塗装機を予備運転して，各部の機能を点検する．耐火塗料は均一な乾燥塗膜と仕上り外観が要求される塗料なので，施工に適用するホースやチップに詰まりが無いことや正常なパターンで吹き付けることを事前に十分確認する．

④ 耐火塗料の塗装

耐火塗料は，認定取得会社またはその指定工事業者が施工する．

耐火塗料をエアレス塗装機，はけまたはローラーを用いて，認定膜厚になるまで塗り付ける．認定取得会社の仕様によるが，1回あたりの塗付け量は，エアレス塗装機の場合で約1 000 kg/m^2，はけ，ローラー塗りの場合で，約300〜500 g/m^{2}程度である．いずれの施工方法でも，1日0.5〜1.0 mmまでとする．それ以上を塗り付けると，耐火塗料の塗膜が乾燥不良となるので，過剰に施工してはならない．

⑤ 塗装作業の禁止条件

硬化塗膜の性能は塗装時の気象条件に大きく左右されるので，「工場製作編」6.5.2（4）「塗装作業の禁止条件」に準じる．

⑥ 安全衛生

a） 作業上の注意

作業員は保護具を着用し，足場を使用する際は十分点検して安全基準を厳守する．また，ローリングタワーの使用時には手すりを完備する．

b） 片付け，清掃

安全通路を確保するとともに，材料は指定場所に整理して保管する．使用塗料と廃棄塗料とを区分して，廃棄塗料は指定場所に集積して作業終了時には片付け清掃を実施する．

c） 環境・安全については，「工場製作編」6.8「環境・安全」を参照する．

⑦ 養生

a） 塗料の飛散防止

施工時に材料などが周辺に飛散するのを防止し，また，風雨を避けるために必要に応じて作業区画ごとにシート掛けなどで周辺を養生する．窓ガラスやサッシあるいは他の仕上げ材料に養生を施し，床面はシートで覆う．

b） 施工後の養生

施工が完了した部分は衝撃や雨水によるはく離あるいは寒冷時の凍結などを防止するために外囲いをして，必要に応じてジェットヒータなどを用いて採暖する．塗装が終了した後，塗膜が硬化するために必要な時間は気象条件や現場の状況によって異なるが，完全乾燥するには1か月以上必要である．耐火塗料の塗装が終了した後は，損傷を受けないように養生する．

⑧ 中塗り

屋外仕様の場合は，耐火塗料が乾燥したら膜厚測定をして，認定膜厚が確保されていることを確認した後，中塗り用塗料をエアレス塗装機，はけまたはローラーを用いて塗り付ける．中塗り用塗料は，耐火塗料に耐久性を付与する材料なので，塗りむらや塗残しが無いように塗り付ける．

⑨ 上塗り

屋内仕様の場合は，耐火塗料が乾燥したら膜厚測定をして，認定膜厚が確保されていることを確認した後，上塗り用塗料をエアレス塗装機，はけまたはローラーを用いて塗り付ける．屋外仕様は，中塗りの上に上塗り用塗料を同様に塗り付ける．

上塗り用塗料は，耐火塗料に耐久性と耐候性および意匠性を付与する材料なので，塗りむらや塗り残しが無いように塗り付ける．

⑩　工場施工の場合

耐火塗料塗りは現場で施工されるのが一般的であるが，鉄骨製作工場で耐火塗料と上塗りが施工されて乾燥した後に現場へ搬入され，建方されることもある．この場合には，運搬や搬入，硬化塗膜の損傷，溶接箇所や高力ボルト接合部の補修等には，十分に注意しなければならない．また，工場における塗装鋼材の設置方法により，耐火塗料が塗装できない部分は現場で耐火塗料の塗装をしなければならない．

耐火塗料の乾燥膜厚は1～5 mmで，完全乾燥するには1か月以上が必要であり，その間に工場内で移動する場合には塗膜の損傷を受けないように十分注意する．

(3)　施工後の検査と補正

耐火塗料は鋼材の厚さや大きさ，認定条件により塗り付けなければならない膜厚は異なるが，認定された塗膜厚を必ず確保しなければならない．

耐火塗料は一般の耐火被覆に比較して薄膜であり，以下のように厳格な膜厚検査が必要となる．

1)　検査項目と検査方法

①　外観検査

塗膜面を目視して塗膜に著しい損傷がなく，損傷部分は認定膜厚になるまで補修する．

②　膜厚検査

a)　測定箇所

測定ロットは塗装仕様ごとに200 m^{2}とする．200 m^{2}未満の場合は8 m^{2}について最低1箇所とする．1ロットあたりの測定箇所は25箇所とする．図9.4.8に測定位置の例を示す．

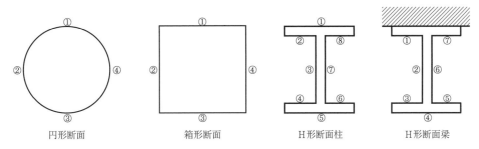

図 9.4.8　耐火塗料膜厚の測定箇所

b)　測定方法

写真9.4.18に示すような電磁式膜厚計を用いて，a)で規定した各箇所を5点測定し，その平均値を測定箇所の測定値とする．

耐火塗料の硬化塗膜は柔らかく，膜厚計の測定部を塗膜面に当てた際に塗膜がくぼんで正確な膜厚が測定できないので，塗膜と測定部の間に標準膜厚板を挟んで膜厚測定する．

測定された値は下塗り用塗料と耐火塗料が合計されたものなので，耐火塗料を塗装する

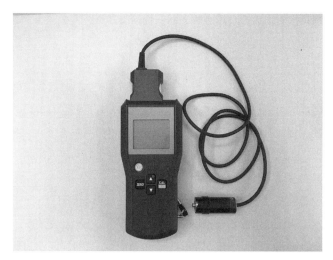

写真 9.4.18 電磁式膜厚計の例

前に測定した下塗り用塗料の乾燥膜厚を差し引いた値を耐火塗料の乾燥膜厚とする.
　c) 耐火塗料の膜厚管理基準
　　ⅰ) 全測定値の平均値は，認定された乾燥膜厚の 100 % 以上とする.
　　ⅱ) 各測定値は，認定された乾燥膜厚の 80 % 以上とする.
　d) 補　　正
　　各測定値が認定された乾燥膜厚の 80 % 未満である場合には，その測定値の中で規定塗膜厚の 80 % 未満の点から半径 300 mm の範囲でさらに 3 点測定する. 乾燥膜厚が不足している場合には，さらに測定を繰り返して認定された乾燥膜厚未満の範囲を確認し，すべての範囲が規定塗膜厚以上になるように増塗りする.
③　施工完了後の検査
　上塗り施工が完了した後，工事監理者により耐火塗料の厚み等の検査を受ける.
(4) 維 持 管 理
　1) 計　　画
　　耐火塗料の施工が完了した時点で，建築物の発注者，所有者，設計者，工事監理者，施工管理者，施工担当者および耐火塗料製造業者が協議して，維持管理計画を作成して，耐火塗膜の性能を維持する.
　　建築物が竣工した以降は，万一の火災に備えて所有者が耐火塗装の維持管理を実施しなければならない.
　2) 点　　検
　　点検の種類には，日常点検，精密点検および臨時点検があり，表 9.4.10 に示す内容とする.

表 9.4.10 点検の種類

種　類	対　象	方　法	時　期	実　施　者
日常点検	外観	目視	日常的に実施	建物所有者 建物管理者
精密点検	外観	目視，指触	3年～5年に1回	建物所有者 建物管理者 もしくは依頼された者
臨時点検	専門技術者による	専門技術者による	・日常点検で異常が認められたとき ・浸水，地震，火災などを受けたとき	専門技術者

　日常点検は，建築物の所有者や管理者もしくは点検を委託された者が耐火塗膜の状態を目視にて日常的に点検する．点検結果に異常があれば，臨時点検を実施する．

表 9.4.11　日常点検の項目と判定基準

項　目	判定基準
ふくれ	ないこと
割れ	ないこと
はがれ	ないこと
さび	ないこと

　精密点検は耐火塗装塗膜の劣化の早期発見と，欠損部の速やかなる回復を主目的として，建物所有者など，もしくは点検を委託された者が定期的に目視，および指触にて精密点検を実施する．対象は耐火塗装を行った全部材を確認できる全方向から点検し，点検結果に異常があれば早急に臨時点検を実施する．点検周期は3～5年とし，その記録を保存する．表9.4.12に精密点検項目と判定基準を示す．

表 9.4.12　精密点検項目と判定基準

項　目	判定基準	備　考
白亜化	等級3以下（中程度）	JIS K 5600-8-6 による
ふくれ	ないこと	―
割れ	ないこと	―
はがれ	ないこと	―
さび	ないこと	―

　臨時点検は，見出された異常に対して専門知識を有する技術者が詳細な点検を実施して，その結果に基づいて補修の要否を検討する．

3) 補　修

　臨時点検により耐火塗膜に対する補修が必要であると判断された場合には，塗膜の劣化状態，耐火性能，防せい性能，上塗り用塗料の保護性能や意匠性に及ぼす影響などを考慮して，

専門知識を有する技術者が提案する補修方法に従って，速やかに補修を実施する．

参 考 文 献
1）日本建築仕上学会編：耐火塗料の施工指針（案）・同解説，2010

10章　安全衛生

　建設産業は他産業と比較し，労働災害の発生率が多い．その発生をなくすことを至上命令として，努力が続けられているが，厚生労働省の統計データによれば，建設産業の年間死亡者数は約400人前後の発生が続いており，これは全産業の約35％にあたる．

　死亡事故の原因については，長い間研究されているが，その前提となる不安全行動とは，行為に対する意識と施設に対する認識において，無意識の誤解が生じたときに発生するものである．

　日本中の階段で転ぶ事故は，1年間に900万件といわれているが，そのうち，死亡する人は500人にもなっている．これは率は少ないが絶対数としては相当な数である．時には階段の構造に問題がある場合もあるが，大部分は当人の不注意である．

　この例は，作業環境施設の充実だけで事故を防ぐには限界があることを物語っている．人はみずから不安全行動を選択するものではないが，これくらいなら大丈夫だ，と判断しているのである．この認識の溝を埋めるのが安全教育の鍵である．

　災害の代償は，個人はもちろん，家族にも企業にも悲惨な結果をもたらす．安全とは産業においては損失防止の科学である．したがって，各プロジェクトごとの工夫と努力が最も期待される分野である．

　本章では，法の理解，教育組織，および技術的安全について指針を示すものである．

10.1　安全衛生管理のすすめ方

　建設工事における労働災害の発生率は，他の業種に比べて高い．これは，次のような建設業の特殊性に起因している．
　（1）　野外作業で気象条件に左右される．
　（2）　高所・地下といった特殊環境が多く，変化が激しい．
　（3）　混在作業が多く，作業員相互の緊密性が薄い．
　（4）　一時的に設置する仮設物が多い．
　（5）　使用機械が移動することが多く，不安定な場所での作業や不規則な動きをする．
　（6）　建築用資材の形，大きさおよび重さが一定しておらず多様である．
　など，複雑な要因のからみ合いによって起こることが多く，単に設備的な予防措置，保護具の着用といった単純な安全対策では十分な管理ができない．

　労働災害は，いったん起これば人道上はもちろん，社会的信用を大きく失墜させ，工事進捗を阻害し，能率を低下させる．その原因を追究し，これを排除することにより災害の発生を未然に防止することを図る必要がある．

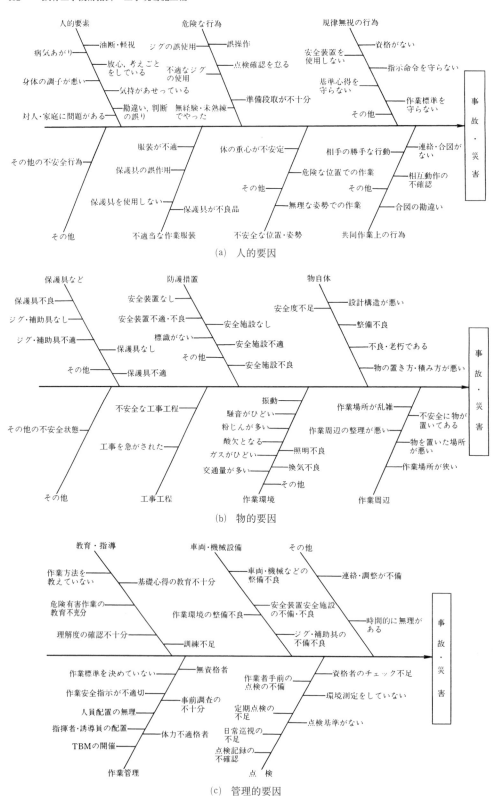

図 10.1.1 特性要因図

災害発生の要因を，人的要因・物的要因・管理的要因別に分類すると，図10.1.1(a)～(c)のとおりである．

10.2 安全衛生管理の考え方

　安全衛生関係の法規は，法律・規則・告示・通達の形で示されている．
　これらの法規は，いずれも工事中に守るべき最低の基準である．施工計画および工事を進める上では，安全衛生に関する選択の基準として，少なくとも法規に違反しないことが，第一条件であることはいうまでもない．
　安全関係の法規を理解する上で最低限知っておくべき用語を以下に示す．
（1）安全（事故・災害）
　安全の広義の意味は，「生産が順調に進められている状態」をいい，この過程において，「人が予想しなかった」「理解できなかった」「知らなかった」あるいは，はなはだしきは怠慢によってなんらかの不調が起きた場合を事故といい，さらに人命・身体に損害があったとき，これを災害という．
（2）重大災害
　一つの事故で3名以上の死傷者が発生した災害をいう．この場合，3名すべてが軽傷者であっても重大災害という．
（3）労働者・事業者
　労働者とは，職業の種類を問わず，事業所または事務所に使用される者で，賃金を支払われる者をいい，事業者とは事業を行う者で，労働者を使用する者，具体的にはその事業の経営主体そのもの，つまり事業経営の主体として損益計算の帰属する者を指し，個人企業にあっては，その個人企業の経営主，社会その他の法人にあっては法人そのものが該当する．

10.3 労働安全衛生法の読み方

　図10.3.1に労働安全衛生法の法体系を示す．ここでは，左側に第1章総則以下第12章罰則及び附則を示し，その右に各条文の標題を示し，さらに右側に関連する規則を示している．労働安全衛生法を調べる場合にはまずこの法体系図より関係条文，規則を検索することが有効である．

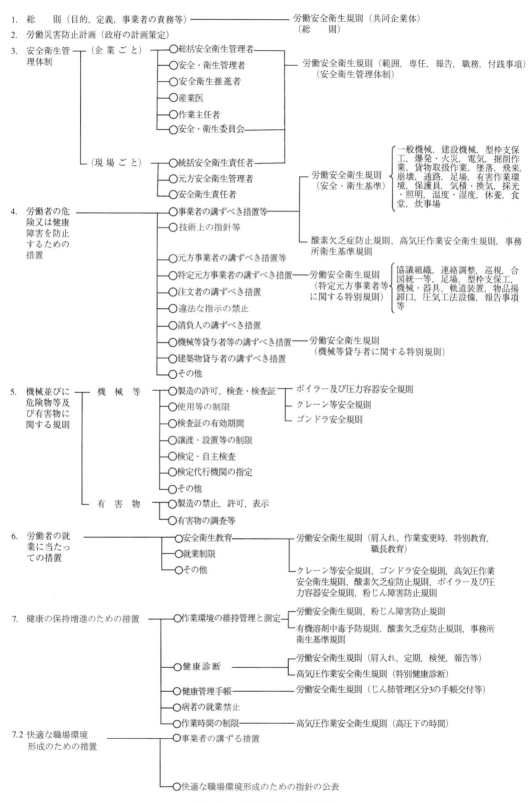

図 10.3.1 労働安全衛生法体系

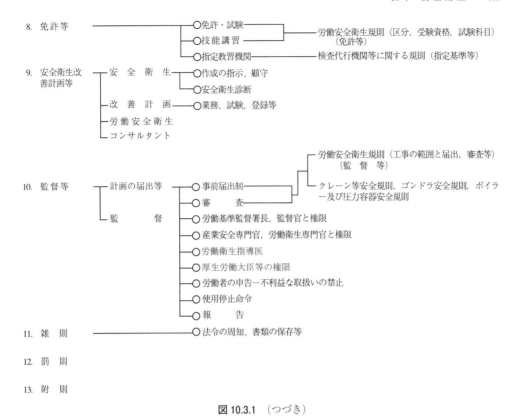

図 10.3.1 （つづき）

10.4 労働安全衛生法のあらまし

労働安全衛生法は労働者の安全と健康を確保して快適な作業環境を作るために1972年（昭和47年）10月1日に公布された．図 10.3.1 に示す法体系に沿って建設業にかかわりの深い条文だけを概説し，法の輪郭を示す．

第3条（事業者の責務）
① 単に労働災害の防止のための最低基準を守るだけでなく，快適な作業環境の実現と労働条件の改善を通じて職場における安全と健康を確保するようにしなければならない．
② 建設物を建設し，その建設物が使用されることによる労働災害の発生の防止に努めなければならない．
③ 建設工事の注文者など仕事を他人に請負わせる者は施工方法，工期などについて安全で衛生的な作業の遂行を損なう条件を付けないこと．

第5条（共同企業体）
仕事を共同連帯して請負った場合，そのうち1人を代表として定め，都道府県労働局長に届け出ること．

第10条（総括安全管理者）
事業者は厚生労働省令で定める規模の事業所ごとに総括安全衛生管理者を選任すること．

第14条（作業主任者）
労働災害を防止するための管理を必要とするものについては，免許または技能講習を修了した者のうちから作業主任者を選任すること．

第15条（統括安全衛生責任者）
一つの場所で工事の一部を請負人に請負わせているとき，同一作業場の作業（混在作業と言う）によって生ずる災害を防止するために統括安全衛生責任者を置くこと．

第15条の2（元方安全衛生管理者）
統括安全衛生責任者を選任した特定事業（建設業その他政令で定める業種に属する事業）の事業者は，資格を有する者のうちから元方安全衛生管理者を選任すること．

第16条（安全衛生責任者）
① 第15条の統括安全衛生責任者を選出すべき事業者以外の請負人で，自ら仕事をする者は統括安全衛生責任者との連絡その他を行わせるための安全衛生責任者を選任すること．
② 関係請負人は統括安全衛生責任者に安全衛生責任者名を遅滞なく報告すること．

第19条（安全衛生委員会）
安全管理者・労働組合代表等の意見を事業者に述べさせるために安全衛生委員会を設けること．

第20～25条（危険防止・健康障害防止の措置）
事業者は作業方法から生ずる危険，場所等に係る危険，有害物質等から生ずる健康障害，作業行動から生ずる災害等を防止する措置を講ずること．

第27条（事業者が講ずべき措置と労働者が守るべき事項）
事業者及び労働者は，安全衛生規則第2編「安全基準」と第3編「衛生基準」に示されていることがらを守ること．

第28条（技術上の指針等の公表）
厚生労働大臣は，事業者が講ずべき措置の適切かつ有効な実施を図るため，必要な業種または作業ごとに技術上の指針を公表すること．

第29条（元方事業者の講ずべき措置）
元方事業者は関係請負人やその作業員が仕事に関して，法律または命令に違反しないよう必要な指導を行うこと．

第30条（特定元方事業者等の講ずべき措置）
特定元方事業者は混在作業によって生ずる災害を防止するため協議組織を設置，作業間の連絡・教育に関する指導，援助等を行うこと．

第31条（注文者の講ずべき措置）
特定事業の仕事を自ら行う注文者は，建設物，設備，原材料を関係請負人の作業者に使用させるときは，労働災害を防止するための必要な措置を講ずること．

第33条（機械等貸与者等の講ずべき措置等）

機械等貸与者から機械の貸与を受けた場合，労働災害を防止する必要な措置を講ずること．

第45条（定期自主検査等）

法で定める機械等は定期に自主検査を行い，その結果を記録しておくこと．

第59条（安全衛生教育）

雇入れ時等安全衛生教育を行うこと．危険，有害業務につかせるときは特別教育を行うこと．

第61条（就業制限）

法で定める業務につかせるときは，免許，または技能講習を修了した者に行わせること．

第62条（中高年齢者等についての配慮）

中高年齢者災害防止のため，特に配慮が必要な者については心身の条件に応じた適正配置を行うこと．

第65～69条（健康管理）

① 有害な業務を行う屋内作業場等，法で定めるものについて必要な環境測定を行い，その結果を記録すること．

② 作業者に対し，定期，雇入れ時及び特殊検診を行うこと．

③ 健康障害を生ずるおそれのある業務で法で定めるものについては，法で定めた時間以上就業させてはならないこと．

第88条（計画の届出等）

法で定める仕事を行うときは，その計画を厚生労働大臣または労働基準監督署長に届け出ること．届出者は自ら仕事を行う発注者あるいは，自ら仕事を行う元請負人が行うこと．

第89条（厚生労働大臣の審査等）

① 計画の届出のうち高度の技術的検討を要するものについて学識経験者の意見をきくこと．

② 審査の結果必要ありと認めるときは，災害防止に関する勧告または要請をすること．

第91条（労働基準監督官の権限）

労働基準監督官は事業場への立入り，書類等の検査，作業環境の測定その他の権限を有すること．

第100条（報告等）

厚生労働大臣，都道府県労働局長，労働基準監督署長は法の施行に必要ありと認めたときは事業者，労働者，その他の報告を求め，または出頭を命ずることができる．

第101条（法令等の周知）

事業者は法の要旨を作業場の見やすい場所に掲示しまたは備え付ける等の方法によって作業者に周知させること．

第103条（書類の保存等）

法で定めるところによって作成した書類は法の定める期間保存すること．

10.5　労働基準法との関係

　労働基準法は，憲法第27条第2項の「賃金，就業時間，休息その他の勤労条件に関する基準は，法律でこれを定める」という規程に基づいて制定された労働者の労働条件についての統一保護法である．労働安全衛生法は，労働基準法から分離独立したものである．安全衛生に関する事項は労働条件の重要な部分であり，第1条（目的），第3条（事業者の責務）に示されているように，労働安全衛生法と労働基準法とは一体としての関係に立つものである．また，賃金，労働時間，女子未成年者の就労等の一般労働条件は，労働災害の発生に密接に関連している．この点から，労働安全衛生法と労働基準法は，一体的な運用が図られなければならないものである．

10.6　労働基準監督署と監督官

　厚生労働省は全国の都道府県ごとに地方労働局を設け，その下に労働基準監督署を設置している．
　労働基準監督署には，労働基準監督官，技官，労働事務官が配置されており，労働安全衛生法他，労働基準法，最低賃金法などの施行に関する事務を掌っている．
　労働基準監督官の権限は，次のとおりである．
（1）　事業場の立入り，質問，検査，収去（行政上の権限）
（2）　疾病者の検診（行政上の権限）
（3）　違反などの行政処置〔図10.6.1参照〕
　　　是正指導，是正勧告，作業中止命令，使用停止命令など．
（4）　労働安全衛生法の規程に違反する罪について，刑事訴訟法の規程による司法警察員としての捜査．
　現地の所長は積極的に指導を受ける姿勢で監督官に接し，所轄地域に特定の災害が続発したとか，事故の社会的影響の特殊性とか，地区によっては危険が少ない等の所轄地域の特異性を考慮した指導を受けることが重要である．

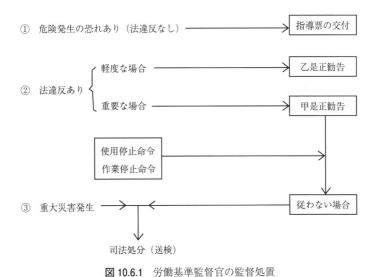

図 10.6.1 労働基準監督官の監督処置

10.7 安全衛生関係法規の体系

　わが国における労働安全衛生関係法規は労働基準法ならびに労働安全衛生法を中心に整備されており，その法体系は図 10.3.1 のとおりである．図 10.3.1 の法体系に示された以外に「指針」「規格」「規程」がある．指針は労働安全衛生法第 28 条に基づいて厚生労働大臣が，「技術上の指針」として公表するものである．これは事業者が安全衛生上の措置を適切に，そして，有効に実施できるよう省令だけでは言い足りないことを業種または作業別に指針として示すものである．
　例として，次のものがある．
　① 移動式足場の安全基準に関する技術上の指針
　② 墜落による危険を防止するためのネット構造の安全基準に関する技術上の指針
　「規格」は労働安全衛生法第 42 条に基づいて厚生労働大臣の公表する「構造規格」を指す．これは労働者に危険・有害で事故発生のおそれのある機械，保護具等について必要な規格または安全装置を備えるよう厚生労働大臣が定めて公表するものである．
　例としては，次のようなものがある．
　① クレーン構造規格
　② ゴンドラ構造規格
　③ 保護帽の規格
　④ 安全帯の規格
　この他に免許，技能講習，特別教育といった資格，教育関係の講師資格，講習科目，時間等を定めた規程がある．

10.8 資格・教育・指導と協議組織

10.8.1 資格・特別教育および雇入れ時等の教育

災害が発生したとき，法令で定められている資格を持っていない，または教育を受けていない者があると，事業者の責任を問われることがあるとともに，企業のイメージを大きく損うおそれがある．

資格と特別教育および雇入れ時等の教育を大別すると次のようになる．

（1） 免　　許

建設業に関係のある免許には，クレーン運転士などの車輛系の免許や発破技師などの危険作業を行う者に対する免許があり，それぞれ関係法令により，試験の内容や従事できる業務が定められている〔表 10.10.1 参照〕．

（2） 技 能 講 習

講習，試験は，労働基準局長または厚生労働大臣が指定する機関が行う．技能講習を大別すると，

　a） 作業主任者技能講習（例）足場の組立等作業主任者・鉄骨組立等作業主任者・酸素欠乏危険作業主任者

　b） 作業者の技能講習（例）ガス溶接・1 t 以上のクレーンの玉掛作業

（3） 特 別 教 育

教育は，各事業者が行う．教育内容も定められており，「十分な知識及び技能を有していると認められる労働者については，その全部または一部を省略することができる（安全衛生規則第 37 条）」とされている．この教育を修了したことを証明するためには，修了証を発行する，ワッペンを渡す，台帳を作るなどの措置を行う．事業者は記録を作成し保有しておく．

（4） 雇入れ時等の教育

教育は，各事業者が行う．これは新たに雇入れた者に施す教育で，原則として作業場を変更しただけでは施す必要はないが，新しい場所，施設，環境など従来と著しく異なって，災害または健康障害へのおそれのあるときは，その件について教育を追加する．雇入れ時等の「等」の解釈は，作業内容の変更時を意味する．これも台帳に記録する．

（5） 職長等の教育（安全衛生法第 60 条）

教育は各事業者が行う．これは労働災害が比較的に多い業種（建設業他）の職長その他の作業中の労働者を直接指導または監督するものに対して安全衛生に関する教育を行うよう義務づけられている．

（6） 資格者等に関する一般的な注意

　a） クレーン等の免許証は常時携帯させる．

　b） 移動式クレーンの公道上の運転には特殊車両の免許が必要であるが，現地における運搬作業には，クレーン運転士の免許が必要である．

　c） 玉掛け合図者は，指名された者であること（クレーン規則第 71 条）とされているが，合図者の能力，判断が防災上大きなウエイトを占める場合があるので合図者も玉掛け作業の技能

講習修了者であることが望ましい.

d) 特別教育は,事業者が行えばよいとされている.その場合その事業者が行う工事または作業現場にかぎり通用することになっているが,労働基準協会または,安全衛生協会等の指定代行機関が行った教育修了者に対しては,全国的に通用する.ただし,その場合でも,その現場に特に生じやすい危険があれば,指定機関の特別教育に更に加えて万全を期す必要がある.

10.9 用　　　語

安全衛生に関し,一般に使用される用語を以下に示す.

10.9.1 重 大 災 害

一つの事故で3名以上の死傷者が発生した災害.この場合,3名すべてが軽傷者であっても重大災害という.

10.9.2 度 数 率

百万延べ実労働時間あたりの死傷者数をもって災害発生の頻度を表したもので,下式で示される.

$$度数率 = \frac{労働災害による死傷者数}{延べ実労働時間数} \times 1\,000\,000 \quad （小数点三位以下四捨五入,以下同じ）$$

10.9.3 強 度 率

1 000延べ実労働時間あたりの労働損失日数をもって災害の重さの程度を表したもので,下式で示される.

$$強度率 = \frac{延べ労働損失日数}{延べ実労働時間数} \times 1\,000$$

損失日数は次式による.

$$損失日数 = 休業日数 \times \frac{300}{365}$$

ただし,死亡または障害を残す場合は次による.

① 死亡および障害等級1～3級

　損失日数：7 500日

② 障害等級4～14級

　障害等級4～14は表10.9.1による.

表10.9.1　身体障害等級別労働損失日数

障害等級	4	5	6	7	8	9	10	11	12	13	14
損失日数	5 500	4 000	3 000	2 200	1 500	1 000	600	400	200	100	50

10.9.4 年千人率

$$年千人率 = \frac{年間死傷者数}{年間平均労働者数} \times 1\,000$$

10.9.5 労働者・事業者

労働者とは，職業の種類を問わず，事業（一定の予定期間内に事業目的を達成して終了するもの）または事務所に使用される者で賃金を支払われる者をいい，事業者とは，事業を行うもので，労働者を使用するもの，具体的には，その事業の経営主体そのもの，つまり事業経営の主体として損益計算の帰属する者を指し，個人企業にあってはその個人企業の経営主，会社その他の法人にあっては法人そのものが該当する．

10.9.6 労働時間

（1） 8時間労働制の原則

労働時間とは現実に作業している時間のみでなく来客，当番など手待ち時間も含む．1日8時間・原則として1週40時間と規定されている．

（2） 変形労働時間制

就業規則等で1か月以内の一定期間を平均し，1週40時間を超えない定めをした場合は，特定された日または特定された週に1日8時間または1週40時間を超えて労働させることができる．

（3） 年少者の労働時間

変形労働時間制は認められない．しかし1週間のうち1日の労働時間を4時間以内に短縮すれば，他の日は，10時間まで働かせることができる．

10.10 安全衛生管理に必要な資料

安全衛生管理を実施していく上で関連のある規則・資格・計画例などについて以下に示す．
（1） 安全衛生公害法規体系
（2） 国土交通省における「建築工事現場における落下物による危害を防止するための措置に関する指導基準」
（3） 有資格者一覧表〔表10.10.1〕
（4） 揚重装置の就業制限
（5） 建設事務所における溶接関係の就業制限
（6） 作業主任者危害防止担当者〔表10.10.2〕
（7） クレーンの設置届け・表示など〔表10.10.3〕
（8） 安全衛生管理業務推進分担表
（9） 安全衛生管理行事計画

表 10.10.1 有資格者一覧表

記号	種類	資格名	備考
ク	免	クレーン運転者	つり上げ荷重5t以上
デ	免	デリック運転者	つり上げ荷重5t以上
移	免	移動式クレーン運転者	つり上げ荷重5t以上
電	免	電気主任技術者	契約50kW以上の自家用
工	免	電気工事士	電気工事を取り扱う者（電気工作物）
高圧	免	高圧室内作業主任者	大気圧以上
保	免	火薬類取扱保安責任者	火薬庫・消費
破	免	発破技士	削孔・装てん・結線・点火ほか
発	免	発破破・電気発破・作業指導者	合図
潜	免	潜水士	消火器使用作業
危	免	危険物取扱責任者	消防法
ガス	免	ガス溶接作業主任者	ガス集合装置・溶断・加熱
地	免	地山の掘削作業主任者	掘削深さ2m以上
探	免	探石のための掘削作業主任者	掘削面の高さ2m以上
土止	技能講習	土止支保工作業主任者	切ばり・腹起しの取付け
ずい道掘削	技能講習	ずい道の掘削作業主任者	ずい道・ずい道支保工58.6.1
ずい道覆	技能講習	ずい道工事の覆工作業主任者	ずい道支保工58.6.1
型枠	技能講習	型枠支保工作業主任者	型枠支保工組立て・解体
足場	技能講習	足場組立等作業主任者	足場の組立て・解体
鉄骨	技能講習	鉄骨の組立等作業主任者	高さ5m以上
玉がけ	技能講習	玉掛作業員	1t以上
車両建	技能講習	車両系建設機械運転者	積込み・整地・運搬・掘削
車両運	技能講習	車両系荷役運搬機械運転者	3t以上のくい打抜き機の運転
基礎	技能講習	基礎工事用機械運転者	フォークリフト・ショベルローダ・フォークローダ1t以上
酸欠	技能講習	酸素欠乏危険作業主任者	たて坑・ずい道・潜函・ピット
特仕	技能講習	特定化学物質等作業主任者	石綿・コールタール
有機	技能講習	有機溶剤作業主任者	屋内、タンクで有機溶剤を使用するとき（トルエン）
コンクリート破砕	技能講習	コンクリート破砕器作業主任者	火薬類
コンクリート解体	技能講習	コンクリート造の工作物の解体等作業主任者	高さ5m以上のコンクリート造の解体58.6.1
木	技能講習	木造建築物の組立等作業主任者	軒高5m以上の木造構造物
はい	技能講習	はい作業主任者	高さ2m以上のはい作業

記号	種類	資格名	備考
ガス	技能講習	ガス溶接作業者	金属の溶接・溶断
救	指定講習	ずい道の掘削・覆工、救護、技術管理者	ずい道1000m以上、たて坑50m以上
高	指定講習	高圧室内救護技術管理者	ゲージ圧0.1MPa以上
近工	指定講習	営業線近接作業工事指揮者	JR保安
近事	指定講習	営業線近接作業事故防止専任者	JR保安
近路	指定講習	営業線近接作業踏切監視員	JR保安
近機	指定講習	営業線近接作業重機械運転員	JR保安
防	指定講習	防火管理者	50人以上（事務所・宿舎）
ずい道作	特別教育	ずい道作業員	ずい道の掘削・型枠支保工・支保工
ク運	特別教育	クレーン運転者	0.5t以上5t未満
デ運	特別教育	デリック運転者	0.5t以上5t未満
移運	特別教育	移動式クレーン運転者	0.5t以上1t未満
玉作	特別教育	玉がけ作業員	1t未満
車建運	特別教育	車両系建設機械運転者	3t未満（機体重量）
基運	特別教育	基礎工事用機械運転者	3t未満（機体重量）
車縮運	特別教育	車両系締固め機械運転者	ローラ
車荷運	特別教育	車両系荷役運搬機械運転者	ショベルローダ・フォークローダ1t未満（荷重）
建リ運	特別教育	建設用リフト巻上げ機械運転者	エレベータ・簡易リフトウィンチ
ゴンドラ	特別教育	ゴンドラ操作員	ゴンドラ
電取	特別教育	電気取扱い者	点検・修理開閉器の操作
軌道	特別教育	軌道装置運転者	ジーゼルロコ・バッテリーロコ
圧縮	特別教育	高圧室内圧縮機操作保員	作業室・気甲室
送気	特別教育	高圧室内送気調節保員	作業室
送排	特別教育	高圧室内送排気保員	気甲室
再保	特別教育	高圧室内再圧室操作保員	ホスピタルロック
高圧	特別教育	高圧下作業員	高圧下作業
酸欠員	特別教育	酸素欠乏危険作業員	酸素欠乏のおそれのある場合
潜	特別教育	潜水作業送気調節保員	
アーク	特別教育	アーク溶接作業者	
ふんじん	特別教育	ふんじん作業者	坑内の掘削・ずり出し

表 10.10.2 作業主任者等危害防止担当者

業務区分	選任・配置すべき者	適用範囲（業務内容）	資格（要件）	規則条項
統括管理	統括安全衛生責任者	同一場所で元請・下請の労働者が混在する事業の特定元方事業者（建設業・造船業）	当該場所で、その事業の実施を統括管理する者	安衛法 15／安衛令 7
統括管理	安全衛生責任者	統括安全衛生責任者を選任すべき事業者以外の請負人	指名	安衛法 16／安衛則 19
足場・高所	足場の組立等作業主任者	吊足場・張出し足場、高さ5m以上の足場の組立・解体または変更の作業	技能講習修了者	安衛則 565
足場・高所	墜落危険作業指揮者	建築物・橋梁足場等の組立・解体または変更の作業（ただし、上欄のものは除く）	指名	安衛則 529
鉄骨組立	鉄骨組立等作業主任者	鉄骨の組立等の作業（高さ5m以上）	技能講習修了者	安衛令 6／安衛則 517-4
電気	停電・活線作業指揮者	停電作業または高圧・特別高圧の電路の活線もしくは活線近接作業	指名	安衛則 350
電気	電気取扱者	充電電路またはその支持物の敷設・点検修理、充電部分が露出した開閉器の操作	特別教育修了者	安衛則 36
電気	電気工事士	電気工事を取り扱う者（一般用電気工作物）	◎免許者（自家用で主任）技術者を選任し、その指揮下で行う場合は、上欄の者で可	電工法 3
溶接	ガス溶接作業者	可燃性ガスおよび酸素を用いて行う金属の溶接・溶断または加熱の業務	技術講習修了者	安衛令 20
溶接	アーク溶接作業者	アーク溶接の業務	特別教育修了者	安衛則 36
機械類	車両系建設機械運転者	機体重量3t以上のもの ／ 動力用を用い、かつ不特定の場所に自走できないものの運転	技能講習修了者	安衛令 20
機械類	車両系建設機械運転者	機体重量3t未満のものおよび締固め用機械 ／ ただし道路上走行運転を除く	特別教育修了者	安衛則 36
クレーン等の設置（ケーブルクレーン含む）	クレーン組立・解体作業指揮者	クレーンの組立または解体の作業	指名	ク則 33
クレーン等の設置（ケーブルクレーン含む）	デリック組立・解体作業指揮者	デリックの組立または解体の作業	指名	ク則 118
クレーン等の設置（ケーブルクレーン含む）	エレベーター組立・解体作業指揮者	屋外に設置するエレベーターの昇降路塔またはガイドレール支持塔の組立または解体の作業	指名	ク則 153
クレーン等の設置（ケーブルクレーン含む）	建設用リフト組立・解体作業指揮者	建設用リフトの組立または解体の作業	指名	ク則 191

表 10.10.2 （つづき）

業務区分	選任・配置すべき者	適用範囲（業務内容）	資格（要件）	規則条項	
クレーン等の運転（ケーブルクレーン含む）	クレーン運転者	吊上げ荷重5t以上クレーン	◎免許者（クレーン・デリック運転士）	安衛令	20
		イ．吊上げ荷重5t未満のもの ロ．床上で運転し，かつ運転者が荷の移動とともに移動する方式のクレーンまたは跨線テルハで吊上げ，荷重5t以上のもの	特別教育修了者	安衛則	36
	移動式クレーン運転者	吊上げ荷重5t以上のもの	◎免許者（移動式クレーン運転士）	安衛令	20
		1t以上5t未満のもの	技術講習修了者または免許者		
		吊上げ荷重1t未満のもの	特別教育修了者	安衛則	36
	デリック運転者	吊上げ荷重5t以上のもの	◎免許者（クレーン・デリック運転士）	安衛令	20
		吊上げ荷重5t未満のもの	特別教育修了者	安衛則	36
	建設用リフト運転者		特別教育修了者	安衛則	36
玉掛け	玉掛け作業者	吊上げ荷重1t以上のクレーン・移動式クレーンまたはデリックの玉掛けの業務	技能講習修了者	安衛令 ク則	20 221
		吊上げ荷重1t未満のクレーン・移動式クレーンまたはデリックの玉掛けの業務	特別教育修了者	安衛則 ク則	36 222
防火	防火管理者	寄宿舎・事業場など当該建設に出入り・勤務・居住する者が50人以上のもの	講習修了者	消防法 消防令	8 1
	危険物取扱主任者	危険物を一定数量以上製造・貯蔵，取り扱う事業の保安監督	免許者（甲・乙種）	消防法	13
	危険物取扱作業指揮者	危険物を製造し，または取り扱う作業	指名	安衛則	257

（注） 安衛法：労働安全衛生法　　　　　　　有則：有機溶剤中毒予防規則
　　　 安衛令：労働安全衛生法施行令　　　　 酸則：酸素欠乏症防止規則
　　　 安衛則：労働安全衛生規則　　　　　　 消防法：消防法
　　　 ク則：クレーン等安全規則　　　　　　 消防令：消防法施行令
　　　 ゴ則：ゴンドラ安全規則　　　　　　　 電工法：電気工事士法
　　　 ボ則：ボイラーおよび圧力容器安全規則

表 10.10.3　クレーンの設置届け・表示など

(a) 設 置 届 け

種　別	形　式　・　能　力	規則条項	
クレーン	吊上げ荷重3t以上	ク則	5
デリック	吊上げ荷重2t以上	ク則	96

(b) 設 置 報 告

種　別	型　式　・　能　力	規則条項	
クレーン	吊上げ荷重0.5t以上3t未満	ク則	11
移動式クレーン	吊上げ荷重3t以上のときは，明細書と検査証を提出	ク則	61
デリック	吊上げ荷重0.5t以上2t未満	ク則	101

(c) 監視人の配置を必要とする場合の一覧表

該　当　箇　所	規則条項	
車両系建設機械の転倒・転落防止（誘導者）	安衛則	157
車両系建設機械の接触防止（誘導者）	安衛則	158
3m以上の高所から物体を投下するとき	安衛則	536

(d) 立入禁止の措置（表示も含む）を必要とするところの一覧表

該　当　箇　所　と　場　合		規　則	
運転中の車両系建設機械に接触危険の箇所		安衛則	158
火災または爆発の危険ある場所		安衛則	288
墜落の危険ある箇所		安衛則	530
物体落下による危険箇所		安衛則	537
吊足場，張出し足場，高さ5m以上の足場の組立て・解体，変更作業の区域		安衛則	564
クレーン	ケーブルクレーンのワイヤロープの内角側	ク則	28
	リフティングマグネット付きのもの，吊上げられた荷の下	ク則	29
	組立て・解体の作業区域	ク則	33
移動式クレーン	リフティングマグネット付きのもの，吊上げられた荷の下	ク則	74
デリック	ワイヤロープの内角側	ク則	114
	リフティングマグネット付きのもの，吊上げられた荷の下	ク則	115
	組立て・解体の作業区域	ク則	118

(e) 表示標識の設定を必要とするところの一覧表

表　示	該　当　箇　所　と　場　合	規則条項	
重量トン	1つの貨物で重量1t以上のものを発送しようとするもの（包装されていない貨物で，一見してその重量が明らかなものはこの限りでない）	安衛則	35
作業主任者氏名等	作業主任者の氏名およびその者に行わせる事項	安衛則	18
運転禁止	機械の掃除・給油・検査修理の作業を行うため運転を停止している場合	安衛則	107

10.11 技術的安全衛生管理

施工計画にあたって，当該工事の安全目標を確認し，工事現場の安全衛生管理目標を設定する．
工事規模・立地条件・工期，およびその工事の特殊性を考慮し，次に掲げる項目に従って目標設定をし，計画書を作成する．
① 全工期を通したものとする．
② 工事別の重点目標を設定する．
③ 具体的で実施可能な目標とする．
④ 緊急性・経済性を考慮した目標とする．

10.11.1 安全衛生計画書の作成

工事着工に先立ち，担当者は以下の項目に従い安全衛生計画を立案する．
① 立地環境条件
② 工種・工程別の予測される災害
③ 災害防止の具体的な実施計画

（1） 立地環境条件

立地環境条件として近隣，交通，第三者敷地の状況，地域特性の現況を記述する．
以下に記述の一例を示す．

＜例＞

「当工事は，国道の基点にあたり，裏側に木造2階屋を配した交通頻繁な地域である．立地条件は，南側全面に既存のビル（地下1階地上8階）があり，裏側の敷地には一部半地下1階，地上5階のビルに接している．西側に一方通行の歩道のない8m道路に面している．この道路は，朝夕の通勤のため歩行者が多く，またう（迂）回路として車の通行が頻繁である．敷地は大都会の谷底の観があるが，これらの状況のもとに安全衛生管理対策を考えると，工事施工に関するものと，第三者に関するものが大きくクローズアップされる．」

（2） 災害防止のための具体的計画

主要工事工程に基づき工種別の災害を予測する．さらに工事区分・災害項目を基本に，災害防止の具体的な実施内容および教育計画を記入する〔表10.11.1参照〕．

表10.11.1　安全管理工程表（例）

年	4月	5月	6月	7月	8月	9月
		全国交通安全運動	全国安全準備月間	全国安全週間	電気使用安全月間	全国衛生準備月間
工程表	鉄骨建方／第1節	第2節	第3節／第4節	床板設置工事	先付けファスナ／耐火被覆	
主要工事	1.鉄骨建方(第1節)	1.鉄骨建方(第2節) 2.ボルト・溶接工事	1.鉄骨建方(第2節) 2.ボルト・溶接工事 3.床デッキプレート敷設	1.鉄骨建方(第3,4節) 2.ボルト・溶接工事 3.床デッキプレート敷設 4.床コンクリート打設	1.ボルト・溶接工事 2.床デッキプレート敷設 3.床コンクリート打設 4.耐火被覆工事	1.床デッキプレート敷設 2.床コンクリート打設 3.耐火被覆工事 4.カーテンウォール工事
災害防止重点項目	●親綱安全帯完全使用の徹底 ●安全な玉掛け作業 ●揚重機の合図の徹底 ●機械の点検 ●車両出入の管理 ●下請各職間の連絡調整	●場内の片付け ●安全通路の確保 ●安全な玉掛け作業 ●安全な高所作業教育 ●墜落防止 ●足場の点検	●クレーンの安全な建方 ●保護具の完全着用 ●開口部の養生 ●玉掛け合図徹底 ●機械の点検整備	●安全な高所作業の徹底 ●親綱安全帯の使用の徹底 ●防火設備の点検 ●整理整とんの徹底 ●安全通路の確保 ●電気溶接機の取扱い注意	●飛来落下物の防止 ●仮設配線の点検整備 ●電気溶接機の取扱い注意 ●電気設備の点検 ●整理整とんの徹底	●台風対策 ●親綱安全帯の安全使用徹底 ●安全な玉掛け作業 ●揚重機の合図の徹底 ●危険物取扱い注意 ●正しい工具の使い方 ●作業服装の徹底
月間目標	安全な鉄骨建方をしよう	良い作業環境をつくろう	墜落災害を防止しよう	飛来落下を防止しよう	電気災害をなくそう	正しい作業態度を守ろう
延	1	2	3	4	5	6

10.11.2　安全に即した工程計画

いかに完全な安全施設があっても，作業工程に無理があれば安全な作業を行うことは困難である．したがって，適切な労働時間・休憩時間が確保されなければならない．

建設工事現場の特色として，数十種の職種の労働者が同一作業所で働くことは避けがたく，これが建設業の災害発生率を高率にしている要因となっている．したがって，適切な工程計画によって可能な限りこれを避ける工夫が必要である．

（1）　適切な労働時間・休憩時間の確保：週40時間労働，隔週土曜毎日曜・祝祭日の休業
（2）　天候不良日の作業排除：天候不良日の計画的な予測と工程日数への盛込み
（3）　作業の入り乱れによる災害の排除：1フロア1業種の原則および上下作業の調整

10.11.3　安全計画を盛り込んだ仮設計画

仮設計画により施工能率は極度に違ってくるが，一方，工事現場の安全も仮設計画により大きく

左右される．第三者への危険防止，作業員の基本的安全衛生の確保に立脚し，仮設計画を行わなければならない．

(1) 第三者への危険防止策

企業がその企業活動をするにあたって関係のない第三者に危害を加えることのないよう，万全の仮設計画を立てて工事を進めることが必要である．

a) 工事現場周辺の歩行者の保護：十分堅固で高い仮囲い，歩道防護構台，外部足場を利用した飛来落下物処置，車両進入時の警報および誘導，飛来物防止網
b) 周辺道路の車両保護：適切な仮設出入口の配置，車両出入時の警報および誘導
c) 周辺道路埋設物の保護：埋設物事前調査，工事中の各種計測および点検励行，監督官庁との調整連絡

(2) 作業所動線の確立

一般工場と異なり，作業員の出退時の動線は作業場内に設けざるを得ないのが建設工事現場の一般的な姿である．したがって，その動線は工事に従って安全を確保しながら計画的に変更せざるを得ない．

また，最近の工事では，大型の建設機械が大量に投入され，また，搬入される諸資材も膨大なものとなり，運搬車両の出入りも激しくなっているので，動線および作業スペースの配分は，特に工程的に十分検討を加え，動線と作業スペースが重なることのないように配慮し，安全に作業が進められるようにしなければならない．

a) 作業員・来客らの安全通路：安全通路の標示，仮囲い・仮屋根などによる通路の防護
b) 工程に即した工種別動線の分離：コンクリート工事の生コン車の通路，鉄骨工事の搬入車および荷さばきスペース・作業スペースの分離，一般資材の搬入，ストックヤードの確保

10.11.4 建方計画における安全管理

揚重機の取扱いの不手際は大事故につながるケースが多く，その設置・組立て・運転・保守点検には特に入念な計画が必要で，「労働安全衛生法」「クレーン等安全規則」「クレーン等構造規格」に則り，災害防止の措置をとらなければならない．

① 特定監督官庁の検査合格証の確認と有効期限の厳守
② 運転・玉掛け・信号者の選任：必要免許の確認と携帯の義務，特別教育の実施
③ 揚重作業員の専任化：揚重班の編成および一般作業員の揚重作業の禁止
④ 揚重物の形状の簡素化：パレット，コンテナの採用，重心および重量の標示
⑤ 長期揚重計画による搬入資材量の一定化
⑥ 揚重開口・揚重シャフトの完全防護：揚重開口部への簡易シャッターの採用および本設シャフトの利用によるシャフト周囲の完全防護
⑦ 作業半径・荷さばきスペース内の一般作業員の立入り禁止措置：立入り禁止区域の固定化と立入り禁止さくの設置
⑧ 揚重機の定期点検および作業前点検の励行：専任機電係による定期点検および専任運転者に

よる作業点検の励行
⑨　リース機械への使用許可書の発行および仕様検査表による点検指導，ならびに安全作業の指導監督：専任機電係による使用許可検査とオペレータの固定化

10.11.5　工事用電気設備の安全管理

従来，工事用電気設備は仮設的な考え方からなおざりにされる傾向にあったため，それによる災害の発生の建設災害に占める割合は高く，また，その災害は死亡災害などの重大災害につながることが多かった．

近年，工事現場で用いられる動力機械は大型化されてきている．その機械の大半は電力によって動くものであり，大はタワークレーンより，小は電気ドリルに至るまで多種多様なものである．これら多種多様にわたる電気機器・照明に対処して，工事用電気設備が計画されるのであるが，工事現場のつねとしてその作業場の状況は刻一刻と変化していく．

したがって，電気設備の日常保守点検がより重要なものとなっている．また，工事現場で使用される電動工具は協力業者の持ち込み機器が大半を占めるため，その持ち込み時の検査，日常の保守・点検の指導チェックが工事現場の電気の安全管理を大きく左右するものである．

10.11.6　工事用機械設備の安全管理

近年，工事現場の機械化による省力化は著しく，種々の機械が考案改良され，建設工事に投入されている．今日のように工事が大型化した工事現場では，機械力を無視しては工事現場は成り立たない．

一方，安全管理の面よりみると，機械の不備，操作の誤りなどがあれば，重大災害などの事故につながることが多い．

しかし，機械力による省力化を図る必要がある以上，事前の施工計画と綿密な運営を図り，積極的に機械を導入する一方，十分な管理チェックシステムを確立しなければならない．

10.11.7　近隣通行人に対する第三者障害

（1）電波障害対策

本来，設計段階で考慮すべきことであるが，施工段階でも関係各方面に再確認する必要がある．建物が高くなることによって障害が発生するので，発生以前の措置が必要である．

（2）コンプレッサ・インパクトレンチの騒音防止対策

コンプレッサは，法律で届け出が必要である．また，インパクトレンチも条例の規制対象機械である．

（3）鉄さびおよび塗料の飛散防止対策

鉄さびの飛散に関しては，足場が完成する以前はシート類で防止することは不可能である．したがって，建方前にさび落としを行うなどの措置が必要である．

10.11.8 ガス溶接等作業の安全

ガス溶接等の作業とは，可燃性のガスおよび酸素を用いて行う金属の溶接，溶断または加熱の業務をいう．

この作業は，爆発，火災等の災害の他，粉じんによるじん肺，高温による火傷，赤外線，紫外線による眼障害等，安全衛生上危険有害な業務とされている．

安衛法上就業制限業務に規定され，この業務に就く者はガス溶接作業主任者免許の保有者か，ガス溶接技能講習修了者に限られる．

ただし，アセチレン溶接装置またはガス集合溶接装置を用いて行う金属の溶接，溶断または加熱の作業には，ガス溶接作業主任者免許保有者の中から作業主任者を選任しなければならない．鉄骨加工の工場では，切断，孔あけ，矯正，ひずみ取り等々の作業には，ガス溶接装置は欠くことができない．

（1） ガス容器の順守事項
 a） 容器は，通風，換気の良い不燃性の材料で囲った場所に貯蔵する．
 b） 可燃性のガスと酸素の容器は区画し，一緒に置かない．
 c） 可燃性ガスの容器は，貯蔵時も使用時も立てて置き，転倒防止装置をする．
 d） 容器の温度は，40℃以下に保つ．
 e） 容器に衝撃を与えない．
 f） 使用中は可燃ガス容器および酸素容器それぞれに元栓ハンドルをセットする．

（2） 調整器，圧力計の順守事項
 a） 容器に取り付ける時はそのつど口金に付着している油類や塵芥を除去する．
 b） ねじ部，その他の部分には油類を用いない．
 c） 清潔な手袋で取り扱う．
 d） バルブの開閉は静かに行う．
 e） 作業中止時又は終了時には容器弁を閉じ調整ハンドルを緩める．

（3） 吹管，火口の順守事項
 a） たたいたり衝撃を与えないよう丁寧に取り扱う．
 b） ごみや，油類が付着しないよう，清潔に保管し取り扱う．
 c） 火炎を止める時は，酸素のコックを先に閉める．

（4） ゴムホースの順守事項
 a） ホースと調整器，吹管との接続部はホースバンドで確実に取り付ける．
 b） 上記取付時ホース内面に油を付けたり，ナイフで削ったりしない．
 c） ホースが通路を横切る時は，覆いを付ける．
 d） ガス漏れの月例水圧点検をする．

10.11.9 アーク溶接作業の安全

建築構造物の多くが溶接継手のため，アーク溶接は鉄骨加工に欠くことができない作業方法であ

る．
　アーク溶接作業は，次の種類の災害発生のおそれのある危険または有害な作業である．
- ① 感電・電撃災害
- ② アーク光災害
- ③ 高温災害
- ④ ヒューム・ガス災害
- ⑤ 爆発・火災災害

(1) 低圧電気の危険性

　a) 電撃の危険要因
- ① 通電電流の大きさ
- ② 通電時間
- ③ 電流の種類
- ④ 通電経路
- ⑤ 間接要因（人体抵抗と電圧の強さ）

　b) 電流の大きさと危険度（交流は60Hz）

電流の呼称	種類	電流値	人体への影響症状
感知電流	交流	1.0 mA	人体に感じる電流値
	直流	5.0 mA	
可随電流	交流	7〜15 mA	自力で電源から離脱できる電流値
	直流	35〜75 mA	
不随電流	交流	15 mA	運動の自由がきかない電流
	直流	75 mA	
心室細動電流	交流	平均 250 mA	心臓のけいれんが始まる電流値
	直流	平均 300 mA	

上記電流値は動物実験（羊）により推定されたもので，実験者により異なる．特に前項（1）の⑤の間接要因は実験者により大きく異なる．

　c) 通電の時間との危険度

　　通電時間が長いほど，危険になることは常識であるが，そのことを次に示す．
- ① 通電時間と危険電圧（交流）

通電時間（秒）	1.0	0.8	0.6	0.5	0.4	0.3	0.2
危険電圧（V）	90	100	110	125	140	165	200

② 通電時間と危険電流（交流）

通電時間（秒）	1.0	0.8	0.6	0.5	0.4	0.3	0.2
危険電流（mA）	180	200	220	250	280	330	400

③ 小電流の時間と危険性

不随電流	分単位の時間と経過で死に至る
心室細動電流	秒単位の時間の経過で死に至る

d）電源の種類と危険度

　前各表のとおり，交流電源より直流または高周波電源の方が安全である．

e）通電の経路と危険

　感電災害は，感電時のショック，通常電撃による心臓の停止と，通電による心臓の細動を起こすことにより死亡となるため，心臓部に近い経路が危険である．

f）電圧の関係（安全電圧）

　わが国には，交流自動電撃防止装置の電圧を 25 V 以下と定めているものの，安全電圧という概念は存在しないが，外国にある安全電圧を次に示す．

ドイツ，イギリス	24 V
スイス，オランダ	50 V

g）人体抵抗（電圧は印加電圧）と危険

状態	電圧	抵抗値
皮膚の乾燥時	100 V	約 10 000 Ω
皮膚発汗時	100 V	皮膚の乾燥時の 1/12
皮膚の水濡れ時	100 V	皮膚の乾燥時の 1/25
乾湿無関係	1 000 V	約 500 Ω

　＊人体の内部抵抗は，約 500〜1 000 Ω である．

h）アーク溶接時の電流値の試算と危険

　アーク溶接時の電流値は，次の算式により求めることができる．

$$I = \frac{E}{R_1 + R_2 + R_3}$$

　なお，I＝人体への通電電流
　　　　E＝溶接機の出力側負荷電圧（V）
　　　　R_1＝手とホルダまたは溶接棒の充電部との接触抵抗（Ω）
　　　　R_2＝人体の抵抗（Ω）
　　　　R_3＝足と大地との接触抵抗（Ω）

　　　　（例）$E = 95\,\text{V}$（400 mA または 500 mA 溶接機）

　　　　$R_1 = 20\,000\,\Omega$（乾燥時）

　　　　$R_2 = 500\,\Omega$（500〜1 000 Ω）

　　　　$R_3 = 30\,000\,\Omega$（乾燥時）

　とすれば，$I \fallingdotseq 2\,\text{mA}$ となる．

　発汗時は，$I \fallingdotseq 2 \times 12 \cdots\cdots = 24\,\text{mA}$

　水濡れ　　$I \fallingdotseq 2 \times 25 \cdots\cdots = 50\,\text{mA}$

　一次側（200 V）の場合は，48 または 100 mA となる．

　いずれの場合も不随電流値をオーバーしているので危険ということが分かる．

（2）感電災害の危険性

　次の表は，アーク溶接に係る感電死亡災害の数字である．昭和37年以降溶接棒ホルダによる災害が急激に減少した要因は，昭和36年に安全ホルダおよび自動電撃防止装置の使用が法制化され普及したことによる．

原因別＼年別	36	37	41	46	51	56
ホルダに接触	30	4	4	0	1	0
溶接棒に接触	5	3	4	7	2	1
その他に接触	5	7	9	1	1	1
計	40	14	17	8	4	2

（3）感電災害の防止

　a）母材の接地（アース）の完備

　b）溶接機外箱の接地（アース）の完備

　c）絶縁形ホルダ（安全ホルダ）の使用

　d）損傷のないケーブルの使用

　e）使用電流に応じた大きさのケーブルの使用

　f）接続端子部の絶縁カバーの完備

　g）導線接続部のコネクタの使用

　h）交流アーク溶接機用自動電撃防止装置の使用

　i）溶接作業休止用の電源の開放

　j）溶接機一次側回路に漏電遮断器の設置

　k）絶縁性手袋の使用

　l）湿潤した作業服肌着の禁止

（4）アーク光危険性と災害防止

　a）アーク光の危険性

　　アークから発生する光線は，非電離放射線で可視光線のほかに紫外線と赤外線が含まれている．

強い光線のため激痛が起きたり，結膜や角膜などが侵され電気性眼炎となる．さらに水晶体や眼底が侵され白内障を起こし失明につながる危険がある．

b） 目の災害防止
① 保護面と適正しゃ光フィルタの使用〔表 10.11.2〕
② 保護眼鏡の使用
③ しゃ光衝立およびしゃ光幕の設置
④ 作業終了後の洗眼，冷眼の励行

(5) 高温の危険性と災害防止

a） 高温の危険性

溶接作業中，発生する高温のスパッタやスラグが飛散し，火災爆発および火傷等が発生する．または高温のビードに触れて火傷を受けたり，引火することが多く発生している．

b） 高温災害の防止
① 溶接用かわ手袋の使用
② 溶接用保護衣（足カバー，前かけ，腕カバー，頭布等）の使用
③ 保護面を用いたスラグ取りの励行

(6) ヒューム・ガスの危険性と災害防止

a） ヒューム・ガスの危険性

ヒュームとは，溶接の作業中に発生する煙の中の成分で，母材や溶接棒の金属がアークの高温によって，いったん気化したものが冷たい空気に触れて，微粒子（酸化けい素，マンガン，クロム，銅等）の固体になったものや，溶接棒のフラックスから発生したふっ化物もある．

したがってヒュームを大量に吸い込むとじん肺や中毒を起こす．

また，煙の中のガスは，炭酸ガス，水分，一酸化炭素，一酸化窒素とオゾンで，これらを長時間吸引すると有害である．

b） ヒューム・ガス災害の防止
① 呼吸器用保護具（防じんマスク，防毒マスク，送気マスク）を使用する．
② 通風状態を良好にする．
③ 換気装置，局所排気装置を設置する．

(7) 爆発・火災の危険性と災害防止

a） 爆発火災の危険性

溶接の作業中または終了後に，建屋や船舶等で爆発・火災の事故が頻繁に発生している．これらの事故は，可燃物や引火性の油類，可燃性粉じん等に，溶接中のスパッタやアークなどから引火したものである．

b） 爆発・火災の防止
① 可燃物や引火性油類，可燃性粉じん等がある場所では，アークを発生しない．
② 溶接場所には可燃物等を持ち込ませない．

③　作業場近くに消火器を備える．
　④　ガウジングの際は，衝立て等を設ける．
　⑤　作業終了後は，散水と残火の確認を行う．

10.12　塗装作業の安全

10.12.1　有機溶剤の危険性

　鉄骨構造物は，加工の終了と共にプライマー塗装が行われる．その塗料の溶剤には，有機溶剤が用いられる．

　有機溶剤は，揮発性と脂溶性の特徴を持っているため，人体にとっては極めて悪質の有害物質である．

　すなわち，有機溶剤液が皮膚に触れると，皮膚を溶かす．また有機溶剤蒸気が肺に入ると血管を伝わり脳の中枢神経を侵し中毒症状を起こす．中毒症状では，意識が失われたりする．重傷となると死に至る．

10.12.2　屋内塗装作業の遵守事項

　①　有機溶剤作業主任者を選任し作業を管理させる．
　②　局所排気装置を設置し排気する．
　③　作業主任者の氏名と有機溶剤の有害性を掲示する．
　④　有機剤の区分標示を行う（1種赤，2種黄，3種青）
　⑤　溶剤および塗料の貯蔵・保管庫を設ける．
　⑥　空容器の集積場所を定める．
　⑦　近くに消火器を備える．
　⑧　近くではアークまたは火花を発生する作業を行わない．

10.12.3　屋外塗装作業の遵守事項

　前項の④〜⑧の事項を遵守し安全作業を推進する．
　なお，屋外とは，工場建屋側面の1/2以上が開放されていることをいう．

表 10.11.2 しゃ光度番号に対する使用区分（JIS T 8141）

しゃ光度番号	アーク溶接・切断作業 アンペア			ガス溶接・切断作業				高熱作業	その他の作業
	被覆アーク溶接	ガスシールドアーク溶接	アークエアガウジング	溶接及びろう付け		酸素切断[2]	プラズマ切断 アンベア		
				重金属の溶接及びろう付け	放射フラックスによる溶接[3]（軽金属）				
1.2				散乱光又は側射光を受ける作業					
1.4									
1.7									
2									
2.5									
3				散乱光又は側射光を受ける作業					
4	—			70以下	70以下 (4 d)				
5	30以下			70を超え 200まで	70を超え 200まで (5 d)	900を超え 2,000まで		省略	省略
6	35を超え 75まで			200を超え 800まで	200を超え 800まで (6 d)	2,000を超え 4,000まで	—		
7	75を超え 200まで	—	—	800を超えた場合	800を超えた場合 (7 d)	4,000を超え 6,000まで			
8		100以下							
9	200を超え 400まで	100を超え 300まで	125を超え 225まで						
10		300を超え 500まで	225を超え 350まで				150以下		
11	400を超えた場合	500を超えた場合	350を超えた場合						
12							150を超え 250まで		
13							250を超え 400まで		
14									
15									
16									

[注] [1] 1時間当たりのアセチレン使用量（l）
[2] 1時間当たりの酸素の使用量（l）
[3] ガス溶接及びろう付けの際にフラックスを使用する場合にフラックスから放射される、この波長を選択的に吸収するフィルタ（d と名付ける）を組み合わせて使用される。しゃ光度番号4にdフィルタを重ねたもの。
例：4dとは、しゃ光度番号4にdフィルタを重ねたもの。

[備考] しゃ光度番号の大きいフィルタ1枚の場合と、必要なしゃ光度番号より小さい番号のものを2枚組み合わせる作業において、それに相当させて使用するのが好ましい。1枚のフィルタを2枚にする場合の換算は、次の式による。$N = (n_1 + n_2) - 1$
ここに N：1枚の場合のしゃ光度番号
n_1, n_2：2枚の各々のしゃ光度番号
例：10のしゃ光度番号のものを2枚にする場合
$10 = (8+3) - 1$, $10 = (7+4) - 1$ など

付　録

付1. 関連規格（JIS）一覧表

鋼　　材

JIS G 3101-2017	一般構造用圧延鋼材
G 3106-2017	溶接構造用圧延鋼材
G 3112-2010	鉄筋コンクリート用棒鋼
G 3114-2016	溶接構造用耐候性熱間圧延鋼材
G 3132-2011	鋼管用熱間圧延炭素鋼鋼帯
G 3141-2017	冷間圧延鋼板及び鋼帯
G 3191-2012	熱間圧延棒鋼とバーインコイルの形状，寸法，質量及びその許容差
G 3192-2014	熱間圧延形鋼の形状，寸法，質量及びその許容差
G 3193-2008	熱間圧延鋼板及び鋼帯の形状，寸法，質量及びその許容差
G 3194-2010	熱間圧延平鋼の形状，寸法，質量及びその許容差
G 3201-2008	炭素鋼鍛鋼品
G 3350-2017	一般構造用軽量形鋼
G 3352-2014	デッキプレート
G 3353-2011	一般構造用溶接軽量H形鋼
G 3444-2016	一般構造用炭素鋼鋼管
G 3466-2016	一般構造用角形鋼管
G 3503-2006	被覆アーク溶接棒心線用線材
G 3523-2008	被覆アーク溶接棒用心線
G 3525-2013	ワイヤロープ
G 5101-1991	炭素鋼鋳鋼品
G 5102-1991	溶接構造用鋳鋼品
G 5201-1991	溶接構造用遠心力鋳鋼管
A 5525-2014	鋼管ぐい
A 5526-2011	H形鋼ぐい

ボルト類

JIS B 1001-1985	ボルト穴径及びびざぐり径
B 1180-2014	六角ボルト
B 1181-2014	六角ナット
B 1179-2015	皿ボルト

B 1178-2015　基礎ボルト

B 1186-2013　摩擦接合用高力六角ボルト・六角ナット・平座金のセット

B 1198-2011　頭付きスタッド

B 1256-2008　平座金

B 1251-2001　ばね座金

B 0123-1999　ねじの表し方

B 0205-2001　一般用メートルねじ

B 0209-2001　一般用メートルねじ―公差―

B 0601-2013　製品の幾何特性仕様（GPS）―表面性状：輪郭曲線方式―用語，定義及び表面性状パラメータ

B 0659-2002　製品の幾何特性仕様（GPS）―表面性状：輪郭曲線方式；測定標準―第1部：標準片

B 0651-2001　製品の幾何特性仕様（GPS）―表面性状：輪郭曲線方式―触針式表面粗さ測定機の特性

B 4304-2005　センタ穴ドリル

B 4409-1998　テーパシャンクブリッジリーマ

溶　　接

JIS Z 3001-2013　溶接用語

Z 3201-2008　軟鋼用ガス溶加棒

Z 3211-2008　軟鋼，高張力鋼及び低温用鋼用被覆アーク溶接棒

Z 3214-2012　耐候性鋼用被覆アーク溶接棒

Z 3312-2009　軟鋼，高張力鋼及び低温用鋼用のマグ溶接及びミグ溶接ソリッドワイヤ

Z 3313-2009　軟鋼，高張力鋼及び低温用鋼用アーク溶接フラックス入りワイヤ

Z 3315-2012　耐候性鋼用のマグ溶接及びミグ溶接用ソリッドワイヤ

Z 3320-2012　耐候性鋼用アーク溶接フラックス入りワイヤ

Z 3183-2012　炭素鋼及び低合金鋼用サブマージアーク溶着金属の品質区分

Z 3351-2012　炭素鋼及び低合金鋼用サブマージアーク溶接ソリッドワイヤ

Z 3352-2017　サブマージアーク溶接及びエレクトロスラグ溶接用フラックス

Z 3353-2013　軟鋼及び高張力鋼用のエレクトロスラグ溶接ワイヤ及びフラックス

試験方法および試験片

JIS Z 9002-1956　計数規準型一回抜取検査（不良個数の場合）（抜取検査その2）

Z 9003-1979　計量規準型一回抜取検査（標準偏差既知でロットの平均値を保証する場合及び標準偏差既知でロットの不良率を保証する場合）

Z 9004-1983　計量規準型一回抜取検査（標準偏差未知で上限又は下限規格値だけ規定した場

合）

Z 2241-2011　金属材料引張試験方法
Z 2242-2005　金属材料のシャルピー衝撃試験方法
Z 2243-2008　ブリネル硬さ試験—試験方法
Z 2244-2009　ビッカース硬さ試験—試験方法
Z 2245-2016　ロックウェル硬さ試験—試験方法
Z 2246-2000　ショア硬さ試験—試験方法
Z 2248-2014　金属材料曲げ試験方法
Z 2343-2017　非破壊試験—浸透探傷試験—
Z 2344-1993　金属材料のパルス反射法による超音波探傷試験方法通則
Z 2371-2015　塩水噴霧試験方法
Z 3060-2015　鋼溶接部の超音波探傷試験方法
Z 3101-1990　溶接熱影響部の最高硬さ試験方法
Z 3104-1995　鋼溶接継手の放射線透過試験方法
Z 3111-2005　溶着金属の引張及び衝撃試験方法
Z 3114-1990　溶着金属の硬さ試験方法
Z 3121-2013　突合せ溶接継手の引張試験方法
Z 3122-2013　突合せ溶接継手の曲げ試験方法
Z 3131-1976　前面すみ肉溶接継手の引張試験方法
Z 3132-1976　側面すみ肉溶接継手のせん断試験方法
Z 3141-1996　シーム溶接継手の試験方法
Z 3181-2005　溶接材料のすみ肉溶接試験方法
Z 3801-1997　手溶接技術検定における試験方法及び判定基準
Z 3841-1997　半自動溶接技術検定における試験方法及び判定基準

製図および設計資料

JIS Z 3021-2016　溶接記号
A 0101-2012　土木製図
A 0150-1999　建築製図通則
A 0001-1999　建築のベーシックモデュール
A 0002-1999　建築モデュール用語
A 0003-1999　建築公差
A 0004-1999　建築のモデュラーコーディネーションの原則
A 0005-1966　建築用開口部構成材の標準モデュール呼び寸法
A 5540-2008　建築用ターンバックル
Z 8201-1981　数学記号

Z 8000-2014　量及び単位―第1部：一般
Z 8310-2010　製図総則
Z 8401-1999　数値の丸め方
Z 8601-1954　標準数
A 4301-1983　エレベータのかご及び昇降路の寸法
B 8801-2003　天井クレーン
B 8802-1995　チェーンブロック
E 1101-2012　普通レール及び分岐器類用特殊レール
E 1103-1993　軽レール

付2．溶接記号（JIS Z 3021-2016）参考

1．運用範囲　この規格は，溶接部の記号および表示方法について規定する．
2．溶接部の記号
　2.1　溶接部の記号は，基本記号および補助記号とし，それぞれ表1および表2のとおりとする．
　2.2　基本記号は，原則として2部材間の溶接部の形状を表す．

表1　基　本　記　号

溶接の種類	基本記号	備　考
I形開先溶接		アプセット溶接，フラッシュ溶接，摩擦溶接などを含む．
V形開先溶接，X形開先溶接		アプセット溶接，フラッシュ溶接，摩擦溶接などを含む．X形は基本記号V形を組み合わせたもの．
レ形開先溶接，K形開先溶接		アプセット溶接，フラッシュ溶接，摩擦溶接などを含む．K形は基本記号レ形を組み合わせたもの．
U形開先溶接，H形開先溶接		H形は基本記号U形を組み合わせたもの．
J形開先溶接		
V形フレア溶接		
レ形フレア溶接		
すみ肉溶接		
K形開先溶接及びすみ肉溶接		レ形開先溶接とすみ肉溶接を組合わせた記号．
プラグ溶接，スロット溶接		
抵抗スポット溶接		
溶融スポット溶接		
抵抗シーム溶接		
溶融シーム溶接		
スタッド溶接		
肉盛溶接		

2.3 補助記号は，必要に応じ表2のものを使用する．

表2 補助記号

区　分		補助記号	備　考
溶接部の表面形状	平ら 凸形 凹形	── ⌒ ⌣	・溶接後仕上げ加工を行わないときは平らまたは凹みの記号で指示する． ・仕上げの詳細は，作業指示書または溶接施工要領書に記載する． ・溶接順序は複数の基線，尾，溶接施工要領書などによって指示する． ・裏当て材の種類などは尾などに記載する． ・補助記号は基線に対し基本記号の反対側につけられる．
溶接部の仕上げ方法	チッピング 研磨 切削 グラインダ	C P M G	
全周溶接		○	
現場溶接		▶	・記号は基線の上方，右向きとする． ・記号は全周溶接記号にも適用される．
非破壊試験方法	放射線透過試験　一般 　　　　　　　二重壁投影	RT RT-W	・一般は溶接部に放射線透過試験などの各試験の方法を示すだけで内容を表示しない場合． ・各記号以外の試験については必要に応じ適宜な表示を行うことができる． （例） 渦電流探傷試験；ET 目視試験；VT ひずみ測定；SM 漏れ試験；LT 耐圧試験；PRT アコースティック・エミッション試験；AE
	超音波探傷試験　一般 　　　　　　　垂直探傷 　　　　　　　斜角探傷	UT UT-N UT-A	
	磁粉探傷試験　一般 　　　　　　蛍光探傷	MT MT-F	
	浸透探傷試験　一般 　　　　　　蛍光探傷 　　　　　　非蛍光探傷	PT PT-F PT-D	
	全線試験	○	・各試験の記号の後につける．
	部分試験（抜取試験）	△	

付3．建方機械

（1） 移動式クレーン例

① 13ｔラフテレーンクレーン（TADANO GR-130NL/N，(株)タダノ　カタログより）

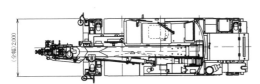

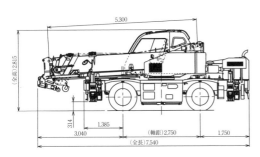

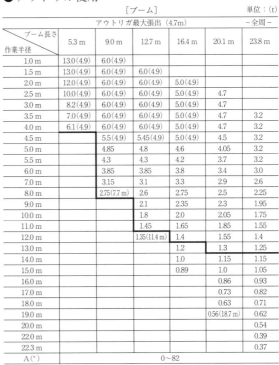

■定格総荷重表
●アウトリガ使用

[ブーム]　　　　　　　　　　　　単位：(t)

アウトリガ最大張出 (4.7m)　　　－全周－

ブーム長さ\作業半径	5.3 m	9.0 m	12.7 m	16.4 m	20.1 m	23.8 m
1.0 m	13.0(4.9)	6.0(4.9)				
1.5 m	13.0(4.9)	6.0(4.9)	6.0(4.9)			
2.0 m	12.0(4.9)	6.0(4.9)	6.0(4.9)	5.0(4.9)		
2.5 m	10.0(4.9)	6.0(4.9)	6.0(4.9)	5.0(4.9)	4.7	
3.0 m	8.2(4.9)	6.0(4.9)	6.0(4.9)	5.0(4.9)	4.7	
3.5 m	7.0(4.9)	6.0(4.9)	6.0(4.9)	5.0(4.9)	4.7	3.2
4.0 m	6.1(4.9)	6.0(4.9)	6.0(4.9)	5.0(4.9)	4.7	3.2
4.5 m		5.5(4.9)	5.45(4.9)	5.0(4.9)	4.5	3.2
5.0 m		4.85	4.8	4.6	4.05	3.2
5.5 m		4.3	4.3	4.2	3.7	3.2
6.0 m		3.85	3.85	3.8	3.4	3.0
7.0 m		3.15	3.1	3.3	2.9	2.6
8.0 m		2.75(7.7 m)	2.6	2.75	2.5	2.25
9.0 m			2.1	2.35	2.3	1.95
10.0 m			1.8	2.0	2.05	1.75
11.0 m			1.45	1.65	1.85	1.55
12.0 m			1.35(11.4 m)	1.4	1.55	1.4
13.0 m				1.2	1.3	1.25
14.0 m				1.0	1.15	1.15
15.0 m				0.89	1.0	1.05
16.0 m					0.86	0.93
17.0 m					0.73	0.82
18.0 m					0.63	0.71
19.0 m					0.56(18.7 m)	0.62
20.0 m						0.54
22.0 m						0.39
22.3 m						0.37
A(°)			0～82			

（　）内は，GR-130N 型の値です。　A：ブーム角度の範囲（無負荷時）

■主要諸元
●クレーン

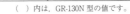

クレーン容量	5.3 m ブーム	13 000 kg×1.5 m （8本掛）…GR-130NL 4 900 kg×4.0 m （4本掛）…GR-130N
	9.0 m ブーム	6 000 kg×4.0 m （4本掛）…GR-130NL 4 900 kg×4.5 m （4本掛）…GR-130N
	12.7 m ブーム	6 000 kg×4.0 m （4本掛）…GR-130NL 4 900 kg×4.5 m （4本掛）…GR-130N
	16.4 m ブーム	5 000 kg×4.5 m （4本掛）…GR-130NL 4 900 kg×4.5 m （4本掛）…GR-130N
	20.1 m ブーム	4 700 kg×4.0 m （4本掛）
	23.8 m ブーム	3 200 kg×5.5 m （4本掛）
	3.6 m ジブ	1 600 kg×80° （1本掛）
	5.5 m ジブ	1 000 kg×70° （1本掛）
	シングルトップ	1 800 kg
最大地上揚程	ブーム	24.5 m
	ジブ	30.0 m
最大作業半径	ブーム	22.3 m
	ジブ	23.3 m
ブーム長さ		5.3 m～23.8 m
ブーム伸縮長さ		18.5 m
ブーム伸長速度		18.5 m/52 s
ジブ長さ		3.6 m，5.5 m

② 25tラフテレーンクレーン（TADANO GR-250N, (株)タダノ　カタログより）

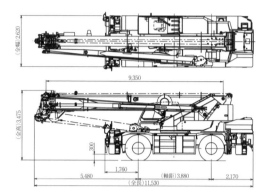

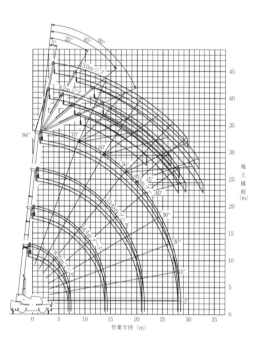

■定格総荷重表
●アウトリガ使用

［ブーム］　　　　　　　　単位：(t)

作業半径 \ ブーム長さ	アウトリガ最大張出 (6.6m)			－全周－
	9.35 m	16.4 m	23.45 m	30.5 m
2.5 m	25.0	18.0	12.5	
3.0 m	25.0	18.0	12.5	
3.5 m	25.0	18.0	12.5	8.0
4.0 m	23.5	18.0	12.5	8.0
4.5 m	21.5	18.0	12.5	8.0
5.0 m	19.6	18.0	12.5	8.0
5.5 m	17.8	17.0	12.5	8.0
6.0 m	16.3	16.0	12.5	8.0
6.5 m	15.1	15.0	12.25	8.0
7.0 m		14.0	11.5	8.0
8.0 m		11.4	10.2	8.0
9.0 m		9.3	9.0	8.0
10.0 m		7.8	7.6	7.15
11.0 m		6.5	6.65	6.4
12.0 m		5.55	5.8	5.6
13.0 m		4.75	5.0	4.9
13.5 m		4.45	4.65	4.6
14.0 m			4.35	4.4
15.0 m			3.85	3.9
16.0 m			3.4	3.45
17.0 m			3.0	3.05
18.0 m			2.65	2.7
19.0 m			2.35	2.4
20.0 m			2.1	2.15
20.5 m			2.0	2.05
21.0 m				1.95
22.0 m				1.75
24.0 m				1.4
26.0 m				1.1
27.9 m				0.9
A(°)	0〜84			

A：ブーム角度の範囲（無負荷時）

■主要諸元
●クレーン

クレーン容量	9.35 m ブーム	25 000 kg×3.5 m（8本掛）
	16.4 m ブーム	18 000 kg×5.0 m（6本掛）
	23.45 m ブーム	12 500 kg×6.0 m（4本掛）
	30.5 m ブーム	8 000 kg×9.0 m（4本掛）
	8.2 m ジブ	3 300 kg×72°（1本掛）
	13.0 m ジブ	2 200 kg×80°（1本掛）
	シングルトップ	4 000 kg　　　（1本掛）
最大地上揚程	ブーム	31.3 m
	ジブ	44.2 m
最大作業半径	ブーム	27.9 m
	ジブ	33.9 m
ブーム長さ		9.35 m〜30.5 m
ブーム伸縮長さ		21.15 m
ブーム伸長速度		21.15 m/80 s
ジブ長さ		8.2 m〜13.0 m

③ 50tラフテレーンクレーン（TADANO GR-500N，(株)タダノ　カタログより）

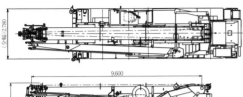

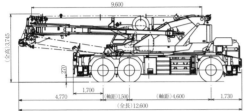

■定格総荷重表
●アウトリガ使用

[ブーム] 標準性能　　　　単位：(t)

アウトリガ最大張出（7.0m）　　－全周－

ブーム長さ 作業半径	9.6 m	16.5 m	23.3 m	30.2 m	37.0 m
2.3 m	50.0				
3.0 m	41.7	24.0	12.5	12.0	
3.5 m	38.8	24.0	12.5	12.0	8.2
4.0 m	36.3	24.0	12.5	12.0	8.2
4.5 m	33.9	24.0	12.5	12.0	8.2
5.0 m	31.7	24.0	12.5	12.0	8.2
5.5 m	29.4	24.0	12.5	12.0	8.2
6.0 m	26.9	22.95	12.5	12.0	8.2
6.5 m	23.3	21.5	12.5	12.0	8.2
7.0 m		20.2	12.5	12.0	8.2
8.0 m		19.0	12.5	12.0	8.2
9.0 m		17.0	12.5	11.0	8.2
10.0 m		13.65	12.5	10.0	7.75
11.0 m		10.95	11.75	9.1	7.4
12.0 m		9.0	9.95	8.4	7.0
13.0 m		7.5	8.4	7.6	6.75
14.0 m		6.35	7.15	6.55	6.35
16.0 m			6.2	5.05	5.25
18.0 m			4.7	3.95	4.15
20.0 m			3.6	3.1	3.3
22.0 m			2.8	2.45	2.65
24.0 m				1.95	2.15
26.0 m				1.55	1.7
28.0 m					1.35
30.0 m					1.05
32.0 m					0.8
33.0 m					0.7
A(°)	0～84				
標準フック	35tフック ＋ 25tフック	35tフックまたは25tフック			

A：ブーム角度の範囲（無負荷時）

■主要諸元
●クレーン

クレーン容量	9.6 mブーム	50 000 kg×2.3 m　（6本掛×2）
	16.5 mブーム	24 000 kg×5.0 m　（6本掛）
	23.3 mブーム	12 500 kg×9.0 m　（4本掛）
	30.2 mブーム	12 000 kg×8.0 m　（4本掛）
	37.0 mブーム	8 200 kg×9.0 m　（4本掛）
	8.4 mジブ	4 000 kg×77°　（1本掛）
	13.1 mジブ	2 800 kg×74°　（1本掛）
	17.7 mジブ	1 500 kg×84°　（1本掛）
	シングルトップ	5 000 kg　　　　（1本掛）
最大地上揚程	ブーム	38.1 m
	ジブ	55.7 m
最大作業半径	ブーム	33.0 m
	ジブ	38.0 m（標準性能），39.0 m（前方特別性能）
ブーム長さ		9.6 m～37.0 m
ブーム伸縮長さ		27.4 m
ブーム伸長速度		27.4 m/85 s
ジブ長さ		8.4 m～17.7 m

(2) クローラクレーン例

クローラクレーン 100 t ((株)エスシー・マシーナリ パンフレットより)

● 主要寸法図

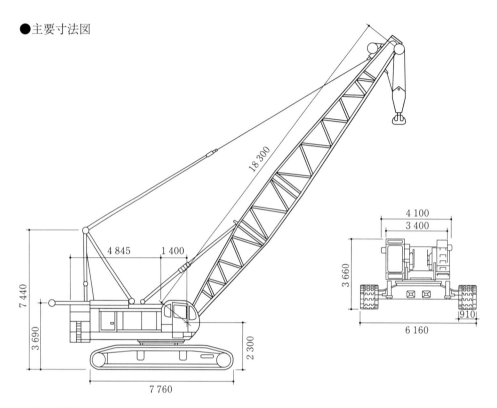

● 作業範囲図

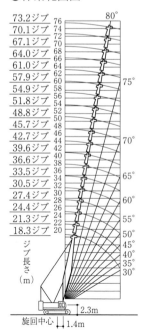

● 仕　様

型　　式		7100
最大吊上げ能力	t×m	100×5.5
基本ジブ長さ	m	18.3
最大ジブ長さ	ジブのみ　　m	73.2
	補助ジブのみ　m	24.4
	ジブ＋補助ジブ　m	64.0＋24.4
ロープ速度	主巻上　m/s (m/min)	1.66〜1 (100〜60)
	主巻下　m/s (m/min)	〃
	補巻上　m/s (m/min)	〃
	補巻下　m/s (m/min)	〃
	ジブ巻上　m/s (m/min)	0.75〜0.02 (45〜1.5)
	ジブ巻下　m/s (m/min)	〃
旋回速度	rad/s (rpm)	0.26/0.08 (2.5/0.08)
走行速度　低/高	km/h	0.8/1.3
登坂能力	％	30
作業時質量	t	113.9
接地圧	kPa(kgf/cm²)	85 (0.87)

●クローラクレーン主ジブ定格総荷重表

(単位：t)

ジブ長さm	作業半径 m														
	12	14	16	18	20	22	24	26	28	30	34	38	42	46	50
73.2			15.2	14.5	13.8	12.9	11.9	10.4	9.2	8.1	6.4	5.0	3.8	2.8	2.0
67.1		19.0	18.1	17.3	16.8	14.1	12.3	10.8	9.6	8.5	6.8	5.5	4.3	3.0	2.5
61.0		20.0	20.0	19.4	16.6	14.4	12.6	11.2	9.9	8.9	7.2	5.9	4.8	3.8	3.0
54.9	27.9	26.6	23.2	19.6	16.9	14.7	12.9	11.4	10.2	9.2	7.5	6.2	5.1	4.3	
48.8	30.0	28.3	23.5	19.9	17.2	15.0	13.2	11.8	10.5	9.5	7.8	6.4	5.4		
42.7	35.4	28.5	23.7	20.2	17.4	15.3	13.5	12.1	10.8	9.7	8.1	6.7			
36.6	35.7	28.8	24.0	20.5	17.8	15.6	13.9	12.4	11.2	10.2					
30.5	35.9	29.0	24.3	20.7	18.0	15.9	14.1	12.7							
24.4	36.1	29.3	24.6	21.0	18.4	15.8									
18.3		36.5	29.8	24.1											

注：定格荷重（フックに吊り下げる荷重）は，この表の数値からフックブロックの質量を引くこと．フックブロックの容量t/質量t 100/18，65/1.1，50/0.85，30/0.70，11/0.45

●作業範囲図

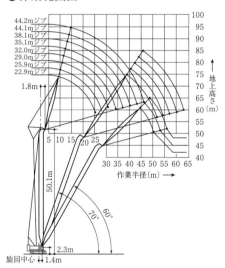

●タワークレーン・ラッフィングクレーン定格総荷重表

(単位：t)

ジブ組合せ長さm		12	14	16	18	20	22	24	26	28	30	34	38	42	46	50	54	58	62
タワー	ジブ											タワー角度 90°		80°			70°		
50.1	44.2			8.0	8.0	8.0	8.0	8.0	7.4	6.8	6.1	5.3	4.7	4.1	3.7	3.4	3.0	2.5	2.1
50.1	41.1			9.5	9.5	9.5	9.0	8.1	7.4	6.8	6.1	5.3	4.7	4.1	3.7	3.4	2.9	2.6	
44.0	〃			10.0	10.0	10.0	9.8	9.2	8.6	8.0	7.3	6.2	5.4	4.8	4.4	4.0	3.7	2.0	75° 65°
50.1	35.1		12.5	12.5	11.3	10.1	9.0	8.2	7.6	7.0	6.4	5.6	4.9	4.4	3.8	3.4	3.0	80° 70°	
44.0	〃		12.5	12.5	12.1	11.2	10.4	9.6	8.8	8.0	7.4	6.4	5.7	5.1	4.6	2.7	2.4	2.1	
37.9	〃		12.5	12.5	12.1	11.2	10.4	9.6	8.8	8.0	7.4	6.4	5.7	5.1	4.6	3.4	3.0		
50.1	29.0	15.0	15.0	15.0	13.5	12.0	10.9	10.1	9.4	8.9	7.4	6.1	5.6	5.2		2.4	2.1		
44.0	〃	15.0	15.0	15.0	13.5	12.0	10.9	10.1	9.4	8.9	7.4	6.6	6.1	5.7	3.4	3.0			
37.9	〃	15.0	15.0	15.0	13.5	12.0	10.9	10.1	9.4	8.9	7.8	7.1	6.6		4.1	3.6			
31.8	〃	15.0	15.0	15.0	13.5	12.0	10.9	10.1	9.4	8.4	7.7	7.2	5.3	4.7					
						タワー角度 90°			75°			60°							

注：定格荷重(フックに吊り下げる荷重)は，この表の数値からフックブロックの質量を引くこと．フックブロックの容量t/質量t 30/0.7，11/0.45

(3) タワークレーン例

① タワークレーン 120 t-m （(株)エスシー・マシーナリ　パンフレットより）

●主要寸法図

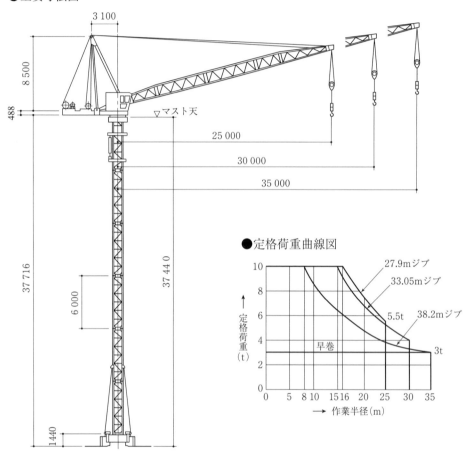

●定格荷重曲線図

●仕　様

形　式		JCC-120N		
ジブ長さ	m	27.90	33.05	38.2
定格荷重	m	5.5	4	3
作業半径	m	25	30	35
揚　程	m	150		
速度	遅巻き m/s(m/min)	0.25/0.3 （15/18）		
	早巻き m/s(m/min)	0.75/0.9 （45/54）		
	起　伏　　　s	120/102		
	旋　回 rad/s(rpm)	0.05/0.06 （0.46/0.53）		
	昇　降 m/s(m/min)	0.013/0.015 （0.75/0.9）		
電　源	V.Hz	AC200/220　50/60		
全負荷出力	kW	70.5 （巻上 40　起伏 25　旋回 5.5）		
全装備質量	t	69		

② タワークレーン 230 t-m（(株)エスシー・マシーナリ　パンフレットより）

●主要寸法図

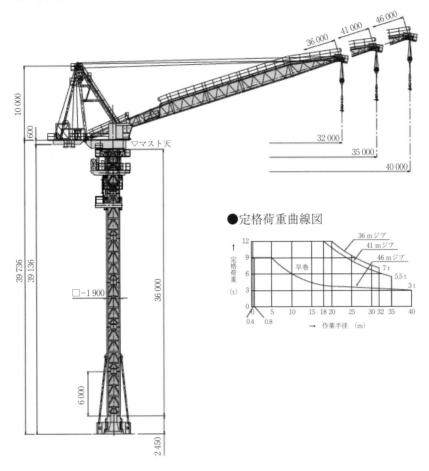

●定格荷重曲線図

●仕　様

形　式		JCC-230Ⅱ
定格荷重	t	6.0
作業半径	m	32
揚　程	m	250
速度	遅巻き m/s(m/min)	0.42〜1.33（25〜80）
	早巻き m/s(m/min)	0.7〜2.16（42〜130）
	起　伏　s	114/96
	旋　回 rad/s(rpm)	0.04/0.05（0.42/0.5）
	昇　降 m/s(m/min)	0.004/0.005（0.28/0.33）
電　源	V.Hz	AC400/440　50/60
全負荷出力	kW	138.5（巻上90　起伏40　旋回8.5）
全装備質量	t	134

③ タワークレーン 720 t-m （(株)エスシー・マシーナリ　パンフレットより）

●主要寸法図

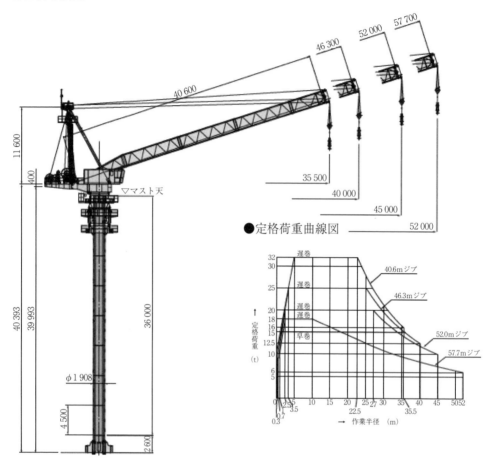

●定格荷重曲線図

●仕　様

形　式		JCC-V720S	
ジブ長さ　　　　　m		40.5	40.0
定格荷重　　　　　t		12	10
作業半径　　　　　m		35	40
揚　程　　　　　　m		250	
速度	遅巻き m/s(m/min)	0.41～1.33（25～80）	
	早巻き m/s(m/min)	0.7～2.16（42～130）	
	起　伏　　　　　s	174/144	
	旋　回　rad/s(rpm)	0.04/0.05（0.42/0.5）	
	昇　降　m/s(m/min)	0.003/0.004（0.22/0.26）	
電　源　　　　　V.Hz		AC400/440　50/60	
全負荷出力　　　　kW		156（巻上110　起伏33　旋回13）	
全装備質量　　　　t		156.7	

付4. 建方用具

レンフロークランプ横つり専用（ABA型）の使い方

a：各部の名称および寸法

基本使用荷重	開口部寸法		使用有効寸法 mm
	A mm	B mm	
1 tf	29	62	3〜26
2	36	87	3〜33
4	42	97	5〜39
8	70	116	20〜67

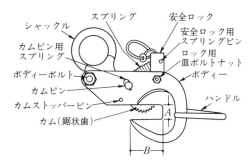

図1　レンフロークランプの各部の名称および寸法

b：作業順序

イ．被つり上げ物の重心位置を見定める．

ロ．クランプを開口部の最奥部までかみ込ませる．

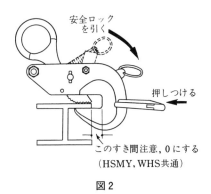

図2

ハ．2点づりの場合のワイヤ角度60°（頂角）を絶対に超えないこと．

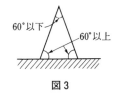

図3

ニ．ワイヤの長さを等分にする．

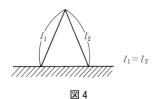

図4

ホ．安全ロックを矢印の方向に引き，ロックを確実にかける．
ヘ．手で被吊り上げ物を支え，被吊り上げ物が地を離れきった瞬間に巻き上げを一時停止し，重心の状態，かみ込みを確認して確実な状態で吊り上げを開始する．

c：取扱い注意事項
　イ．クランプは必ず2点吊りで使用すること．
　ロ．定格容量以上は吊らない．
　ハ．やむを得ず1点吊りで使用するときは，災害発生の危険の少ない場所で簡単な移動の場合のみとし，作業順序を間違えないよう慎重に作業すること．
　ニ．被吊り上げ物に合う（定格容量開口寸法，上表のB寸法など考慮のうえ）クランプを使用すること．
　ホ．吊り作業中クランプ本体を障害物にぶつけないこと．
　ヘ．カム（鋸状歯）にペンキ・コンクリートなどの目詰まりのないように，つねにきれいに保持すること．
　ト．使用前に必ずクランプの作動をテストし，各部が正常に働くかどうか点検する．
　チ．使用前に各部品の変形・摩耗，ボディーの変形・亀裂の有無を点検し，図5，6に掲げられる使用限度になったら，廃棄および部品交換をすみやかに行い使用すること．
　リ．使用者独自の改造などを行ったりしないこと．
　ヌ．クランプに溶接などを行ったり，250℃以上の熱を加えないこと．

d：使用限度（クランプの廃棄および部品の交換基準）
　イ．開口部の寸法（図5のA部）が正規の10％以上開いたとき，およびボディー各部の割れ・変形が生じた場合は廃棄すること．

基本使用荷重	1t	2t	4t	8t
基準寸法(A)	29	36	42	70
廃棄寸法(A')	32	40	46	77

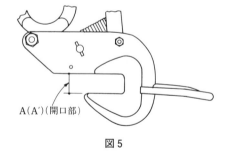

A(A')(開口部)

図5

　ロ．クランプ本体に溶接などを行ったり，250℃以上の熱を加えたとき廃棄すること．
　ハ．ピン類（カムピン・シャックルピン・カムストッパーピン）の割れ・曲がり（100mmにつき最大1mm以上）・摩耗度（直経の最大差が新品ピン径の1/20以上）が激しい場合，交換すること．
　ニ．カム（鋸状歯）の割れ，歯先の摩耗度（全歯丈新品時の1/3以上）およびピン孔の摩耗度（直経の最大差が穴径の1/20以上）が激しい場合，交換すること．

図6

ホ．安全ロックの変形，スプリングが延びた場合交換すること．

ヘ．勝手に改造しないこと．

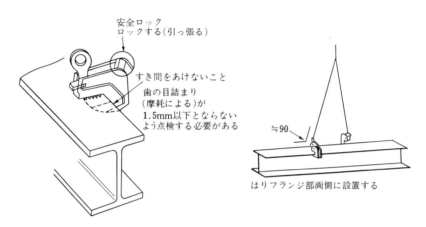

図7 レンフロークランプの使用注意事項

表1 主なシャックルの使用荷重表（N）

シャックルの呼び	JISシャックル		シャックルの呼び	JISシャックル	
	SB	SC		SB	SC
6	—	0.2	40	10	10
8	—	0.315	42	(11)	—
10	—	(0.6)	44	12.5	—
12	—	1	46	(13)	—
14	—	1.25	48	14	—
16	—	1.6	50	16	—
18	—	2	52	-	—
20	2.5	2.5	55	18	—
22	3.15	3.15	68	-	—
24	(3.6)	(3.6)	60	20	—
26	4	4	65	25	—
28	(4.8)	(4.8)	70	31.5	—
30	5	5	75	(35)	—
32	6.3	6.3	80	40	—
34	(7)	(7)	85	45	—
36	8	8	90	50	—
38	(9)	(9)			

［注］　1．シャックルの形状は図8に示す．

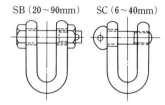

図8 JISシャックルの形状

普通Sより　普通Zより

号別	3号	4号	6号
断面			
構成	19本線6より中心繊維	24本線6より中心および各ストランド中心繊維	37本線6より繊維
構成記号	6×19	6×24	6×37

図9 ワイヤロープの断面とより

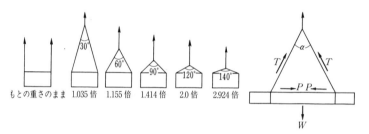

図10 玉掛けワイヤの吊り角度とワイヤロープにかかる張力
（原則として，吊り角度は60度以内とする）

表2 玉掛けワイヤの吊り角度とワイヤロープにかかる張力

吊り角度 α （度）	荷重 T の変化（倍）	荷重 P の変化（倍）	吊り角度 α （度）	荷重 T の変化（倍）	荷重 P の変化（倍）
0	1.000	0	80	1.305	0.839
10	1.004	0.087	90	1.414	1.000
20	1.015	0.176	100	1.556	1.191
30	1.035	0.268	110	1.743	1.428
40	1.065	0.364	120	2.000	1.732
50	1.103	0.466	130	2.366	2.144
60	1.155	0.577	140	2.924	2.747
70	1.221	0.700	150	3.864	3.747

［注］倍数はロープ1本あたり荷重に対するもの

表3 ワイヤロープの種々の吊り方による各種吊り荷の許容荷重表

ワイヤロープ の公称径 (mm)	破断荷重 (kN)	1本吊り 許容荷重 (kN)	60° 2本吊り 許容荷重 (kN)	90° 2本吊り 許容荷重 (kN)	120° 2本吊り 許容荷重 (kN)	60° 4本吊り 許容荷重 (kN)	90° 4本吊り 許容荷重 (kN)	120° 4本吊り 許容荷重 (kN)
6	17.7	2.9	5.0	4.1	2.9	10.2	8.3	5.9
8	31.6	5.2	9.0	7.3	5.2	18.2	14.8	10.5
9	39.9	6.6	11.4	9.3	6.6	23.0	18.8	13.3
10	49.3	8.2	14.1	11.5	8.2	28.4	23.2	16.4
12	71.0	11.8	20.4	16.6	11.8	40.9	33.4	23.6
14	96.6	16.1	27.8	22.7	16.1	55.7	45.5	32.2
16	126.0	21.0	36.3	29.7	21.0	72.7	59.4	42.0
18	160.0	26.6	46.0	37.6	26.6	92.3	75.4	53.3
20	197.0	32.8	56.7	46.3	32.8	113.7	92.8	65.6
22	239.0	39.8	68.9	56.2	39.8	137.9	112.6	79.6
24	284.0	47.3	81.9	66.9	47.3	163.9	133.8	94.6
26	333.0	55.5	96.1	78.5	55.5	192.2	157.0	111.0
28	387.0	64.5	111.6	91.2	64.5	223.3	182.4	129.0
30	444.0	74.0	128.1	104.6	74.0	256.2	209.3	148.0
32	505.0	84.1	145.6	118.9	84.1	291.4	238.0	168.3
36	639.0	106.5	184.4	150.6	106.5	368.8	301.2	213.0
40	789.0	131.5	227.7	185.9	131.5	455.4	371.9	263.0

ワイヤロープの安全荷重（6×24A種　JIS G 3525による安全率6）

付5．玉掛け作業の手順

主なステップ	急　　　所
1. 服装を確かめる	1. 安全帽をかぶっているか 2. 履物はよいか 3. ズボンのすそはバサバサしていないか 4. 着衣のボタンはよくとまっているか 5. 手袋は完全か 6. よけいな物を身につけていないか 7. 服装は身軽か 8. 玉掛技能講習修了証を携帯する
2. 仕事をよく納得する	1. なにを，どこへ，いつまでに，いくら，また作業との関連を理解する 2. トラックや台車等の容積，制限荷重について知る 3. 命令をよく聞いて納得する 4. 早のみ込みはしない
3. 重量目測	1. 目測は慎重に，判断を誤ってはならない（形状・寸法・重心の判定を十分に） 2. 安全率を25％みる（実際よりも25％重くみる） 3. 疑わしいときは指揮者に聞く 4. どうして運ぶか？　自分1人でよいか判断する 5. じゃま物を取り除いておく
4. 吊り具の選定	1. 荷重に適当なロープを選ぶ（種類・長さ・太さなど．1本吊りはいけない） 2. ロープの強度は安全荷重表をみて 3. よく点検してあやしいものは使わない 4. ロープのよじれは直して使う 5. 必要な補助具をそろえる（ピン・かんざし・しばりひも・当て物など）
5. 下ろす場所の段取り	1. じゃま物を整理する 2. 足場をよく見ておく 3. 枕を用意する（じょうぶなもの） 4. 運んできたらすぐ下ろせるように準備する 5. 立て掛け物は大丈夫かどうか見ておく 6. 関係者との打合せを確実に行う
6. クレーンを呼ぶ	1. 運転者と向き合って合図する 2. えしゃくをかわし，お互いに気持ちよく 3. フックを品物の真上に誘導する 4. クレーンを呼んだらいつまでも待たせない
7. ロープ掛け	1. 足もとに注意する 2. フックを重心の真上にもってくる 3. 張り角度は60°以内に 4. つり手や掛具をなるべく使う 5. 当て物を使う 6. ロープの重なりのないように 7. ロープはよじれないように 8. 補助具の使用を誤まらないように 9. 外れるおそれがあればしばっておく 10. ロープはすべらないようにむだ巻きをする 11. 横振れする長物はかいしゃくロープをつける

8. 巻上げ	1. 安全をよく確かめてから合図する 2. 合図は1人で明確に 3. ロープがピンと張ったら，いったん止めて各部を点検する 4. 余分なものがあれば取り除く．周囲の人にも注意して 5. 地（腰）を切るときの品物の移り・変化に注意を 6. 地（腰）を切るまでは．ちょい巻けの合図で 7. 地（腰）を切ったら，いったん止めて安定をみる 8. 不具合なときはおろしてやり直す．横引き・斜めづりは厳禁 9. 運転者の注意をよく聞く 10. 品物の下に入らず，上乗りしない 11. 巻き上げている間よそ見をしない	
9. 移動（誘導）	1. 移動方向の指示は明確に 2. 方向指示は巻上げが終わった頃合いを見計らって 3. クレーンより先に歩く 4. 周囲のものに注意する 5. なるべく安全通路を	
10. 巻下げ	1. 下ろす場所の指示は早めに 2. 位置を選んで合図は明確に 3. 下ろす場所の真上にきたら，いったん止めて具合をみる 4. 吊り荷の下に入らない 5. 周囲のものに打ち当てないよう徐々に下ろす 6. 下に着く前にいったん止める 7. 枕をきちんとする．ロープや当て物が下敷きにならないか確かめる 8. 整頓線にそろえる 9. 安全性を確かめながら徐々に下ろす 10. 具合が悪ければ何回でもやり直す 11. 品物の移りかわりに注意して 12. 品物のトンボ・立て掛け・寝かしは特別慎重に 13. あまり高く積み重ねない	
11. ロープ外し	1. 安全を確かめながらロープをゆるめる 2. フックを適当に下げて止め，ロープを外す 3. 足もとに注意する 4. ロープを外し終わってから運転者に終了の合図をする 5. ロープを引き抜くときは無理しないように	
12. あとかたづけ	1. 吊り具・補助具をよく点検する 2. ロープのよじれをその場で直す 3. 使ったものをすべて元の場所に戻しておく 4. フックは2m以上の高さに巻き上げておく	

付6．建設用クレーンの合図の方法

(社)日本クレーン協会インターネットホームページより抜粋

（1） 笛による補助合図

（2） 1本旗による合図

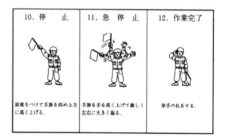

（3） 手による合図

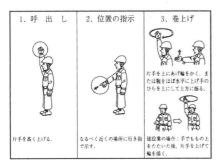
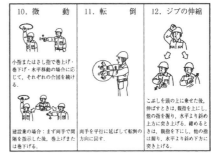

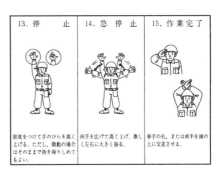
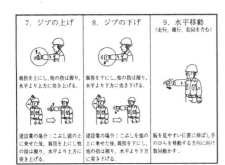

(4) 声による合図

運転合図 動作指示用語	操作部位用語	程度用語		動作用語
		速度指示用語	移動量用語	操作指示用語
巻上げ 巻下げ	主フック 　（主巻） 補フック 　（補巻）	ゆっくり （静かに）	チョイ （少し） （あと○○m）	巻け （ゴーヘイ） 下げ （スラー）
起　伏	主ジブ 　（ブーム） 補ジブ 　（ジブ）	ゆっくり （静かに）	チョイ	起こせ 倒せ
伸　縮	主ジブ 　（ブーム） 補ジブ 　（ジブ）	ゆっくり （静かに）	チョイ	伸ばせ 縮めろ
旋　回	———	ゆっくり （静かに）	チョイ （少し） （あと○○m）	右（右旋回） 左（左旋回） もどせ〔行き過ぎた場合〕 「右」「左」は運転者から見た右，左をいう
走　行	———	ゆっくり （静かに）	チョイ （少し）	前進（前） 後進（後）
停　止	———	ゆっくり （静かに）	———	ストップ （止まれ）

［注］　① 合図は，部位，程度，動作の順に続けて言うのを原則とする．
　　　② （　）内の用語を使用してもよい．
　　　③ 運転者は，合図者の合図を復唱することが望ましい．

（本付6は(社)日本クレーン協会インターネットホームページの「7．クレーンの知識」の「Ⅰ．運転のための合図」より抜粋したものである）

付7．各種設計用速度圧の比較

① 建築基準法施行令第87条　改（2000.6.1）

$$q = 0.6 E V_0^2$$

この式において，q，E 及び V_0 は，それぞれ次の数値を表すものとする．

$\Big[$
q　速度圧（単位　1平方メートルにつきニュートン）．
E　当該建築物の屋根の高さ及び周辺の地域に存する建築物その他の工作物，樹木その他の風速に影響を与えるものの状況に応じて国土交通大臣が定める方法により算出した数値
V_0　その地方における過去の台風の記録に基づく風害の程度その他の風の性状に応じて30メートル毎秒から46メートル毎秒までの範囲内において国土交通大臣が定める風速（単位　メートル毎秒）
$\Big]$

② 仮設工業会「改訂　風荷重に対する足場の安全技術指針」（2004.10.1）

$$q_z = \frac{5}{8} V_z^2$$

V_z：地上 Z における設計風速（m/s）

$$V_z = V_0 \cdot K_e \cdot S \cdot E_B$$

V_0：基準風速（m/s）で，一覧表に記載のない地区も 14 m/s とする．なお，本基準風速は再現期間12ヶ月に基づいたものである．

K_e：台風時割増係数

S：地上 Z における瞬間風速分布係数

E_B：近接高層建築物による割増係数
　　　一般的には $E_B = 1.0$

③ 労働省告示第134号クレーン構造規格第9条（1995.12.26）

　　作業時　$q = 83\sqrt[4]{h}$（16 m/s）停止時　$q = 980\sqrt[4]{h}$

h：クレーンの風を受ける面の地上からの高さ（単位 m）
（高さが 16 m 未満の場合には 16）を表すものとする．

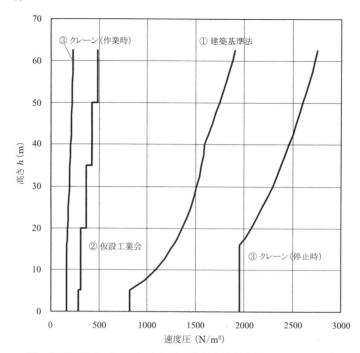

図　設計速度圧の比較（東京地区：地表面粗度区分Ⅲ，$V_0 = 34$ m/s）

付8. 雪 荷 重

本会編「建築物荷重指針・同解説」(2015改定) 抜粋

5.1 雪荷重の設定方針

雪荷重として，建築物の立地環境に応じて(1)屋根雪荷重，(2)局所的屋根雪荷重，(3)その他の雪荷重を適切に設定する．このうち屋根雪荷重は，建設地の地上積雪深をもとに設定した地上積雪重量に屋根形状係数を乗じて求める．装置や技術などを用いて確実に屋根積雪量を制御できる場合には，雪荷重を低減することができる．

5.1.1 屋根雪荷重の基本値の算定

屋根雪荷重の基本値 S (kN/m^2) は次式によって求める．

$$S = \mu_0 S_0 \tag{5.1}$$

ここで，μ_0：屋根形状係数〔5.3節参照〕，

S_0：地上積雪重量（kN/m^2）〔5.2節参照〕である．

5.2 地上積雪重量

5.2.1 地上積雪重量の算定

基本地上積雪深を用いた単位水平投影面積あたりの地上積雪重量 S_0 (kN/m^2) は次式によって算定する．

$$S_0 = k_{\mathrm{env}} d_0 p_0 \tag{5.2}$$

ここで，k_{env}：環境係数〔5.2.4項参照〕，

d_0：基本地上積雪深（m）〔5.2.2項参照〕，

p_0：等価単位積雪重量（kN/m^3）〔5.2.3項参照〕である．

ただし (5.2) 式において d_0，p_0 を降水量と気温から適切な方法により直接推定することもできる．

5.2.2 基本地上積雪深

基本地上積雪深 d_0(m) は，地上積雪の観測資料に基づいて推定される年最大積雪深の再現期間100年に対する値とする．

5.2.3 等価単位積雪重量

等価単位積雪重量 p_0(kN/m^3) は，(5.3) 式により求める．

$$p_0 = 0.72 \sqrt{d_0/d_{\mathrm{ref}}} + 2.32 \tag{5.3}$$

ここで，d_0：地上積雪深（m），

d_{ref}：基準積雪深（＝1 m）である．

5.2.4 環境係数

環境係数 k_{env} は，通常の場合 1.0 とする．地形・地物などの影響で地上の積雪深が増加し，それ

に伴い屋根上の積雪深が通常よりも大きくなると予想される場合には，建設予定地の状況に応じて k_{env} を 1.0 よりも大きな値としなければならない．

5.3 屋根形状係数

屋根形状係数 μ_0 は，次式により算定する．

$$\mu_0 = \mu_b + \mu_d + \mu_s \tag{5.4}$$

ここで，μ_b：基本となる屋根形状係数〔5.3.1 項参照〕，

μ_d：風による偏分布に関する屋根形状係数〔5.3.2 項参照〕，

μ_s：屋根上滑動による偏分布に関する屋根形状係数〔5.3.3 項参照〕である．

ただし，大規模または特殊な屋根形状の場合は，適切な調査・実験などに基づいて μ_0 を求める．

5.3.1 基本となる屋根形状係数

基本となる屋根形状係数は，図 5.1 により求める．ただし，図中の風速 V(m/s) は 1 月と 2 月の 2 か月間の平均風速をもとにした屋根面の高さの風速である．また，V の値が図中にない場合の μ_b は直線補間して求めるものとする．

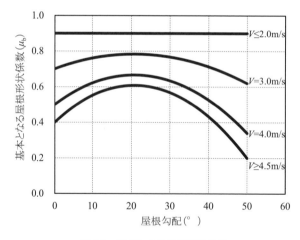

図 5.1　基本となる屋根形状係数

5.3.2 風による偏分布に関する屋根形状係数

（1）　M 型屋根，連続山形屋根およびのこぎり屋根の谷部底辺の風による偏分布に関する屋根形状係数 μ_d は表 5.1 による．屋根の最側部または棟部では，図 5.2 に従い μ_d をゼロとし，屋根雪分布は谷部底辺の μ_d とゼロ点とを直線で結ぶように設定する．また，1，2 月の平均風速 V の値が表に示されていない場合の μ_d は直線補間して求めるものとする．

（2）　セットバックおよびこれに類する形状の屋根における μ_d は表 5.2 による．図 5.3 に示す O 点の μ_d は表 5.2 に示す値とし，O 点からの水平距離がセットバックの高さ h_s の 2 倍となる位置で μ_d をゼロとする．屋根雪分布は μ_d とゼロ点とを直線で結ぶように設定する．また，V および屋根勾配が

表 5.1　M 型屋根・連続山形屋根およびのこぎり屋根における谷部底辺の μ_d

屋根勾配	M 型屋根および連続山形屋根				のこぎり屋根			
	1, 2月の平均風速 V				1, 2月の平均風速 V			
	2 m/s 以下	3 m/s	4 m/s	4.5 m/s 以上	2 m/s 以下	3 m/s	4 m/s	4.5 m/s 以上
10°以下	0	0	0	0	0	0	0	0
25°	0	0	0.15	0.20	0.10	0.20	0.35	0.55
40°	0	0.20	0.35	0.45	0.10	0.30	0.45	0.70
50°以上	0	0.30	0.55	0.70	0.10	0.40	0.65	0.80

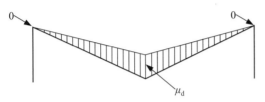 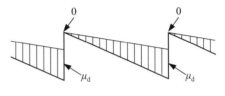

(a) M 型屋根および連続山形屋根の場合　　(b) のこぎり屋根の場合

図 5.2　M 型屋根・連続山形屋根およびのこぎり屋根における屋根雪分布

表 5.2　セットバックのある屋根の μ_d

1, 2月の平均風速	2 m/s 以下	3 m/s	4 m/s	4.5 m/s 以上
μ_d	0.10	0.30	0.50	0.60

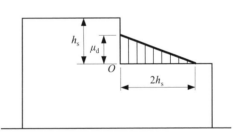

図 5.3　セットバックのある屋根の場合

表に示されていない場合の μ_d は直線補間して求めるものとする.

5.3.3　屋根上滑動による偏分布に関する屋根形状係数

M 型屋根, 連続山形屋根, のこぎり屋根の屋根上滑動による偏分布荷重に関する屋根形状係数 μ_s は (5.5) 式および (5.6) 式により算定し, 谷部底辺で正, 棟で負の値とし, その中間は直線分布として用いる. ただし, 屋根勾配の両式の中間となる場合は屋根材の滑雪性を考慮して決定する.

（1）屋根勾配が 10°以下の場合

$$\mu_s = 0 \tag{5.5}$$

（2）屋根勾配が 25°以上の場合

$$\mu_s = \mu_b \tag{5.6}$$

5.4 局所的屋根雪荷重

屋根上に局所的に増大する積雪荷重が作用するおそれのある場合は，これを考慮する．
（1） 屋根上の突起物等により，吹きだまりや滑雪の堆積が発生する場合
（2） 軒先やけらばの部分で，巻垂れ，雪庇，つららなどが発生する場合
（3） 庇や下方の屋根に，上方の屋根から雪が落下して堆積する場合
ただし（3）の場合は，状況によって，落下時の衝撃荷重も考慮する．

5.5 制御する場合の屋根雪荷重
5.5.1 屋根雪荷重の算定

屋根雪荷重を制御する場合に用いる屋根雪荷重 $S(kN/m^2)$ は（5.7）式によって求める．

$$S = \mu_n S_n - S_c \tag{5.7}$$

ここで，μ_n：屋根雪荷重を制御する場合の屋根形状係数で，5.3節に示す μ_0 と同じとする．
S_n：地上増分積雪重量（kN/m^2）〔5.5.2項参照〕，
S_c：制御雪荷重（kN/m^2）〔5.5.3項参照〕である．

5.5.2 地上増分積雪重量

（1） 地上増分積雪重量の算定

屋根雪荷重を制御する場合に用いる，単位水平投影面積あたりの地上増分積雪重量 $S_n(kN/m^2)$ は，次式によって算定する．

$$S_n = k_{env} d_n p_n \tag{5.8}$$

ここで，
k_{env}：環境係数〔5.2.4項参照〕，
d_n：屋根雪荷重を制御する場合の基本地上増分積雪深（m）〔5.5.2(2)参照〕，
p_n：屋根雪荷重を制御する場合の等価単位積雪重量（kN/m^2）〔5.5.2(3)参照〕である．

ただし，（5.8）式において S_n を降水量と気温から適切な方法により直接推定することもできる．

（2） 基本地上増分積雪深

基本地上増分積雪深 d_n は，地上積雪の観測資料に基づいて推定される年最大 n 日増分積雪深の再現期間100年に対する値とする．増分積雪を評価する日数 n は屋根雪荷重を制御する装置などの性能に応じて求める．

（3） 屋根雪荷重の制御を行う場合の単位積雪重量

屋根雪荷重を制御する場合に用いる等価単位積雪重量 p_n は，（5.3）式に示す p_0 とする．

5.5.3 制御雪荷重

制御雪荷重 S_c は，原則として調査・実験などにより制御装置などの性能に応じて求める．S_c は，制御装置などにより n 日豪雪期間に排雪される屋根雪荷重と豪雪開始時に残存する屋根雪荷重の差である．

5.6 その他の雪荷重

その他の雪荷重として，次の点を考慮しなければならない．

（1） 落雪や吹きだまりなどにより外壁に接する積雪が多量になる場合は，外壁に及ぼす積雪の側圧

（2） 地上の積雪と屋根雪が連結するおそれのある場合は，積雪の沈降力

（3） 建築物本体や部材への冠雪および着雪のおそれのある場合は，冠雪の重量や雪塊の落下による影響

（4） 庇やルーバーなど外装材に雪が堆積するおそれのある場合は，堆積による荷重と落雪の影響

（5） バルコニーなどの開放部に大量に雪が吹き込むことが予想される場合は，吹込みによる影響

（6） 隣接する建築物や樹木により雪の吹きだまりが発生するおそれのある場合は，吹きだまりによる荷重

（7） 高層建築物・大型建築物の場合は，周辺の建築物に及ぼす雪の吹きだまりの影響

（8） 膜構造の場合は，雪によるポンディングなど膜屋根特有の現象

付9．安全ネット指針

（昭和47年　労働省産業安全研究所）

1．構造等基準

1.1 適　　用

本基準は，墜落災害防止の目的で，ほぼ水平に張り使用する安全ネット（以後ネットとよぶ）について適用する．

1.2 用　　語

本基準に用いる用語は，次のように定義する．

1) 網　　糸　　網地に使用される糸で，単糸または単糸数本を撚り合わせまたは組み合わせたもの．
2) 縁　　綱　　ネットの辺を形成する綱
3) 仕　立　糸　　網地と縁綱を結着するための糸
4) 吊　　綱　　ネットを支持点にとりつけるため，ネットの四隅および縁綱の中間にある綱をいい，縁綱の中間に設ける吊綱を中綱という．
5) 試　験　用　糸　　網糸と同一の素材の強度試験用糸
6) 網　　目　　網糸と結節により囲まれた部分をいう．また網の目の大きさをいうこともあり，相隣れる結節間の中心距離をもって表わす．単位：cm
7) 結　　節　　網目を形成する網糸の結び目
8) 仕　立　寸　法　　静置時のネット全体のたて，横の長さをもって表わす．単位：m
9) 網　　地　　網目が多数連続しているもの
10) 角　　目　　縁綱と網糸が平行な網地
11) 菱　　目　　縁綱と網糸が平行でない網地
12) 結　節　網　地　　網糸を「かえる又」などで結んで形成した網地
13) 無　結　節　網　地　　相隣れる2本の網糸の単糸を組合わせて交差させ網目を形成した網地

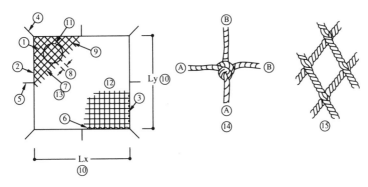

番号	名称	番号	名称
1	網糸	9	結節
2	縁綱	10	仕立寸法
3	仕立糸	11	網地
4	吊綱	12	角目
5	吊綱（中綱）	13	菱目
6	試験用糸	14	有結節網地
7	網目	15	無結節網地
8	網目〇〇cm		

図1　ネット各部の名称

1.3　構造および寸法

本基準のネットは，網糸，縁綱，仕立糸，吊綱，試験用糸などにより構成するものの他，次によること．

1）素　　　材　合成繊維とする．
2）網　　　目　角目または菱目とし，大きさは10cm以下とする．
3）網地の種類　結節網地とし，結節は原則として「かえる又」とする．
4）縁綱と網地の仕立　縁綱は周辺の各網目を貫通させ，相互がずれないように仕立糸で結着する．
5）縁綱相互の接続　縁綱を中間で接続する場合は，十分な強度を有する仕口構造とする．
6）吊綱の結着　吊綱は，十分強度を有する構造で縁綱にとりつけなければならない．

1.4　性能および試験方法

1）縁綱，吊綱の強度　1.4に規定する方法により試験を行い，その引張強度は新品時において1500kg以上とする．

2）ネット廃棄時における網糸の強度　表1

表1　ネットの廃棄時の網糸強度

網地の種類	試験体	網目	
		10（cm）	5（cm）
有結節ネット	ループ結節	120 kg	50 kg

（注）　中間網目は直線補間値とする．

3）試験室の標準状態　試験室の状態は，JIS-Z 08703 の標準温・湿度状態，第 3 類（20℃ ±2℃，65％ ±5％）で行うものとする．

ただし，試験室が上記の状態に保たれない場合は試験時の温湿度を付記する．

4）縁綱・吊綱の試験　縁綱などの試験は，ネットに使用されるロープと同じ試験片の両端を引張試験機のチャックでつかむか，またはこれに類似した方法で，引張試験を行う．

試験片の有効長さは，径の 30 倍以上とし，引張速度は 20～30 cm/min の等速引張試験とする．同一試料につき試験本数は 5 本以上とし，算術平均値をもってその綱の引張強さとする．

5）網糸の試験　網糸の試験は，新品時にあってはネットに使用されている網糸と同一品，定期試験には，試験用糸より切り取った試料について行う．

試料の両端を引張試験機のチャックでつかむか，またはこれに類似した方法で，引張試験を行う．

試料の有効長さは，20 cm を標準とし，引張速度は 20～30 cm/min の等速引張試験を行う．

試料は網糸の撚りがほどけない状態で図 2 に示す結び目（ループ結節）を試験片の中心に設ける．

一つの種類につき試験本数は 5 本以上とし，算術平均値をもってその網糸の強度とする．

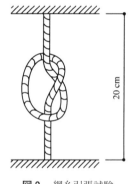

図 2　網糸引張試験

1.5　標　　　示

本基準に適合すると認められた製品には，下記の事項を記入した標示板をとりつける．

① 仕立寸法　○×○ m

② 網　　目　○　cm

③ 新品時の網糸の強度（結節強度）

　　　　　　○○○ kg

④ 製造または発売元

⑤ 製造年月

　　○○　　　　上（下）

　（西暦末尾 2 桁）

2．使 用 基 準

2.1　適　　　用

本基準はネットを使用または管理する際の指針である．

2.2 用語

1) 単体ネット　1枚の網地に仕立てられたネット
2) 複合ネット　単体ネットをつなぎ合わせて形成されたネット
3) 専用つぎ手金具　複合ネットを形成するための専用つぎ手金具
4) 取付位置　ネットの吊綱がとりついた位置
5) ネットの垂れ　ネットを架設した際の網地の最低部と取付位置との垂直距離　S：単位 m
6) 落下高　墜落のおそれのある作業床と取付位置との垂直距離　H_1：単位 m
7) ネット下部のあき　ネットの取付位置とネット下部において衝突のおそれある床面または機械設備との垂直距離　H_2：単位 m

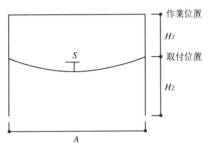

図3　ネット架設図

2.3 許容落下高，ネットの垂れ，および下部のあき

1.4 の 2) に示す網糸強度を有するネットの許容落下高 H_1 は，次式により求められる値とする．

$$H_1 \leq 0.25 \times (L + 2A) \quad (単体ネット) \quad \cdots\cdots (1)$$
$$H_1 \leq 0.20 \times (L + 2A) \quad (複合ネット) \quad \cdots\cdots (2)$$

L ……… 単体ネットの短辺長　m
A ……… ネット周辺の支持間隔　m

ただし，$A \leq L$ の範囲では $A = L$ とする．

また，許容落下高以内にあっても必要以上に H_1 を大きくとってはならない．

(2) ネットの垂れ S は，次式により求められる値とする．

$$S \leq 0.25 \times (L + 2A)/3$$

ただし $A \leq L$ の範囲では $A = L$ とする．

(3) ネット下部のあき H_2 は下式により求められる値とする．

$$H_2 \geq 0.85 \times (L + 3A)/4 \quad \cdots\cdots 10\,\text{cm 網目}$$
$$H_2 \geq 0.95 \times (L + 3A)/4 \quad \cdots\cdots 5\,\text{cm 網目}$$

ただし，$A \leq L$ の範囲では $A = L$ とする．

2.4 ネット支持点の強度

ネットの支持点の強度は，600 kg の外力に対する支持点各部の応力度が，表2の数値以下となるようにしなければならない．ただし，支持点が連続的な架構物の場合にあっては，各支持点にかかる外力として次式の値を考慮すること．

200 kg×支持間隔（m）

表2　支持点の許容応力度

鋼材				kg/cm²
	圧縮	引張	曲げ	せん断
一般構造用鋼材	2 400	2 400	2 400	1 350

コンクリート			kg/cm²
圧縮	引張	せん断	付着
4週圧縮強度2/3	4週圧縮強度のそれぞれ1/15		14（軽量骨材を使用するものにあっては12）

2.5　ネットの支持間隔

ネット周辺より墜落の恐れのある場合は，ネット周辺の作業場所のあきを無くすように，ネットの支持間隔を定めなければならない．

2.6　ネットの定期試験等

1）適　用　試験用糸について行う．

2）試験時期　購入時より1年以降，6ヵ月毎とする．

ただし，損耗が激しいか有害ガスを受けるなどの場合は，本項に定める時期以内にあっても，使用後試験を行う．

3）試料のロットおよび試験本数　試料は使用状態の近似したネットを1ロットとし，無作為にネットを5枚以上抽出，各ネットの試験用糸より1本ずつ計5本以上の試験片を切り取るものとする．

4）試験方法　試験方法は1.4の3），5）規定に基づいて行う．

2.7　ネットの保守

保管に当っては，紫外線，油および有害ガスなどを避け，乾燥したところを選ぶこと．よごれのひどいネットのクリーニングおよび溶接による網地の破損部の補修は蔵入れの前に行うこと．

2.8　ネットの使用禁止

下記の項目に該当するネットは使用してはならない．

1）定期試験により網糸の強度が表1を下まわる．

2）人体または人体相当の落下体により衝撃を受けたネット．

3）補修不能の破損または補修前のネット．

4）強度不明のネット．

鉄骨工事技術指針・工事現場施工編

1977年 2月 8日	第1版第1刷
1979年 4月25日	第2版第1刷
1987年 3月 1日	第3版第1刷
1996年 2月20日	第4版第1刷
2003年 6月20日	第5版第1刷（SI単位版）
2007年 2月15日	第6版第1刷
2018年 1月15日	第7版第1刷
2024年 6月25日	第4刷

編　集　一般社団法人　日本建築学会
著作人

印刷所　昭和情報プロセス株式会社

発行所　一般社団法人　日本建築学会
　　　　108-8414　東京都港区芝5-26-20
　　　　電　話・(03) 3456－2051
　　　　ＦＡＸ・(03) 3456－2058
　　　　http://www.aij.or.jp/

発売所　丸善出版株式会社
　　　　101-0051　東京都千代田区神田神保町2-17
　　　　　　　　　神田神保町ビル
　　　　電　話・(03) 3512－3256

© 日本建築学会 2018

ISBN978-4-8189-1079-9 C3052